Julie de Lespinasse

Mourir d'amour

Une première version de ce livre est parue en 1980 aux Éditions Ramsay.
Ceci est une édition entièrement revue et augmentée.

www.editionscomplexe.com

ISBN 2-8048-0119-5
D/1638/2006/45

Marie-Christine d'Aragon et Jean Lacouture

Julie de Lespinasse

Mourir d'amour

« Destins »

EDITIONS COMPLEXE

Sommaire

Deuxième partie
Sœur Julie de l'*Encyclopédie*

Troisième partie
« Le plus fort battement de cœur de tout le siècle »

Remerciements

Nous ne voulons pas poser la plume sans remercier tous ceux dont la bienveillance et l'appui nous ont été d'un grand service :

Jean-Noël Pascal
Bernard Minoret
Lucien Poirier et le général Ménard, spécialistes de Guibert
M. Stierlé, conservateur adjoint de la bibliothèque de Montauban
M. Vincent, secrétaire général de la Casa de Velazquez à Madrid
François Furet, président de la VIe section de l'École des hautes études
Le marquis d'Albon
Le marquis d'Argent des Deux Fontaines
Claude Arnulf
André Versaille, qui a assuré la nouvelle édition de notre ouvrage.

En guise d'exorde

« *Quelque jour, je vous conterai des choses que l'on ne trouve point dans les romans de Prévost et de Richardson. Mon histoire est un composé de circonstances si funestes que cela m'a prouvé que le vrai n'est souvent pas vraisemblable...* »

Il advint à Julie de Lespinasse de prendre quelques libertés avec la vérité. Mas non le jour où elle se confia ainsi à Jacques-Hippolyte de Guibert, qu'elle aima à en mourir.

Funestes ou exaltantes, les circonstances de la vie de Julie, ni Prévost, ni Richardson, ni même Restif n'auraient su les imaginer. Quel romancier oserait accumuler de si touchantes et constantes infortunes, de si flamboyants bonheurs, des passions si dévorantes, des retournements plus dramatiques ? Et quel historien oserait y associer de plus illustres partenaires, des compagnons de route plus glorieux, des acteurs ou des comparses important davantage à l'histoire de leur temps – celui de l'*Encyclopédie*, des enfances de l'Europe moderne ?

Première partie

Les infortunes de la vertu

La bâtarde

Sous les auspices de l'amour et du malheur – Une illustre famille de Lyonnais – Un château croulant sur les bords de la Turdine – Déçue par la vie – Madame a un amant ? Quel est-il ? – « Je suis fille de M. le Comte de V... » – Il épouse la fille de sa maîtresse – Le dernier soupir de la mère – Monsieur le Comte est un gaillard – Je mangeai comme un ogre – Terrible révélation – Les barbares persécuteurs – Se jeter dans un cloître...

Ambroise Basiliac – le joli nom, à l'odeur de cuisine méridionale ! – était vicaire de la paroisse Saint-Paul de Lyon. Ce soir-là, il se hâta d'expédier la cérémonie du baptême : une enfant adultérine, murmurait-on... Puis, tous feux éteints, il écrivit sur le registre paroissial, d'une écriture à vrai dire assez claire :

« *Le dix novembre 1732 a été baptisée Julie Jeanne Éléonore de Lespinasse, née hier, fille légitime de Claude Lespinasse, bourgeois de Lion, et de dame Julie Navarre, son épouse. Le parrain, sieur Louis Basiliac, chirurgien juré de Lion, la marraine, dame Julie Lechot, représentée par dame Madeleine Ganivet, épouse dudit sieur Basiliac, et ledit enfant est né chez le sieur Basiliac. Le père n'a signé pour être absent, et deux témoins ont suppléé, avec le parrain et la marraine. En foi de ce :*

Basiliac-Ambroise, vicaire. »[1]

Des années plus tard, une main inconnue ajoutait « *il* » devant légitime, biffait les mots « *son épouse* », et traçait dans la marge une croix qui était le signe des naissances irrégulières.

Le sieur Lespinasse n'existait pas plus que la dame Navarre. Mais les prénoms de Julie et Claude étaient ceux d'une dame de haute naissance

---

[1] L'extrait de baptême de Julie de Lespinasse a été publié en 1810, dans la première édition des *Lettres de la marquise du Deffand.*

à qui la chronique du Forez prêtait une vie scandaleuse : Julie-Claude d'Albon, princesse d'Yvetot, marquise de Saint-Forgeux. Quant au nom « Lespinasse », c'était celui d'une terre qu'Alix de Lespinasse, fille du seigneur de Saint-André, avait apportée en dot au XVe siècle à Guillaume d'Albon. Cet acte de baptême désignait de la façon la plus évidente la mère de cette enfant clandestine.

La famille d'Albon, à laquelle semblait appartenir la nouvelle née, était l'une des plus anciennes et des plus illustres du Lyonnais. En 1098, le comte Guigues d'Albon prit le titre de Dauphin (qui était un ancien prénom de la famille : Delfinus), et la Maison d'Albon gouverna ce qu'on appela dès lors le « Dauphiné » jusqu'au XIIe siècle. Elle était si puissante qu'il avait été question d'ériger ses possessions en royaume[2]. De nombreux guerriers caracolent dans son arbre généalogique : Guigues IV Dauphin, abattu au cours du siège de Montmélian. Claude d'Albon, mort en défendant les remparts de Metz au XVIe siècle. Et surtout Jacques d'Albon de Saint-André, maréchal de France, né vers 1505. Il est le rejeton le plus notoire de cette famille : favori d'Henri II, gouverneur du Lyonnais, ambassadeur en Angleterre, il tomba aux mains des protestants lors de la bataille de Dreux en 1562.

À l'époque qui nous intéresse, la famille d'Albon était divisée en deux branches : la seule héritière de la branche aînée des marquis de Saint-Forgeux était Julie d'Albon. Orpheline à trois ans, elle avait hérité de sa mère le titre et les revenus considérables de la principauté d'Yvetot ; à la mort de son père, elle serait à la tête du patrimoine des marquis de Saint-Forgeux.

L'unique héritier de la branche cadette était Claude d'Albon, comte de Saint-Marcel, né à Roanne le 25 juin 1687. Ses revenus étaient immenses. Une alliance entre les deux branches de la famille réunirait ces fortunes sur une seule tête. À la naissance de Julie d'Albon, autant dire que le mariage était fait. Quand la jeune fille fut en âge de convoler, on expédia promptement l'affaire.

Les filles avaient-elles le temps d'avoir une inclination, sinon pour quelque cousin avec lequel elles jouaient au cerceau sous les tilleuls ? On ne leur en laissait pas le temps, surtout si elles annonçaient certaines disposi-

---

[2] L.-A. Beaucousin *Histoire de la principauté d'Yvetot*, Rouen, Métérie, 1884.

tions à la rêverie. On les sortait du couvent pour les expédier dans l'alcôve conjugale. Il fallait se méfier des écarts du cœur. Elles se retrouvaient, bien souvent, en huit jours, précipitées au pied de l'autel, bredouillant un oui navré, oui au jeune homme hargneux dont elles apercevaient le profil pour la deuxième fois, oui au château en ruine, oui aux tuiles qui tombaient du toit, oui aux huit enfants qu'elles auraient pour consolider la race, rajouter des branches à l'arbre généalogique, oui à la France. À ce propos, extrait des *Tableaux des Mœurs du Temps* par La Popelinière, voici comment une mère présente à sa fille, dans le parloir d'un couvent, l'homme qui doit devenir son époux dans les jours qui suivent. La mère dit à la jeune fille : « *Tout est convenu entre lui et moi ; il n'y a plus qu'à signer les articles, qu'à vous fiancer ensuite et vous mener à l'église ; je ne compte pas vous laisser plus de cinq à six jours dans ce couvent ; pendant ce temps-là que je vous donne encore, il faut que vous trouviez bon que le comte de... vienne tous les jours dans ce parloir passer une heure avec vous afin que vous vous connaissiez.* »

Le 10 février 1711, était signé le contrat de mariage « *de haut et puissant Seigneur Claude d'Albon de Gasles, seigneur comte de Saint-Marcel, Cezay, Naulieu, la Forest, etc., fils et héritier unique de haut et puissant Seigneur Thomas d'Albon de Gasles, et de haute et puissante Dame Marie d'Espinchal, sa mère et tutrice, avec illustre Demoiselle Julie-Claude-Hilaire d'Albon, fille de très haut et très puissant Seigneur Camille d'Albon, prince d'Yvetot, marquis de Saint-Forgeux, baron d'Avauges, seigneur de Tallaru, Varennes, Saint-Romain, Ancy, la Grange, Persange, Odieu, Nuelles, Sarcey, Saint Loup-d'Areizé, Vindry, Pontcharrat, Les Olmes, La Motte, La Brosse, La Jobertière, etc. et de très haute et très puissante Demoiselle Julie Françoise de Crevent, princesse d'Yvetot et dame de La Motte, La Brosse et La Jobertière.* »

Un peu plus tard, dans la chapelle du château, la malheureuse Julie d'Albon, vêtue d'une robe blanche garnie de brillants et de nacre, mouchetée, poudrée, les cheveux tressés avec des fleurs d'oranger, du rouge aux joues, était conduite à l'autel : « *Elle entrait dans le temple, elle perçait un amas de peuple qui retentissait de ses louanges et dont elle ne percevait pas une syllabe, elle prononçait un oui dont elle ne sentait ni la force ni les obligations.* »[3]

Le soir, elle se préparait à recevoir, dans un grand lit à baldaquin, au fond d'un château croulant sur les bords de la Turdine, un homme beau,

---

[3] L.-S. Mercier, *Tableau de Paris*, vol. III, *Les Nouvelles Femmes*, Genève, 1761.

bien fait, bien né, loin d'être sot, aimable donc, mais pour lequel elle n'éprouvait aucune inclination.

Il reste peu de chose aujourd'hui de l'ancienne forteresse d'Avauges, enfouie entre les collines boisées de Saint-Romain de Poppey (qui, en patois lyonnais, signifie « mammelon »), à quelques kilomètres de Roanne. Il faut donc nous l'imaginer d'après les débris de remparts, les vestiges d'une vieille tour et la disposition des fondations.

Une grande demeure seigneuriale, construite avec la pierre du Forez, protégée par des remparts et des douves profondes. Un donjon à créneaux, avec des arbalétriers et des meurtrières, quelques tourelles, des hectares de toiture, une porte énorme percée au milieu de la courtine et ouvrant sur une cour d'honneur. À l'intérieur, des passages et des escaliers secrets, un souterrain immense aux ramifications inconnues, des greniers remplis de souvenirs, des couloirs pleins de courants d'air et de portes qui claquent, une centaine de pièces glaciales, des chambres hantées, des suites de salons richement meublés, une chapelle et des cuisines où on venait se réchauffer au coin du feu[4].

Nous ne connaissons rien de la vie de la jeune femme enfermée dans ce château à seize ans, et rien non plus de ce mari souvent absent. En 1716 la comtesse d'Albon accouchait d'une fille, Marie-Camille-Diane, puis, un peu plus tard, de deux autres filles, qui moururent aussitôt. Enfin, en 1724 naquit le fils attendu, l'héritier de la maison d'Albon : Camille-Alix-Éléonore-Marie. La perpétuation de la race était assurée, Claude d'Albon déserta la couche de sa femme. Un acte de séparation daté de l'année de la naissance de ce fils prouve que les époux n'avaient dès lors plus rien à faire ensemble. Claude alla s'établir à Roanne, où il possédait un hôtel particulier, et la garde des enfants fut confiée à leur mère.

Seule à trente ans... Au château d'Avauges, un tableau nous la montre à cette époque : c'est une femme mince et joliment potelée, au visage ovale, entouré de boucles brunes épaisses, avec de grands yeux vifs très séparés, aux prunelles noires. La bouche, retroussée aux commissures, est rieuse, et l'ensemble serait joli sans le nez un peu trop long et le menton que la trentaine commence à épaissir.

---

[4] Une aile Louis XV a été rajoutée à la forteresse en 1765.

Les femmes qui n'avaient qu'un amant et leur étaient fidèles étaient alors considérées comme vertueuses. Ce n'était que par le choix de cet amant qu'elles pouvaient se déconsidérer. On lit dans un recueil de bons conseils de ce temps : « *Madame a un amant ? On demande qui il est ; la réputation d'une femme dépend de la réponse qu'on va faire. Dans le siècle où nous vivons, ce n'est pas tant notre attachement qui nous déshonore que son objet.* »[5] La jeune comtesse paraît s'en être tenue à cet excellent précepte.

Le 14 juin 1731, Mme d'Albon mettait au monde un fils auquel elle donnait un de ses prénoms à elle, Hilaire, ce qui était une façon de ne pas renier tout à fait sa maternité ; l'enfant fut baptisé à Lyon, dans la paroisse de Saint-Nizier, comme fils de « *Jean Hubert, marchand, et de Catherine Blandon* ». Arraché à sa mère, cet enfant clandestin fut élevé en secret, au fond d'un monastère de Lyon et, à l'âge de dix-huit ans, il entrait au couvent des cordeliers de Saint-Bonaventure. Cela, écrit-il dans son acte de profession, « *volontairement et sans contrainte, et avec tous les sentiments de piété que je dois avoir en me consacrant à Dieu pour tout le reste de ma vie dans la religion de ce grand saint et pour répéter et confirmer tout ce que j'ai prononcé de cœur et de bouche* »[6]. On n'entendit plus jamais parler du moine Hilaire Hubert.

Vingt mois après la naissance d'Hilaire, la comtesse d'Albon accouchait à nouveau. « *Madame a un amant ? On demande qui il est...* » Le comte de Guibert, mieux placé que personne pour recueillir plus tard les confidences de Julie de Lespinasse, a écrit : « *Elle naquit sous l'auspice de l'amour et du malheur. Sa mère était une femme d'un grand nom, qui vivait séparée de son mari. Elle l'éleva publiquement, comme si elle eût été en droit de l'avouer pour sa fille, et elle lui fit un mystère de sa naissance.* »[7]

Dans l'entourage proche de la comtesse d'Albon, qui voyons-nous ? Soixante, soixante-dix domestiques. Parmi eux, un valet superbe, un cuisinier fatal ? Passe pour une nuit, une folie. Mais une liaison suivie, un amant passionnément aimé et auquel on donne deux enfants ?

L'aumônier ? Celui à qui on confie ses peines et ses joies, qui est là chaque matin, dans la chapelle, pour dire sa messe, qui partage les repas dominicaux, à qui on chuchote ses remords et ses nostalgies dans l'ombre du

---

5 E. et J. de Goncourt, *Portraits intimes du XVIIIe siècle*, Paris, Dentu, 1857.
6 Archives départementales du Rhône. Registre des vêtures et professions.
7 J.-A.-H. de Guibert, *Éloge de Mlle de Lespinasse sous le nom d'Éliza*, contenu *in Lettres de Mlle de Lespinasse écrites depuis l'année 1773 jusqu'à l'année 1776*, Paris, Longchamp, 1811.

confessionnal ? Selon Bachaumont, Julie de Lespinasse était une « *bâtarde du cardinal de Tâcin* »[8] – dont la sœur, Claudine, eut parmi ses nombreux bâtards Jean d'Alembert, qui devait tant aimer Julie. Hypothèse peu vraisemblable. En ce temps-là, Pierre Guérin de Tencin que les femmes avaient fort occupé dans sa jeunesse, avait la cinquantaine bedonnante et chauve, des bajoues, un double menton, le nez plongeant, et n'avait plus grand-chose pour inspirer la passion, surtout à une jeune femme romantique. De plus, il était devenu archevêque d'Embrun, et s'adonnait moins au commerce des dames qu'à la poursuite de l'hérésie janséniste en la personne de son voisin, l'évêque de Senez. Et enfin, il habitait à plus de cent lieues du château d'Avauges. Une lettre de Mme du Deffand à propos de Mlle de Lespinasse semble d'ailleurs clore le débat sur ce point, en ouvrant d'autres perspectives : « *Le cardinal de Tencin… me demanda qui elle était. Je ne fis pas de difficulté de lui en faire la confidence…* »[9]

Quelle « difficulté » et quelle « confidence » ? Marie du Deffand n'était pas femme à écrire dans le vague. Si elle emploie ces mots, c'est qu'ils ont ici un sens[10]. Le marquis de Ségur, biographe de Julie, a trouvé la source et la raison de cette « confidence » dans les mémoires de Mme de La Ferté-Imbault, fille de Mme Geoffrin : « *Julie de Lespinasse était la fille bâtarde du frère de Mme du Deffand.* »[11] S'il y a quelqu'un à qui Julie put se confier sans détour, sans même les « embellissements pathétiques » qui purent entacher ses épanchements avec le comte de Guibert, ce fut bien cette Mme Geoffrin, sage et vieille amie qu'elle vint à considérer comme une seconde mère.

---

[8] P. de Bachaumont, *Mémoires secrets pour servir à la république des Lettres en France*, à la date du 31 mai 1776, Londres, John Adamson, 1783-1789.

[9] Lettre du 30 mars 1754 à la duchesse de Luynes, *in* M. du Deffand, *Correspondance complète*, publiée par M. de Lescure, Paris, H. Plon, 1865.

[10] Dans ce cas, que penser de cette lettre de Mme du Deffand à Horace Walpole, écrite après la mort de Julie et à propos du testament de celle-ci ? « *À l'égard des d'Albon, elle n'en veut point parler, dit-elle, parce que non seulement, quoique légitime, elle n'a reçu d'eux aucun bienfait, mais qu'ils lui ont volé une somme que sa mère avait mise en dépôt pour elle. Elle a signé ledit testament : Julie d'Albon.* » Ces mots pourraient signifier que Julie n'est pas une enfant illégitime ! Et en recoupant avec la correspondance d'Albon, on pourrait croire que le comte d'Albon n'a pas voulu la reconnaître car il était sur le point de quitter sa femme et qu'il ne voulait pas entendre parler d'un autre enfant qui léserait l'héritage des enfants nés avant elle. Le partage des biens avait effectivement eu lieu.

[11] *Souvenirs inédits de la marquise de La Ferté-Imbault*, Archives du marquis d'Estampes.

La marquise du Deffand, née Marie de Vichy-Champrond, avait deux frères. Le second entra très tôt dans les ordres, ne fit jamais parler de lui et finit trésorier de la Sainte-Chapelle de Paris. Donnons-lui quitus. Mais l'aîné, Gaspard, officier de cavalerie, propriétaire d'un château près d'Avauges, et qui finit maréchal de camp, retient d'autant mieux l'attention qu'une lettre de Julie de Lespinasse, publiée dans un recueil de 1820, indique ceci : « *Je suis la fille de M. le comte de V... La maison de V... est l'une des plus anciennes et illustres de ce pays...* » Il est vrai que ce recueil de lettres de 1820 est largement apocryphe – Mme Suard, amie de Julie, ayant cru bon pour sa gloire de l'agrémenter des trouvailles de son imagination. Mais cette référence au comte de V... venait à coup sûr de Mlle de Lespinasse elle-même, comme la confidence à Mme Geoffrin.

Tenir le frère aîné de Marie du Deffand pour le père de Julie de Lespinasse permet de comprendre beaucoup de choses, et notamment les liens singuliers qui s'établirent entre les deux femmes, puis la nature et la violence de leur rupture. Pourquoi la marquise mit-elle tant d'ardeur à s'attacher la jeune fille ? Pourquoi lui accorda-t-elle à ses côtés une place si privilégiée, elle que n'étouffait pas la bonté d'âme ? Pourquoi surtout donna-t-elle avec tant d'éclat le caractère d'une « trahison » à une séparation qui, s'agissant d'une simple dame de compagnie, n'aurait rien eu que de banal ?

Gaspard de Vichy[12] avait toutes les raisons de fréquenter Avauges. Une d'Albon avait épousé en 1630 un Gaspard de Vichy, bisaïeul de Gaspard III. Les deux familles étaient donc parentes, et du fait de la proximité des deux propriétés, il ne fait aucun doute qu'elles se fréquentaient.

Nous n'avons plus, dès lors, qu'à imaginer la scène.

---

[12] Le nom complet de Gaspard de Vichy est inscrit sur la plaque tombale de l'église de Ligny, que fit graver son fils Abel : « *Gît sous cette tombe haut et puissant seigneur Gaspard de Vichy, chevalier comte de Chamron, maréchal des camps et armées du Roi, chevalier de l'Ordre royal et militaire de Saint-Louis, seigneur du comté de Chamron, seigneur marquis de La Borde, baron es baronnies de Sombernon, Maslain et Puids, comte de Mesmont, seigneur de Ligny, Saint-Julien de Cray, Jonzy, L'Étang, Villerest, Montceaux l'Étoile, Verdet, Versaugues, Saint-Marie la Blanche, Reuillé, Bourguignon, Travoisy, Grand-Champ, Gearges, Monsaugues, Le Poil, Rémilly, Savigny, la Serrée, Chamesson, Éporves et autres lieux, mort en son château de Chamron le 16 juin 1781.* » Jean-Paul Sandre, « Maison de Vichy », *in Annales de l'Académie de Mâcon*, 1916.

La jeune femme, seule et romanesque, voit arriver dans la cour d'Avauges ce lointain cousin dont elle connaît les aventures. Elle l'auréole déjà de toutes les gloires. Il est grand, mince, sanglé dans une veste à revers rouge et or. Ses traits sont fins. Il a le front haut, les sourcils bien dessinés, les yeux grands et lumineux, d'un bleu très clair.

Elle, qui n'a connu que quelques hobereaux du Forez, est éblouie par l'élégance du jeune capitaine, sa perruque joliment bouclée, les fins anneaux d'or qu'il porte aux oreilles, son regard hardi d'homme à femmes. Et lui, son oisiveté lui pèse, dans sa retraite de Champrond. Il regarde avec intérêt sa cousine. De 1723 à 1733, une période de paix laissait au capitaine de nombreux loisirs. Le temps en tout cas de faire deux enfants.

Cette liaison fut, à n'en pas douter, la grande affaire de la vie de Julie d'Albon. Le besoin d'amour avait été longtemps contenu en elle. Elle réalisait enfin les rêves de sa jeunesse avec cet officier aux allures de héros de roman. Elle savourait son amour avec si peu de retenue, semble-t-il, que son bonheur commença à faire jaser son entourage. On ne pouvait donner de nom à l'amant, mais on savait à coup sûr qu'elle en avait un, peut-être même plusieurs. Les commères lyonnaises firent courir sur la marquise des rumeurs scandaleuses. Elle n'y prit pas garde. Les années passaient dans une douceur nouvelle, et dans les attentes horribles et délicieuses quand l'amant partait rejoindre ses troupes.

Gaspard était un faible, un volage. Séduisant, vaguement cultivé, assez spirituel, il était aussi égoïste, autoritaire et sans scrupules. La cousine de province était une maîtresse agréable. Amoureuse, fidèle et résignée, elle ouvrait ses bras et élevait ses enfants sans un murmure de reproche.

Les mémorialistes du temps ont imaginé pour Julie de Lespinasse les premières années les plus fantaisistes. La Harpe[13] en fait un tableau effroyable où on voit le mari furieux arracher l'enfant aux bras de sa mère pour la placer dans un sinistre couvent de province où l'on assurait sa subsistance sans savoir qui elle était. « *La mère en pleurs reste seule avec ses remords, et va voir sa fille en cachette pour lui recommander de ne prendre aucune nourriture que celle de la maison, de ne recevoir ni bonbons, ni bouquets, de ne sortir sous aucun prétexte. Des frères et sœurs jaloux, et craignant qu'elle ne*

[13] Jean-François de la Harpe, écrivain, critique, membre de l'Académie française, est lui-même enfant illégitime (*in Correspondance littéraire*, 1776).

fût appelée au partage des biens, prêts à tout pour l'empêcher de réclamer ses droits. Julie vivant dans des alarmes continuelles. »

Voilà ce qu'on chuchotait dans les salons, jusqu'au début du XIXe siècle, quand la publication des lettres de Julie de Lespinasse, en 1818, vint établir une vérité moins tragique.

S'il est vrai que le petit Hilaire avait été enlevé à sa mère, à peine sorti du berceau, Julie grandit à Avauges et fut élevée « *presque publiquement* », entourée même de plus de soins et de tendresse que les enfants légitimes de la comtesse. « *Souvent,* raconte Guibert, *elle la baignait en secret de ses larmes, elle semblait, par le redoublement de sa tendresse, vouloir la consoler du présent funeste qu'elle lui avait fait de la vie.* »[14]

À son ami Condorcet, Julie donne d'autres indications : « *J'ai eu une enfance agitée par le soin même qu'on a pris d'exercer et d'exalter ma sensibilité. Je connaissais la terreur et l'effroi avant que d'avoir pu penser et juger.* »[15]

Ce qui donne à penser que la comtesse, souffrant déjà de la tuberculose, s'inquiétait de l'avenir de son enfant, et que dans ses effusions de tendresse elle lui laissait deviner des craintes qu'allait justifier un retournement dramatique qui décida pour une bonne part de l'avenir de Julie et nourrira les confidences exaltées qu'elle fit plus tard à Guibert.

« *Les héroïnes de romans,* lui écrivait-elle, *ont peu de chose à dire de leur éducation : la mienne méritera d'être écrite pour sa singularité. Quelque soirée, cet hiver, quand nous serons bien tristes, bien tournés à la réflexion, je vous donnerai le passe-temps d'entendre un écrit qui vous intéresserait, si vous le trouviez dans un livre, mais qui vous fera concevoir une grande horreur pour l'espèce humaine. Ah ! Comme les hommes sont cruels ! Les tigres sont encore bons auprès d'eux... Mon Dieu ! Mon ami, j'ai cent ans : cette vie qui paraît si uniforme, si monotone, a été en proie à tous les malheurs et en butte à toutes les vilaines passions qui animent les malhonnêtes gens !* »[16]

Et Guibert, écoutant ces confidences, de renchérir :

« *Elle m'avait raconté plusieurs fois les premières années de sa vie. Que tout ce qu'on entend sur nos théâtres, que ce qu'on dit dans nos romans est froid et dénué d'intérêt auprès de ce récit !* »[17]

---

14 J.-A.-H. de Guibert, *Éloge d'Éliza*, *op. cit.*

15 *Lettres inédites de Mlle de Lespinasse*, publiées par Ch. Henry, Paris, Dentu, 1887.

16 Lettre XLVI, 26 août 1774, *in Lettres de Mlle de Lespinasse, suivies de ses autres œuvres et de lettres de Mme du Deffand...*, édition présentée par E. Asse, Paris, Fasquelle, 1913.

17 J.-A.-H. de Guibert, *Éloge d'Éliza*, *op. cit.*

En 1739, Julie a sept ans et Diane, sa sœur aînée, vient de fêter son vingt-quatrième anniversaire, quand Gaspard, devenu brigadier de cavalerie, de retour à Champrond pour une longue permission, vient rendre visite à sa maîtresse. Il la trouve vieillie, souffrante, triste, et il tourne ses regards vers sa fille, jolie et bien dotée.

Il a alors quarante ans. Diane lui plaît. Pourquoi s'embarrasser de scrupules ? Il lui fait sa cour et, en novembre de la même année, demande à sa maîtresse la main de sa fille.

Stupeur de la pauvre femme, indignation, résignation. Le 18 novembre, Diane quitte Avauges au bras de l'amant de sa mère.

Cette histoire ne serait qu'horrible si elle ne se compliquait pas de l'existence de la petite bâtarde. Voilà le père de Julie devenu d'un coup un beau-frère et un ennemi. Après avoir renié sa paternité, Gaspard de Vichy avait tout intérêt à éliminer l'enfant. Julie était née dans le mariage et rien ne lui interdisait de revendiquer et sa part d'héritage et le nom des d'Albon en se réclamant de la règle du droit : « *Pater is est quem nuptiae demonstrant* », « *Le père est celui qui indique l'état de mariage* ». La même année, Camille d'Albon s'enrôlait sous les drapeaux et Julie, privée de son frère et compagnon de jeu, se retrouva seule à Avauges, avec une mère qui crachait ses poumons et pleurait sur ses amours perdues.

Tristes années. La comtesse, sachant qu'elle n'avait plus longtemps à vivre, hantée par le sort misérable qui attendait sa fille illégitime, sombra dans le désespoir et le mysticisme.

Il n'y avait alors de place pour les filles que dans le mariage ou dans le cloître. Tous les arbres généalogiques ont leurs bourgeons stériles qui renseignent avec éloquence sur le nombre de laiderons et de filles pauvres enterrées vives dans les couvents.

Les aristocrates désargentés et prévoyants avaient le privilège de caser leurs filles, à peine sorties de l'enfance, dans un de ces chapitres nobles pour dames – à condition que leur sang ne soit entaché d'aucune trace de roture. On exigeait les trente-six quartiers de noblesse. Ces personnes bien nées vivaient alors dans des couvents illustres, sans regrets, puisqu'elles ne connaissaient pas mieux, parées du titre de « Madame », habillées, conformément à la mode, de robes de soir bordées d'hermine, et elles faisaient bonne figure dans le monde. Mais, pour les roturières, c'était bien souvent le cloître forcé. Le siècle est plein d'histoires horribles sur ces pauvres filles obligées par leurs parents à embrasser la vie religieuse. On évoquait en frissonnant ces prisons où des malheureuses, condamnées à perpétuité pour le seul crime de laideur ou d'indigence, sanglotaient jusqu'au jour de leur mort sur les grabats de leurs tristes cellules. Il suffit de lire Diderot…

La marquise d'Albon se résignerait-elle à enterrer sa fille adultérine dans un de ces chapitres auxquels sa naissance lui donnait droit ? Julie marquait une répugnance résolue pour la paix du cloître, la mort lente dans les odeurs d'encens. Elle se refusait à payer pour les péchés des autres et tous ses goûts, tous ses élans l'appelaient vers le monde.

Si au moins elle avait été belle… Mais l'adolescence n'apportait pas à l'enfant ces grâces et cette séduction qui l'eussent aidée à se faire un état. Comment trouver un protecteur avec ce visage ingrat, ce teint brouillé, ces traits irréguliers ? « *Une femme laide est un être qui n'a point de rang dans la nature, ni de place dans le monde.* »[18]

Décidée à sauver sa fille et à lui assurer un destin convenable, Julie d'Albon se lança dans toutes sortes de démarches, résolue à tout tenter pour lui donner un état que les lois pouvaient peut-être lui accorder. Mais la pauvre femme se battait seule contre Gaspard qui, ayant eu vent de ces projets, monta sa femme Diane et son beau-frère Camille contre leur mère. Il y eut des scènes atroces, des menaces, du chantage, des débats sans fin où s'épuisait la volonté de la comtesse.

Julie avait l'âme trop noble pour se venger des bassesses de sa famille. Son sens de l'honneur la détourna de jamais revendiquer ses droits, sans pour cela désavouer ses origines. Dans sa correspondance, elle rappelle souvent qu'elle est « *du meilleur sang* » et cachette délibérément ses lettres avec un sceau aux armes d'Albon, gravées dans un écu en forme de losange qui désigne les femmes non mariées. Il est rare qu'elle exprime son indignation comme dans une lettre à Condorcet : « *Moi qui n'ai connu que la douleur et la souffrance, moi qui n'ai éprouvé que des atrocités de gens de qui je devais attendre du soulagement…* »[19]

La comtesse d'Albon allait mourir. La tuberculose la clouait au lit, dans un état de croissante faiblesse. Elle dicta à son notaire un testament par lequel elle léguait à « *Julie-Jeanne-Éléonore de Lespinasse, fille de*

---

18 A.-G. de Moissy, *Les Jeux de la petite Thalie*, Paris, Bailly, 1769.

19 *Lettres inédites de Mlle de Lespinasse*, publiées par Ch. Henry, *op. cit.*

Claude Lespinasse et de Julie Navarre », une pension annuelle et viagère de trois cents livres, payable en deux termes égaux de cent cinquante livres chacun tous les six mois, « *laquelle pension sera employée pour la nourriture, entretien et éducation de ladite Lespinasse, dans un couvent de son choix, jusqu'à son établissement, mariage ou entrée en religion...* »[20]

Somme dérisoire, si l'on considère que Julie avait droit, au même titre que Diane et que Camille, à une partie de l'immense fortune des Crevent, princes d'Yvetot, et des d'Albon, marquis de Saint-Forgeux. Mais l'idée de la comtesse était de faire un don en espèces à sa fille, de la main à la main, qui serait ignoré du reste de sa famille. Peu de temps avant sa mort, elle fit venir Julie et lui donna la clef d'un petit meuble où elle conservait « *une somme d'argent, assez considérable* », en lui ordonnant de « *la garder pour elle* ».

En avril 1748, Julie de Lespinasse recueillait le dernier soupir de sa mère et restait seule à Avauges. À seize ans, elle était sans soutien, sans ami, dans une maison qu'elle n'avait pas le droit d'habiter, et où elle était désormais une étrangère, d'autant plus démunie qu'elle avait remis à son frère Camille la clef du secrétaire que lui avait offert sa mère, lui confiant tout l'argent qui s'y trouvait.

Camille empocha l'argent et partit rejoindre son régiment, abandonnant sa sœur sans la moindre pitié. Quant à Gaspard et Diane de Vichy, ils jugèrent qu'ils pouvaient tirer un autre parti de la bâtarde, et lui proposèrent de les suivre au château de Champrond. En recueillant sa demi-sœur, Diane de Vichy pensait s'assurer avant tout des moyens de l'empêcher de faire valoir ses droits – si elle s'en avisait un jour.

Le domaine de Champrond était situé à deux lieues de la Loire, au-dessus de Roanne, dans le Briennais, sur les confins du Mâconnais et du Lyonnais. Le château dépendait de la paroisse de Saint-Julien de Cray, dont les Vichy étaient coseigneurs. Il n'en reste aujourd'hui que quelques pans de murs. C'était alors une « maison forte », comprenant une grosse tour carrée flanquée de droite et de gauche de deux vastes pavillons. Elle était entourée de fossés profonds, que l'on franchissait par un pont-levis. On y voyait deux grandes terrasses, l'une du côté du nord, l'autre du midi, un parterre de fleurs, une volière d'oiseaux,

[20] Testament daté du 3 août 1746, Archives d'Avauges.

un ruisseau serpentant près du château, et « *de longues allées en charmille dont l'une menait à une antique chapelle* »[21].

Les Vichy menaient assez grand train de vie pour être « considérés » dans le pays. Ils avaient leur aumônier particulier, un régisseur, un maître d'hôtel, deux cuisiniers, quatre laquais, un cocher, deux postillons, deux secrétaires et une sous-gouvernante. Le minimum, à l'époque, pour tenir son rang dans l'aristocratie de province. Si on se reporte à la vente par adjudication faite en 1793, la maison devait être luxueusement meublée. La somme versée pour les meubles vendus pendant la Révolution au titre de biens nationaux se monta à quarante-huit mille livres, ce qui était considérable.

Les seuls habitants de Champrond étaient Gaspard, sa femme et leurs enfants. Gaspard était alors âgé de cinquante ans. Il s'était retiré du service avec le grade de maréchal de camp et, comme beaucoup de nobles ayant servi dans les armées du roi, il était revenu à sa gentilhommière, où il plantait, défrichait, bâtissait et chassait, se reposant de sa vie aventureuse. On le voyait, dès l'aurore, dans un habit de roguet élimé, le poil grisonnant, les mains calleuses brûlées par le feu des mousquetons, rejoindre les paysans aux champs, entrer dans les étables pour compter les vaches, visiter les métairies, morigéner les fermiers.

Le soir, après dîner, Gaspard contait ses aventures à ses enfants. Et Julie, dans un coin du salon, admirait le séducteur de sa mère, qu'elle avait toujours trouvé « *souple comme un chat, vif comme un lièvre* ».

Il plaisait encore aux femmes, et s'il allait à Paris, parfois, ce n'était pas seulement pour rendre visite à sa sœur, la marquise du Deffand, dont il convoitait l'héritage, mais aussi pour y tenter sa chance dans les salons :

« *M. le comte est gai et gaillard,* note son secrétaire qui l'accompagnait au cours d'un voyage. *Il va constamment à l'abbaye où il y a de jeunes et jolies et aimables dames, entre autres une dont la voix l'enchante. Il lui apprend cette chanson qu'il aime tant et qui commence par : "Ah que vous chantez tendrement..."* »

Diane, son épouse, semblait n'avoir qu'une préoccupation dans la vie : la bonne chère. Dans toutes les lettres qu'elle écrit à ses enfants, il est question de bons repas, de digestions, de nouveaux menus :

« *Je mangeai comme un ogre... Nous avons eu un très bon souper, et entre autres choses un pain aux truffes à l'huile que nous avons tout mangé... Je me suis émancipée à manger un bon aileron et une bonne tourte bien grasse... J'ai*

---

[21] Archives départementales de Mâcon.

bu par-dessus une bonne goutte de vin de Donzère... Votre père a mangé ce soir de bon appétit et vous embrasse... J'ai trouvé une perdrix rouge excellente ainsi que des aubergines... »[22]

Sa correspondance pourrait donner matière à un livre entier consacré à l'art de bien manger dans nos provinces, au milieu du XVIIIe siècle.

Les premiers temps de la vie de Julie à Champrond furent paisibles. Elle passait ses journées à lire, à travailler, complétant ainsi l'éducation que sa mère, suivant les conseils de Fénelon, lui avait donnée elle-même à Avauges.

Julie n'avait pas été élevée au couvent parce que, selon Mme d'Albon, ce n'était pas dans un couvent qu'elle serait amenée à vivre. Dans une pieuse retraite, elle aurait été dressée à la vertu, à l'amour, à la religion. Elle en serait sortie sachant faire une révérence avec grâce, jouer de la vielle, chanter des douzaines de cantiques, la mémoire remplie de petits compliments bien tournés pour la fête de la mère supérieure, et « *autres révérences embéguinées* ». Or, elle avait besoin d'autres armes pour lutter contre l'infortune de sa naissance et se faire une place dans la société.

À seize ans, Julie parlait l'anglais et l'italien. Elle s'était nourrie de Racine, de Voltaire, de La Fontaine et les savait par cœur. Elle connaissait toutes les pièces de Shakespeare qu'elle avait lues dans le texte original et « *possédait la littérature de plusieurs autres langues dans les meilleures traductions* »[23].

À Champrond, elle ne continuait pas seulement à étudier pour son propre compte. Elle donnait aussi des leçons à ses neveux. Il était naturel qu'elle rendît service à sa sœur en l'aidant à l'éducation de ses enfants. Elle s'y employa si bien qu'ils l'adorèrent tout de suite. Dès l'année qui suivit son installation, les Vichy s'en allèrent passer la saison à Paris, assurés que, grâce à Julie, la maison et les enfants seraient bien gardés.

Julie accepta cette responsabilité de bonne grâce, sans savoir qu'elle allait payer cher sa gentillesse et ses dons d'éducatrice.

À leur retour, les Vichy, tirant argument des progrès qu'avaient faits leurs enfants grâce aux leçons de leur institutrice pour s'inquiéter de l'ascendant qu'elle prenait sur eux, choisirent de lui révéler brusquement le secret de sa naissance : « ... *Elle descendit tout d'un coup au rang d'orpheline*

---

[22] *Un hiver en Provence. Lettres de Diane de Vichy à ses enfants 1767-1768*, texte établi d'après les manuscrits originaux, par J.-N. Pascal, Saint-Étienne, Centre d'études foréziennes, 1980.

[23] J.-A.-H. de Guibert, *Éloge d'Éliza*, *op. cit.*

et d'étrangère, écrit Guibert. *La dédaigneuse et barbare pitié prit soin de cette infortunée, jusque-là si tendrement soignée par le remords et la nature.* »[24]

Julie comprit tout d'un coup pourquoi sa sœur l'avait « recueillie » chez elle : par méfiance, et non par pitié, pour mieux la surveiller. Elle regarda dès lors avec horreur ce père qui non seulement l'avait toujours reniée et ne l'avait jamais embrassée, mais encore lui faisait comprendre qu'elle ne devait plus se considérer dans cette maison que comme une institutrice sans salaire, qu'on ne remercie même pas.

Julie s'indigna. Elle se mit à haïr ses « *barbares persécuteurs* ». Au cours de scènes violentes s'échangèrent des paroles qu'on n'oublie pas, les Vichy essayant de terroriser la jeune fille et la menaçant des pires horreurs si jamais elle osait réclamer les droits de sa naissance, Julie se révoltant à l'idée d'être traitée en inférieure par ceux dont elle était la sœur et la fille. Pendant deux ans, elle fut dans le désespoir, en proie à la hantise du suicide : « *Elle vécut, cependant,* rapporte Guibert, *parce qu'elle était dans cet âge où le malheur ne tue pas, et où, pour mieux dire, il n'y a pas de malheur.* »[25]

Mais Julie n'était ni patiente ni humble. Si elle supporta son malheur et ses humiliations si longtemps, c'est qu'elle n'avait pas le choix, et aussi, en partie par amour pour son demi-frère, Abel, de huit ans plus jeune qu'elle, la seule personne au monde qui paraissait l'aimer un peu. Son « *cher Abel* » fut pendant ces années de tristesse l'unique consolation, l'unique bonheur qui arrivait à dissiper ses mélancolies :

« *Dès votre plus tendre enfance,* lui écrira-t-elle plus tard, *je vous ai aimé de tout mon cœur.* » Elle qui – sa mère exceptée – n'eut jamais que du mépris pour tout ce qui était d'Albon ou Vichy, se conduira avec Abel en sœur aînée, en conseillère, se passionnant pour tout ce qui le touche, le dirigeant dans sa carrière, dans la gestion de sa fortune. « *Tout ce qui vous intéresse m'est cher, et je trouverai qu'il manquera toujours quelque chose à mon bonheur tant que je serai condamnée à vivre loin de vous… Je vous aimais à la folie quand vous étiez enfant ; mon sentiment est le même et il durera autant que ma vie… Je ne fais pour vous que la seule chose dont on ne doive pas remercier, c'est de vous aimer de tout mon cœur.* »[26]

---

[24] *Ibidem.*

[25] *Ibidem.*

[26] *Lettres de Mlle de Lespinasse au marquis de Vichy,* Archives du marquis de Vichy.

Abel avait « *l'âme honnête et le caractère ferme* ». Quand il apprit, plus tard, la vérité sur l'ascendance de son ancienne institutrice, il se révolta : « *J'ai eu une grande conversation avec sa mère au sujet de Mlle de Lespinasse. Ce sont des horreurs !* »

Dès lors, son affection pour sa demi-sœur lui fera toujours prendre parti contre ceux qui l'attaqueront. Il viendra la voir à Paris, entretiendra une longue correspondance avec elle, s'installera à son chevet quand elle sera malade. Relations proprement fraternelles, où l'on peut voir une autre preuve de la paternité de Gaspard de Vichy.

Après trois ans d'humiliations, Julie n'avait plus qu'une idée : fuir. Ce pain qu'on lui jetait avait un goût trop amer. Elle annonça subitement à sa sœur Diane qu'elle avait décidé d'entrer au couvent.

Dépitée à l'idée de perdre cette institutrice bénévole, Diane essaya par tous les moyens de la retenir. Elle lui fit mille cajoleries, mille promesses. Rien n'y fit. La décision de Julie était bien arrêtée. Elle écrivit à son frère Camille d'Albon, en dépit de l'indélicatesse avec laquelle il avait empoché la donation faite à sa sœur par leur mère mourante, pour obtenir le complément de sa dot de religieuse.

Les choses en étaient là quand on apprit à Champrond l'arrivée de la sœur cadette de Gaspard, la marquise du Deffand. Le destin de Julie de Lespinasse basculait d'un coup.

La marquise

Une abbesse peu dévote – Lupanar ou couvent ? – Elle est charmante ! – L'éternelle ennuyée – Je me mariai pour aller dans le monde – Dans le lit du Régent – Les délices de Caprée – Des passions de vingt-quatre heures – Mon mari m'ennuie – « Une poupée de sang » – Un homme qui « représente » – Les salons du faubourg Saint-Germain – L'homme aimable – Les auteurs du logis – À chaque femme son géomètre – Les soupers de la rue de Beaune – Plongée dans un cachot éternel – La solitude champêtre – Rencontre – Venez vivre à Paris avec moi – Expiation – Querelles familiales – Le cœur plein d'espérances

Elle fut l'éternelle ennuyée, l'ornement de la cour de Sceaux, l'anxieuse amie de Voltaire, la méchante, l'amoureuse transie de Walpole, l'infatigable épistolière. Son histoire officielle s'ouvre en même temps que les portes de son salon, quand elle atteint la cinquantaine. Elle laisse dans l'ombre une jeunesse dont elle-même ne voulut jamais se souvenir. Négligeons cet interdit. Il faut fureter dans ces années-là pour connaître cette intéressante personne et mieux comprendre le rôle que la marquise du Deffand joua dans l'histoire de Julie de Lespinasse.

Marie de Vichy était née le 25 décembre 1697 au château de Champrond. Précédée par deux garçons, Gaspard et Nicolas, Marie fut bien accueillie. Elle perdit sa mère de bonne heure. Son père l'expédia au couvent dans l'espoir qu'elle s'y ferait des relations utiles à son établissement futur. On choisit la Madeleine du Traisnel, rue de Charonne, à Paris.

Sous l'autorité d'une abbesse peu dévote, la très belle Françoise d'Arbouze de Villemont, cette institution chargée de l'éducation des filles de famille avait eu les faveurs de l'élégance et de la mode, mais tenait autant du lupanar que du couvent. Les nonnes s'y prêtaient plus volontiers au service des hommes qu'à l'adoration du Créateur.

Marc-René d'Argenson, lieutenant de police et ministre du Régent que ses intimes, impressionnés par ses exploits sexuels, surnommaient « La Bête », avait semé la vérole dans ce lieu de prières. Jouissant du privilège d'entrer dans les couvents à n'importe quelle heure, l'ancien garde des Sceaux, après s'être vautré dans tous les gynécées religieux de la capitale, avait fini par s'installer à la Madeleine où il se reposait de la politique de la plus exquise manière : il se faisait frotter les pieds avec de l'eau-de-vie par des houris voilées, tandis que Françoise d'Arbouze, la Circée du cloître, expédiait avec lui les affaires administratives de son institution. À la fin d'un dîner paillard, d'Argenson choisissait une nonnette, renvoyait les autres à la chapelle psalmodier pour lui des cantiques d'intercession, et l'abbesse courait soulever son voile chez le flûtiste Descoteaux, son amant de cœur, avec qui elle finissait la nuit. Quand il mourut, on dédia à d'Argenson cette épitaphe :

« *Ci-gît le chef de la justice*
Lequel maltraitant les putains
Et vivant avec les nonnains
A péri par la chaude pisse. »

Dans cette atmosphère très peu bénédictine, la jeune Marie de Vichy n'apprit rien et perdit la foi. La duchesse de Luynes, sa tante, inquiète de l'impiété de la jeune fille, lui envoya le grand prédicateur Massillon, dans l'espoir qu'il la ramènerait à Dieu.

Les discours de Massillon, son œil éloquent, sa prestance avaient, dit-on, provoqué des miracles, des conversions subites. On citait l'exemple de cet homme de la cour qui, sur le chemin de l'Opéra, avait été arrêté par la file des carrosses des fidèles se dirigeant vers l'église où Massillon prêchait, et s'étant dit qu'un spectacle en valait bien un autre était entré dans l'église et en était ressorti illuminé par la grâce.

Marie de Vichy tint tête au prédicateur qui repartit, séduit par la beauté et l'intelligence de la gamine, en disant : « *Elle est charmante.* » Racontant plus tard à Voltaire son entrevue avec Massillon, Mme du Deffand parodiait Britannicus : « *Mon génie étonné trembla devant le sien ; ce ne fut pas à la force de ses raisons que je me soumis, mais à l'importance du raisonneur.* »[1]

---

[1] Lettre du 28 septembre 1765, *in* M. du Deffand, *Lettres à Voltaire*, Paris, Bossard, 1921.

Si au moins la religion avait pu aider Marie de Vichy à sortir de l'ennui profond où elle était, si elle avait pu trouver dans ses pratiques des consolations ou une exaltation mystique, elle aurait passé sa vie à genoux. Elle désira toute sa vie, le plus ardemment du monde, « *de pouvoir être dévote* ». Cela lui paraissait « *l'état le plus heureux de cette vie* », confiait-elle à son bien-aimé Walpole, car elle y aurait trouvé remède à son épouvante face à l'éternité. Ses lettres, notamment celles qu'elle adresse à Voltaire, son confident, sont pleines de cette terreur. « *Je ne me console pas d'être née,* soupirait-elle. *Toutes les conditions, toutes les espèces, me paraissent également malheureuses, depuis l'ange jusqu'à l'huître. La vie, c'est un grand malheur de l'avoir reçue, quoique c'en soit aussi un fort grand de savoir qu'on la perdra.* »[2]

Aucun divertissement ne permettait de combattre l'ennui dans la propriété du comte de Vichy où Marie se retrouva au sortir du couvent. La vie champêtre, auprès d'un vieux père acariâtre et grigou qui, avec des ruses de paysan, vendait ses lopins de terre pour fumer ses jardins et couvrir son toit de tuiles neuves, paraissait odieuse à la jeune fille qui avait, dans les coulisses de l'abbaye, entrevu les plaisirs de la vie.

À la Madeleine, entre deux récitations de chapelet, on apercevait dans les parloirs des officiers fringants, des femmes sublimes. On entendait les rumeurs de la ville. Les intrigues de la cour, les aventures galantes chuchotées pendant les cours apportaient du piment à la vie quotidienne. Dans ce Mâconnais sinistre, il n'y avait rien à faire, rien à apprendre, rien à dire. Aussi, quand le comte de Vichy, fidèle aux traditions, décida de marier sa fille, elle accepta de bonne grâce.

Le marquis du Deffand de La Lande, brigadier au régiment d'Albigeois infanterie, propriétaire d'un château près d'Étampes, gouverneur de Neuf-Brisach et lieutenant général de l'Orléanais, n'avait de brillant que ses titres. Le revenu de ses terres était maigrichon, et la lieutenance ne rapportait pas plus de cinq cents pistoles par an. Physiquement, il était ce qu'on appelait alors un « beau cavalier », sans autre commentaire : ce qui tend à prouver qu'il était bien fait, mais sans plus de charmes. On le disait tatillon, d'un esprit moyen, sans la moindre fantaisie. Bref, à mourir d'ennui, pour une femme comme celle qu'on lui donnait.

Mais ce n'était pas le mari qui importait, c'était le mariage, avec toutes les promesses que cet état comportait : les plaisirs, les sorties, les toilettes,

2 M. du Deffand, *Correspondance inédite*, Paris, Michel Lévy frères, 1859.

les amants, les diamants. Marie de Vichy, en épousant ce triste comte, ne faisait que suivre l'exemple des femmes de son temps.

« *Je me mariai pour aller dans le monde, voir le bal, la promenade, l'opéra, la comédie* », avouait Mme d'Houdetot[3] à Diderot qui l'avait poussée aux confidences en lui versant à boire[4].

« *Je me décidai devant la tentation d'une berline bien dorée, d'une belle livrée, de beaux chevaux. Pour avoir des diamants, mettre du rouge et des mouches, j'aurais épousé l'homme le moins aimable du monde* », confessait la même Mme d'Houdetot à Mme de Puisieux, pipelette, laideronne, féministe et femme de lettres qui consigna la confidence dans son livre *Conseils à une amie*, longtemps attribué à Diderot qui fut son amant[5].

Mais le devoir conjugal ? On ne s'en embarrassait guère. Le plus grand ridicule était de faire l'amour avec sa femme : c'était du dernier bourgeois, digne d'une marchande de mode, pas d'une dame bien née. Elle y aurait perdu sa réputation. Le sultan des *Bijoux indiscrets*[6] s'indigne qu'Alcide fasse des apartés avec son mari, bien qu'ils soient mariés depuis plus d'une semaine, car « *ils avaient achevé leurs visites, et l'usage les dispensait de s'aimer* ». Dans les *Lettres galantes et philosophiques* de Rémond de Saint-Mard on lit : « *Le marquis de M..., Madame, est insupportable : il caresse toujours sa femme devant le monde ; il a toujours quelque chose à lui dire, enfin, vous diriez d'un amant ; et ce qui me désespère, c'est qu'il s'attire par là un ridicule infini.* »

Marie du Deffand n'avait pas le cœur d'une boutiquière. Au bout de huit jours, elle désertait le lit de son époux, ne cherchant pas plus longtemps à lui trouver des qualités qu'il n'avait pas, ennuyeux comme il l'était, maladroit, et, glisse-t-elle à la postérité, « *aux petits soins pour déplaire* ». Elle n'entendait pas gâcher sa jeunesse et sa beauté au milieu des portraits de famille et des trophées de chasse, face à l'Ennui même. Aussi gagna-t-elle précipitamment Paris, pour chercher les compensations auxquelles son nouvel état lui donnait droit. À la cour du Régent,

---

[3] Femme de lettres. Elle fut le modèle de Jean-Jacques Rousseau pour sa *Nouvelle Héloïse* qu'il lui dédicaça.

[4] D. Diderot, *Mémoires, correspondance et ouvrages inédits*, Paris, Paulin, 1830-1831, vol. I.

[5] Les féministes ont montré depuis quelques années l'importance des écrits de Mme de Puisieux dans ses prises de position en matière d'éducation féminine.

[6] Œuvre de Diderot. Le Sultan, Mangogul, reçoit du génie Cucufa un anneau magique dont il lui suffit de tourner le chaton pour que la dame à qui il parle lui confesse ses secrets, par l'intermédiaire de son sexe.

une jolie femme se retrouvait vite dans le lit de Philippe d'Orléans. C'est une ligne écrite par Horace Walpole, confident très intime, qui jette cette lueur sur le passé de la marquise. Elle ne s'en vanta jamais. Comment se flatter d'avoir eu les faveurs d'un homme qui, engrossant sa fille aînée, disait à la cadette : « *Demain vous serez à moi ou votre amant est mort* », et couchait avec tout ce qui bougeait ?

Ni l'un ni l'autre ne voulut s'attarder dans une « *liaison qui en quelques jours avait épuisé tous les plaisirs qu'on en pouvait attendre* »[7]. Mais la marquise continua de folâtrer dans « *les délices de Caprée* », développant au contact des maîtresses du Régent toutes ces grâces artificielles, œillades, minauderies, coups d'éventail, regards, affectations et négligences sans lesquelles les beautés de la Régence n'auraient su réussir dans le monde.

Tous les soirs, il y avait des fêtes, des orgies magnifiques où il était de bon ton d'être ivre. Le premier à rouler sous la table était Philippe qui ne pouvait pas tenir deux verres de vin. Les dîners fins réunissaient les favorites rivales, aux cheveux coupés courts, frisés et poudrés, aux longues robes relevées par des paniers, en fine soie des Indes. Les hommes à la mode, les Brancas, les Biron, les Nocé, les Canillac. On s'enivrait avec du Tokay et du Silery à la glace. On mangeait du filet de faisan à la financière, des laitances de carpes et des coulis d'écrevisses, des essences de gibier, des grives et des cailles désossées, du perdreau farci, des aspics de poularde du Mans, des cuissots de chevreuil trempés dans du madère.

À la droite du Régent trônait Mme de Parabère, folle de Richelieu et adorée de Philippe, l'âme de ses débauches. En face d'elle, Mme de Sabran : « *Voyez là*, écrivait Mathurin Régnier dans son livre *Les Maîtresses du Régent, passer au milieu des reflets de l'orgie cette femme pâle et hautaine, à l'œil ardent sous un sourcil froncé, le geste brusque et la lèvre tordue d'un sarcastique sourire. Écoutez cette tristesse qui fait mal et cette joie qui fait peur. Cette femme, c'est le martyre du plaisir, c'est la damnée volontaire. C'est la vivante ironie de la Régence qui s'appelle Mme de Sabran. Elle remplit avec une âpre complaisance, avec un zèle désespéré, sa charge de faiseuse de favorites, et quand elle donne au Régent une nouvelle maîtresse, on dirait qu'elle se venge. Le Régent le sait, qui la hait sans oser la mépriser, et il l'évite sans pouvoir s'en passer. Les rencontres sont terribles, parfois, entre ces deux sceptiques acharnés, entre ces deux ennemis intimes, armés chacun de l'esprit et de tout le cynisme de leur siècle.* »

---

[7] E. et J. de Goncourt, *La Femme au XVIIIe siècle*, Paris, Charpentier, 1882.

À gauche du Régent se tenait sa fille, la duchesse de Berry, enceinte de son père[8], mais « *pas si sotte pour s'en tenir à son papa* », buvant comme un palefrenier, vomissant sur la table et racontant à la société comment Riom, l'étalon bouffi qu'elle avait pris pour amant, la couvrait de coups et de honte ; et la « *céleste Mme de Prie* » qui, sous un voile de naïveté cachait la fausseté la plus dangereuse, « *simple dans le vice, violente sous un air de douceur, libertine par tempérament* »[9], et qui gouverna la France pendant deux ans. Les libellistes faisaient courir sur elle la devinette :

« *Quelle différence y a-t-il entre elle et la châsse de sainte Geneviève ? C'est que, pour obtenir des grâces de sainte Geneviève il la faut descendre, et pour en obtenir de Mme de Prie, il la faut monter.* »

Cependant, Mme de Chamenoux, à genoux sous la table, se faisait montrer par les hommes ce que Béroalde de Verville appelait leur « *moyen de parvenir* »[10].

C'est aussi à la table de Philippe que la marquise du Deffand rencontra Voltaire, qui devint son ami intime, et avec lequel elle entretint la fabuleuse correspondance qui rayonne sur l'histoire des lettres du XVIIIe siècle. Au milieu de convives comme Fontenelle, la comtesse de Ségur, lord Stanhope, la princesse de Beauvau, la petite provinciale s'affirma par sa drôlerie, ses bons mots, son intelligence et son cynisme. « *Personne n'a plus d'esprit et ne l'a si naturel. Le feu pétillant qui l'anime pénètre au fond de chaque objet, le fait sortir de lui-même et donne du relief aux simples linéaments. Elle possède au suprême degré le talent de peindre les caractères et ses portraits, plus vivants que les originaux, les font mieux connaître que le plus intime commerce avec eux.* »[11]

L'éternelle ennuyée faisait rire. Ses remarques caustiques semaient la terreur, mais charmaient. Tous les salons se l'arrachèrent. On la vit dan-

---

8 Elle mourut le 22 juillet 1719 au Pavillon de la Muette. « *À l'ouverture de son corps, on trouva qu'elle était grosse, et l'on ne put trouver aucun prélat qui voulût officier ni même assister à ses funérailles. Mme la duchesse d'Orléans, à qui l'on ne disait pas grand-chose et qui ne devinait pas le reste, trouva fort mauvais et fort indécent qu'on ne se fût pas conformé à l'usage et qu'on n'eût pas fait proférer une oraison funèbre. Mais le Régent, qui n'ignorait de rien, n'avait pas cette prétention-là pour madame sa fille et je crois qu'il se trouva bien heureux de ce que les moines de Saint-Denis ne lui avaient pas refusé l'entrée du caveau royal.* » (*Souvenirs de la marquise de Créqui de 1710 à 1803*, Paris, Garnier Frères, s. d., vers 1839.)

9 Ch. Duclos, *Mémoires, in Œuvres complètes*, Paris, Colnet, 1820.

10 B. de Verville, *Le Moyen de parvenir*, [1610], Paris, Garnier, 1879.

11 Mme de Staal, *Mémoires*, [1755], Paris, Mercure de France, 1970.

ser la polonaise et la balzamire chez la duchesse de Mazarin, assassiner d'un mot les œuvres littéraires chez Mme de Beauvau, jouer au whist chez Mme de Mirepoix. Quand elle arrivait au bal ou au théâtre, dans des robes claires piquées de bouquets, la taille bien prise, le sourire étincelant, une mouche assassine au coin des lèvres, le regard « *pareil à celui de l'aigle* », disait-on, une nuée d'admirateurs l'entouraient aussitôt.

Son mari, quand il l'accompagnait, soupirait et rongeait son frein. Élevé sur ses terres, formé par la vie militaire, il avait gardé des principes très peu en faveur dans la capitale. À Paris, tout sentiment vrai était ridicule, et ce mari jaloux, probablement amoureux de sa femme, était jugé sans indulgence. On l'appelait le provincial, le grognon. On riait de lui. Ne savait-il pas, ce dadais, qu'on épouse une femme, qu'on vit avec une autre et qu'on n'aime que soi ? Ne savait-il pas que les maladies vénériennes, on s'en plaint comme de la migraine, avec des coquetteries. C'est la maladie à la mode. « *Le petit maître s'en fait honneur. Elle prouve ses bonnes fortunes... Celui qui veut paraître homme du bel air, et connaître le monde et ses usages, doit se vanter de l'avoir eue, et dire combien de fois.* »[12]

Mais derrière l'image des courtisanes et des femmes du monde qui s'affichaient s'avançaient déjà celles que Lescure appelle « *les femmes philosophes* » dans l'ouvrage qu'il leur consacre[13]. Les vertus s'exerçaient dans l'ombre, avec la modestie des personnages de Chardin.

Le marquis du Deffand rêvait d'un bonheur à la Philémon et Baucis dans une campagne paisible. Il essaya souvent de convaincre sa femme que la vertu n'a jamais enlaidi personne, que la dissipation de la vie parisienne finirait par la dégoûter d'elle-même et des autres. Il usa de tous les arguments. Il devint violent, et quand il se rendit compte que son épouse le trompait avec un homme à la mode, le comte Delrieu du Fargis, il posa un ultimatum : lui ou moi. La marquise choisit l'amant, et le comte, vaincu et malheureux, alla s'enfermer avec sa tristesse dans sa gentilhommière de l'Orléanais.

Le monde était indulgent pour les femmes infidèles à condition que leurs aventures fussent couvertes par leurs maris. Mais dès lors que ceux-ci prenaient la poudre d'escampette, l'opinion se retournait contre elles. On admit mal la liaison du Deffand-du Fargis. La cote de la marquise

---

12 E. et J. de Goncourt, *La Femme au XVIIIe siècle*, *op. cit.*

13 M. de Lescure, *Les Femmes philosophes*, [1881], Elibron Classics, 2001.

baissa considérablement, et le jour où le Régent mourut, foudroyé lors d'un dîner fin dans les bras de sa maîtresse, Mme de Phalaris[14], la désapprobation devint générale. Privée de son chef, « *la Fronde des Mauvaises Mœurs* » se trouva déroutée. Une époque était finie. Les dévots virent dans cette fin la punition de Dieu. Les âmes pieuses gémirent.

Mme du Deffand connaissait assez le monde pour s'apercevoir rapidement qu'elle s'était fourvoyée avec du Fargis. Quand elle entrait dans les salons, elle ne voyait que sourires contraints. On riait moins souvent de ses bons mots. Coucher probablement sans plaisir (« *Je n'ai ni tempérament, ni roman* ») avec un homme qui vous déconsidérait aux yeux du public, c'était de la bêtise. Aussi, suivant les conseils de la douce Aïssé, la grande amoureuse de cette époque, qui mourut pour le chevalier d'Aydie, elle prit la résolution de se réconcilier avec son mari, et partit le rejoindre à la campagne.

Elle n'y tint pas longtemps, et la nouvelle de la mort de Mme de Choiseul lui donna un prétexte pour regagner Paris. M. du Deffand crut gentil d'aller la rejoindre. Le pauvre homme tenta une fois de plus de séduire

---

[14] « *On prévoyait que d'un moment à l'autre, il seroit emporté par une apoplexie. Ses vrais serviteurs tachoient de l'engager à une vie de régime, ou du moins à renoncer à des excès qui pourroient le tuer en un instant. Il répondoit qu'une vaine crainte ne devoit pas le priver de ses plaisirs ; cependant, blasé sur tout, il s'y livroit plus par habitude que par goût ; il ajoutoit que, loin de craindre une mort subite, c'étoit celle qu'il choisiroit. Il y avoit déjà quelque temps que Chirac, voyant à ce prince un teint enflammé et les yeux chargés de sang, vouloit le faire saigner. Le jeudi matin, 2 décembre, il l'en pressa si vivement que le prince, pour se délivrer de la persécution de son médecin, dit qu'il avoit des affaires urgentes qui ne pouvoient se remettre, mais que, le lundi suivant, il s'abandonneroit totalement à la faculté et jusque-là, vivroit du plus grand régime. Il se souvint si peu de sa promesse que ce jour-là même il dîna, contre son ordinaire qui étoit de souper, et mangea beaucoup suivant sa coutume. L'après-dînée, enfermé seul avec la duchesse de Phalaris, une de ses complaisantes, il s'amusoit en attendant l'heure du travail avec le roi. Assis à côté l'un de l'autre devant le feu, le duc d'Orléans se laisse tout à coup tomber sur le bras de la Phalaris qui, le voyant sans connoissance, se lève tout effrayée et appelle du secours, sans trouver qui que ce fût dans l'appartement.*
[…] *la Phalaris fut donc obligée de courir jusque dans les cours pour amener quelqu'un. La foule fut bientôt dans l'appartement ; mais il se passa encore une demi-heure avant qu'on trouvât un chirurgien. Il en arriva un enfin et le prince fut saigné ; il étoit mort.* » (Ch. Duclos, *Œuvres complètes*, *op. cit.*, tome VI, *La Régence*.)
La duchesse de Phalaris était l'épouse de Gorge d'Antrague, fait duc de Phalaris par le pape. Il était lui-même fils du financier Gorge, dont Boileau parle ainsi dans sa première satire :
« *Que Gorge vive ici, puisque Gorge y sait vivre.* »
On a mis George dans les éditions suivantes (Duclos).

sa femme. Il la couvrit de cadeaux, de fleurs et de compliments. Il dîna et soupa chez elle, au risque d'y perdre sa réputation. Mais le monde fut indulgent pour le mari amoureux, il crut à une réconciliation, et applaudit. On célébra « *la plus belle amitié du monde* ». Au bout de six semaines, le mari transi dut désarmer. Mme du Deffand avait repris pour lui une « *aversion outrée* ». Il regagna ses terres, la mort dans l'âme, pour recevoir bientôt cette lettre de sa femme qui dit tout :

« *Mon ami,*

Je vous écris parce que je ne sais que faire, et je m'arrête ici, parce que je ne sais que dire. »

Restée seule, Mme du Deffand prit toutes les mesures imaginables pour éviter le retour de ce mari obstiné, et courut chercher remède au néant de sa vie dans le plus célèbre des salons de l'époque : la cour de Sceaux où la duchesse du Maine, petite-fille du Grand Condé, régnait en despote sur ces « *Galères du Bel Esprit* ».

Faisons un saut en arrière, à la fin du règne de Louis XIV pour comprendre la singularité et l'importance de ce premier salon du siècle.

C'est parce qu'elle était dévorée par l'ambition qu'Anne Louise Bénédicte de Bourbon avait accepté d'épouser le duc du Maine[15], fils de Louis XIV et de Mme de Montespan. Or les bâtards de la Montespan avaient été légitimés et les descendants directs de Louis XIV étaient morts. Si donc Anne Louise, cet « extrait du Grand Condé », conspirait intelligemment pour évincer le futur Régent, le trône reviendrait de droit à Philippe, roi d'Espagne, qui choisirait le duc du Maine pour lui suppléer. Louis XIV était mourant. Tous les rêves étaient permis. « *Elle nageait,* écrit Saint-Simon dans ses *Mémoires, dans la joie de sa future grandeur.* »

En attendant qu'ils se réalisent, la duchesse, haute comme trois pommes, presque naine, pas vraiment bossue mais affublée d'un « *tour d'épaule* », fardée comme une poupée « *de sang* », comme disait la duchesse d'Orléans, menait la vie dure à son époux pied bot : « *Je vous ai fait l'honneur de vous épouser* », lui répétait-elle sans cesse.

Elle fit en sorte qu'il lui offrit le château de Sceaux et en fit un Versailles en miniature.

---

[15] Louis Auguste de Bourbon, né à Saint-Germain le 31 mars 1670. « *Fils de Jupiter* », dit La Fontaine, en faisant allusion à sa claudication. « *Pied bot par vice d'humeur de la nature* », écrit Saint-Simon. Il fut légitimé en 1673.

Une chanson courait alors les rues :

« *De sa femme et de sa fortune*
Esclave soumis et rampant
Du Maine ne se livre à l'une
Que quand de l'autre il est content

Sa femme joue en comédienne
Reçoit toutes sortes de gens
Et sa maison est toujours pleine
De coquettes et de galants

À Malezieu cette princesse
Prodigue ses plus doux appas
Il lui montre de la tendresse
Mais on dit qu'il ne l'aime pas. »

Ce fut l'époque des Grandes Nuits de Sceaux, « *où la fantasque duchesse, habillée en fée Ludovise, déployait avec une fantaisie sans bornes ses goûts pour la féerie et le théâtre : tableaux vivants, chants, danses allégoriques, ordonnés par Rose Delaunay, sa femme d'atours, l'âme de ses fêtes, et l'abbé de Vaubrun, "le sublime du frivole". Il avait, dit-on, trois coudées de hauteur du côté droit et deux et demie du côté gauche, un peu fou, un peu baroque, mais inventif et plein d'initiative.* »[16]

Au milieu de feux d'artifice apparaissaient des personnages merveilleux, sous la forme de la Nuit enveloppée de ses crêpes constellés d'argent et venant remercier Ludovise de la préférence qu'elle accordait à la Nuit sur le Jour. Mlle Delaunay chantait des nocturnes :

« *Pour divertir Ludovise et sa cour,*
Rassemblons en ces lieux Hébé, Comus et Flore,
Faisons briller ici l'éclat d'un nouveau jour,
Digne en effet du Palais de l'Aurore… »

Hélas ! Non seulement Louis XIV laissa la régence au duc d'Orléans, mais le 2 juillet 1717, le Régent publiait l'édit de déchéance contre les bâtards. Anéantis, les rêves de puissance de Ludovise, qui lança à son mari : « *Il ne me reste plus que la honte de vous avoir épousé !* »[17]

---

16 *Souvenirs de la marquise de Créqui, op. cit.*

17 Mme de Staal, *Mémoires, op. cit.*

Puis elle courut rédiger un mémoire en faveur des princes légitimés, et tenta, avec l'ambassadeur d'Espagne en France, de ravir la régence au duc d'Orléans. Échec de la conspiration : la duchesse se retrouva en prison. Fin de la première période de Sceaux.

La Bastille, la dégradation, l'outrage public, rien n'entama la déesse de Sceaux. Avec le même entêtement, le même orgueil, la même frénésie, elle reprit sa vie de fêtes « *entre deux charmilles* »[18]. Son public n'était plus le même. Les ministres, les ambitieux avaient déserté sa cour, par crainte de déplaire. Mais une nouvelle société d'écrivains, de savants, de philosophes, venait se répandre en hommages autour de Ludovise, et s'évertuait à la divertir.

« *S'agitant avec une démonerie infatigable, de peur d'avoir à réfléchir un seul instant* »[19], elle lisait Euripide, collait son œil au télescope, mettait en scène les pièces que Voltaire écrivait pour elle, et jouait tous les rôles avec passion, mais toujours aussi mal. Elle avait soixante-dix ans quand Voltaire écrivait à Mme du Deffand :

« *Mettez-moi aux pieds de Mme la duchesse du Maine, c'est une âme prédestinée : elle aimera la comédie jusqu'à son dernier moment. Quand elle sera malade, je vous conseille de lui administrer quelque bonne pièce au lieu de l'extrême-onction ; on meurt comme on a vécu.* »

Assez fine mouche pour mesurer le profit qu'elle pouvait tirer de l'intimité d'une altesse, la marquise du Deffand passait ses soirées à Sceaux, avec Fontenelle, Crébillon et Grimm. Elle s'attardait aussi dans un coin du salon pour de longs tête-à-tête avec le président Hénault. Il était temps qu'elle redore une réputation ternie par sa rupture avec son mari et qu'elle noue une liaison sérieuse.

Le président Hénault était l'un de ces hommes de Paris qui « représentaient » le mieux. Ce n'est pas qu'il ait été doué de qualités exceptionnelles, mais il avait l'art d'en tirer le meilleur profit.

Ses premiers enthousiasmes avaient été pour Massillon. Saisi par l'éloquence et jugeant que la meilleure caisse de résonance était l'ogive des cathédrales, il était entré chez les Oratoriens pour y préparer des sermons. C'est ainsi qu'il débuta dans les lettres. Mais comme l'habit ne

---

[18] Portrait de la duchesse du Maine par Sainte-Beuve, *in Causeries du lundi*, tome III, [s. d.], Paris, Garnier, 1928.
[19] *Ibidem*.

l'avait pas fait moine, il sortit de l'Église pour entrer dans le monde, et s'y lança par tous les chemins.

Devenu magistrat, il fut reçu ensuite président au Parlement, avec une dispense d'âge, et concourut en même temps pour le prix de l'Académie française. Hélas, il n'obtint qu'un accessit pour le sermon qu'il composa sur le sujet proposé : « *Qu'il ne peut y avoir de véritable bonheur pour l'homme que dans la pratique des vertus chrétiennes.* » Il se mit à versifier. En 1713, la Comédie-Française donnait une de ses tragédies : *Cornélie Vestale*, « *fruit de sa première jeunesse et ouvrage de l'amour* », avoue-t-il dans une épître dédicatoire, et il ajoute : « *Il est à craindre qu'elle ne se ressente de l'emportement d'une première passion.* »

Voici, en échantillon, deux vers de cette pièce que Mme du Deffand trouvait exécrable :

Et ne pouvant souffrir la honte d'un lien
Il voudrait être au moins libre de n'aimer rien.

Cornélie Vestale fut jouée durant cinq jours.

Le président Hénault trouva sa vraie consécration dans le monde des lettres comme « nègre » : en rédigeant les discours officiels des ministres, leurs déclarations, leurs chartes, le tout piqué de bons mots, de formules, avec des bonheurs de langage. Honnête homme sans génie, bon élève dans tous les genres ; sa musique n'était point savante, mais agréable ; sa poésie ne touchait point au sublime, mais dans le genre de celle de Fontenelle, douce et spirituelle ; sa prose était coulante et facile. Son éloquence n'était point « *mâle ni dans le grand genre* ». Il n'était jamais « *ni fort, ni élevé, ni fade, ni plat* »[20].

Il faut croire que ces qualités suffisaient pour faire carrière ! En 1723, il fut reçu à l'Académie française où il succédait au cardinal Dubois. Hénault dut rédiger non seulement son discours, mais aussi celui de Morville que l'Académie avait choisi pour le recevoir : ministre des Affaires étrangères, Morville n'avait pas de temps à perdre. C'est le récipiendaire qui s'envoya à lui-même des coups d'encensoir par la bouche de Morville :

« *Il y a longtemps, Monsieur, que votre amour pour les lettres est célèbre dans cette Compagnie ; les applaudissements que vous y recevez aujourd'hui ne vous*

---

[20] *Mémoires du marquis d'Argenson*, Bibliothèque elzévirienne, 5 vol., 1857-1858.

sont pas inconnus ; vous y devez être accoutumé, et vous les avez obtenus dans un âge auquel on ferait un mérite d'en concevoir l'espérance. Tant de talents soutenus ou plutôt rendus utiles par des qualités plus précieuses encore, par la douceur de vos mœurs, par la sûreté de votre commerce, par la conciliation que vous apportez aux affaires, par la pénétration aussi vive que réfléchie dont vous les démêlez, par l'attention que vous avez et qui est si nécessaire, en persuadant les autres, de leur laisser croire que vous ne pensez que d'après eux... »

Le discours de Morville obtint plus de succès que celui du président, qu'on trouva fade.

Hénault avait du goût pour les coulisses. Mme du Deffand dit de lui qu'il était exempt des passions qui troublent le plus la paix de l'âme : l'ambition, l'intérêt, l'envie lui étaient inconnus. C'était un modeste, un bon second rôle, un parfait témoin, à son aise partout, au Parlement, à l'Académie, dans les salons et dans les boudoirs des jolies femmes.

Les femmes raffolaient de lui. Gai, doux, d'humeur égale, drôle. Et s'il avait eu des passions dans sa jeunesse, il n'était plus très fougueux quand il rencontra Mme du Deffand. À cette époque, il avoue qu'il commençait à être bien aise quand par hasard il se trompait d'heure et arrivait trop tard à un rendez-vous galant. « *Pauvre Président,* observe Grimm, *il a pu être un amant aimable, mais amant passionné... on ne saurait lui faire cette injustice...* »[21]

Bref, l'homme idéal pour une femme de trente ans : sans tempérament, un compagnon sûr, un rempart contre la médisance. Du jour au lendemain, elle regagna toute la considération qu'elle avait perdue. Elle se lança dans cette « aventure » froidement, par calcul, et le portrait qu'elle nous donne du président prouve qu'elle le jugeait sans illusions :

« *Toutes les qualités et même presque tous les défauts de M. le président Hénault,* dit-elle, *sont à l'avantage de la société. Sa vanité lui donne un extrême désir de plaire, sa facilité lui concilie tous les différents caractères, et sa faiblesse semble n'ôter à ses vertus que ce qu'elles ont de rude et de sauvage dans les autres...* »

Les lettres échangées entre le président Hénault et Marie du Deffand pendant un voyage qu'elle fit aux eaux de Forges pour soigner un début de

---

[21] F. M. Grimm, *Correspondance littéraire*, (15 juillet 1768), éditée par M. Tourneux, Paris, Garnier frères, 1885. Voltaire le voyait autrement : « *Hénault, l'un des meilleurs suppôts / Du Dieu que les buveurs adorent, / Que l'amour doit compter encore / Au rang de ses zélés dévôts.* »

tumeur donnent une idée de cette liaison quasi conjugale. Les premières lettres de la marquise la montrent plus romanesque qu'elle ne se l'avoue à elle-même, ou du moins qu'elle n'ose l'avouer aux autres :

« *Je suis saisie par la crainte d'être demain encore sans nouvelles... La privation où je suis depuis deux jours m'afflige infiniment... Vous m'êtes plus nécessaire que ma propre existence... Je ne saurais me passer de vous...* »

Les lettres du président sont plus froides. Il raconte ses parties de campagne, il badine. Pas trace de regrets, pas l'ombre d'une mélancolie. Il lui parle des femmes avec qui il dîne. « *Tout ce que je vous conseille, c'est de profiter pleinement de mon absence,* lui répond-elle, *d'être bien aise de vos amies... Pour moi, je suis fâchée de ne vous point voir... Dites-vous que vous avez la clef des champs et ne craignez pas que je veuille jamais la reprendre ; comme vous avez un passe-partout, j'en connais l'inutilité.* »

Malgré elle, elle laisse voir sa tristesse. On a l'impression qu'elle est moins incapable d'aimer passionnément que découragée de ne trouver personne qui lui paraisse mériter son amour : « *Lorsque je remarque en vous un grain de sentiment vrai,* lui écrit-elle, *il fait le miracle du grain de l'Évangile, il transporte les montagnes, mais rarement me laissez-vous jouir de cette illusion...* »

Ce « mariage de raison » dura, malgré la tiédeur des sentiments de l'un et de l'autre. Tiédeur qu'ils se réservaient l'un pour l'autre, car Mme du Deffand avait en elle des réserves de passion dont témoignera à la fin de sa vie celle qu'elle éprouvera, vieille et aveugle, pour Horace Walpole.

Après quinze ans, ils étaient encore ensemble. Il venait toujours dîner dans l'appartement de la rue de Beaune, où la marquise, entourée de ses amis, jetait les fondements du salon qui allait devenir l'un des « bureaux d'esprit » du siècle.

Lasse de faire des révérences à la duchesse du Maine, Mme du Deffand avait décidé de tenir un sceptre, elle aussi, et d'avoir sa cour.

Sous le règne du Roi-Soleil, Versailles avait été le seul centre de l'activité artistique et de la vie intellectuelle. Hors Versailles, point de salon. Le monde n'existait que là. La vie mondaine était l'apanage de quelques altesses et de rares aventurières comme Ninon de Lenclos qui avait eu assez de toupet pour inviter chez elle un parterre de duchesses à écouter une lecture de Molière.

À la mort du vieux souverain, la foule des courtisans se dispersa. Les salons du faubourg Saint-Germain s'ouvrirent, les grands comme les petits. Celui de la vieille marquise d'Alluys était une sorte de taverne où les gros buveurs, les gros mangeurs, ceux qui voulaient rire et s'amuser, venaient passer un moment, et manger du boudin et de la saucisse en se racontant les nouvelles scandaleuses du jour. Il y avait du très beau monde chez la maréchale d'Estrée, mais on se serrait la ceinture quand l'épicière avait refusé de faire crédit. La princesse de Beauvau et la maréchale de Luxembourg recevaient dans un luxe qui faisait songer, dit le comte de Ségur, à la célèbre Athènes. On avait peu de chances d'être élu à l'Académie si on n'avait pas été présenté chez Mme de Lambert, et par elle. La jeunesse dorée allait danser chez la comtesse de Sassenage. On médisait chez Mme d'Usson. On allait jouer la comédie chez la duchesse de Villeroy. Les mélomanes allaient écouter des concerts de clavecin chez Mme de Crussol en buvant du vin de Chypre.

Les hôtesses présidaient leurs cénacles comme elles l'entendaient, et, en pénétrant chez elles, on prenait l'engagement de respecter leurs lois. Elles ne demandaient plus aux hommes d'être courtois comme les chevaliers des cours d'amour, mais polis et aimables. Le siècle plaçait l'homme poli « *immédiatement après l'âme noble et l'esprit sublime* »[22].

Les hommes s'étaient inclinés devant les exigences et l'autorité des femmes. Ils étaient devenus aimables.

« *Que faudra-t-il donc apprendre à mon fils ?* demandait le marquis de la Jeannotière, nouveau riche.

– *À être aimable, et s'il sait les moyens de plaire, il saura tout.* »[23]

Voltaire ne plaisantait qu'à moitié.

La toile de fond des salons était composée, cela va de soi, de gens du monde. Les anciens administrateurs et soutiens du royaume que Louis XIV avait confinés dans des rôles de figurants n'avaient plus qu'une seule préoccupation : traîner leur oisiveté dans des cadres dignes de leurs rangs. Entre les boiseries et les clavecins des hôtels particuliers, on voyait papoter les La Rochefoucauld, les Montmorency, les Luxembourg. Ces gens, que la cour destinait à parler et réduisait à ne rien dire, perfectionnaient un nouvel art : l'art de la conversation. N'ayant strictement rien d'autre à faire, résignés à ne plus parler politique, n'ayant plus de bataille à évoquer, plus de glorieuses cicatrices

---

[22] E. et J. de Goncourt, *La Femme au XVIIIe siècle*, *op. cit.*

[23] Voltaire, *Jeannot et Colin*, Paris, 1764.

à commenter, ils inventèrent des jeux avec les mots, des tons de voix, quelques manières « *indispensables à tout être poli* ». Avant d'aller prendre le thé, le jeune homme devait, s'il voulait plaire, répéter ces manières devant un miroir.

Plus les idées s'étriquaient, plus les mots se compliquaient. « *Il fallait mettre de la finesse dans ses tours et du péril dans ses idées.* » Il ne s'agissait plus de dire, mais de bien dire. Tout dans le style, rien dans la phrase. La clarté élégante devint « *l'expression même du caractère français* ». Mieux valait ne point communiquer ses pensées que mal les communiquer.

Une « *nouvelle préciosité* » s'élabora dans le salon de Mme de Lambert. On s'ingéniait à ne comprendre qu'à demi-mot. Si on ne comprenait pas, on faisait semblant. « *Nous appelons expression fine celle qui ne présente la pensée qu'à demi, et qui la fait entendre sans l'expliquer dans toute son étendue.* » Tous les sujets étaient passés au fil de l'esprit. Le bon ton était de railler, de piquer par des pointes assez subtilement aiguisées pour que la piqûre soit imperceptible.

Le trait d'esprit devint l'art suprême. Quand Mme du Deffand dit de *L'Esprit des lois* que Montesquieu venait de publier : « *C'est de l'esprit sur les lois* », le mot courut Paris. On applaudit.

Chaque salon avait son homme d'esprit. « *On s'ennuie, la conversation tombe parce que l'homme d'esprit est absent, on va le chercher. Il entre : à peine a-t-il fait un pas vers l'assemblée qu'on s'écrie : "Voilà l'homme", et on l'applaudit.* »[24]

Une ou deux fois par mois, le *Mercure de France* proposait à ces esprits déliés des logarithmes et des énigmes que les « *petits maîtres* », les « *fats* » s'évertuaient à résoudre. Faire de l'esprit était pour les ambitieux un moyen d'arriver. Avoir de l'esprit était l'ambition de tous.

« *Oh ! je voudrais de la conversation, moi !* » s'écrie Schah-Baham, le sultan de Crébillon[25].

On parlait d'amour, bien sûr, mais en bannissant le tragique, la passion qui fait souffrir. Si on dispensait facilement de la vertu, on ne dispensait jamais de la bienséance, il fallait donc évoquer le plaisir, « *les distractions grossières* » avec élégance. On parlait des « *ressorts cachés* » et des « *mouvements secrets* » des sentiments. La femme tenait l'homme à l'écart, tout en lui faisant signe d'attendre. Pour faire sa cour, le beau employait des

---

[24] E. et J. de Goncourt, *La Femme au XVIIIe siècle, op. cit.*

[25] Dans son livre *Le Sopha*, publié à Paris en 1742.

périphrases mystérieuses, des termes entortillés. On enjolivait les péchés par des figures de rhétorique.

Aussi les maîtresses de maison durent-elles ouvrir leurs portes aux gens de lettres. Ils furent d'abord reçus avec une certaine froideur et considérés comme de simples amuseurs. Lorsque Voltaire, qui fréquentait le même salon que le prince de Rohan, se prit de querelle avec lui, ce grand seigneur refusa avec hauteur de se battre en duel, et le fit bâtonner par ses laquais.

Mais peu à peu, les barrières sociales tombèrent, et les hommes de lettres devinrent les « *indispensables* » des bureaux d'esprit :

« *Les mœurs font à Paris ce que l'esprit du gouvernement fait à Londres,* écrit Duclos, en 1750 ; *elles confondent et égalisent dans les sociétés les rangs qui sont distingués et subordonnés dans l'État... Tous les jours, dans les cercles les plus brillants, les lettres rapprochent des conditions, malgré le faste des dignités et l'orgueil de la naissance.* » Les gens du monde se mirent donc à la recherche des écrivains « *malgré leur esprit, qu'ils craignaient comme les voleurs craignent les lanternes* ». « *S'il en est qui les aiment par choix, tous s'en piquent par mode* », ajoute Duclos[26].

Écrivains, poètes, conteurs, gratte-papier, logographes, libellistes, plagiaires, glossateurs, sortant de l'ombre, furent enrôlés sous les lustres. Colonne par deux, coudes au corps, ils s'y ruèrent de bonne grâce et s'installèrent dans les bergères, le bon mot à la bouche.

« *Vous écrivez ? Venez donc dîner, il y aura le prince de Conti et la duchesse de Luxembourg.*

– Passez chez moi ce soir. Vous y verrez d'Alembert et Montesquieu. »

Tout le monde y trouvait son compte : la roture intellectuelle se frottait au beau monde et y gagnait en élégance et en belles manières. La roture aristocratique limait sa cervelle contre celle des penseurs, s'imprégnant de leurs lumières.

On n'allait plus voir cette chère Mme de Lambert, on allait écouter Fontenelle. Ce vieillard que la mort semblait avoir oublié faisait la loi à l'hôtel de Nevers et dans tous les autres salons de Paris. On le vit pendant plus de soixante ans sillonner le faubourg Saint-Germain, de plus en plus impotent sur sa chaise à porteurs, pour aller porter ses

---

[26] Ch. Duclos, *Œuvres complètes*, *op. cit.*

idées – ou les idées des autres – d'un salon à l'autre. On le vit suivre l'enterrement de toutes ses hôtesses, droit comme un jeune homme à quatre-vingts ans, perclus par les rhumatismes à quatre-vingt-dix ans, cassé en deux à quatre-vingt-dix-neuf. « *Chaque année lui valait un nouveau degré de mérite et ajoutait à l'intérêt qu'on prenait à son existence* », écrit d'Argenson. On le regardait comme un de « *ces chefs-d'œuvre de l'art, travaillés avec soin et délicatesse, qu'il faut prendre garde de détruire parce qu'on n'en fait plus de pareils* »[27].

Il discourait sur la pluralité des mondes, récitait ses poèmes, initiait les marquises à l'astronomie, leur expliquait les théories de Copernic et de Kepler. Ses madrigaux ravissaient les « *caillettes* », son esprit scientifique et son raisonnement froid et juste faisaient l'admiration des philosophes.

Il racontait des anecdotes et des souvenirs, rapporte Dominique Joseph Garat dans son *Éloge de Fontenelle* : « *C'étaient tantôt des dragonnades et la révocation de l'Édit de Nantes, tantôt le jansénisme... J'étais chez Mme de La Fayette, je vis entrer Mme de Sévigné. On crut entendre un revenant.* » Il était « *l'indispensable* » des dîners mondains, et dès que son hôtesse favorite rendait l'âme, c'était à qui hériterait de ce bel esprit. Après la mort de Mme de Lambert, Mme de Tencin se l'attacha, et après elle, Mme Geoffrin.

Sa célébrité passait les frontières. Dans ses *Lettres secrètes* de 1734, Voltaire rapporte cette histoire : « *Un savant de Berlin vint, il y a quelques jours, en poste de son pays pour voir Fontenelle. Il demanda à la barrière en arrivant où demeurait M. de Fontenelle. Les commis lui répondirent qu'ils n'en savaient rien. "Comment, dit-il, tout le monde ne sait pas ici où demeure M. de Fontenelle ?" Et là-dessus, par un caprice digne d'un savant, il reprit la route de son pays, sans vouloir entrer dans une ville où l'on était obligé de chercher les grands hommes.* »

Avec le centenaire, grand prix d'endurance de la vie de salon, les « *auteurs du logis* » les plus recherchés étaient Voltaire, roi du baisemain et du madrigal mondain, Marivaux, grand initiateur des plaisirs galants, Montesquieu, étoile filante qui jaillissait régulièrement du château de La Brède pour y disparaître aussitôt, Rousseau, l'atrabilaire, le philosophe abbé Morellet, que, pour son esprit caustique, on appelait l'abbé « *Mords-Les* ».

Du coup, les petits poètes comme Delille et Thomas, un historien aussi diffus que l'abbé Raynal, Lamothe, écrivain tout-terrain, furent

---

[27] *Mémoires du marquis d'Argenson*, *op. cit.*

pris pour de grands talents. Ils étaient, au même titre que Voltaire ou Rousseau, les divinités adorées du faubourg Saint-Germain : « *On était tenus de leur faire sa cour pour la faire à la maîtresse du logis.* »

Pour Voltaire, Montesquieu, Rousseau, Buffon, Diderot, l'essentiel avait été d'investir les places fortes de Paris. De travaux d'approche sur les boudeuses en mots d'esprit, à force de rassurer, de charmer, ils formaient un corps, chaque année plus puissant, moins frivole. Le philosophe sortait de la chrysalide de l'homme de lettres, au cœur d'une société toute prête à l'écouter avec bienveillance. En 1775, Malesherbes proclamera à l'Académie que « *ceux qui ont le talent d'instruire les hommes et le don de les émouvoir, les gens de lettres en un mot, sont, au milieu du public dispersé, ce qu'étaient les orateurs de Rome et d'Athènes au milieu du public assemblé* ». Et les jeunes aristocrates à trente-six quartiers de noblesse préféreront un mot d'éloge de d'Alembert « *à la faveur signalée d'un prince* ».

Autres grands bénéficiaires de cette société avide d'esprit et de nouveautés : les savants. D'après l'abbé Raynal, ils succédèrent aux fous, aux singes, aux nègres et enfin aux poètes. On s'arracha les médecins, les chercheurs, les naturalistes. Chaque femme avait son géomètre comme autrefois elle avait un page.

« *Tout à coup,* raille d'Alembert, *nos yeux se sont ouverts à un phénomène extraordinaire et nouveau : on a été étonné qu'un géomètre ne fût pas une espèce d'animal sauvage. Bientôt, comme on n'observe guère de milieu dans ses jugements, tout géomètre s'est vu indistinctement recherché.* »

Les artistes furent également fêtés. Au XVIIe siècle, on n'aurait pas songé à recevoir ces fournisseurs ailleurs que dans l'antichambre. Désormais ils étaient invités au salon. Mme de Tencin recevait Couperin et Adrienne Lecouvreur. Chez la comtesse D'Egmont, on rencontrait Chardin et Joseph Vernet, Grétry et Monsigny. Le prestige du salon du prince de Conti, vers 1766, a tenu à un peintre, un musicien et un écrivain : Michel Ollivier, Mozart et Rousseau.

Une fois réunis les personnages principaux qui établissaient les fondements solides d'un salon et attiraient, comme de formidables appâts, le Tout-Paris, on pouvait « causer ».

On philosophait chez Mme de Tencin et l'on dressait un tribunal à « sa propre raison ». On discutait avec Lamothe d'Homère et des Trois Unités. On ne traitait ni de Dieu, ni du roi, mais on voulait savoir s'il fallait croire Aristote ou l'Épître aux Corinthiens. On moralisait aussi et l'on faisait des maximes sur la passion et les jeux de l'amour :

« *On dit d'un amant : il ne la voit pas où elle est ; on dit d'un autre amant : il la voit où elle n'est pas ; lequel exprime une passion plus forte ?* »

« *Est-il plus insupportable de se croire haï de ce qu'on aime que d'en pleurer la mort ?* »

Montesquieu, Astruc et Mairan se perdaient en conjectures.

Chez Mme Geoffrin, le lundi était le jour des artistes et des mécènes. On y rencontrait presque tous les peintres célèbres du temps. Boucher, tout d'abord, qui travaillait dix heures par jour et s'effondra un soir dans son atelier, mort d'épuisement. La Tour, curieux homme bourru, esprit libre qui méprisait les titres et les honneurs, refusait l'offre du roi qui voulait l'anoblir, attirait la foule de ceux qui voulaient avoir leur portrait au pastel, malgré les honoraires exorbitants qu'il réclamait. Hubert Robert, Drouais, Lagrenée, Vernet, le sculpteur Bouchardon, Cochin, l'architecte Soufflot dont Marmontel écrivait que « *sa pensée était inscrite dans le cercle de son compas* ».

Le jeune peintre savoyard Costa de Beauregard, fraîchement débarqué à Paris, et invité à un de ces dîners du lundi « *avec ses tableaux* », nous fait une description intéressante de ces fameux dîners :

« *La dame se trouvait en compagnie de Vernet et d'un certain M. Mariette, possesseur d'une riche collection. Ils examinaient un nouveau tableau de Vien. Il y avait à dîner M. de Marigny, le duc de La Rochefoucauld, Marmontel, Cochin, le célèbre graveur, et plusieurs autres personnes dont je n'ai pas su le nom. Chacun y avait apporté quelque chose : Vernet, un tableau nouvellement arrivé d'Italie et que l'on croit du Corrège ; M. de La Rochefoucauld, un petit tableau peint en camaïeu sur marbre et incrusté par un procédé que personne ne connaît ; M. Cochin, des dessins à la plume, et moi mes tableaux. C'est un pêle-mêle instructif de grands seigneurs et d'artistes. Mme Geoffrin a lu à la table une lettre que vient de lui écrire le roi de Pologne qui l'aime tendrement. Pour moi, cette lettre est bien ce que j'ai ouï dire de mieux écrit. Puis est venue une lettre de Voltaire : Fréron y est plus horriblement traité que jamais. C'est pitié de dépenser tant d'esprit en sottises.* »

Cette bourgeoise, fille d'un certain Rodet, valet de chambre de la Dauphine, mariée à un fabricant de glaces sans culture, avait ainsi créé une sorte de modèle. Toute marquise qu'elle était, Marie du Deffand aurait du mal à établir un salon aussi brillant que celui de la rue Saint-Honoré, à supplanter la « bourgeoise » qu'on appelait « *la Tsarine de Paris* » et « *la Forte Dame des lundis* ».

La marquise commença par donner des petits soupers rue de Beaune, dans son ravissant salon aux boiseries grises, aux meubles en bois de rose et aux bergères recouvertes de tapisserie au petit point. Les débuts furent difficiles, mais sa réputation d'esprit se répandit si rapidement que de proche en proche, à force d'être connue, sa maison n'y put suffire. Les dîneurs étaient triés sur le volet. Elle eut bientôt son philosophe, son écrivain, et tous les fleurons de ce « *gratin révolté* » que formaient les aristocrates mal pensants de la cour de Sceaux, et tout ce qu'on trouvait à Paris d'hommes célèbres à divers titres. On était certain de rencontrer chez elle les étrangers à la mode, attirés par la curiosité de connaître cette France nouvelle et ancienne, que chez eux ils dénigraient avec pesanteur et accusaient de frivolité, mais qui, dans tous les temps, est, fut, et sera toujours l'objet de leur jalousie.

La mort du marquis du Deffand, qu'elle n'avait pas revu depuis leur séparation, était survenue opportunément pour lui apporter l'aisance de la fortune : 33 000 livres de rente. La marquise pouvait donc se préparer une vieillesse heureuse, flanquée de son vieux « président » qui avait fait son temps, mais qui était encore tout à fait fréquentable, au milieu d'un cercle d'amis fidèles.

Pas une seconde de repos, point de silence, pas une soirée libre. Il fallait qu'elle vive, qu'elle s'étourdisse, qu'elle occupe son âme et son corps pour ne pas retomber sur elle-même. Mais dans cette agitation perpétuelle, cette impatience, elle restait inapaisée. Dîners, soupers, théâtres, tables garnies, conversations frivoles, défilé continuel de gens nouveaux, toute cette dissipation ne pouvait pas la satisfaire longtemps.

Après quelques années, elle finit par reconnaître ce mal qui la rongeait : l'ennui. Elle se sentit tout d'un coup triste et isolée, malheureuse au milieu des amis qui l'entouraient. Elle sombra dans une mélancolie affreuse. Ce monde était maudit : il ne la distrayait même plus. Le président, en prenant de l'âge, devenait sourd et assommant. Un radoteur…

« *Tout est cynique et pédant,* soupirait-elle. *Nulle chaleur, nulle facilité, point d'imagination, tout est à la glace. Point de talent et beaucoup de présomption. Si encore les morts valaient mieux que les vivants !* »

Les livres lui tombaient des mains. Quel intérêt pouvait-on trouver à un roman ? Existait-il quelque chose de plus triste que la passion ? De plus insipide que la galanterie ? Jusqu'au péché qui perdait son attrait : « *Le président ? Je ne lui ferai pas l'honneur de le quitter ! Quel néant que la vie. Mieux vaudrait ne pas être née.* »

Ses amis essayaient en vain de la réconforter. Ils n'arrivaient pas à comprendre qu'entourée comme elle l'était, elle pût souffrir d'abandon.

« *Vous ne faites pas assez d'usage,* disait l'un d'eux, *des forces et des lumières de votre esprit... Il faut tenir tête à ses ennemis, dissimuler avec de faux amis, et regarder les hommes comme une fausse monnaie avec laquelle on ne laisse pas d'acheter de l'amusement et de la distraction... Il n'y a pas de plus grande folie que d'être malheureux !* »

« *Avec votre esprit et votre revenu, pouvez-vous manquer de connaissances ? Avec un bon souper, on a qui on veut, et si on ne le juge à propos, on se moque encore auprès de ses convives* », philosophait d'Alembert.

Comment la marquise pouvait-elle expliquer à d'Alembert (le seul d'ailleurs à être sincèrement désolé de la tristesse de son amie) que c'était l'ennui qui seul jusqu'ici l'avait fait réagir : d'Alembert ne connaissait pas l'ennui. L'ennui demandait de la santé, des nerfs solides, de la richesse pour vous pousser à en trouver le remède. C'était cette haine de s'ennuyer qui avait été l'unique ressort de son existence. Or ce ressort était cassé.

Comble de malheur, voilà que depuis quelque temps de grosses taches noires volaient devant ses prunelles. De jour en jour sa vue baissait. Elle incriminait ses humeurs noires, puis, comme le mal empirait, elle s'affola. Elle fit venir le célèbre docteur Pomme, célèbre pour son *Traité des affections vaporeuses*. Son auteur révélait que le terme « vapeurs » ne désignait pas une maladie déterminée par un processus, des causes et des symptômes permanents et définis, mais couvrait une multitude d'affections. Parmi les ravages dus au « principe vaporeux », l'inventaire non exhaustif du docteur Pomme signale pêle-mêle suffocations, hémoptysie, épilepsie, délire maniaque, odontalgie, vomissements, cardialgie, frissons, suppression des urines et des selles, fièvres spasmodiques, coliques, flux hémorroïdal, jaunisse, toux convulsive, hoquet, aigreurs, hémiplégie spasmodique, racornissement des extrémités du corps, fièvre putride, vérole compliquée, écrouelles, scorbut, leucophlegmatie, tympanites spasmodiques, pertes blanches et pertes de sang ! Selon le vocabulaire médical du XVIIIe siècle, le terme « vapeurs » désigne donc un principe morbide, susceptible de s'exprimer de maintes façons selon les circonstances et la nature du malade ; une cause unique et mystérieuse engendre une série de symptômes hétérogènes. Le docteur Pomme prescrivit à la marquise toutes sortes de bains de lait, d'émulsions à l'eau de veau. Elle avala des litres de breuvage tonique prescrit par le docteur Sylva, autre médecin fort à la mode dont Voltaire disait : « *Il sait l'art de guérir autant que l'art de plaire.* »[28] Rien n'y fit. Alors, elle recourut aux empiriques. Tous les charlatans de Paris défilèrent chez elle, vantant les mérites de leurs remèdes miracles. Tous promirent la guérison. Tous échouèrent.

« *Lorsqu'elle eut épuisé vainement tous les remèdes,* prétend Mme de Genlis, *elle prit facilement son parti sur son état, elle y était parfaitement accoutumée.* » Facilement ? Mme de Genlis en parle à la légère. Pendant plus de trois ans, la marquise lutta, sans se résigner, et sans avouer une seule fois à ses amis ce qui lui arrivait. Ce n'est qu'après avoir perdu toutes ses illusions qu'elle se résolut à aborder ce triste sujet dans sa correspondance, et à avouer l'infirmité à laquelle elle ne pouvait échapper, qui allait la plonger, suivant son expression, « *dans un cachot éternel* ».

Voltaire, son grand ami, n'en fut pas autrement ému :

« *Mes yeux ont été un peu humides en apprenant ce qui est arrivé aux vôtres.* »

Et à ce petit mot bref, il joignit ce madrigal consolateur :

« *La perte des yeux de Thémire*
Affligerait moins mon esprit
Si les choses qu'elle entend dire
Valaient celles qu'elle nous dit. »

Montesquieu ne sut pas trouver mieux :

« *Vous dites que vous êtes aveugle. Ne voyez-vous pas que nous étions, vous et moi, de petits esprits rebelles qui furent condamnés aux ténèbres ? Ce qui doit vous consoler, c'est que ceux qui voient clair ne sont pas pour cela lumineux.* »

Vers qui se tourner ? Que faire ?

La marquise se précipita dans la dévotion. Elle se mit, comme elle dit, « *à la réforme* », et assista aux grands-messes de sa paroisse, ces messes « *musquées* » qui attiraient les femmes à la mode, deux heures avant le dîner.

---

[28] Toutes les jolies femmes de Bordeaux se plaignant d'être attaquées de maux de nerfs, Sylva, sans leur prescrire aucun remède, imagina de leur dire que ce pourrait bien être l'épilepsie. Aucune n'osa plus en parler et toutes se trouvèrent guéries.

Ni dans les prêches ni dans la volonté de Dieu, elle ne trouva la force de supporter son malheur. C'est alors qu'elle accepta la proposition de son frère Gaspard qui l'invitait à venir se reposer dans sa propriété de Champrond.

Si elle se décida à abandonner Paris, ce ne fut certes pas par affection pour son frère. Dans ses lettres, c'est avec une indifférence proche de l'hostilité qu'elle parle des Vichy.

« *J'ai un neveu à Paris qui est le fils de M. de Vichy, mon frère aîné. Il loge chez mon frère le trésorier, je ne les vois presque pas... J'ai chez moi mes neveux de Vichy ; ils sont dans mon antichambre ; j'ai la plus vive impatience de m'en débarrasser.* »[29]

Le soudain amour que Gaspard lui témoignait n'était pas désintéressé. Elle le savait bien. Et la lecture des menus que lui envoyait sa belle-sœur Diane pour la décider à venir partager leur ordinaire la faisait frémir :

« *Un bon potage de riz, des figues et de petites raves, des saucisses, des filets de mouton à la provençale à se lécher les doigts. Pour entrée, une poularde en fricandeau, un gigot de mouton à l'estouffade avec des épinards dessous ; pour bouilli, une rognonnade de mouton et un léger morceau de bœuf ; pour rôti, des perdrix aux rouges excellents, deux plats d'entremets, etc. J'ai mangé comme un loup,* concluait Diane, *maintenant nous allons souper...* »

Exaltantes promesses de bonheur ! La marquise en bâillait d'avance. Mais que faire d'autre ? Le célébrissime docteur genevois, Théodore Tronchin, dont la France entière écoutait les oracles, lui recommandait de partir pour la campagne. La solitude, le calme des champs et des bois sauraient peut-être apaiser son esprit inquiet. Peut-être aussi le bon air aurait-il une influence heureuse sur sa vue. Toujours est-il qu'un matin de l'été 1752, la marquise du Deffand descendit de son carrosse devant le perron du château de Champrond.

Quelques heures ne s'étaient pas écoulées que la marquise recommençait à s'ennuyer. Nullement émue de redécouvrir la maison de son enfance, elle ne trouvait aucune douceur à se plaindre au soleil et au vent de la tyrannie du sort. Aucune sympathie entre son cœur mélancolique et la nature : la gloire de ce bel été ajoutait au contraire à la noirceur de ses pensées.

Qu'avait-elle en commun avec ce frère qui lui parlait de terres à fumer, de vaches à traire et de forêts à tailler ? Il était assommant. Elle avait en

---

[29] Lettre d'octobre 1770, Archives de Roanne.

horreur cette belle-sœur devenue obèse à force de bâfrer, une vraie boule de graisse qui lui racontait fièrement que le médecin, pour la saigner, n'avait pas réussi à lui empoigner le bras, tant il était gros...

Enfin ! Puisqu'elle allait rester quelque temps dans cette maison antipathique, autant être aimable. Elle fit des « *efforts louables* ». Mais Mme du Deffand n'aurait pas supporté longtemps cette épaisse solitude champêtre si elle n'avait été attirée, dès le premier jour, par la jeune fille isolée qui avait l'air d'une parente pauvre et qu'on acceptait par bienveillance au bout de la table.

« *Je m'aperçus*, dit la marquise, *qu'elle était fort triste et qu'elle avait souvent les larmes aux yeux.* »

Quand son frère lui apprit qui elle était, la mondaine au cœur sec en conçut comme de l'émotion. Cette jeune nièce, fruit des amours coupables de son frère, l'attirait. De longues causeries sous les charmilles rapprochèrent les deux femmes. La marquise s'étonna de trouver autant d'esprit et de sens de l'à-propos chez une petite provinciale. D'autant plus sensible à la parole qu'elle était alors presque aveugle, elle écoutait avec ravissement la voix harmonieuse, vibrante de passion. Julie, en parlant, faisait cadeau de son âme, et la marquise devinait des trésors de générosité, un cœur ardent et une imagination débordante qu'on ne rencontrait pas dans le monde.

Julie avait vingt ans, alors. Elle n'était pas belle, mais grande et bien faite, la taille mince et la démarche aisée. Les traits étaient irréguliers ; la bouche trop grande, le nez épais et retroussé, le front très bombé, les paupières un peu lourdes. Mais les grands yeux noirs, profonds, admirables, frappaient par la vivacité de leur regard. Et bientôt on la trouvait tout simplement charmante, on était séduit par la mobilité de son visage qui reflétait tous les mouvements de son esprit. Elle riait aux éclats, puis son visage se figeait, soudain, et devenait grave. L'instant d'après, une lueur d'ironie allumait ses prunelles. Un sourire là-dessus et elle devenait la séduction même. Une larme au coin d'un œil devenu subitement le plus triste du monde et elle se transformait en vivante image du désespoir. En un mot qui dit tout en ce temps-là, elle avait « *de la physionomie* ».

On s'attendrissait à lui voir l'air si frêle et sans défense, mais quand elle le voulait, elle paraissait aussitôt remplie de force et d'énergie. Elle intéressait, elle intriguait et forçait l'attention des plus indifférents. Cette séduction tenait au fait qu'elle se donnait tout entière, toujours, et ainsi elle communiquait à ses traits et à ce qu'elle disait un inexprimable intérêt. Son imagination s'enflammait pour un rien, et cette extraordinaire passion qu'elle mettait en tout était une joie pour la salonnarde blasée, habituée à ne voir autour d'elle que des sourires étudiés pour plaire, des visages figés par les règles de la bienséance.

En outre, Julie était le bon sens même. Aussi clairvoyante et retenue qu'elle était fougueuse et spontanée. Enfin, qualité qui pour la marquise était la plus précieuse au monde, Julie ne pouvait pas mentir. Elle était sincère, car elle ne pouvait rien simuler. Il y avait toujours une harmonie totale entre ce qu'elle pensait et ce qu'elle montrait.

Au contact de cette jeune fille, Mme du Deffand reprenait un peu goût à la vie. L'enthousiasme et la gaieté, c'était exactement ce dont elle avait besoin. Elle exhortait sa jeune amie à garder comme un trésor ces dons si rares, sa « naïveté », la simplicité de ses vingt ans. « *Vous avec beaucoup d'esprit,* lui écrit-elle après avoir quitté Champrond ; *vous avez de la gaieté, vous êtes capable de sentiments ; avec toutes ces qualités, vous serez charmante, tant que vous vous laisserez aller à votre naturel et que vous serez sans prétention et sans entortillage.* »

Julie n'était pas moins séduite par cette femme qui l'écoutait avec gentillesse, lui donnait des conseils et lui racontait si drôlement ses aventures parisiennes. Elle lui fit des confidences, lui avoua qu'il ne lui était plus possible de rester avec Gaspard et Diane de Vichy, qu'elle n'en supportait plus depuis longtemps les traitements les plus durs et les plus humiliants. Sa patience était à bout. Elle lui confia sa résolution d'entrer au couvent.

Depuis qu'elle avait fait part aux Vichy de sa décision de les quitter, sa situation n'avait fait qu'empirer. On ne se contentait plus de lui laisser le soin des enfants. On la poussait graduellement vers la domesticité. Il n'était plus question d'égards, de ménagement, de convenances. C'étaient des brimades continuelles. On consentait à peine à ce qu'elle s'assît avec les autres à table.

La marquise se vit attendrie, ce qui ne lui était pas arrivé souvent. Elle compatit au sort de la jeune fille. Comment son frère, ce balourd de Gaspard, ce paysan, pouvait-il se conduire ainsi ?

« *Il n'y a rien au monde que je ne préférerais à rester à Chamrond* [sic] », soupirait Julie. Cette fois-ci, elle était bien décidée à partir. Elle allait entrer dans un couvent de Lyon. Son frère compléterait la dot si c'était nécessaire.

Gaspard, enragé de perdre sa domestique, poussait Marie du Deffand à dissuader la jeune fille. Peut-être par esprit de famille, surtout parce qu'elle craignait de rester seule à Champrond avec son frère et sa belle-sœur, la marquise combattit donc les projets de Julie. Elle lui peignit sous les couleurs les plus noires la vie au fond d'un couvent où seul le chagrin la poussait à s'enfermer. Elle lui parla de la monotonie des jours, de l'ennui de vivre dans une ville où sa naissance irrégulière était de notoriété publique. Rien n'y fit. Si peu attrayants que lui parussent le cloître et la vie à Lyon, elle les préférait mille fois aux humiliations quotidiennes que lui faisait subir sa famille.

Tandis que Julie bouclait ses valises, la marquise réfléchissait. Dans quelques mois, elle serait complètement aveugle et devrait trouver quelqu'un pour vivre avec elle, lui faire la lecture, et surtout, surtout ! la distraire. On était en octobre. L'heure de la séparation allait sonner. Mme du Deffand allait se retrouver seule, et elle voyait partir la personne au monde qui lui avait paru lui convenir le mieux. C'était trop bête !

Il fallait que Julie vienne s'installer à Paris avec elle. Pourquoi n'y avait-elle pas pensé plus tôt ? Elle souffla sa proposition à l'oreille de la jeune fille. Julie fut éblouie. Ce serait pour elle « *le comble du bonheur* ». Bien sûr, elle acceptait ! Si cela ne tenait qu'à elle ! Mais il fallait encore obtenir le consentement de Camille d'Albon et des Vichy. On ne pouvait donc songer à réaliser ce projet tout de suite. Julie partirait pour Lyon et attendrait là-bas que tout le monde se mette d'accord.

Deux ans de négociations compliquées, de querelles familiales opposèrent les d'Albon, les Vichy et la marquise.

« *Voilà donc cette nouvelle !* s'indignait Gaspard. *Vous prenez Mlle de Lespinasse et vous l'emmenez à Paris. Ma chère sœur, cette demoiselle n'est pas sortie de chez moi d'une façon assez agréable pour que ma sœur me fasse un tour que le plus grand inconnu ne me ferait pas !*

– *Je suis vieille, encore plus infirme, et je perds la vue,* se lamentait la marquise. *Cette situation me fait désirer d'avoir près de moi une personne qui me rende des soins, me tienne compagnie et puisse être mon amie.* »

Pas question ! Tremblant de peur, toujours, que la bâtarde ne réclame ses droits, Gaspard refusait de se prêter à un projet qui lui semblait receler la pire des menaces.

La marquise arguait pour sa part que rien n'était plus dangereux que le séjour de Julie à Lyon. « *Imaginez,* disait-elle à son frère, *qu'à Lyon elle aille dire de qui elle est la fille, et qu'elle revendique les droits de sa naissance !* » À Paris, au contraire, on la surveillerait activement : Gaspard pouvait y compter… « *Sous prétexte de bienséance et de considération,* lui écrit-elle après son départ de Champrond, *je ne la laisserai sortir qu'avec des personnes de confiance, ou bien accompagnée de quelqu'un de mes gens. Je ne suis pas assez sotte pour me flatter qu'aucune raison d'amitié, de reconnaissance, ou de crainte pût l'empêcher de réclamer son état si elle trouvait la possibilité ; mais comme il n'y en a aucune et qu'elle a beaucoup d'esprit, j'ai tout lieu de croire qu'elle ne fera aucune tentative, le désespoir seul pourrait l'y porter ; au lieu que menant une vie douce et heureuse, elle s'en contentera…* »[30]

Enfermée dans son couvent lyonnais, Julie cherchait au fond de l'âme l'enthousiasme qui précipite les filles de Dieu au pied de l'autel. Plusieurs mois de retraite et de réflexion lui faisaient envisager la vie à Paris avec plus de réserve. Presque laide, bâtarde, sans fortune, elle s'imaginait mal jetée dans le tourbillon du monde. En relisant les lettres de Mme du Deffand, elle y voyait des menaces. On l'appelait « *ma reine* », certes, on lui promettait beaucoup d'amitié, beaucoup de considération, beaucoup d'attention, on lui proposait de lui donner des maîtres qui lui orneraient l'esprit et la prémuniraient contre l'ennui. On espérait contribuer à l'agrément de sa vie, mais derrière toutes ces promesses de bonheur, Julie voyait les mises en garde :

« *Le moindre artifice, et même le plus petit art que vous mettriez dans votre conduite avec moi me serait insupportable. Je suis naturellement défiante, et tous ceux en qui je crois de la finesse me deviennent suspects…* »[31]

On lui faisait entendre clairement qu'il n'était pas question qu'elle fît valoir ses origines :

« *Ne pensez pas venir auprès de moi si vous n'avez pas parfaitement oublié qui vous êtes et si vous n'êtes pas dans la ferme résolution de ne jamais penser à changer d'état. Il y aurait de la perfidie à faire usage de mon amitié pour me couvrir de honte, m'exposer aux reproches de tous les honnêtes gens, et à me rendre l'ennemie irréconciliable de toute ma famille ; la plus petite tentative que vous pourriez faire étant auprès de moi serait un crime irrémissible.* »[32]

---

30 Archives de Roanne.

31 *Ibidem.*

32 *Ibidem.*

Comment pouvaient-ils tous s'imaginer qu'elle revendiquerait quoi que ce soit ? Elle était complètement désintéressée et respectait la mémoire de sa mère : « *Voilà comment le monde me juge, comme il voit. Eh bon Dieu ! sots que vous êtes, mon âme n'est pas faite pour les petits intérêts qui vous occupent !* »

Ne sachant que faire, Julie prit conseil de son frère Camille. Celui-ci lui répondit violemment qu'il n'était pas question qu'elle s'installât à Paris, et que, quoi qu'elle fît, il ne fallait pas qu'elle s'attendît à recevoir un sou de lui. Ainsi, lui aussi la désavouait, l'abandonnait, la traitait comme une étrangère ! De ce jour son parti fut pris. Elle quitterait le couvent. Elle s'installerait chez Mme du Deffand. Aussitôt, elle écrivit à la marquise pour lui annoncer son arrivée. Et au milieu du mois d'avril 1754, Julie poussait la porte du couvent Saint-Joseph, émue et le cœur empli d'espérance.

La querelle

Un cloître douillet – Le salon de la marquise – Une femme « aimable » – L'ami de cinquante ans – Nous parlerons de tout et nous ne traiterons de rien – La fleur de la société polie – Cela se fait, cela ne se fait pas – Elle n'eut qu'à paraître – Dieu vous devait cette consolation – Elle faisait du jour la nuit et de la nuit le jour – Une sirène dans mon royaume – Le gentilhomme irlandais – Tenez-vous désormais dans votre chambre ! – Opium – Petit héros d'un petit roman – Je suis naturellement défiante – L'ensorceleuse...

La maison des filles de Saint-Joseph de la Providence occupait rue Saint-Dominique l'emplacement où s'élève aujourd'hui le ministère de la Guerre. Elle avait été fondée pour l'éducation des orphelins par Mme de Montespan qui s'y était retirée à la fin de sa vie en vue d'y préparer, dans les prières et le remords, une belle éternité.

La plupart des communautés religieuses avaient alors transformé une partie de leurs bâtiments conventuels en coquets appartements loués aux femmes du monde. Cet usage qui commença à se répandre au XVIIe siècle, assurait aux nonnes des revenus considérables.

Trente-six couvents recevaient des dames pensionnaires. On pouvait louer de simples cellules ou de véritables appartements, prendre pension avec service, amener son personnel. Les prix étaient donc très variables. Au Penthémont, le couvent mondain le plus recherché, les pensions étaient de huit cents livres sans logement ; les appartements se louaient depuis trois cents jusqu'à mille livres par an. Aux Bernardines de la rue de Vaugirard, on payait huit cents livres, plus trois cents pour la femme de chambre. Aux Filles de l'Instruction, rue du Pot-de-Fer, la pension n'était que de quatre cents livres. À l'Abbaye au Bois, elle atteignait six cent cinquante livres.

À première vue, pas de différence entre un hôtel garni et le couvent. Mais si on y pense, la clôture offrait de plus grands avantages. Le monde était sans indulgence pour les veuves, les femmes abandonnées et « outragées ». Pour celles-ci, s'installer dans un couvent, c'était se mettre à l'abri des médisances, renoncer publiquement au monde, ce qui était du meilleur effet, sans pour autant s'en défendre les plaisirs, dans l'ombre du cloître. Rien ne les empêchait de tenir salon dans leurs douillets appartements religieux, d'y donner des fêtes, d'y aimer à loisir. Était-ce pécher, en outre, que pécher dans des odeurs d'encens et de lys, sous la haute bienveillance de nonnes âpres au gain ? Dieu était dans la confidence, et les *miserere* lancés par les novices de la chapelle voisine étaient autant d'absolutions. De l'alcôve au pied de l'autel, on confondait émois du corps et extases mystiques.

Maintes locataires, avant Mme du Deffand, avaient illustré la pieuse maison. On voit sur les registres de Saint-Joseph le nom de l'aimable princesse de Talmont, née Lubomirska, maîtresse du prince Édouard, ainsi que ceux de son amie la duchesse de Châtillon, de Mlle Clairon, et sur la fin, de Mme de Genlis que son mari y avait conduite avant de partir pour la guerre.

Pour la somme de huit cents livres l'an, un bail avait été signé, en 1745, entre « *Sœur Marie Jourdain, supérieure de la communauté des Filles Orphelines de Saint-Joseph, dites de la Providence, établies à Paris, rue Saint-Dominique, paroisse de Saint-Sulpice, et haute et puissante dame Marie de Vichy, veuve de haut et puissant seigneur Jacques du Deffand de La Lande, qui assure à celle-ci le loyer d'un appartement composé de deux antichambres, un salon avec une porte donnant sur la tribune de la chapelle, un second salon, une chambre à coucher avec garde-robe et un escalier de menuiserie conduisant à un entresol où sont diverses autres chambres et les pièces de service* ».

Le salon de réception, qu'on ouvrait quand il y avait beaucoup de monde, était tendu de la fameuse moire bouton d'or qu'on tissait dans les ateliers d'Avignon. Il était meublé de petits canapés, de bergères douillettes, de ravissants guéridons recouverts de piles de livres et de brochures interdites dont Voltaire inondait l'Europe et qu'on achetait sous le manteau à des colporteurs du Palais-Royal. Tout était disposé pour l'agrément des visiteurs, et l'on sentait que la maîtresse de maison s'était plu à l'orner.

Sur le chapitre de la décoration, la marquise était d'ailleurs intarissable. Elle écrivait dix fois par semaine à sa sœur d'Avignon au sujet des tentures, elle chicanait à propos d'une soie qu'elle trouvait trop rêche, elle comptait et recomptait le nombre de galons, elle commandait, décommandait, recommandait sans cesse, harcelait tout le monde comme s'il s'agissait d'une affaire d'État. Toutes ses fournitures venaient de Marseille ou d'Avignon où tout était moins cher qu'à Paris.

Pour les soirées intimes, Mme du Deffand recevait dans sa chambre, enfouie dans son célèbre « tonneau » au dossier recourbé pour abriter la tête. À côté de la cheminée elle avait placé une grande bergère sous laquelle on cachait les paniers remplis de pelotes de laine et d'ouvrages de tapisserie. Plus loin, une desserte en acajou recouverte de marbre, une bibliothèque remplie de livres. Dans l'angle, une encoignure chargée de vaisselle de porcelaine. Au fond, dans une alcôve, le lit recouvert de perse à grands ramages. Accroché au mur, un ravissant cartel qui sonnait l'heure des visites.

Les deux petites pièces étaient réservées à la femme de chambre, la fidèle Mlle Devreux, et à Wiart, le majordome secrétaire, lecteur à l'occasion, qui restera au service de la marquise jusqu'à sa mort.

Après avoir vécu dans un petit logement indépendant au-dessus des remises à calèches, Julie sera installée dans l'entresol, qu'un escalier fait communiquer avec l'appartement de la marquise. Notons cette disposition des lieux : la demoiselle de compagnie gîte à part de la maîtresse de céans. On en reparlera.

Quand la bâtarde des princes d'Yvetot se vit ainsi projetée sur la scène du grand monde, dans le quartier le plus parisien de Paris, et qu'elle vit s'agiter autour d'elle cet essaim d'hommes et de femmes célèbres, elle fut éblouie.

Pouvait-elle mieux tomber pour faire l'apprentissage du monde ? Mme du Deffand, dans sa fébrilité, ses angoisses, sa terreur de s'ennuyer une seule minute, recevait tous les jours. « *Étonnez-moi,* disait-elle, *amusez-moi, faites-moi oublier l'horreur du vide, parlez, parlez de tout, de n'importe quoi, mais faites en sorte que je ne ressente pas cet intolérable isolement, ce néant absurde dans lequel la vie m'a plongée. Qu'on allume tous les lustres, qu'on dresse les tables, qu'on fasse du feu, qu'on rie.* »

« *Je n'ai pas de passion d'aucune sorte,* confiait-elle à Voltaire. *Je ne puis ni jouer, ni travailler. Que faut-il que je fasse ? Tâcher de me dissiper, entendre des riens, en dire et penser que cela ne durera guère ?*

– *Vivez avec vous-même* », suggérait Voltaire.

C'était exactement ce que la marquise était incapable de faire :

« *Je préférerais la compagnie du sacristain des Minimes que passer une soirée seule.* »

Le seul apaisement qu'elle trouvait, en dehors des réceptions, c'était le sommeil. Dormir, oui, le plus possible, jusqu'à l'hébétement au réveil, qui la replongeait dans un demi-coma. Ouvrir les yeux le plus tard possible, avoir toujours l'esprit embrumé par les rêves. Jamais la marquise ne sortait de sa chambre avant six heures du soir, pour ne pas être reprise par l'inquiétude.

À cette heure, elle commençait à guetter les bruits de pas dans le vestibule, et cette attente était un apaisement.

Tapie dans son tonneau, l'oreille aux aguets, le profil aigu, ainsi est-elle entrée dans l'histoire. Elle y restera figée pour la postérité. Qui se souvient de la jolie femme qui collectionnait les amants ? « *Ceux qui l'ont connue quand elle était jeune,* écrit Julie de Lespinasse, *se souviennent qu'elle avait le plus beau teint du monde, l'air assez noble, tous les mouvements de son visage entièrement agréables, la physionomie très aimable et très spirituelle, des yeux d'aigle, vifs, perçants et parfaitement beaux... Les agréments de sa figure n'étaient point déparés par la sécheresse de sa gorge et de ses mains et les charmes de son esprit empêchaient presque qu'on ne s'aperçût du défaut qu'elle avait de parler du nez.* »[1] Pour la postérité, Mme du Deffand restera le portrait que l'écrivain Carmontelle[2] en a tracé : une petite femme maigre, pâle et blanche, enfouie dans son fauteuil, la tête un peu grosse pour sa faible taille, coiffée en « *battant l'œil* » d'une capuche nouée sous le menton d'où s'échappent des flots de dentelle. Bien qu'elle n'ait pas encore atteint la soixantaine, elle s'est installée dans la vieillesse avec philosophie et sérénité, sans se débattre... Fini le temps des amours. Son ambition maintenant est de devenir une « *femme aimable* ». Après le temps des amants, voilà venu le temps des amis, car « *c'est une bonne spéculation de se faire adorer* »[3].

Elle a remisé les robes pimpantes dans le grenier, avec les souvenirs dont elle ne parle jamais.

« *Je suis habillée comme une marchande de pommes* », plaisante-t-elle. Elle a pris la toilette de son âge, et de son ancienne coquetterie, il lui

---

[1] Portrait de Mme du Deffand par Julie de Lespinasse, cité par L. Perey dans *Le Président Hénault et Mme du Deffand, la cour du régent, la cour de Louis XV et de Marie Leczinska*, Paris, Calmann-Lévy, 1893, 548 p.

[2] De son vrai nom Louis Carrogis, Carmontelle pouvait, dit-on, composer une pièce de théâtre en quelques heures. Il était aussi peintre.

[3] E. et J. de Goncourt, *La Femme au XVIIIe siècle, op. cit.*

reste « *une netteté recherchée* ». Elle porte des robes de teintes feuille morte, avec de larges manches recouvertes de broderies fines, et un col joliment échancré. Elle a bon ton, elle reste attrayante. Sa seule coquetterie consiste à donner l'illusion qu'elle n'est pas aveugle. Ses yeux, que son infirmité n'a pas abîmés, s'allument encore souvent et on retrouve ce regard perçant, ce regard d'aigle qu'elle promenait à la cour de Sceaux. Ses prunelles se fixent sur l'interlocuteur comme si elle le voyait :

« *Elle est,* dit Mme Necker, *aveugle à notre insu, et presque au sien...* »[4]

« *Le son de la voix lui peignait les objets,* ajoute le président Hénault, *et elle était aussi à propos qu'avec les meilleurs yeux. On eût dit que la vue était pour elle un sens de trop.* »

À l'heure où d'autres commencent à bâiller, la marquise s'apprêtait à vivre. Elle était bien d'une époque où les femmes veillaient si tard qu'on leur donnait le surnom de « lampes ». Le long défilé des amis commençait, et jusque tard dans la nuit, on allait causer, causer sans se lasser et souper, « *l'une des quatre grandes fins de l'homme* », disait-elle, ajoutant : « *J'ai oublié les trois autres.* » On y soupait d'ailleurs fort mal, au grand désespoir du président Hénault, un fin gourmet, qui disait du cuisinier de sa maîtresse : « *Entre lui et la Brinvilliers, il n'y a de différence que dans l'intention.* »[5]

Le souper était l'un des grands divertissements parisiens, l'événement important de la journée. Il y avait des soupers pour tous les goûts : soupers littéraires chez la princesse de Talmont, la femme la plus extravagante de Paris. Soupers tumultueux chez la comtesse de Broglie, dont les éclats eussent animé, au dire de Mme du Deffand, douze corps comme le sien. Soupers gastronomiques chez le président Hénault, cuisinés par le fameux Lagrange. Soupers piquants chez la marquise de Livry où on s'envoyait des pantoufles à la tête. Soupers chics chez Mme de Caraman. Soupers canailles chez la marquise d'Alluys où on allait chercher les nouvelles scandaleuses du jour.

Voici Julie sous les lustres parisiens, au premier grand souper mondain donné par la marquise, un de ses soupers du samedi soir où on ouvrait toutes grandes les portes du salon pour recevoir la foule des convives.

---

[4] *Nouveaux Mélanges extraits des manuscrits de Mme Necker*, Paris, Pougens, 1801.

[5] La marquise de Brinvilliers était une célèbre empoisonneuse du XVIIe siècle, compromise dans l'affaire des Poisons.

Mme du Deffand, assise au coin du feu, converse avec le fidèle Pont de Veyle, un ami « *de cinquante ans et quelques années* », disait-elle en 1774. Ils attendent les invités. Pont de Veyle est arrivé en avance, comme d'habitude, et il entretient la marquise des divers potins parisiens. Curieuses relations que celles de ces deux personnages qui n'ont que peu d'affinités et qui parlent de tout et de rien, sans passion. La durée, dit-on, plus que l'ardeur de leurs sentiments, semble caractériser leur commerce. Pont de Veyle est là tous les soirs, on ne sait pas très bien pourquoi. Un moment, quand il perdit sa femme, on crut qu'il épouserait la marquise. Était-ce bien vrai ? Il répondit vivement qu'il ne saurait pas où passer ses soirées...

Grimm a rapporté dans sa *Correspondance littéraire* une conversation que les deux vieillards auraient eue, à la fin de leur vie, assis au coin de feu :

« *Pont de Veyle ?*

– *Madame !*

– *Où êtes-vous ?*

– *Au coin de votre cheminée.*

– *Couché, les pieds sur les chenets, comme on est chez des amis ?*

– *Oui, Madame.*

– *Il faut convenir qu'il y a bien peu de liaisons comme la nôtre.*

– *Cela est vrai.*

– *Il y a cinquante ans.*

– *Oui, cinquante ans passés.*

– *Et dans ce long intervalle, pas un nuage, pas même l'apparence d'une brouille.*

– *C'est ce que j'ai toujours admiré.*

– *Mais, Pont de Veyle, cela ne viendrait-il pas de ce qu'au fond de l'âme, nous avons toujours été indifférents l'un à l'autre ?*

– *Cela se pourrait bien, Madame.* »

Des liens plus tendres unissent la marquise à M. de Formont, que Wiart, le majordome, vient d'introduire dans le salon.

Avec Pont de Veyle, Formont est son plus ancien ami, et depuis qu'elle est aveugle, il est là presque tous les soirs, et il est un des seuls que la marquise juge sans sévérité. Homme du monde accompli, ami de Voltaire, M. de Formont, conseiller au Parlement, plaît à la marquise par sa simplicité, son esprit enjoué, ses rires, ses bons mots. Il est à son aise avec tout le monde, et tout le monde l'aime.

« *Nous parlerons de tout, et nous ne traiterons de rien* », glisse-t-il à son amie.

La marquise sourit. La boutade de Formont exprime son idéal de la conversation mondaine. Elle déteste les discussions, « *les sujets sublimes* ». Elle veut bien qu'on parle de tout, chez elle, à condition de ne pas tomber dans la discussion. On devise gentiment des sujets les plus divers : les nouvelles de Versailles, la dernière pièce de théâtre, le musicien à la mode, les indiscrétions de ruelles, les découvertes de Maupertuis.

Nulle part la conversation n'est aussi brillante, animée, libre. Mais la marquise n'entend pas le « *raisonné* », et le « *braillé* » lui est insupportable[6]. Le plus petit artifice de langage, le genre déclamatoire, l'emphase lui font horreur, toute exagération pour elle est signe de mensonge, et elle n'aime que ce qui est vrai :

« *N'est-il pas intolérable de n'entendre jamais la vérité ?* » répète-t-elle tout le temps, ajoutant : « *Je fais peu de cas du monde depuis que je me suis aperçue qu'on pouvait le diviser en trois parts : les trompeurs, les trompés et les trompettes.* »[7]

En fait, elle ne peut pas fixer son esprit longtemps sur la même chose, elle effleure, « *elle nage dans un grand vague* ». N'ayant sur toutes choses que des connaissances très superficielles, elle sait très bien que dès qu'une discussion s'engage, l'ennui la prend parce qu'elle n'y comprend rien.

« *J'ai assez connu Mme du Deffand,* écrit La Harpe, *pour assurer que cette femme qui avait de l'esprit naturel et surtout de l'esprit de société, sans aucune instruction, n'était pas plus en état d'apprécier* L'Esprit des lois *que capable de le lire : elle ne pouvait que le parcourir pour en parler.* »[8]

Son génie, c'était l'instinct, la délicatesse ; elle trouvait pour tout le trait juste, et quand elle ne s'emportait pas, elle raisonnait juste. Elle était drôle tout le temps, sans chercher à l'être, et admettait fort bien qu'on la contredise. Si un avis lui paraissait plus juste que le sien, elle l'adoptait, car son scepticisme lui faisait toujours douter de son jugement.

Bon sens, sincérité, esprit, sentiment, voilà ce qu'elle attendait de la conversation, et qu'elle ne trouvait pas avec les philosophes :

---

[6] Comte d'Haussonville, *Le Salon de Mme Necker*, Paris, Calmann Lévy, 1885.

[7] Duc de Lévis, *Souvenirs et portraits, 1780-1789*, Paris, 1813.

[8] J.-F. de La Harpe, *Correspondance littéraire*, 1776, *in Œuvres complètes*, Genève, Slatkine reprints, 1968.

« *Ce sont de froids personnages, fastueux sans être riches, téméraires sans être braves, prêchant l'égalité par esprit de domination, se croyant les premiers hommes du monde, de penser ce que pensent tous les gens qui pensent.* »[9]

« *J'ai le malheur,* dit-elle à Voltaire, *de ne pas être amusable par les beaux génies de notre siècle.* »[10]

Son meilleur ami, pourtant, c'est d'Alembert, le chef de file des Encyclopédistes qu'elle déteste parce qu'elle ne saurait admettre comme législateurs des gens qui n'ont que de l'esprit, pas de « talent » et point de goût. Qui « *écrivent les choses les plus malsonnantes sur la morale, dont les raisonnements sont des sophismes, des paradoxes qui feraient haïr la philosophie. Dont le seul but est de courir après la célébrité où ils ne parviendront jamais.* »

D'Alembert échappe à ces sarcasmes. Quand elle parle de lui, la marquise n'a que des éloges. Il est si merveilleusement intelligent, si désintéressé, si vrai, si généreux ! Elle lui pardonne tout. Il est son bien, sa chose, son orgueil, son orphelin, son ami « *passionnément aimé* ». S'il disparaît sans laisser d'adresse, elle lui trouve des excuses, le traite d'original, et l'accueille les bras ouverts quand il revient.

Quelques années plus tôt, quand elle l'a arraché au salon de Mme Geoffrin, et qu'elle était encore belle, elle avait espéré qu'il comblerait son cœur que la froide liaison avec Hénault laissait vide. Hélas ! D'Alembert n'aimait – jusqu'alors – que la géométrie, et il n'avait jamais regardé Mme du Deffand que d'un œil amical.

Ce soir, comme tous les soirs, le géomètre est venu dîner. Il a sa cour au salon Saint-Joseph. Voilà Pont de Veyle qui vient vers lui et l'appelle « *mon prodigieux philosophe* ». Formont s'incline et lui donne du « *géomètre sublime* ». Loménie de Brienne, cousin de la marquise et futur archevêque de Toulouse, arrivé juste avant lui, l'accueille comme un parent. La marquise parle avec animation de son élection prochaine à l'Académie. Cette campagne est une véritable affaire de famille. La marquise s'acharne depuis des années pour que les portes de l'Académie s'ouvrent devant son grand homme, et cela fait trois fois qu'elle échoue. Il faut dire que d'Alembert n'est pas très coopératif. Il a horreur qu'on le protège, qu'on le pousse en avant :

« *J'en serai si on m'en met, voilà tout* », oppose-t-il à tous les efforts de la marquise.

---

9 M. du Deffand, *Correspondance inédite*, *op. cit.*

10 M. du Deffand, *Lettres à Voltaire*, *op. cit.*

Il ne veut faire la cour à personne.

« *Il faut tout de même encenser quelques personnes* », s'assurer la voix du président Hénault, par exemple, en louant son « Abrégé Chronologique » dans l'*Encyclopédie*. D'Alembert ne veut pas en entendre parler :

« *Un mot, un seul mot, dans un tel livre, pourrait vous faire un ami.*

– Dieu et vous, et même vous toute seule, ne me feraient pas changer de langage. »

Sa candidature, d'Alembert se met à la compromettre par plaisir, pour rire. Il fait paraître un opuscule où il parle des relations des Grands de ce monde et des gens de lettres, et déclare bien net que ces derniers n'ont que faire de puissants protecteurs. Pure folie ! Il va se mettre tout le monde à dos. Il s'amuse : « *Voilà*, dit-il, *comme il faut traiter ces gens-là ; on n'est point de l'Académie, mais on est Quaker et on passe le chapeau sur la tête devant l'Académie et devant ceux qui en font être…* »

La marquise soupire. On n'a jamais vu candidat plus récalcitrant. Elle le fera académicien, de gré ou de force[11]. Hénault l'est bien, lui…

Mais où est donc le vieux président, ce soir ? Autrefois il était le premier arrivé, aujourd'hui, il se fait rare. Depuis qu'il a été nommé « lecteur de la Reine », il passe ses soirées à Versailles. Galantin septuagénaire, tout goutteux, à moitié sourd, il jette son chant du cygne et roucoule devant Mme de Pompadour et un parterre de jolies femmes.

L'absence de son vieil amant attriste un peu la marquise. Elle n'aime pas que ses amis l'abandonnent.

Elle lui est attachée et serait contente de le voir plus souvent dans son salon. S'il veut jouer les vieux beaux, il peut tout aussi bien le faire rue Saint-Dominique, où les femmes sont aussi belles qu'à la cour.

Mme du Deffand ignore la jalousie. Et elle connaît assez le monde pour savoir qu'elle ne peut prétendre retenir tous les hommes qu'elle reçoit chez elle. « *La présence des jolies femmes*, dit son ami l'abbé Morellet, *est un ingrédient dont la société a besoin comme un café a besoin de sucre.* »[12]

---

[11] Il échoua trois fois, puis fut élu au fauteuil de Surian, évêque de Vence. On dit alors que le discours de réception de d'Alembert, « Réflexions sur l'éloquence », le 19 septembre 1754, rendit l'évêque de Vence illustre et le préserva de l'oubli. D'Alembert avait pour concurrent l'abbé de Boismont qui prétendait avoir été toute sa vie à la chasse du ridicule, ce qui lui avait valu cette remarque d'un plaisantin : « *L'animal s'est retourné et a imprimé sa griffe sur le chasseur.* » L'abbé obtint neuf voix contre quatorze données à d'Alembert.

[12] Abbé Morellet, *Mémoires sur le XVIIIe siècle et sur la Révolution*, Paris, Ladvocat, 1821.

Il y a ce soir toute la fleur de la société polie : Marie-Angélique de Boufflers, celle que Mme du Deffand appelle « *l'idole du Temple* » à cause de son intimité avec le prince de Conti qui habitait le Temple en qualité de grand prieur de l'ordre de Malte, Mme de Mirepoix et la princesse de Beauvau. Trois « méchantes », trois reines du Bon Ton.

La plus belle, c'est la maréchale de Luxembourg. À quarante ans sonnés, elle qui a bu pendant vingt ans, qui a achevé un mari et une multitude d'amants, qui a scandalisé Philippe d'Orléans, a un visage de jeune fille. Miracle de la toilette et de la coquetterie ! Pas une ride sur son joli visage, pas une flétrissure au menton. On compte, en la regardant, les heures qu'elle a passées devant son miroir, les pots de crème, les masques de Vénus, les feuilles d'or fondu dans du limon, les laits lustrants.

Elle est parfaite. Exactement façonnée par la mode. Le teint est blanc (un « teint de couvent »), rehaussé aux joues. Le rouge, c'est toute une affaire. Il ne suffit pas de se vermillonner les joues. Il faut encore que le rouge « *dise quelque chose* »[13]. Le rouge d'une princesse n'est pas le même rouge que celui d'une bourgeoise, ou d'une courtisane. À Versailles on le porte très haut, et très vif. Dans les peintures de Nattier, il est éclatant.

Les yeux sont noirs, brillants « *d'une fièvre mondaine* »[14], des yeux « *armés* », avec ce lumineux particulier à l'époque. Ils parlent, ils rient, ils pleurent, ils écoutent, ils sont graves, mutins, fatals, pensifs, menteurs. La bouche est fine, retroussée aux coins par l'ironie. Le nez, très fin, palpite ; il y passe certains petits jeux imperceptibles qui animent sa physionomie et indiquent la finesse des mouvements qui se passent au-dedans d'elle à mesure qu'elle parle ou qu'elle écoute. L'esprit est partout. Rien dans ce visage n'est figé. L'époque n'aime plus les beautés superbes, froides, majestueuses. Elle veut des physionomies, des visages mutins, des minois, des airs effrontés, des nez à croquer. Le visage doit être au-dessus du joli et exprimer avant tout ce dont parle le prince de Ligne : « *Les cent mille choses qui se passent dans la région supérieure de son visage.* »

Pour ajouter de l'esprit à son visage, la maréchale y a collé les indispensables mouches[15]. Les poètes appellent ça « des mouches dans du lait ». « L'assassine », très classique, au coin de l'œil, la « friponne » au coin de la bouche, la « galante » au milieu de la joue.

---

[13] F.-Ch. Gaudet, *La Bibliothèque des petits-maîtres*, « La Toilette de Vénus », Paris, 1762.

[14] E. et J. de Goncourt, *La Femme au XVIIIe siècle*, *op. cit.*

[15] F.-Ch. Gaudet, *La Bibliothèque des petits-maîtres*, *op. cit.*

La robe est en soie légère, blanche, piquée de coquelicots épanouis, flottante dans le dos et formant une traîne à la Watteau. Dégagée par-devant et troussée sur les reins, elle découvre un flot de jupons garnis de falbalas. Le bas de la jambe apparaît, gainé de soie noire avec des liserés d'argent, et le pied se balance dans un petit soulier de satin noir aussi, orné d'une grosse boucle de diamants. Le corsage est piqué d'un énorme bouquet de fleurs qui cache l'épaule, il est serré, décolleté, et avantage la poitrine qui pigeonne autant qu'elle peut. Entre les seins tombe une grosse perle baroque retenue au cou par un fil d'argent. La coiffure, basse, aux grosses boucles frisées, est surmontée d'aigrettes et de diamants.

Rien de provoquant dans la toilette de la maréchale, rien qui ne soit parfaitement de bon ton. Rien qui rappelle la dévoreuse d'hommes. Mme de Luxembourg est arrivée à faire oublier sa vie scandaleuse. La maturité venue, elle s'est précipitée dans la dévotion, les manuels de bonne manière, le bel esprit, et s'est établie l'arbitre des bienséances et des politesses. Pour réussir ce recyclage difficile, il fallait un instinct infaillible. « *Elle est pénétrante à faire trembler et use de ses avantages à la manière de Dieu,* dit la marquise du Deffand, *nous laissant croire que nous avons notre libre arbitre, tandis que c'est elle qui nous détermine.* »

On savait qu'elle était entrée dans un salon, même si on ne l'avait pas encore vue, parce que soudain le ton des propos baissait, les médisances s'arrêtaient net, les mains se jetaient moins avidement sur les petits fours, les regards des jeunes gens sur les décolletés étaient plus discrets.

De cette autorité qu'elle avait su prendre dans les salons, la maréchale jouissait comme on savoure une revanche. Si quelqu'un venait à manquer aux lois de la bonne société, elle le dénonçait avec le trait piquant et drôle qui était répété dans tout Paris le lendemain.

Le coupable, ridiculisé, était perdu.

« *Ses flatteries,* disait Jean-Jacques Rousseau, *sont d'autant plus enivrantes qu'elles sont plus simples. On dirait qu'elles lui échappent sans qu'elle y pense et que c'est son cœur qui s'épanche uniquement parce qu'il est trop rempli.* »[16]

On la craignait comme la peste, mais on l'admirait et on en tombait amoureux. Car elle était restée, cela va de soi, la plus fatale des séductrices, avec ce qu'il fallait de coquetterie dans le regard pour troubler les

[16] J.-J. Rousseau, *Les Confessions,* [1765-1770].

hommes quand elle le désirait, et en même temps ce qu'il fallait de retenue pour les maintenir dans les égards et dans la retenue.

Elle était la championne tous salons du Bon Ton, mot inventé au XVIIIe siècle pour définir la règle suprême de la vie en société, la vie jouée aux chandelles en croquant des bonbons et en philosophant sur des bergères : « *Cela se fait, cela ne se fait pas.* » Voilà quelle était la raison de vivre de ces Français.

Qu'est-ce qui se fait ? Qu'est-ce qui ne se fait pas, au juste ? Julie ne pouvait pas encore savoir que ce salon où l'on causait gentiment, où tout le monde se faisait des grâces et paraissait être animé des sentiments les plus tendres, était un labyrinthe aux enchevêtrements inextricables dont seules des Ariane comme la maréchale de Luxembourg pouvaient vous aider à sortir, où les lois sociales et particulières de la bonne compagnie étaient autant de pièges et de traquenards qui, écrivait Mme de Genlis, s'étendaient jusque sur les tête-à-tête des amoureux accordés.

Se taire, écouter, regarder, telles étaient les premières règles à suivre pour la néophyte de salon.

Se taire, pour apprendre à parler. N'oublions pas que nous vivons dans le siècle du joli. Enjolivons donc, mettons de l'ambroisie sur les cordes vocales. Modulons, roucoulons, exclamons-nous le plus possible. Étonnant ! Miraculeux ! Quel être divin ! Abusons des superlatifs, il n'y en aura jamais assez. On n'est pas fatigué, on est « anéanti ». Cet homme n'est pas déplaisant, il est à jeter par les fenêtres. On aime « à la rage », on célèbre à outrance. Zézayons, juste un peu, prononçons « pizons » au lieu de pigeons[17].

Un amourrrrr de pizon. Commençons très haut, la voix juchée sur le contre-ut, veloutée, et dévalons l'octave pour finir dans un « zon » caressant. En même temps, battons du cil au-dessus de l'éventail, mordons-nous un peu les lèvres juste après, sourions négligemment, et si nous trempons nos lèvres dans un verre, n'oublions pas de cligner un peu de l'œil, d'un air mutin.

Plaire, plaire, tout est là. Copier ses gestes sur ceux de Mme de Mirepoix et de la princesse de Beauvau qui se disputent avec la maréchale de Luxembourg le sceptre d'arbitre des élégances et de reine de la séduc-

---

[17] E. et J. de Goncourt, *La Femme au XVIIIe siècle, op. cit.*

tion, ou plutôt se le partagent, car elles ne se font pas la guerre, tout au contraire elles se font assaut de politesses, de clins d'yeux et d'esprit, sans donner le moins du monde l'impression de se jalouser. Rivales et complices. La princesse de Beauvau est considérée comme la femme la plus distinguée de cette société par son esprit, et par l'air franc et ouvert qui lui est particulier. Elle représente le « ton parfait », le gratin du gratin, et dicte, elle aussi, ses traités de savoir-vivre. Elle est celle dont la politesse a le plus de naturel et de charme et, d'après Marmontel, elle fait de Paris « *pour la bonne compagnie, la capitale de l'Univers* ». Des amants ? Il convient d'en avoir, mais qu'on ne le sache point, à moins qu'il ne soient très flatteurs. Aimez une femme dans son moment de vogue. Soyez pudique et modeste, mais pas trop, vous seriez mal jugée. Mêlez-vous d'art et de belles lettres, même si vous n'y connaissez rien.

L'ignorance n'est pas un péché capital, et on peut remplacer avantageusement l'instruction par le jugement, qualité fort répandue à l'époque. La maréchale de Luxembourg est « sans lettres », ce qui ne l'empêche pas de parler avec éloquence de Voltaire. Un écrivain, membre de l'Académie française qui l'a entendue comparer La Fontaine à Molière, a dit d'elle : « *Une femme sans lettres nous efface en se jouant.* »

On remarque la marquise de Mirepoix pour son jugement dans la conversation. La princesse de Beauvau a toujours l'expression juste « *et on ne sait en se rangeant à son opinion si on est séduit ou convaincu* ». Tout ignorantes qu'elles soient, elles départagent les philosophes sur des problèmes épineux, et se piquent d'écrire une tragédie en une matinée.

En vérité, elles sont diaboliques, avec leurs jolies mines et leurs règles établies. Les satrapes de Perse et les proconsuls de Rome ne gouvernaient pas avec plus de despotisme. Il faut leur plaire, ou sombrer. Si Fontenelle n'avait pas mis son *Traité sur la Pluralité des Mondes* à la portée des marquises, il n'aurait pas existé. Si Buffon n'avait pas roucoulé en parlant de pigeons, personne n'aurait lu son *Histoire Naturelle*, pas si naturelle que ça, d'ailleurs !

Julie, attentive, écoute, épie, observe. Elle commence à s'alléger de toutes les petites niaiseries de son enfance : élans spontanés du cœur, gravité, tout cela doit être modulé, dosé, freiné, masqué. Mais elle sait aussi qu'elle aurait tort de s'en dépouiller complètement. Elle est « nature », c'est ce qui fait son charme. Elle ne prendra donc du vernis mondain que ce qu'il faut pour être, comme on dit, « parfaitement usagée »...

Et les hommes ? Il y a le très élégant prince de Beauvau, frère de la maréchale de Mirepoix, le prince de Conti, petit-neveu du Grand Condé, « *ondoyant et divers* », homme composé de vingt ou trente hommes, dit-on de lui, le très beau, très éloquent, très noble et très crapuleux prince de Conti. À défaut de remporter des victoires, il prend des libertés. C'est le grand frondeur des salons. Les dames distribuent les rôles :

« *Étonnez-nous, cher Maupertuis, racontez-nous votre voyage en Laponie, et dites-nous comment vous avez pu mesurer le méridien et vérifier l'aplatissement de la terre aux deux pôles. Mais, de grâce, mettez de la gaieté dans votre discours.* »

Puis c'est le tour du marquis d'Ussé, vieillard charmant et aussi distrait que le Ménalque de La Bruyère, qui veut offrir en primeur à ces dames le récit d'une aventure qui lui est arrivée aux Tuileries. Les histoires de ce vieux radoteur sont aussi vieilles que lui, on les connaît par cœur, mais on rit tout de même, parce qu'on l'adore.

On écoute ensuite le chevalier d'Aydie. À l'inverse de Fontenelle qui a un cerveau à la place du cœur, Aydie a un cœur à la place du cerveau. Il évoque avec des sanglots dans la voix la mort de sa bien-aimée, la belle Aïssé, cette ravissante princesse circassienne amenée en France par le comte de Ferriol qui l'avait achetée à Constantinople pour 1 500 livres ; tombée éperdument amoureuse du chevalier, elle a vécu dans son ombre, de peur de le compromettre et, près de mourir, l'a quitté pour sauver son âme et celle de son amant.

À gauche de la bergère où trônent les trois grâces, près de la fenêtre, assis sur des fauteuils recouverts de tapisseries de Beauvais, boudant le monde, Diderot et Grimm parlent religion. Diderot est simplement vêtu, comme à l'ordinaire, d'un habit sombre, et de bas gris, sa belle tête en avant, coiffée d'une perruque à marteaux, les bras tendus, la poitrine ouverte, avec l'air prêt à sortir de ses gonds ou à vous embrasser, le col déboutonné, le visage étincelant du feu de l'inspiration et de la chaleur du bourgogne. Véhément. L'inséparable Grimm est sanglé dans un élégant costume de cour, les cheveux relevés dans un catogan, la veste richement ornée de broderies d'or. Ces deux hommes n'ont pas le « ton de la maison ». Ils sont de ces philosophes que la marquise déteste, mais ils viennent cependant chez elle pour voir le bon d'Alembert et faire avec lui le point des progrès de l'*Encyclopédie*[18].

---

[18] D'Alembert se dégagera de l'entreprise en 1758.

Tout près, penchées sur une table de jeu, l'éventail en bataille, Mme du Chatel et la duchesse de Lauzun jouent au cavagnole – jeu sévère qui essaie de se maintenir malgré l'envahissement du whist. Les chats de Mme du Deffand jouent avec les souliers de satin, sous la table.

La duchesse de Choiseul a abandonné la lecture badine du *Recueil de ces Dames* de Paradis de Montcrif[19], auteur spirituel et galant, pour suivre la partie avec attention.

Un chien mordille le brocart du rideau de la fenêtre. Le marquis d'Ussé va et vient dans le salon. M. de Mirepoix feuillette du bout du doigt le dernier pamphlet de Voltaire.

Adossé à la porte, d'Alembert félicite le jeune Turgot pour l'article « Existence » qu'il vient de donner à l'*Encyclopédie* et qui a déchaîné des torrents d'éloges.

Mme du Deffand, les pieds tendus vers la flamme, un bonbon dans la bouche, se fait lire la lettre que Montesquieu vient de lui envoyer : depuis qu'il a quitté Paris, il continue à tenir salon chez la marquise par correspondance.

« *Je voudrais être à Paris, être votre philosophe et ne point l'être, marcher à votre suite.* »

La marquise sourit.

Courant d'un groupe à l'autre, l'abbé Morellet, les épaules serrées en dedans pour être plus près de lui-même, se mêle à tout, absout d'un regard les médisances de la duchesse de Luxembourg, assure Diderot que son article sur la Fatalité sera prêt dans la semaine, trouve un mot plaisant pour la vieille aveugle, et en cherche un autre pour le lancer, le lendemain, dans un salon rival.

Julie n'avait eu qu'à paraître pour que le cercle applaudît à grands cris. Elle apportait dans le salon de la vieille aveugle la jeunesse et la spontanéité qui lui manquaient. On la trouva charmante, drôle, intelligente. Le chevalier d'Aydie, plongeant les yeux dans ceux de la jeune fille, y trouva quelque chose de la flamme qui brûlait dans le regard d'Aïssé. Le marquis d'Ussé qui, allié aux Vichy, l'avait connue à Avauges, lui témoigna immédiatement une affection de vieil oncle tendre. Plus précieuse encore que la beauté, elle avait la grâce.

« *L'excellence de votre ton* [...] *vous l'avez apportée du fond de votre province, et vous n'aviez trouvé personne qui vous l'enseignât. Vous étiez sur ce point aussi*

---

[19] Connu notamment pour son ouvrage *Essai sur la nécessité et les moyens de plaire*.

parfaite le lendemain de votre arrivée à Paris que vous l'êtes aujourd'hui... Vous vous y êtes trouvée dès le premier jour aussi libre, aussi peu déplacée dans les sociétés les plus brillantes que si vous y aviez passé votre vie. » Quand il écrit cela, d'Alembert est depuis dix-sept ans amoureux de Julie, mais il n'a jamais cessé de la considérer avec attention.

Il suffit en effet à Julie de quelques tours de salon, des brèves leçons de maintien données par la maréchale de Luxembourg amusée de guider les premiers pas de la petite provinciale dans le labyrinthe des salons, de menus conseils donnés par le marquis d'Ussé, pour qu'elle trouvât « *le langage de la bonne compagnie* ».

Ajoutons à cela un ton naturellement doux et artificiellement exquis à la fois, une immense envie de plaire, le feu dans le regard, un rire d'enfant, l'art d'écouter et d'applaudir aux mots des autres, de l'orgueil, assez de tact pour réfréner un trop-plein d'enthousiasme, assez d'enthousiasme pour ranimer les sentiments blasés d'une société trop polie, pour nous persuader que l'emprise de Julie sur la marquise et ses amis s'affirma tout de suite.

Dans les débuts d'une relation, on ne voit que les qualités de l'autre, les points communs. Entre Julie et la marquise, ce fut le coup de foudre de l'amitié. L'éblouissement ! Tout semblait les rapprocher. Elles avaient les mêmes passions pour la musique, les vieux classiques, le monde, elles portaient les mêmes jugements sur les choses. Elles se retrouvaient sur tout.

« *L'esprit de Mme du Deffand,* écrivait Julie, *entre autres qualités agréables, en a une, principale, très essentielle pour plaire, et cependant assez rare, c'est d'être facile et naturelle. Elle ne peut souffrir l'affectation de quelque espèce qu'elle puisse être.* »

Elles étaient, toutes deux, des êtres de passion. Avec le même besoin d'aimer, d'être aimées, des engouements intenses, des enthousiasmes aveuglants, des haines furieuses. Sous son apparente sécheresse, la marquise cachait une âme de feu. L'amour qui, étrangement, ne se saisit d'elle que dans la vieillesse – celui qu'elle éprouva, aveugle et sexagénaire, pour Walpole – allait lui déchirer l'âme.

« *La passion,* poursuivait Julie de Lespinasse, *préside à la plupart de ses décisions ; on la voit s'engouer d'abord et se dégoûter ensuite à l'excès des mêmes ouvrages et des mêmes personnes, déchirer ce qu'elle louait il y a quelques jours, louer ce qu'elle déchirait, tout cela sans fausseté dans aucun temps, uniquement pour satisfaire au sentiment actuel qui la domine, auquel elle se livre de la meilleure foi du monde et qu'elle croit très fermement avoir toujours été de même.* »[20]

Julie, elle aussi, était dominée par le sentiment du moment. Exaltée, susceptible, nerveuse, elle s'entichait pour un rien. Mais elle était moins rancunière que sa vieille amie dont elle dit avec beaucoup d'esprit :

« *Il est plus difficile d'être bien avec elle qu'avec Dieu : un péché véniel fait perdre en un instant le mérite de plusieurs années de soins.* »[21]

Ce qui les rapprochait aussi, c'était leur goût pour la vie de salon, les discussions interminables, les veilles, le bonheur de rester des heures entières dans des odeurs de bougies éteintes, à parler de leurs amis, à disséquer leurs sentiments, à fouiller leur âme. Rien de ce qu'il y avait de l'autre côté de la fenêtre ne les intéressait : les clairs de lune, le jour qui se lève, les rayons de l'aurore, les saisons...

« *Pour une âme malade,* disait Julie, *la nature n'a qu'une couleur, tous les objets sont couleur de crêpe... Les diamants, l'or, l'arc-en-ciel, tout cela ne touche pas l'endroit sensible de mon âme. Un mot de ce que j'aime, son sommeil même, animent plus en moi tout ce qui vit et qui pense que toutes ces richesses factices.* »[22]

Et Mme du Deffand recevant le poème des *Saisons* que lui avait envoyé son ami le marquis de Saint-Lambert, disait sur le même ton :

« *Il y a un peu trop de pourpre, d'or, d'azur, de pampres, de feuillages. Je n'ai pas beaucoup de goût pour les descriptions : j'aime qu'on me peigne les passions, mais les êtres inanimés je ne les aime qu'en dessus-de-porte.* » Citons au passage quelques-uns de ces vers :

Vois ces arbres en fleurs, de leur cime agitée
Verser sur les sillons une pluie argentée,
Les rubis, du pavot qu'emportent les zéphyrs,
Et le bluet flottant inclinant ses saphirs.
Vois les flambeaux des cieux, les champs et les coteaux...

Les journées s'écoulaient paisiblement. La marquise, « *faisant du jour la nuit et de la nuit le jour* », s'était endormie au lever du soleil et se réveillait tard. Avant onze heures, ce n'était pas le jour. Vers trois heures de l'après-midi, Julie entrait dans sa chambre, après que la fidèle Mlle Devreux

---

[20] Portrait de Mme du Deffand par Mlle de Lespinasse, cité par L. Perey dans *Le Président Hénault et Mme du Deffand..., op. cit.*

[21] *Ibidem.*

[22] *Lettres de Mlle de Lespinasse...*, édition présentée par E. Asse, *op. cit.*

eut allumé un feu, elle s'inquiétait de la santé de la marquise qui, de toute façon, avait passé une nuit « *affreuse* », caressait les chats angoras qui jouaient sur le lit, et essayait d'égayer par ses bavardages la vieille inquiète, terrifiée à l'idée de recommencer à vivre, un jour de plus.

À dire vrai, Julie n'avait pas grand-chose à faire. Son rôle principal était de « distraire ». Les travaux d'écriture étaient le plus souvent dévolus au secrétaire Wiart ou à la gouvernante. Si Julie se mettait parfois à écrire, elle n'y était nullement contrainte, et elle le faisait de bonne grâce, comme on rend un service. Au début, lors des pourparlers avec les Vichy, il avait été question de salaire, mais les deux femmes étant devenues de vraies amies, il n'y avait plus ni employeuse, ni employée.

Nulle trace de tyrannie chez la marquise, de dépendance ni d'esprit humilié chez Julie. L'une était maternelle, l'autre déférente. L'une comme l'autre ne voyaient qu'avantages à leur association.

À se frotter toute la journée à l'une des intelligences de son temps, l'esprit de Julie s'affinait, prenait les couleurs de l'élégance et la finesse du jugement. Plus tard, au souvenir de ces années, Julie s'écria : « *Que je suis devenue difficile ! Est-ce ma faute ? Voyez quels éducateurs j'ai eus : d'abord Mme du Deffand, car pour l'esprit elle doit être citée la première ; puis le président Hénault, M. d'Alembert, l'abbé de Boismont. Voilà des gens qui m'ont appris à parler, à penser…* »[23]

Son intelligence, son esprit vif, son talent de voir « *tout à vol d'oiseau* », son bon goût inné lui permirent de tirer tout le parti imaginable de cette éducation. En quelques mois, Julie, descendante des princes d'Yvetot, avait acquis cette « *noble aisance qui, en accompagnant le respect, oblige à un retour d'égards la personne qui le reçoit* ».

L'après-midi, après d'interminables parlottes, quelques brochures feuilletées, et c'était l'heure du courrier. Il fallait le commenter et y répondre. C'était un des moments agréables de la journée. On lisait tout haut les gentillesses et les compliments des amis retenus loin de Paris. Le chevalier d'Aydie, quand il allait rejoindre dans le Périgord la fille que lui avait donnée sa maîtresse Aïssé, écrivait d'autant plus souvent qu'il s'était d'un coup entiché de Julie. Ses lettres débordaient de louanges pour la jeune fille :

---

[23] Lettre LIII à Guibert, 23 septembre 1774, *in Lettres de Mlle de Lespinasse…*, édition présentée par E. Asse, *op. cit.*

« *Dieu vous devait la consolation que vous donnent les soins de Mlle de Lespinasse. Par elle, vous retrouvez les yeux, et ce qui est plus nécessaire encore, elle exerce la bonté et la sensibilité de votre cœur. Je me sais bon gré de l'opinion que j'ai d'abord conçue d'elle, et je vous supplie de continuer à me ménager quelque part sa bienveillance.* » « *Mlle de Lespinasse est vivement touchée des choses charmantes que vous dites d'elle,* répondait la marquise *; quand vous la connaîtrez mieux, vous verrez combien elle les mérite ; chaque jour j'en suis plus contente.* »

Les lettres les plus attendues étaient, bien sûr, celles de Voltaire, le correspondant le plus assidu de la marquise – retiré à cette époque dans son ermitage des Délices, gentilhomme campagnard et furieux homme de lettres.

« *Je l'ai vu, ce matin,* racontait d'Alembert à son retour de Suisse, *sous les voûtes d'une vigne immense, assis dans un large fauteuil, sur une pelouse molle et verdoyante. Là, entouré de ses moutons, il tenait d'une main sa plume, et de l'autre des épreuves d'imprimerie.* »

Ses lettres à la marquise, un peu espacées pendant son séjour à Berlin, reprenaient maintenant leur cours. Il continuait de la consoler de la perte de ses yeux, écrivant sur l'enveloppe : « *L'aveugle Voltaire à l'aveugle marquise du Deffand* », à qui la marquise répondait : « *L'aveugle du Deffand au soi-disant aveugle, mais très clairvoyant Voltaire* ».

Il arrivait que la marquise trouvât dans son courrier un petit poème de ce goût :

> « *Oui, je perds les deux yeux, vous les avez perdus,*
> *Ô sage du Deffand ! Est-ce une grande perte ?*
> *Du moins nous ne reverrons plus*
> *Les sots dont la terre est couverte ;*
> *Et puis tout est aveugle en cet humain séjour :*
> *On ne va qu'à tâtons, sur la machine ronde.*
> *Plutus, la Fortune et l'Amour*
> *Sont trois aveugles-nés qui gouvernent le monde.* »

Elle aimait ses plaisanteries, son cynisme, ses flatteries. Il avait le même esprit qu'elle, inquiet, désenchanté ; il savait faire sourire la vieille ennuyée à travers ses larmes :

« *Supportons,* lui écrivait-il, *la vie qui n'est pas grand-chose et méprisons la mort qui n'est rien du tout... Ce n'est pas l'idée qu'on ne se réveillera pas qui fait peine, c'est l'appareil qui est horrible, c'est la cruauté que l'on a de nous avertir que tout est fini. À quoi bon prononcer notre sentence. Elle s'exécutera bien sans que le notaire et le prêtre s'en mêlent...* »

Mais comment supporter la vie, se lamentait la marquise, quand on est sans talent, sans occupation, sans dissipation, qu'on est d'une effroyable lucidité ?

« *Le meilleur des mondes* » ne valait pas grand-chose. Voltaire devait en convenir avec son amie. Mais il était presque supportable à la campagne. Le philosophe envoyait rue Saint-Dominique des bouffées d'odeurs champêtres pour donner à la marquise l'envie de venir lui rendre visite dans son ermitage :

« *Je trouve même plus de plaisir à labourer, à semer, à planter, à recueillir qu'à faire des tragédies et à les jouer. Plût à Dieu, Madame, que vous puissiez vivre comme moi, et que votre société charmante pût augmenter mon bonheur.*

– *Je conçois le goût que vous avez pour les besoins domestiques, il y a du plaisir à voir croître ses choux. Est-ce que la basse-cour ne vous occupe pas ?* » raillait la marquise[24].

À six heures, après le temps consacré à la correspondance, et aux lectures que Julie lui faisait avec une patience d'ange, elle ouvrait les portes, pour ne plus penser à la mort...

Avec l'âge, Marie du Deffand tournait au bel esprit. Son fauteuil se muait en tribunal d'où elle décidait plus qu'elle ne causait. Et ses jugements sur les hommes tenaient beaucoup au cas qu'ils faisaient d'elle... « *D'elle,* persifle le président Hénault, *on pouvait dire : Nul n'aura de l'esprit, hors nous et nos amis.* » Et il est vrai, ajoute-t-il, que « *les mots les plus justes qu'on ait retenus sur les hommes célèbres, c'est elle qui les a dits* ».

Parfois, les invités restaient sur le palier. C'étaient les jours où la marquise allait au théâtre à l'Opéra, à la comédie, ou avait accepté d'aller souper. Elle amenait Julie à Montmorency chez la maréchale de Luxembourg, à Versailles chez les Boufflers, à l'Isle-d'Adam, chez le prince de Conti. Elle acceptait ces invitations à condition d'y retrouver son monde : Pont de Veyle, Hénault, Formont, Aydie. Pour un peu, elle y aurait apporté son fauteuil, son « tonneau ».

À trois heures du matin, la nuit n'était pas encore finie. Il fallait s'étourdir encore, commander à Mlle Devreux un *medianoche,* avaler une der-

---

[24] *Ibidem.*

nière goutte de champagne ou un verre de ratafia, faire un dernier tour en ville. Et quand l'aube blanchissait, la noctambule infatigable, couchée sur ses oreillers de dentelle, se faisait apporter des bougies et retenait Julie pour qu'elle lui lise encore une fois le deuxième acte de *Phèdre*.

Que n'aurait fait la jeune fille pour plaire à sa vieille amie ? Lors d'un court séjour de la marquise à Montmorency où elle n'avait pas pu l'accompagner, elle lui écrivit tous les jours, et ses lettres montrent combien elle lui était attachée :

« *Enfin, Madame, j'ai de vos nouvelles... Si vous pouviez juger de ce que votre absence me coûte, cela me vaudrait, sinon un second baptême, du moins une seconde agonie. Il est singulier, mais il est vrai que cette agonie est un des moments les plus heureux de ma vie, puisque j'ai le bonheur de vous convaincre de ma tendresse et de la sincérité de mon attachement.* »

Coups d'encensoir d'une pauvre fille à sa bienfaitrice ? Le style est pompeux mais dans le même temps, les lettres qu'adressait Julie à son demi-frère Abel étaient pleines d'éloges et de mots de tendresse pour la marquise. Julie était sincère. Elle aimait la marquise de tout son cœur.

Nulle trace, alors, de jalousie entre elles. Mme du Deffand paraît ravie des succès de sa protégée. Tout le monde succombe au charme de celle qu'on a très vite appelée « *la magicienne* ». Après le chevalier d'Aydie qui, à soixante-deux ans, prenait des mines de jeune homme pour se faire remarquer d'elle, ce fut le tour du président Hénault. Il n'était plus très reluisant à cette époque, ayant, dit Walpole, « *toute la mine d'un ivrogne hors d'âge* ».

Trouvant du coup les soirées de Versailles mortellement ennuyeuses, il frappa tous les soirs à la porte de Mme du Deffand, et s'obstina, il l'avoue, à séduire la jeune fille. Il perdait la tête, portait de nouvelles perruques, poudrait son nez rouge, tournait des quatrains galants, et en fin de compte lui adressa sa déclaration sous la forme d'un portrait, ce qui était fort à la mode :

« *Mademoiselle, je m'en vais vous dire comment je vous trouve : ceux qui croiront que nous n'êtes que pariste*[25] *ne vous connaîtront guère : vous êtes cosmopolite, vous vous assortissez à toutes les situations. Le monde vous plaît ; vous aimez la solitude ; les agréments vous amusent, mais ils ne vous séduisent point. Votre cœur ne se donne pas à bon marché. Il vous faut des passions fortes, et c'est au mieux ; car elles ne reviennent pas souvent ; la nature en vous mettant dans*

---

[25] Entichée de Paris ?

un état ordinaire vous a donné de quoi la relever. Votre âme est noble et élevée, et vous ne resterez jamais dans la foule. Il en est de même de votre personne ; elle est distinguée sans être belle. Il y a en vous quelque chose de piquant ; on mettrait de l'obstination à vous tourner la tête, mais on en serait souvent pour ses frais. Il faut vous attendre, car on ne vous ferait pas venir. Votre coquetterie est impérieuse... Vous avez deux choses qui ne vont guère ensemble : vous êtes douce et forte, votre gaieté vous embellit et relâche vos nerfs qui sont trop tendus. Votre avis est à vous, et vous laissez aux autres le leur. Vous voyez tout à vol d'oiseau, vous êtes extrêmement polie ; vous avez deviné le monde, on aurait beau vous transplanter, vous prendriez racine partout. En tout vous n'êtes pas une personne comme une autre et pour finir comme Arlequin par un coup de sangle : vous me plaisez beaucoup. »

Nullement épuisé par ce morceau de bravoure, il prit son courage à deux mains, et demanda Julie en mariage, quoiqu'il eût soixante-dix ans « *ou peut-être parce qu'il les avait* », disent les mauvaises langues. Il en fut pour ses frais. Julie n'avait pas besoin d'un protecteur. Elle ne songeait nullement à se « *placer* » dans la bonne société parisienne. Elle se contenta d'apporter au vieux soupirant son affection « *respectueuse* ».

Convenons avec le président que la coquetterie de Julie était « *impérieuse* ». Elle avait un irrésistible besoin de plaire, et de plaire à tous, sans discrimination. Elle ne pouvait supporter qu'on la regardât d'un œil indifférent. Elle souffrait de n'être pas belle et devait donc déployer sans cesse toutes les ressources de son charme. Elle les exerçait par instinct, sur tout le monde.

D'Alembert qui fut, dès le premier instant, épris de la jeune fille, la regardait faire son manège, sourire, enjôler, lancer des regards fatals sans avoir l'air d'y prendre garde, moduler sa voix, et on sent une pointe de jalousie et d'agacement dans ces lignes qu'il lui écrit :

« *Je ne connais personne qui plaise aussi généralement que vous et peu de personnes qui y soient plus sensibles. Vous ne refusez pas même de faire des avances quand on ne va pas au-devant de vous, et sur ce point votre fierté est sacrifiée à votre amour-propre ; assez sûre de conserver ceux que vous avez acquis, vous êtes principalement occupée à en acquérir d'autres ; vous n'êtes pas même, il faut en convenir, aussi difficile sur le choix qu'il vous conviendrait de l'être... L'envie d'avoir une cour et ce qu'on appelle dans le monde, des amis, vous a rendue d'assez bonne composition, et les ennuyeux ne vous déplaisent pas trop, pourvu que ces ennuyeux-là vous soient dévoués.* »

Le bon d'Alembert convenait pourtant que Julie n'avait aucune fausseté, que ce grand besoin de séduction n'était pas un principe de vanité, qu'il n'y entrait aucune politique, et que c'était tout simplement l'envie et le besoin « *de répandre plus d'agréments dans sa vie journalière* ».

La marquise du Deffand avait attiré une sirène dans son royaume. Et aucun des habitués de son salon, sur lesquels elle prétendait régner sans partage, n'avait souci d'y résister. D'autant que la force de séduction de Julie grandissait tous les jours. Un à un, elle amenait à elle les « beaux esprits » qui trouvaient en fin de compte les tendres attentions d'une jeune fille plus séduisantes que les verdicts et les jeux de mots d'une vieille femme désabusée.

Dans son fauteuil d'aveugle, la marquise avait parfois des moments d'impatience, en entendant des rires, des galanteries, des apartés, des conversations qui se taisaient dès qu'elle entrait. Pour vive que fût l'affection qu'elle portait à Julie, elle ne pouvait tolérer qu'on la supplantât dans le cœur de ses amis. Mais la méfiance n'avait pas encore germé en elle. Il n'était pas pensable qu'une jeune fille sans nom, sans vraie beauté, pût avoir de la séduction. Elle s'imaginait qu'on aimait Julie parce qu'elle était bonne fille, jeune et gaie, mais que, dans le fond, on n'en faisait pas grand cas.

Manque de discernement surprenant chez la femme qui a porté les jugements les plus pertinents sur les choses et sur les gens de son siècle.

En 1757, trois ans après l'installation de Julie chez Mme du Deffand, John Cauford, écossais d'origine et parisien d'adoption, fidèle commensal de la marquise, introduisit dans le salon du couvent Saint-Joseph un mystérieux gentilhomme irlandais, John, vicomte de Taaffe.

On ne savait pas grand-chose de ce nouveau venu, sinon qu'il appartenait à une des plus anciennes familles d'Irlande dont le chef de la branche aînée, lord Callingford, était chargé de missions politiques pour l'empereur. On racontait aussi que son frère, Théobald, membre de la Chambre des Communes, séducteur, joueur et voleur avait été enfermé à la Bastille à la suite d'une plainte portée contre lui par un usurier juif, Abraham Payba, et que le duc de Choiseul l'en avait fait sortir pour le faire entrer dans ses services d'espionnage.

John de Taaffe était donc le frère d'un aventurier, et peut-être aventurier lui-même, ce qui lui donnait un certain charme aux yeux des dames. Il avait joué au cavagnole avec Marie Leczinska, il dînait chez Mme de

Luynes. Il avait l'esprit cultivé et du goût pour la littérature, ce qui lui valut la sympathie immédiate de Mme du Deffand.

Ravie de trouver un nouvel ami dans cet homme gai, aimable et d'excellente compagnie, la marquise le pria de lui faire visite aussi souvent qu'il le voudrait. L'Irlandais vint et revint tous les jours. Il arrivait à six heures et ne repartait que tard dans la nuit. Il était comme chez lui, et la vieille aveugle était flattée d'avoir enrichi sa cour d'un admirateur aussi assidu.

Bientôt, elle comprit. Ce n'était pas son esprit étincelant, ni ses dîners fameux qui attiraient chez elle le vicomte. C'était Julie. Sitôt le dîner fini, Taaffe allait rejoindre la jeune fille, et Marie du Deffand les entendait chuchoter, plaisanter, se faire d'interminables confidences. L'Irlandais était amoureux d'elle, c'était certain, amoureux fou, et la jeune fille ne repoussait pas ses avances.

C'était la première fois que le cœur de Julie battait. Cet homme lui plaisait. Naturellement ardente, exaltée, prête à se jeter dans une passion à corps perdu, elle commençait à prendre conscience que jusqu'alors sa vie n'avait été que néant. Ces bavardages mondains lui laissaient le cœur vide. Bien sûr, elle avait toujours été ce qu'on attendait d'elle : spirituelle, enjouée, polie, tendre, aimable avec tout le monde, généreuse et enthousiaste, séduisante dans le goût du siècle, avec ce qu'il fallait de coquetterie pour attirer les hommes sans manquer aux convenances. Mais à la longue, les sentiments tranquilles, le temps passé sans un choc d'âme font souhaiter les orages. Julie, à vingt-cinq ans, attendait l'amour.

Dans les natures comme la sienne, l'amour est une tempête capable d'abattre raison, amitié et sagesse. Elle n'existait que pour cela. Et le premier amour, plus que tous les autres, porte en lui une promesse d'éternité. On croit qu'on n'aimera qu'une fois et que la vie n'y suffira pas. Le cœur n'a ni limites, ni défiance, ni défenses. Les désillusions et les tristesses ne l'ont pas encore meurtri, ni durci. Pourquoi douter du bonheur ?

Pour Julie, tout était simple. Le vicomte de Taaffe était amoureux d'elle ; elle savourait un trouble inconnu, merveilleux. Le jeune Irlandais tombé du ciel dans le salon de la marquise allait l'enlever, lui faire partager un destin exceptionnel. Elle ne savait rien de lui, mais quelle importance ? Le premier homme aimé est toujours sans reproches.

Mais quand, naïvement, tout à son enthousiasme, avec la confiance qu'une jeune fille de ce temps avait pour sa mère, elle avoua à sa vieille amie qu'elle aimait le vicomte, elle fit se lever chez la marquise du Deffand un incendie de colère et de refus – et rien ne pouvait mieux faire pour que la jeune fille tombe irrésistiblement amoureuse de l'Irlandais.

Marie du Deffand commença par blesser la dignité de Julie en lui disant qu'on n'épousait pas une fille bâtarde et sans fortune. Elle aviva sa passion en assurant que le jeune homme était un être faible, un aventurier qui ne cherchait qu'à la déshonorer. Elle provoqua sa colère en lui interdisant de revoir le jeune homme et en lui enjoignant de « *se tenir désormais dans sa chambre chaque fois qu'il paraîtrait dans le salon Saint-Joseph* ».

Julie était moins que toute autre capable de raisonner sur ce qu'elle aimait. Elle déclara qu'elle ne pourrait jamais vivre sans le vicomte, et qu'il ne lui restait plus qu'à mourir, puisqu'on voulait sa mort.

« *De fureur,* confia Mme du Deffand à Mme de La Ferté-Imbault, *la demoiselle prit une telle dose d'opium qu'elle en resta infirme toute sa vie.* »[26]

La Harpe, qui détestait la marquise, confirme cet accident :

« *Sa tête, déjà très vive, s'exalta au point qu'elle résolut de s'empoisonner. Elle prit soixante grains d'opium, qui ne lui donnèrent pas la mort qu'elle désirait, mais qui la jetèrent dans des convulsions épouvantables, dont ses nerfs demeurèrent toujours attaqués. Mme du Deffand était en larmes auprès de son lit.*

– Il n'est plus temps, Madame, lui disait Julie de Lespinasse qui croyait n'en plus revenir. »[27]

C'est à cette époque que Julie contracta l'habitude de prendre de l'opium chaque fois qu'elle était contrariée. C'était une nature très nerveuse. Elle avait des crises si fortes qu'elle devait, en effet, recourir à des calmants. L'opium était fort à la mode. Diffusé comme un médicament en Europe, il allait même devenir un véritable fléau social. Quand les femmes étaient prises de « vapeurs », elles se précipitaient sur le « diascordium » de Frascator, ou le « laudanum » de Sydenham, qui étaient des graines d'opium. Le comte des Alleurs, grand ami de Mme du Deffand, lui racontait plaisamment les effets successifs de cette drogue :

« *Il met le sang en mouvement, donne les idées plus gaies, remplit l'âme d'espérances flatteuses. Dès que son action cesse, il jette dans la langueur, la mélancolie et l'assoupissement... Il faut en augmenter les doses tous les trois mois au*

---

[26] *Souvenirs inédits de la marquise de La Ferté-Imbault, op. cit.*

[27] J.-F. de La Harpe, *Correspondance littéraire, op. cit.* Il est évident que La Harpe exagère beaucoup ! Ces grains étaient de petites pilules d'opium mélangé à du sucre ou de la guimauve. On les trouvait en vente libre, très chères, chez les parfumeurs à la mode.

moins. Il diminue l'appétit, il attaque les nerfs. Ceux qui en font usage deviennent maigres et jaunes ; lorsque de jaunes ils deviennent verts, la mort n'est pas éloignée. Avez-vous envie d'en prendre ? »[28]

Pourquoi tant de rigueur chez Mme du Deffand ? Ne disait-elle pas aimer sa protégée « *avec toute la tendresse d'une mère* » ? D'après la correspondance qu'elle échangea à cette époque avec le vicomte de Taaffe, on a lieu de croire que, pour brutale qu'elle fût, la conduite de la marquise fut dictée par la « sagesse » du temps. On la sent parfois curieuse et sûrement aussi un peu jalouse, mais elle n'avait d'entrée de jeu aucune objection à ce que le vicomte épousât Julie, si telles étaient ses intentions : « *Vous savez,* écrit-elle à l'amoureux, *par quel hasard ou plutôt par quelle circonstance on s'est vu contraint à me faire des aveux auxquels j'étais bien éloignée de m'attendre ; il me serait difficile de vous exprimer ma surprise. L'état violent où l'on était suspendit en moi tout sentiment et toute réflexion. Je ne trouvais rien de plus pressé que de calmer l'agitation et je marquai de l'amitié, de la compassion et de l'intérêt ; il m'échappa même de dire que j'aimais mieux que ce fût vous qu'un autre, parce qu'apparemment, dans la confusion de mes idées, il ne me revint que l'opinion que je m'étais accoutumée à avoir de votre probité et de votre discrétion. Ces premiers moments passés, je vis tout ce qu'il y avait à voir, votre conduite envers moi, votre conduite envers elle ; je lui fis part de toutes mes réflexions, ce qui ne se put faire sans jeter de l'inquiétude dans son âme et sans blesser son amour-propre. Elle sentit toute son imprudence, et malgré les soins que j'ai pris de la consoler, je n'ai pu prévenir un accès de vapeurs, le plus violent qu'elle ait eu. Depuis jeudi, elle n'a pas pu avaler une goutte d'eau sans tomber dans des convulsions effrayantes, suivies d'évanouissements. Les lavements de bouillons produisent le même effet. L'amitié que j'ai pour elle est si tendre et si sincère, la crainte de la perdre est si grande qu'il n'y a rien que je ne fasse pour la conserver. Voici donc, Monsieur, ce que j'ai à vous proposer, c'est de profiter du temps et de l'absence pour bien examiner vos sentiments et déterminer vos résolutions en conséquence. Si votre passion pour elle est plus forte que vous, ce que j'ai lieu de croire par la conduite que vous avez tenue, hâtez-vous de l'assurer ainsi que moi que vos vues sont honnêtes et légitimes. Si vous étiez dans des intentions différentes, travaillez à la détacher de vous. Vous le devez pour son bonheur et pour la considération que je suis en droit d'attendre de vous.* »[29]

---

[28] Lettre du 17 avril 1749, *in* M. du Deffand, *Correspondance complète, op. cit.*

[29] M. du Deffand, *Correspondance inédite, op. cit.*

Hélas, la passion du jeune Irlandais pour Julie n'était pas si violente que toutes sortes de considérations de bon sens et de raison ne pussent la tempérer. Il ressort des lettres de Taaffe à la marquise que tout irlandais qu'il fût, il était prudent, et que l'idée de déplaire à une marquise aussi influente et bien placée à Paris l'ennuyait plus que de faire mourir de tristesse une jeune fille amoureuse. Il déclina toute idée de mariage :

« *J'ai bien pesé*, écrit-il, *l'alternative que vous me laissez et, en conséquence, j'ai déjà déchiré la lettre que je viens d'écrire à Julie, et comme rien ne s'est passé qui dût m'empêcher de tâcher de me dégager d'elle, je voulus commencer par me faire cette première violence. Pour ce qui regarde personnellement Madame, j'espère qu'elle veuille bien me permettre de me jeter sur sa bonté, ne sachant pas actuellement comment lui en dire davantage ; en tout temps, il me serait difficile d'exprimer mon attachement pour elle.* »

Non seulement il se « *jetait sur la bonté* » de Mme du Deffand, pour implorer son pardon, mais il la remerciait en quelque sorte de lui avoir ouvert les yeux et de l'avoir sauvé d'un mauvais mariage : la marquise ne s'était pas privée, tout en ayant l'air de parler en faveur de sa protégée, de faire entendre au prétendant qu'« *elle n'avait pas de fortune à lui offrir* », et que « *le malheur de sa condition l'empêchait de demander au jeune homme les preuves d'estime et d'attachement* » qu'elle, Mme du Deffand, en avait exigé.

L'amoureux circonspect regagna son pays natal, continuant à écrire à Mme du Deffand pour l'assurer de son éternelle reconnaissance et de son non moins éternel désespoir si elle ne daignait plus le revoir. Il oublia Julie.

Comment Julie aurait-elle pu pleurer longtemps un homme aussi peu capable d'amour ? Elle haïssait les sentiments médiocres et les esprits faibles. John de Taaffe n'était que le petit héros d'un petit roman, un dérisoire séducteur de salon. Ce piètre cavalier ne valait pas le mors qui blesse. Julie avait l'âme d'une Héloïse. Le mépris remplaça l'amour. Jamais plus elle ne prononça le nom du vicomte, et elle garda toute sa vie le silence sur cet épisode amer. Mais jamais non plus elle ne pardonna à Mme du Deffand de s'être mêlée de ses histoires de cœur.

Après trois années de lune de miel, le fiel. Julie se prit à regarder sa protectrice comme une ennemie. Et la marquise, naturellement défiante, possessive, découvrit en Julie une rivale. La jeune fille prenait une place de plus en plus importante dans le salon de la vieille aveugle. Tous les hommages se tournaient vers elle. La marquise n'avait rien dit quand le président Hénault avait fait la cour à Julie. Elle avait accepté que le vieux chevalier d'Aydie jouât pour elle les Céladon. Chaque fois, elle avait su se contenir et afficher une bonne humeur qui lui coûtait de plus en plus. Mais cette aventure engagée sous son toit, contre sa volonté, lui fit perdre patience. Julie avait été avertie : « *Tous ceux en qui je crois de la finesse me deviennent suspects au point de ne pouvoir plus prendre aucune confiance en eux.* »

La séductrice était devenue suspecte. Elle plaisait trop. Tous les hommes paraissaient décidément envoûtés. Mais le plus grave, c'est que d'Alembert, le cher d'Alembert, l'ami intime de la marquise, l'oracle de son salon, « son » génie, la délaissait, subissant de plus en plus l'influence de Julie. La marquise pouvait tout pardonner, passer sur toutes les coquetteries de l'ensorceleuse. Mais si on lui ravissait d'Alembert, alors ce serait la guerre. Une guerre sans merci.

Deuxième partie

Sœur Julie de l'*Encyclopédie*

Le géomètre

*Encore un bâtard – La Merteuil est un ange de vertu – Ce n'est pas Dieu que j'aime, c'est vous ! – Elle accouche par distraction – Un nourrisson sur les marches de l'église – Le chevalier en quête d'une nourrice – Claudine saisie par le remords – L'aventure de l'*Encyclopédie *– Je change à mon gré de visage – Mon petit chat sauvage – J'ai perdu tout le temps que j'ai passé sans aimer – Qu'il commence par se faire homme – On ne prête qu'aux riches – Deux roseaux battus par la tempête – Amoureux fou – D'insignes marouflés ! – Crispin-Rousseau broute sa laitue – Mes yeux ont vu la vengeance – Un roi philosophe – Le marquis de Brandebourg à Clèves – Julie prend sa revanche – Le drame éclate – Une vipère que je nourris dans mon sein*

La vie de d'Alembert débute comme celle de Julie.

Sa mère est la célèbre Mme de Tencin, chanoinesse et courtisane, fille d'un président à mortier, née en 1681 à Grenoble, le pays des *Liaisons dangereuses* et de Stendhal. Arrêtons-nous un instant à l'histoire de cette aventurière, à côté de laquelle Mme de Merteuil, « la » Merteuil de Laclos, est un ange de vertu.

À seize ans, sourde aux cris et aux suppliques de ses admirateurs, elle se donna à Dieu, contrainte et forcée par sa famille, au monastère des Dominicaines de Montfleury :

« *Est-il possible,* gémissait-on, *que le chef-d'œuvre de la création s'ensevelisse ainsi dans le linceul de la vie claustrale ? Quand on songe qu'elle s'est mise elle-même au tombeau, et que la voilà pour jamais exilée du monde dont elle était l'ornement.* »

Radieuse, exaltée, Claudine vit, sans un regret, ses beaux cheveux tomber sous le ciseau de la supérieure. Elle s'habilla de blanc, chanta matines, jeûna. Au bout de quelques semaines de lune de miel avec le Seigneur, elle commença à bâiller d'ennui.

Alors, elle appela à l'aide. Elle écrivit des lettres désespérées à ses soupirants qui accoururent aux grilles du couvent et trouvèrent le moyen, la nuit, d'aller lui tenir chaud dans son lit. « *On la venait trouver,* dit Saint-Simon, *avec tout le succès qu'elle eût pu désirer ailleurs.* »

Un soir, après avoir beaucoup prié et versé comme Thérèse d'Avila des larmes mystiques, elle eut la révélation et courut voir son directeur de conscience :

« *Ah, mon père,* s'écria-t-elle, *la vérité m'est apparue ; ce n'est pas Dieu que j'aime, c'est vous.* »

Le directeur du couvent se prosterna, saisi lui aussi par la vérité. Il l'aimait, et le lui prouva.

C'était beaucoup de bruit pour ce couvent de Bernardines. On lui accorda la permission de se retirer dans un chapitre du Lyonnais avec la qualité de chanoinesse. Là, le régime était encore moins sévère. Elle pouvait recevoir sans entrave. Sa cellule devint un salon rempli d'amoureux. Sous son ample robe elle cacha deux grossesses ; on ne vit jamais les enfants.

Bientôt la cellule du chapitre devint trop étroite. Claudine rêvait d'un théâtre plus vaste. Avec l'aide de son frère, Pierre, futur archevêque d'Embrun puis de Lyon, elle put s'enfuir sans attendre d'être relevée de ses vœux. Elle courut à Paris « nager en eau trouble » et parvenir, en avançant comme elle le dit, « *par tous les souterrains possibles* ». Elle demanda audience au Régent. Il savait qu'elle était jolie fille et la reçut sur-le-champ. Aux pieds de Philippe, elle pleura, avoua un trouble qu'elle ne ressentait pas, et le Régent, bon garçon, la mit dans son lit.

Sous les draps, Claudine se fit envahissante. Elle chuchota à l'oreille de son royal amant que son frère, l'abbé de Tencin, ferait un bon ministre. Et pourquoi lui, son cher Philippe, ne s'assiérait-il pas sur le trône de France ? C'était trop. Le Régent adorait les femmes, mais non qu'elles se mêlassent des affaires de l'État :

« *Je suis fou quand je sors de ses bras,* dit-il. *Elle me tourne la tête avec tous ses beaux desseins de tout envahir, hormis le royaume des cieux, car il paraît qu'elle en est revenue, et n'y veut plus retourner.* »

Il l'offrit à Dubois : « *Tu veux devenir cardinal ; prends cette femme et va-t-en au diable avec elle.* » N'ayant pas pu faire de Philippe un roi, elle fit de Dubois un cardinal.

Puis elle ouvrit un salon qui servit de quartier général aux transactions de la Banque de Law et où se pressaient les agioteurs et aussi les plus grands noms des lettres et des arts. Ils étaient nombreux. Citons-en quelques-uns : l'abbé Prévost, Marivaux, l'abbé de Saint-Pierre, Louis Racine, poète janséniste et fils du dramaturge, Jean-Baptiste-Antoine Suard, écrivain, Émilie du Châtelet, compagne de Voltaire, Mme Geoffrin, Montesquieu, le philosophe Helvétius, Marmontel, le docteur Jean Astruc, consultant du roi, Fontenelle, Pont de Veyle, le docteur Tronchin, lord Chesterfield et le vicomte de Bolingbroke, écrivains et hommes d'état britanniques.

Elle écrivit des romans qu'elle publia anonymement et qui obtinrent un certain succès : *Les Mémoires du Comte de Comminges*, *Le Siège de Calais* et surtout, surtout, *Les Malheurs de l'Amour*, le livre de sa vie qui retrace les amours tumultueuses de Pauline, riche héritière martyrisée par une mère ambitieuse. Elle collectionna les amants : Richelieu, Marc-René d'Argenson, ministre du Régent, Bolingbroke et lord Chesterfield, des maréchaux, des cardinaux, des hommes de lettres, une multitude d'anonymes et Charles-Joseph de la Fresnaye qui se suicida dans son salon après avoir laissé un billet l'accusant de l'avoir trahi et volé. Après avoir passé quelques semaines à la Bastille, où elle continua à tenir un salon en miniature, recevant entre autres Voltaire qui y était lui-même détenu, elle fut relâchée, mais sa réputation resta entachée.

Entre-temps, le 17 novembre 1717, elle avait accouché par distraction d'un petit garçon.

Qu'en faire ? Sinon le déposer dans une boîte en sapin sur les marches de la petite église Saint-Jean-le-Rond, baptistère accolé au côté gauche de la façade de Notre-Dame de Paris.

Une femme, se rendant à la messe, découvrit le nourrisson et alla le porter au commissaire du quartier Notre-Dame qui le fit baptiser avant d'aller le confier à une nourrice, Anne Frayon, qui habitait un petit village de Picardie, Crèmery, près de Montdidier.

Peu de temps après, le général d'artillerie Destouches-Canon (ainsi surnommé pour qu'on le distingue des milliers de Destouches qui grouillaient sur la place de Paris) revenait d'une mission à l'étranger et courait rejoindre sa Claudine bien-aimée qui lui apprit d'un coup qu'il était père et que son fils avait été abandonné.

Destouches gifla Claudine et s'en alla à la recherche de son enfant. Six semaines après il le retrouvait. Le pauvre nourrisson avait « *une tête pas plus grosse qu'une pomme ordinaire, des mains comme des fuseaux, terminés par des doigts aussi menus que des aiguilles* »[1].

L'artilleur courut tout Paris en quête d'une nourrice. Aucune ne voulait se charger d'un enfant qui paraissait au moment de rendre son dernier souffle. Il arriva enfin chez une vitrière du faubourg Saint-Antoine, la dame Rousseau, qui consentit à s'en charger et promit au père de faire tout ce qui dépendait d'elle pour le lui conserver. Elle y parvint. D'Alembert ne devait cesser de proclamer sa tendresse pour celle qu'il considéra toujours comme sa véritable mère[2].

Destouches retourna chez Claudine, lui parla de leur enfant, lui dit merveilles sur son intelligence, sa drôlerie, ses premiers mots. Rien ne put émouvoir Mme de Tencin. Elle avait d'autres soucis : les agiotages, son salon, et le livre de sa vie qu'elle était en train d'écrire sous le titre *Les Malheurs de l'Amour*. Ce fils n'existait pas pour elle.

Destouches, lui, était un bon père. Il passait tous ses moments libres chez la vitrière à jouer avec l'enfant. Et un jour, devait raconter d'Alembert à son amie Mme Suard, il obtint tout de même de Claudine de Tencin qu'elle vienne le voir avec lui, au moins une fois. Le petit garçon était vif, et à cinq ans, ce qu'il disait annonçait déjà une intelligence peu commune :

« *Avouez, Madame,* dit Destouches à Claudine, *qu'il eût été bien dommage que cet aimable enfant eût été abandonné.* »

Mme de Tencin, froide et raide, se leva à l'instant en disant : « *Partons, car je vois qu'il ne fait pas bon pour moi ici.* »

C'était la première et la dernière fois que le petit bâtard voyait sa mère. On raconta beaucoup plus tard que, son fils ayant acquis la célébrité, Mme de Tencin, saisie soudain par le remords ou la curiosité, lui avait fait dire qu'elle aurait été charmée de le voir, et qu'il n'y serait allé que pour lui lancer au visage : « *Vous n'êtes pas ma mère !* »

D'Alembert nia vivement cette entrevue.

« *Cependant, Monsieur, on vous prête dans cette occasion une réponse très fière à une mère qui, jusqu'à votre célébrité, ne vous avait pas donné un signe de vie, et j'ai entendu bien des personnes applaudir à votre refus comme à un juste ressentiment ?*

---

[1] A. Suard, *Essais de mémoires sur M. Suard*, Paris, Didot, 1820.

[2] D'Alembert vécut chez elle jusqu'à l'âge de cinquante ans, et « *lorsqu'il alla vivre chez Mlle de Lespinasse, il alla la visiter sans cesser, la consoler de ses peines, faire des caresses à ses petits enfants et la laissait heureuse d'avoir un tel fils* » (A. Suard, *Essais de mémoires*..., *op. cit.*).

– Ah ! Jamais je ne me serais refusé aux embrassements d'une mère qui m'aurait réclamé ; il m'eût été trop doux de la recouvrer… »

Destouches-Canon légua à son fils une pension annuelle de 1 700 livres[3] – quatre fois supérieure à celle que Julie de Lespinasse avait reçue de sa mère – et le recommanda en mourant à « *l'affectueuse protection de son excellente famille* »[4]. Excellente et influente, à coup sûr. Assez pour faire admettre le petit bâtard à l'âge de douze ans au collège des Quatre Nations[5], ce qui était une faveur insigne, réservée à des boursiers de familles nobles. Il n'y apprit pas les bonnes manières et ne les connut jamais, mais fit de brillantes études. À la fin de l'année 1735, il fut reçu bachelier es arts. Excellent latiniste, il savait assez bien le grec pour lire Archimède et Ptolémée dans le texte, et connaissait par cœur les règles du syllogisme.

L'un de ses maîtres jésuites, dans l'espoir de le convertir, lui prêta des livres pieux. La dévotion l'ennuyait. Il jeta les livres. On lui prêta alors des opuscules de controverses autour de la bulle *Unigenitus*, pierre de touche de la Foi que jansénistes et jésuites attaquaient ou défendaient. La violence de ces polémiques le dégoûta à tout jamais. Pour lui, la religion se réduisait à « *quelques vérités, un petit nombre de préceptes à appliquer* », et le seul Dieu qu'il reconnaissait « *n'exigeait d'autre culte de la part des hommes que celui de s'aimer et de se supporter les uns les autres* ». Il devint l'adversaire acharné des jésuites.

On le traitait déjà d'illustre quand il rencontra Diderot. Libres tous les deux, partageant les mêmes idées, curieux des mêmes choses, et tous les deux sceptiques, ils décidèrent de travailler ensemble.

---

[3] « *Dix sept cent livres font tout mon revenu*, écrivait d'Alembert en 1752. *Mais à force de privations, je me suis accoutumé sans efforts à me contenter du plus étroit nécessaire.* »

[4] Quant à Mme de Tencin, elle laissa tout son bien à Astruc, son médecin. On a prétendu qu'il n'était qu'un fidéicommis et qu'il allait remettre le bien à d'Alembert, mais celui-ci n'en a jamais rien reçu.

[5] Il y était inscrit sous le nom de Daremberg. Dans la famille Destouches, on le nommait ainsi depuis sa plus tendre enfance. Quelle est l'origine de ce nom ? Le mystère demeure entier. Dans la biographie de d'Alembert, Joseph Bertrand propose cette hypothèse : « *L'anagramme de* BATISTE LEROND *est celle-ci :* DALENBERT, SOIT. *Il n'est pas impossible*, ajoute t-il, *que le jeune géomètre, familier avec la théorie des permutations, ait tourné lui-même cette inversion assez conforme aux habitudes de l'époque. Quoi qu'il en soit, dans la famille Destouches, on le nommait dès l'enfance le chevalier Daremberg.* »

C'est Mme Geoffrin, toujours à l'affût des célébrités, qui eut, dit-on, la gloire de l'avoir découvert. Elle attira chez elle ce « prodige », ce futur génie, et lui fit faire ses débuts dans le monde.

Essayons d'imaginer la gloire de d'Alembert dans le monde où entre Julie... Rousseau est insupportable, Montesquieu fugace, Voltaire exaspérant de fatuité querelleuse. Diderot joue trop volontiers les paysans du Danube. Il y a du balourd chez Grimm et chez d'Holbach, du pédant chez La Harpe, du futile chez Marmontel, de l'interminable chez Fontenelle. Mais d'Alembert ! Si Diderot, son camarade, s'est assuré vers 1750 la position qu'occupera deux siècles plus tard Jean-Paul Sartre, créateur des *Temps modernes*, on reconnaît à d'Alembert celle que prendra, auprès de Sartre, le Camus de la Libération. On ne l'admire pas seulement, on l'aime. Pour cet inimitable mélange de vertu et de bonne grâce qui le distingue de ses rivaux.

C'est un grand esprit. Géomètre ? On dirait plutôt aujourd'hui physicien. Certes, c'est son *Mémoire sur le calcul intégral* qui, en 1739, avait assuré la célébrité à ce jeune homme de vingt-deux ans. Mais dans le domaine scientifique, on vit surtout en lui l'auteur, en 1743, du *Traité de dynamique* qui produisit une révolution dans la science du mouvement. Étudiant le pendule, il aboutit à cette conclusion (dite « principe de d'Alembert ») que, dans un système, les forces internes d'inertie sont égales et opposées aux forces qui produisent l'accélération. Ce qui lui permettait de réduire l'ensemble des problèmes, si complexes, de la dynamique, à une méthode statique généralisée.

Quand Jean le Rond d'Alembert (ou d'Aremberg ou Dalembert) rencontre Julie chez Marie du Deffand, il est déjà, depuis près de cinq ans (1750, pour simplifier), engagé aux côtés de Diderot dans la grande bataille de l'*Encyclopédie* qu'il a préfacée en tant que plus illustre de ses fondateurs, avant de s'en détacher en 1758. Les raisons de la rupture furent complexes ce qui n'empêche que sa collaboration au grand œuvre reste le fondement majeur de sa gloire aux yeux de la postérité.

C'est Diderot qui passe aujourd'hui pour le père de l'*Encyclopédie* mais, à l'époque, c'était d'Alembert, le savant auteur du traité de dynamique, membre à la fois des Académies des sciences de Berlin et de Paris, qui en était ce que l'on appelle la tête d'affiche. Certes, l'emprisonnement de Diderot à Vincennes, à la suite du scandale provoqué par son manifeste matérialiste, *Lettre sur les Aveugles*[6] (1749), le dote d'une auréole sulfureuse qui contribue à nous attacher à lui. Mais, en ce temps-là, sous le règne du très chrétien Louis XV, ce type de publicité était encore tenu pour un handicap alors que l'aimable géomètre, ami de Marie du Deffand (et aussi d'autres hôtesses illustres) se prévalait d'une réputation de bon aloi.

Non que d'Alembert fût mieux en accord que Diderot avec l'enseignement de l'Église : ses articles de l'*Encyclopédie* en témoignent. Mais sa gentillesse naturelle et sa fréquentation de cercles académiques et des salons le rendent moins anathème à l'archevêché et à la Sorbonne que son fulgurant camarade. Si bien que c'est à d'Alembert, en 1750, que fut confiée la tâche redoutable de rédiger le *Discours préliminaire,* définition de l'entreprise, de sa philosophie, de son statut intellectuel et scientifique. Opération qui dit bien l'autorité magistrale dont dispose alors notre géomètre.

Tout de même, c'est bien lui, le petit bâtard de Mme de Tencin, qui a ouvert toutes grandes les portes du libre savoir encyclopédique. Son *Discours préliminaire* est resté fameux :

« *Si les Anciens avaient élaboré une telle Encyclopédie et si son manuscrit seul avait échappé à l'incendie qui détruisit la bibliothèque d'Alexandrie, cela aurait suffi à nous consoler...* » L'ambition est hardiment claironnée, et la troupe d'Argonautes, embarquée en vue de l'expédition, est en droit d'afficher quelques présomptions.

Deux remarques à propos de l'originalité de l'entreprise, du climat dans lequel elle s'élabore – et des risques qu'elle fait courir à ses collaborateurs.

Ses précurseurs sont notoires. Le premier, si l'on peut dire, est Pierre Bayle dont le *Dictionnaire historique critique*[7], publié en 1697, au crépuscule du Grand Siècle, a puissamment marqué la distinction entre philosophie et religion, entre la raison et la foi, entre le dogme et la connaissance, à partir du principe de « *ne rien accepter qui n'ait été soumis à son propre tribunal* ». Le second est l'Anglais Chambers dont la *Cyclopaedia,* rédigée dans

---

[6] La *Lettre sur les aveugles à l'usage de ceux qui voient* fut publiée clandestinement en juin 1749. Un mois plus tard, Diderot était arrêté. Il passera trois mois en prison où on le surnommait « Socrate ».

[7] Ce dictionnaire, appelé « L'Arsenal des Lumières », fut pillé et réédité tout au long du XVIIIe siècle. En plus des huit éditions françaises publiées en l'espace de cinquante ans, il fut traduit en anglais (deux versions) et en allemand.

l'esprit de Newton et de Locke, sert de modèle à l'entreprise de Diderot et d'Alembert, à ceci près que cette dernière est l'œuvre collective d'écrivains dont quatre ou cinq sont parmi les plus grands du siècle.

La grande caravane s'ébranle au moment qui semble le plus favorable depuis la mort de Louis XIV. Quand, le 16 octobre 1747, le tandem Diderot-d'Alembert est chargé d'élaborer l'ouvrage dont le privilège royal a été accordé dix-huit mois plus tôt, le parti dévot (la reine, le dauphin, Stanislas Leczinski, Mgr Boyez, etc.) est surclassé par celui de Mme de Pompadour qui, depuis deux ans, donne au règne un style libéral et moderniste. Et au moment même où paraissent les premiers tomes de l'*Encyclopédie* (1751), le chancelier Guillaume de Lamoignon se prépare à confier à son fils unique, Chrétien Guillaume de Lamoignon, *alias* Malesherbes, un vrai libéral, la haute main sur la librairie, c'est-à-dire la censure[8]. C'est la conjonction entre la marquise « philosophe » et le censeur bienveillant qui permettra l'envol de l'*Encyclopédie*. Jusqu'au moment où, en 1757, l'attentat de Damiens contre Louis XV bouleversera ces données. Dès lors, le parti de la peur et de la répression prendra sa revanche – provoquant entre autres la défection de Jean d'Alembert, peu soucieux d'affronter les puissances qui se dressent contre le parti philosophique.

Entre-temps, Diderot et d'Alembert auront recruté Voltaire et Buffon, et ce Rousseau qui commence à s'affirmer, et Turgot déjà notoire, et Daubenton, et Marmontel, et Duclos, et l'abbé de Prades. Au total, cent trente-neuf auteurs[9], dont trente ont été rémunérés, à commencer par les deux cofondateurs. À Diderot et d'Alembert vient se joindre, en 1752, le chevalier Louis de Jaucourt, qui parle dix langues et se révèle expert en cent matières[10] – ce qui permettra au projet d'aller à son terme après la retraite de d'Alembert en 1758.

---

[8] Guillaume de Lamoignon acheta à Alexandre de Balsac d'Illiers la terre et le château de Malhesherbes dont son fils portera le nom. On demanda un jour à celui-ci pourquoi il ne portait pas le nom de ses ancêtres et il répondit que ce nom était un fardeau et qu'il imposait de grands devoirs. « *Je suis plus à mon aise*, dit-il, *de n'être que Malhesherbes.* » Il est peu de dire que cet honnête homme fut pour beaucoup dans la publication de cet ouvrage que tout autre censeur eût étouffé…

[9] Citons, parmi les moins illustres rédacteurs de l'*Encyclopédie* : Saint-Lambert (aristocrate), Perronet (fondateur et directeur de l'école des Ponts et Chaussées), le graveur Cochin, Damilaville (employé au bureau des impôts).

[10] Il signera dix-sept mille articles sur absolument tous les sujets.

S'agissant des plus célèbres contributeurs invités, Voltaire et Rousseau, il faut noter qu'ils n'écrivent que des articles plus ou moins marginaux, sans portée philosophique à proprement parler : c'est Diderot qui maîtrise ce type de sujet.

Quant à Montesquieu, auquel d'Alembert a demandé deux articles fondamentaux, « Démocratie » et « Despotisme », il s'est aimablement récusé, arguant qu'il avait déjà traité ces sujets dans *L'Esprit des lois*. Peut-être trouvait-il aussi, avisé gentilhomme, que c'était là remuer des braises dans un climat peu propice, et en compagnie assez compromettante. Il proposa cependant à d'Alembert de choisir ensemble un sujet digne de lui chez Mme du Deffand, « *autour d'un marasquin* ». Le géomètre ne suggéra pas à Montesquieu de traiter de l'art bachique, bien que le président, maître d'un excellent vignoble, s'y entendît fort bien – mais du « goût ». Ce qui revenait à traiter, bien sûr, d'esthétique. Montesquieu accepta, mais Voltaire s'était déjà, en accord avec Diderot, emparé du sujet.

Il se trouva que l'auteur de *L'Esprit des lois* mourut en 1755, non sans avoir écrit pour son compte l'article projeté – c'est *L'Essai sur le goût*. D'Alembert, Diderot et Jaucourt prirent la décision d'inclure ce texte dans un volume ultérieur du grand œuvre, ce qui fait de Montesquieu un personnage original : l'encyclopédiste posthume, sinon malgré lui… Observons par ailleurs que l'auteur de *L'Esprit des lois* est traité dans l'*Encyclopédie* avec une exceptionnelle bienveillance, Jaucourt et d'Alembert commentant avec une audacieuse générosité ses prises de position parfois ambiguës sur l'esclavage…

« *Je n'ai rien trouvé dans le premier volume qui ne mérite pas d'être imprimé* » : tel est le très laconique commentaire du censeur Lassonne (auquel succède bientôt, par bonheur, Malesherbes). En découle l'autorisation de publier le premier volume de l'*Encyclopédie*. Celui-ci paraît le 28 juin 1751, chez l'éditeur Brisson, doté d'un magnifique frontispice illustré par le célèbre Cochin, également auteur de vignettes qui ornent les planches. L'impression est belle. L'objet, indépendamment de son contenu, est digne d'admiration.

On a indiqué que le *Discours préliminaire* était l'œuvre de d'Alembert. En 44 pages in-folio, le géomètre rend un hommage passionné aux connaissances humaines, dont la « religion révélée » qui est ici réduite à un simple département du génie collectif. Que le censeur n'ait pas été scandalisé par une telle mise en perspective en dit long sur les progrès qu'avait faits la « philosophie » en ce cœur du siècle des Lumières, avant que le parti dévot ne prenne sa revanche.

La religion n'est pas seule mise en question par notre Jean le Rond d'Alembert. Qu'écrit-il de la monarchie ? « *Les souverains, en hommes assez malheureux pour que tout conspire à leur cacher la vérité, peuvent eux-mêmes se juger d'avance à ce tribunal intègre et terrible ; le témoignage que rend l'Historien à ceux de leurs prédécesseurs qui leur ressemblent, est l'image de ce que la postérité dira d'eux.* » Bigre ! Est-on dans l'*Encyclopédie* ou sur les bancs de la Convention… ?

D'Alembert n'a rien ménagé. Ni personne. Et pourtant, six ans plus tard, lui, le grand Ordonnateur de l'*Encyclopédie*, se détachera de cette immense aventure à laquelle son nom, plus que celui de quiconque, restera attaché. Ne donnons pas à cette défection une interprétation d'ordre affectif. Ce n'est pas à Julie de Lespinasse, ni à l'attachement passionné qu'il lui porte à partir de ces années-là qu'il faut en attribuer la responsabilité, mais à un jeu de forces politiques, sociales, religieuses et policières qui le jetteront hors du cercle glorieux dont Diderot et Jaucourt assureront la survie.

Le 5 janvier 1757, six ans après la publication du premier tome et peu de mois après celle du tome IV, un certain Damiens, armé par le parti dévot, porte au roi Louis XV un coup de couteau qui entaille légèrement le dos du souverain. Lequel, se croyant mort, mande en hâte un confesseur et s'accuse de sa vie dissolue et de ses penchants libéraux. L'écorchure guérie, ses mœurs n'en sont point amendées, mais les concessions qu'il faisait aux « Lumières », un peu par inclination, beaucoup pour complaire à la marquise de Pompadour, ne seront plus de mise. Le coup de canif de janvier 1757 va contribuer à changer la face des choses et à rendre au système bourbonien, amendé quarante ans plus tôt par le régent Philippe d'Orléans, sa rigidité policière et cléricale.

L'une des premières cibles du parti clérical, désormais ranimé, va être l'*Encyclopédie*. Ah ! la religion n'est qu'une des manifestations, parmi d'autres, du génie humain ? On va vous faire voir ce qu'il en coûte de défier ainsi l'Archevêché et la Sorbonne… Les 16 et 27 avril 1757 sont publiés deux textes terribles qui menacent de mort ou des galères « *les auteurs et imprimeurs de livres impies* ». La gent encyclopédique est ébranlée : d'abord s'esquivent Marmontel, opportuniste de nature, puis Duclos. Et bientôt, eh oui, bientôt d'Alembert. On peut être savant, talentueux, honnête homme… et peu enclin à l'héroïsme. C'est son cas.

D'autant qu'il y a à se plaindre des rétributions médiocres que lui valent ses activités multiples d'écrivain, d'expert, de recruteur. Que Voltaire le presse de quitter Paris et de le rejoindre à Ferney ; que, du côté de Mme du Deffand, on n'a pas beaucoup de goût pour l'*Encyclopédie*...

Au surplus, le parti des antiphilosophes, requinqué par la volte-face royale, concentre ses coups sur celui qui paraît le plus faible ou le moins déterminé. Fréron, si souvent lui-même la cible de Voltaire, reproche à d'Alembert non seulement de ne pas savoir le latin et de maltraiter Tacite dans les traductions de l'*Encyclopédie*, mais aussi de ne pas être un si grand géomètre...

Si l'attentat de Damiens a déclenché un orage qui n'en finit pas de faire des ravages, la tempête, elle, va être provoquée par un personnage qui n'est pas à proprement parler un encyclopédiste, mais qui surpasse ses collègues dans la haine du parti dévot : Helvétius. Dans un livre daté de 1758, *De l'Esprit*, le fermier-général de Bordeaux, ami de Montesquieu, mais qui traitera de haut *L'Esprit des lois*, qu'il juge bien modéré, va au-delà de ses amis : quand Diderot et d'Alembert font valoir que c'est bien l'homme qui est maître de l'Univers, Helvétius, lui, affiche un matérialisme de combat. Selon lui, l'homme lui-même ne diffère de l'animal que par une meilleure organisation...

C'en est trop. Le parti dévot passe de la colère à l'indignation et exige l'interdiction du livre. L'excellent Malesherbes s'y résigne – avant que l'archevêque de Beaumont ne demande des poursuites contre l'auteur. Si bien que le parti des philosophes, Diderot compris, désavoue Helvétius. La croisade des dévots a trouvé, dans *De l'Esprit*, de quoi passer du refus à la répression. Dès lors, ébranlé et divisé, le parti des philosophes va se désagréger.

Le 5 mars 1759, l'*Encyclopédie* est mise à l'Index. Malesherbes, qui reste l'ami du groupe et ne sévit qu'à contrecœur, conseille à Diderot de fuir Paris. Voltaire donne le même avis à Jaucourt. Ni l'un ni l'autre n'obtempère. À l'occasion d'un dîner qu'il a organisé, dans les derniers jours d'avril, avec Diderot, Jaucourt et les libraires, d'Alembert fait savoir à ses amis qu'il les quitte. Il s'était lancé dans une entreprise scientifique et pacifique, or le climat créé par l'attentat de Damiens, puis par le livre d'Helvétius, a changé la nature du projet, qui est devenu un ouvrage de combat au regard du doux auteur du *Discours préliminaire*.

Ainsi, bien que seulement sept tomes sur dix aient été publiés, le géomètre rompt avec le groupe en provoquant l'indignation de l'indomptable Diderot, toujours flanqué de Jaucourt.

Quand il entre pour de bon dans la vie de Julie de Lespinasse, qu'il connaît depuis plus de trois ans (et sans qu'on puisse y voir la moindre relation de cause à effet), d'Alembert s'est détaché de l'équipe des encyclopédistes. Il n'en reste pas moins l'un des maîtres de la science européenne.

Mais revenons-en à la rencontre de d'Alembert avec Mme du Deffand. Il avait alors vingt-six ans, et venait de publier le *Traité de dynamique*. Ils furent aussitôt éblouis l'un par l'autre. Aux dires de Marmontel, la marquise sut si bien le captiver qu'ils devinrent inséparables.

De fait, ils avaient beaucoup de choses en commun. Tout d'abord l'esprit. D'Alembert était drôle comme personne. C'était un merveilleux conteur ; il racontait ses histoires avec des « *bouffonneries d'acteur italien, sans l'affectation des petits maîtres français* »[11]. Il copiait les acteurs de la Comédie-Française à faire mourir de rire tout un salon[12]. Lui-même était le plus merveilleux des acteurs. À propos de son talent de mime, Chamford avait fait cet épigramme :

Je change à mon gré de visage
Je deviens tour à tour d'Angeville, poisson,
Rimeur, historien, géomètre, bouffon ;
Je contrefais même le sage.

La perfidie de ce dernier trait ne repose sur rien. Qui n'a rendu, en son siècle, hommage à cet « *homme droit et d'une honnêteté suprême* » ? Il était, dit Mme Necker, « *un de ces hommes rares qu'on aime sans les connaître et dont les âmes les plus faibles ont la vanité d'être enthousiastes* »[13]. On lui reconnaissait un esprit hardi, profond, candide, incapable de mensonge et de feinte, désarmé devant la mauvaise foi d'autrui. Qualités bien faites pour plaire à la marquise, qui ne supportait pas la fausseté.

Mieux : personne ne s'était montré aussi généreux et compatissant pour la marquise au moment où elle commença à perdre la vue. Quand, en 1752, elle s'était réfugiée à Champrond pour soigner sa mélancolie, il avait été le seul à ne pas badiner avec ses humeurs noires. Il lui avait écrit des lettres pleines de tendresse, d'autant plus chaleureuses qu'il était seul dans la vie et qu'il connaissait mieux que personne la tristesse

---

[11] *Souvenirs inédits de la marquise de La Ferté-Imbault, op. cit.*
[12] *Ibidem.*
[13] *Nouveaux Mélanges extraits des manuscrits de Mme Necker, op. cit.*

de se sentir abandonné. S'il pouvait faire figure, parfois, d'être froid, sec, presque méchant à force d'ironie, personne au monde ne s'intéressait plus vivement au bonheur ou au malheur de ses amis : « *Il en perd le sommeil et le repos, et il n'y a pas de sacrifice qu'il ne soit prêt à leur faire* », écrit-il dans son autoportrait[14].

Paris, sans la marquise, lui apparut comme un grand désert, hostile, plein de gens indifférents. Il ne voulut plus voir personne :

« *Je suis devenu,* mandait-il à la marquise, *cent fois plus amoureux de la retraite et de la solitude que je ne l'étais quand vous avez quitté Paris. Je dîne et je soupe chez moi tous les jours, ou presque tous les jours, et je me trouve bien de cette manière de vivre.* »

Voyant que le séjour chez son frère ne lui enlevait pas ses idées noires, qu'elle paraissait avoir l'âme triste jusqu'à la mort, il rappela à Paris sa « *chère et éminente amie* » : il dînerait avec elle chaque fois qu'elle le voudrait, « *à condition que ce fût en tête à tête* ». Il consentirait à ce qu'elle dorme « *vingt-deux heures par jour* », selon le vœu qu'elle formulait, « *pourvu qu'elle lui permette de passer les deux autres avec elle* ».

« *Mon petit ami, mon petit chat sauvage,* répondait la marquise tendrement, pleine de reconnaissance pour son seul ami, *j'ai une véritable impatience de vous voir, de causer avec vous. Nous dînerons souvent ensemble, en tête-à-tête, et nous nous confirmerons l'un l'autre dans la résolution de ne faire dépendre notre bonheur que de nous-mêmes. Je vous apprendrai peut-être à supporter les hommes, et vous, vous m'apprendrez à m'en passer.* »[15]

« *Je l'aime passionnément.* » Ce ne sont pas des mots en l'air. À son retour à Paris, la marquise remua ciel et terre, on l'a vu, pour faire recevoir son ami à l'Académie. Elle lutta avec acharnement contre la duchesse de Chaulnes qui voulait y pousser l'abbé Trulet. Elle avait de l'ambition pour deux. Elle le forçait à écrire, le complimentait sur ses essais, le couvrait de louanges, trouvait tout ce qu'il écrivait fort bon, et aurait été désespérée qu'il se claquemurât dans sa géométrie.

En somme, personne n'était plus attaché à d'Alembert que la marquise, et le géomètre ne pouvait compter que sur cette seule amie, lorsque Julie parut... Il l'aima au premier regard.

---

[14] *Portrait de d'Alembert fait par lui-même et adressé, en 1760, à Mme ***, in Œuvres de d'Alembert*, t. 1, Paris, 1821.

[15] Lettre inédite de Mme du Deffand à d'Alembert, le 22 mars 1762.

« *Ce sentiment dormait au fond de mon âme* », a-t-il confié plus tard[16]. Ses premières années consumées dans la méditation et le travail, il a touché aux limites des connaissances humaines ; il a senti qu'elles ne pouvaient occuper son cœur. C'est Faust au 1er acte, la coupe en mains. Ou l'Aminte du Tasse : « *J'ai perdu tout le temps que j'ai passé sans aimer.* »

Les femmes raffolaient de lui. Elles n'en tombaient pas folles.

« *À Naples,* plaisantait l'abbé-philosophe Galiani, *on voulait par force que le géomètre soit grand comme saint Christophe, sérieux et barbu comme le* Moïse *de Michel-Ange.* »[17]

Ses admirateurs, de Naples et d'ailleurs, déchantaient en le voyant pour la première fois. Jean le Rond d'Alembert était un petit homme maigrichon, mal peigné, « *jamais bien vêtu, ni de bon goût* »[18], mais d'assez jolie tournure. Pour charmant que soit le pastel que nous a laissé de lui Quentin de La Tour[19], ce portrait où pétille tout l'enjouement de son siècle, la bonté malicieuse de ce gai philosophe, son visage était aux dires des témoins « *de ceux dont on n'a rien à dire, ni en bien, ni en mal* »[20]. Il avait un grand front, des petits yeux un peu trop ronds, un gros nez, une bouche petite et pincée, ridée aux commissures, le menton trop haut, troué par une fossette, les joues pleines. En dépit de cet air enjoué et malicieux, il manquait de charme, le pauvre d'Alembert. Il le savait. Et il essayait d'y suppléer en faisant le bouffon. Il grimaçait, se contorsionnait, roulait des yeux, prenait des mines de clown triste. Il attendrissait, on le trouvait gentil, mais on n'était pas séduit. Il était trop bon garçon, trop bon ami. Peut-être n'était-il pas assez intéressé par les femmes pour que celles-ci s'intéressent à lui. Un homme est troublant dans la mesure où il est troublé, ou prêt à se laisser troubler. Le regard de d'Alembert était dénué de désir.

On ne lui connaissait d'ailleurs aucune victime. On parlait bien de la fille de la vitrière, sa mère adoptive, « *une petite péronnelle* » dont un

---

[16] J. d'Alembert, *Aux mânes de Mlle de Lespinasse, in Lettres de Mlle de Lespinasse...*, édition présentée par E. Asse, *op. cit.*

[17] F. Galiani, *Lettres*, Paris, Charpentier, 1881.

[18] *Ibidem.*

[19] Le portrait de Quentin Latour se trouve au musée de Saint-Quentin et date de l'année 1753, c'est-à-dire de l'époque où d'Alembert apparaît dans la vie de Julie.

[20] F. Galiani, *Lettres, op. cit.*

moment « *il avait eu la tête tournée* »[21], mais s'il y avait eu une liaison entre eux, on jurait qu'elle avait été platonique. D'Alembert était la « *vertu* » faite homme, ricanait-on, et on établissait des rapports désobligeants entre sa « *sagesse exemplaire* » et sa voix de fausset, une voix aiguë, glapissante, une voix de contre-ténor qui ne témoignait pas en faveur de sa virilité.

On racontait partout cette anecdote : une femme, pour inspirer de la jalousie à son amant, s'était lancée dans un long discours émerveillé sur d'Alembert, et concluait son dithyrambe par ces mots :

« *Oui, c'est un Dieu !*

– Ah, s'il était Dieu, Madame, il commencerait par se faire homme. »

Ses meilleurs amis le plaisantaient sans gêne à ce sujet :

« *Vous vous imaginez,* lui écrivait Formont, *qu'il n'y a qu'à se présenter à l'Académie pour y être admis, mais il faudrait pour cela qu'il n'y eût pas de duchesse de Chaulnes au monde... Elle a dit que vous n'étiez qu'un enfant : on entend cela. Elle croit même que dans un sérail, vous traîneriez une éternelle enfance. Je ne le crois pas.* »

On allait jusqu'à dire qu'à la compagnie des dames, il préférait celle de l'abbé de Canaye, lequel entretenait avec ses enfants de chœur des relations peu conformes avec la bienséance. Et que signifiait au juste cette étrange amitié avec Frédéric de Prusse qui offrait des roses à son géomètre préféré en ajoutant qu'il« *voudrai*[t] *bien* [lui] *donner mieux* ». Tout cela paraissait louche. Si ces cancans avaient eu un fond de vérité, pourquoi alors Julie de Lespinasse accusa-t-elle d'Alembert d'être le père des enfants d'une de leurs domestiques[22] ?

Quelles qu'aient été ses mœurs ou ses tendances, Jean d'Alembert sut aimer une femme comme peu d'hommes l'ont fait, à la folie, totalement, jusqu'à lui sacrifier sa vie et sa liberté, avec une confiance confinant à l'aveuglement, et d'un amour aussi vif après dix-sept ans de vie commune qu'au premier jour. « *Le temps et l'habitude qui dénaturent tout,* avouait-il à Julie, *qui détruisent nos opinions et nos illusions, qui anéantissent*

---

[21] Lettre de Duché à Mme du Deffand, 11 octobre 1753.

[22] « *Vous vous êtes plainte, je le sais, et plainte avec amertume, surtout dans les derniers mois de votre vie, de ma bienfaisance pour la malheureuse famille d'une domestique coupable ; vous avez laissé croire que ma compassion pour de pauvres enfants innocents que ce misérable laissait dans l'abandon et dans l'indigence, tenait à un principe moins louable que mon invincible pitié pour les malheureux : vous n'avez pas rougi de penser, et peut-être de dire, que j'étais le père de ces créatures infortunées.* » (J. d'Alembert, *Aux mânes de M*^lle^ *de Lespinasse, op. cit.*)

ou affaiblissent l'amour même, ne peuvent rien sur le sentiment que j'ai pour vous et que vous m'avez inspiré depuis dix-sept ans. »[23]

D'Alembert vit Julie, et il l'aima. Elle semblait un cadeau du destin : tout était fait pour l'attacher à cette jeune fille, orpheline comme lui, bâtarde sans nom et sans fortune :

« *Tous deux sans parents, sans famille,* écrira plus tard d'Alembert, *ayant éprouvé, dès le moment de notre naissance, l'abandon, le malheur et l'injustice, la nature semblait nous avoir mis au monde pour nous chercher, pour nous tenir l'un à l'autre lieu de tout, pour nous servir d'appui mutuel, comme deux roseaux qui, battus par la tempête, se soutiennent en s'attachant l'un à l'autre.* »[24]

Qu'elle ne fût pas jolie lui importait peu. Elle était séduisante, drôle, intelligente, réfléchie. Il avait quinze ans de plus qu'elle, mais elle n'avait jamais paru jeune, et les malheurs l'avaient prématurément mûrie. Elle paraissait triste, parfois, et « *dominait mal ses accès de mélancolie* ». Il saurait la consoler, elle passerait ses journées à rire, à plaisanter, car elle ne manquait ni d'humour ni d'esprit de repartie. Il ne lui trouvait aucun défaut, elle était parfaite.

Il aurait dû se jeter à ses pieds, lui déclarer son amour, l'enlever. Mais cet amoureux avait des gaucheries de collégien, une timidité maladive. Il avait si peur de ne pas plaire qu'il l'aima en silence, avec un dévouement de grand frère. Ce n'est que neuf ans après leur première rencontre, en 1763, qu'il risqua une imperceptible déclaration d'amour, glissée à mots couverts dans une des innombrables lettres qu'il lui envoya lors de son voyage en Prusse :

« *Le Roi se flatte,* écrit-il, *que je serai un jour président de son Académie, mais indépendamment de mille raisons dont vous n'aurez pas l'esprit de deviner une seule, je crois que le climat de ce pays me serait funeste à la longue.* »

Beaucoup plus tard encore, en 1771, il osera enfin lui dire, dans le portrait qu'il lui adressera, ce qu'il pense d'elle :

« *Je ne vous parlerai point de votre figure, vous n'y attachez aucune prétention, et d'ailleurs c'est un objet auquel un vieux et triste philosophe comme moi ne prend pas garde, auquel il ne se connaît pas, auquel il se pique même de ne pas se connaître, soit par ineptie, soit par vanité, comme il vous plaira. Je dirai cependant de votre extérieur*

---

23 *Portrait de d'Alembert fait par lui-même, op. cit.*

24 J. d'Alembert, *Aux mânes de Mlle de Lespinasse, op. cit.*

ce qui me paraît frapper tout le monde, que vous avez beaucoup de noblesse et de grâce dans tout votre maintien, et, ce qui est bien préférable à une beauté froide, beaucoup de physionomie et d'âme dans tous vos traits. Aussi pourrais-je vous nommer plus d'un de vos amis qui auraient eu pour vous plus que de l'amitié, si vous l'aviez voulu.

Le goût qu'on a pour vous ne tient pas seulement à vos agréments extérieurs : il tient surtout à ceux de votre esprit et de votre caractère. Votre esprit plaît et doit plaire par bien des qualités, par l'excellence de votre ton, par la justesse de votre goût, par l'art que vous avez de dire à chacun ce qui lui convient. »[25]

Mais Julie ? L'aimait-elle ? Dans les premiers temps, elle le considéra comme le meilleur des amis. Elle avait pour lui une sympathie profonde. Ils se voyaient tous les jours, elle lui confiait ses chagrins, lui faisait toutes ses confidences. Ils échangeaient des livres, elle s'amusait à donner des conseils à cet homme farouche qui n'en aurait accepté de personne d'autre, mais qui pliait le genou devant tout ce qu'elle disait. Et comment n'aurait-elle pas été flattée de l'adoration d'un tel homme ?

Après sa triste aventure avec le vicomte de Taaffe, la jeune fille commença à regarder son soupirant avec d'autres yeux. La lune de miel avec la marquise était finie. Julie avait été bafouée, rabrouée. La marquise, de merveilleuse bienfaitrice, s'était soudainement muée en une « *vieille dame pleine d'humeurs et de malice… rongée de vapeurs et d'ennui* ».

Les services que Julie lui avait rendus de bonne grâce lui paraissaient désormais d'épouvantables corvées. La marquise devenait de plus en plus exigeante. Méfiante, jalouse des succès de la jeune fille, elle trouvait mille façons de lui faire sentir sa dépendance. Perfidement, de l'air le plus candide du monde, elle lâchait son venin enrobé de mots gracieux. Par des petits riens, des froideurs dans le ton, des questions adroites, des exclamations, elle rappelait à l'ordre sa demoiselle de compagnie, la faisait rentrer dans le rang.

Chez Julie, l'impatience tournait à la rage. Être assujettie à une femme aveugle et vaporeuse, être obligée de vivre avec elle vingt-quatre heures sur vingt-quatre, faire comme elle du jour la nuit et de la nuit le jour, veiller à côté de son lit, et l'endormir en lui faisant la lecture, elle ne le supportait plus. Elle y perdait le peu de santé qu'elle avait. Mine de cauchemar, nerfs à vif, elle toussait, elle éclatait en sanglots pour un oui ou pour un non.

---

25 J. d'Alembert, *Portrait de Mlle de Lespinasse adressé à elle-même, en 1770, in Lettres de Mlle de Lespinasse…*, édition présentée par E. Asse, *op. cit.*

« *Je m'afflige,* soupirait-elle, *de voir de quoi mes journées sont remplies. Elles ne le sont que de contraintes et de privations. À peine m'arrive-t-il, une fois dans un mois, de faire une chose par choix, bien qu'il n'y ait pas un instant où je n'aurais une volonté ou un goût à satisfaire. Convenez que si je vous donne une haute idée de la raison, je vous en donne une bien petite de mon bonheur.* »

Son bonheur ? Ce bon d'Alembert était là, toujours prêt à écouter ses plaintes, à sécher ses sanglots, à la consoler, à prendre son parti. Sa vieille amie n'était-elle qu'une horrible despote ? Petit à petit, il se détachait d'elle. Le soir, quand il arrivait dans le salon Saint-Joseph, il se précipitait vers Julie, ne parlait plus qu'à elle. Et Julie, émue, se laissait doucement aller à des sentiments plus tendres. Elle commençait à l'aimer, à aimer l'amour qu'il avait pour elle, et à lui dire qu'il lui était nécessaire. Cela suffisait pour donner des ailes à d'Alembert. Julie avait besoin de lui ? Il l'aimerait, il s'occuperait d'elle toute sa vie. Il ne vivrait plus que pour elle.

La marquise voyait leur intimité grandir. Elle était trop fine mouche pour ne pas avoir compris très vite quel culte d'Alembert rendait à Julie. Trop orgueilleuse pour se plaindre, elle cachait sa peine, réprimait ses colères, et continuait à jouer les dupes.

Qu'ils couchent ensemble, que leur aventure soit un emportement des sens auquel on ne peut pas résister, elle l'aurait aisément accepté. Mais c'était bien pire. C'était l'esprit de d'Alembert, aussi bien que son cœur, qui était pris. Cet imbécile subissait l'influence de la jeune fille, il lui demandait conseil sur tout, la mêlait à ses travaux. Et cette idiote, inculte, avait des avis sur l'*Encyclopédie*, faisait semblant d'être intéressée par la philosophie. C'était le comble. D'Alembert échappait à l'empire intellectuel de la marquise.

« *Mme du Deffand n'est jalouse ni des agréments, ni de l'esprit,* écrira Julie, *mais seulement des préférences et des soins qu'elle ne pardonne ni à ceux qui les rendent, ni à ceux qui en sont l'objet. Elle semble dire à tous ceux qu'elle connaît, comme Jésus-Christ à ses disciples : Vendez tout ce que vous avez et suivez-moi.* »

Marie du Deffand gardait un vague espoir. Peut-être n'était-ce qu'une passade. Avec le temps, d'Alembert se lasserait de cette petite sotte. Son sentiment pour Julie n'avait sûrement aucune autre raison que la similitude de leurs conditions. Il lui reviendrait bientôt, tout contrit, et la vie reprendrait comme naguère.

Les mois passèrent. La situation empirait. La patience de Mme du Deffand était à bout. D'Alembert, décevant son espérance, était de plus en plus amoureux. Julie l'était vaguement, la marquise ne cherchait même plus à refouler sa colère. En 1760, un incident apparemment futile vint encore envenimer les relations de nos trois personnages.

La marquise s'était laissée aller, dans une lettre à Voltaire, à des plaisanteries « *très mordantes* » sur d'Alembert. Dans sa réponse, Voltaire y avait fait allusion. Quelques jours plus tard, « *pour divertir sa compagnie* », la marquise demanda à l'un de ses invités de faire lecture à haute voix de ces deux lettres. C'est le moment que choisit d'Alembert, qui ne se faisait jamais annoncer, pour entrer dans le salon. Il écouta la lecture, ne se fit connaître qu'à la fin, et se força à rire plus fort que les autres. Mais son dépit fut très vif de se voir ainsi traité par une femme qui disait l'aimer.

Témoin de la scène, le mathématicien Fontaine, qui « *calculait les caractères aussi bien que les nombres et les lignes* », courut le conter dans le salon de Mme Geoffrin, et lui prédit que « *d'Alembert se vengerait de Mme du Deffand d'une manière très piquante, et que Mlle de Lespinasse lui servirait d'instrument* ».

En attendant, la comédie des *Philosophes*, œuvre de Palissot, qu'on jouait alors et qui révolutionnait le Paris des lettres, lui apporta une occasion de prendre sa revanche.

Charles Palissot de Montenet était, avec Fréron, Nonotte, Moreau et Le Franc de Pompignan, l'un des ennemis jurés de l'*Encyclopédie*, au point que Diderot les traitait « *d'insignes maroufles* ». À Paris, Palissot fréquentait une jeune et dévôte princesse, poitrinaire, Mlle de Robecq, ennemie personnelle de l'*Encyclopédie*, elle aussi. Ils concoctaient une comédie satirique pour ruiner les « Philosophes » ; chaque jour la princesse, toussant, crachant le sang, s'asseyait à son bureau, aux côtés de Palissot, huit heures de suite, pour l'encourager et lui souffler des mots qui tuent. Un pied dans la tombe, elle ne demandait qu'une seule chose à Dieu, c'était la grâce de vivre jusqu'à la première représentation, et le bonheur de mourir en disant : « *C'est maintenant, Seigneur, que vous laissez aller votre servante, car mes yeux ont vu la vengeance.* »[26]

Pendant deux mois, ils fignolèrent leur satire. La princesse, le sang allumé par la fièvre, avec l'impatience d'une moribonde, renchérissait d'injures. Palissot écrivait sous la dictée de cette furie vomissant l'invective, puis raturait un peu. Enfin, le chef-d'œuvre fut prêt. Restait à le faire jouer, et pour cela, à amadouer Choiseul qui détenait le pouvoir

---

26 E. et J. de Goncourt, *La Femme au XVIIIe siècle, op. cit.*

de décision. La princesse était la maîtresse du ministre, fasciné par sa maigreur fatale, sa passion fiévreuse, ses caprices et ses pleurs. Choiseul ne se fit pas prier très longtemps bien qu'il fût réputé l'ami du parti philosophique, et qu'il passait pour très lié à Diderot.

Le 2 mai 1760, donc, sous le haut patronage de la princesse de Robecq, Palissot présentait au Théâtre-Français la comédie la plus remarquable de la saison : *Les Philosophes*. Il attaquait tout le groupe, Diderot, Rousseau, Helvétius en tête. La pièce fut pour eux ce que *Les Nuées* d'Aristophane avaient été pour Socrate deux millénaires plus tôt. Helvétius y était caricaturé sous les traits du pédant Valère, radotant dans le salon du célèbre bas-bleu Cydalise, en qui l'on reconnut Mme Geoffrin. Diderot était Dortidius, Crispin-Rousseau apparaissait sur scène à quatre pattes et broutait sa laitue, retournant ainsi à cet « état de nature » qu'il avait idéalisé.

À la fin de la pièce, la princesse moribonde fit venir Palissot et l'embrassa en public. Le lendemain, le Paris des lettres et des salons était sur le pied de guerre. Servile plagiat de Molière, la pièce était nulle, mais l'effet en fut éclatant. Les philosophes relevèrent le gant et essuyèrent le crachat du pouvoir sur leurs faces. Les plumes sortirent des encriers et se croisèrent dans des combats sanglants. Marmontel cribla Palissot de jeux de mots :

Cet homme avait Pali
On dit d'abord Palis fade,
Puis Palis fou, Palis flat ;
Palis froid et Palis fat ;
Pour couronner la tirade,
En fin de turlupinade,
On rencontra le vrai mot :
On le nomma Palis-sot.
M'abaissant jusqu'à toi,
Je joue avec le mot :
Réfléchis, si tu peux,
Mais n'écris pas. Lis, sot !

Dans *Le Neveu de Rameau*, Diderot présenta Fréron, le compère de Palissot, sous les traits d'un minable folliculaire vivant de la table du millionnaire Bertin. Voltaire lança dans Paris la célèbre épigramme :

L'autre jour, au fond d'un vallon
Un serpent piqua Jean Fréron.
Que pensez-vous qu'il arriva ?
Ce fut le serpent qui creva.

Puis il se mit au travail et, en quelques semaines, torcha sa riposte : *L'Écossaise*, pièce ridiculisant celle de Palissot et qui connut le même succès. Fréron y est traité de scélérat, de crapaud, de chien, d'espion, de lézard, de serpent et d'« *ordure* ».

La marquise du Deffand, elle, riait aux éclats, de l'une autant que de l'autre, suprême offense pour d'Alembert. Si elle l'aimait comme elle le jurait, ne devait-elle pas prendre le parti des philosophes ? Elle s'en garda bien. Elle ne les aimait pas, et se contenta de marquer les points.

Furieux de l'attitude de sa vieille amie, d'Alembert eut un geste peu digne de lui. Il écrivit à Voltaire pour dénoncer sa traîtrise :

« *Les protecteurs femelles déclarés de cette pièce sont Mesdames de Villeroy, de Robecq et du Deffand, votre amie et ci-devant mienne. Ainsi la pièce a pour elle des... en fonction et des... honoraires.* »

Le but de d'Alembert était évidemment de brouiller Voltaire avec Mme du Deffand. Mais l'auteur de *L'Écossaise*, d'ordinaire si susceptible, prit bien la chose. Le lendemain, il écrivait à la marquise :

« *Mme de Robecq a eu le malheur de protéger cette pièce et de la faire jouer. Cette malheureuse démarche a empoisonné ses derniers jours. On m'a mandé que vous vous étiez joint à elle ; cette nouvelle m'a fort affligé. Si vous êtes coupable, avouez-le moi, et je vous donnerai l'absolution.* »

Mme du Deffand, furieuse, vit tout de suite d'où venait la délation. Elle se retourna contre d'Alembert et se fâcha pour de bon avec lui, pour la première fois de sa vie. Et comme elle tenait infiniment à garder l'amitié de son autre philosophe, celui de Ferney, elle dut se justifier :

« *Venons-en au procès que vous me faites. On vous a donc dit bien du mal de moi ? Je passe donc dans votre esprit pour l'admiratrice des Fréron et des Palissot, et pour l'ennemie déclarée des encyclopédistes ? Je ne mérite ni cet excès d'honneur, ni cette indignité.* [...]

S'il faut crier tollé contre les ennemis des philosophes, j'avoue que je n'ai point pris ce parti ; il n'y a que l'amitié qui puisse engager dans ces sortes de querelles. Il y a quelques années, j'en conviens, l'amitié m'aurait peut-être fait faire beaucoup d'imprudences, mais pour aujourd'hui, je verrais avec indifférence la guerre des dieux et des géants, à plus forte raison celle des rats et des grenouilles. »

Mais le géomètre trouvait dans l'attitude de la marquise un autre sujet de rancune. Pendant des années, il s'était tué au travail pour cette *Encyclopédie* qui était l'œuvre de sa vie, le monument des Lumières. Et cette « femme d'esprit » ne trouvait à décocher à son œuvre que des propos mordants. Les articles qu'il lui montrait fièrement « *l'ennuyaient à mort* ». Tous ses raisonnements étaient « *des sophismes et des paradoxes* ». Elle prétendait que ses amis n'avaient pas d'autre but que de courir après une célébrité qu'ils n'atteindraient d'ailleurs jamais. Elle clamait devant le monde qu'ils ne jouiraient même pas de la gloriole d'un Fontenelle et d'un Lamothe qui seraient oubliés dès leur mort, parce que, les philosophes, eux, c'était de leur vivant qu'on les oubliait.

D'Alembert n'avait pas besoin de ces critiques. Aux côtés de Diderot, il s'était battu contre vents et marées pour faire sortir un à un les volumes de son *Encyclopédie*. Quelles épreuves ! On condamnait l'ouvrage à tout bout de champ au nom de stupéfiantes allégations : révolte contre Dieu et l'autorité royale, corruption des mœurs. On réclamait la peine de mort pour les auteurs. On confisquait à Diderot sa documentation. Mme de Pompadour, divinité tutélaire de l'entreprise, croyait avoir acquis le droit de se mêler de conseiller à d'Alembert « *une indispensable réserve dans tous les sujets qui touchaient à la religion et l'autorité* ».

Navrée de s'être brouillée avec son ami, la vieille marquise tenta de se réconcilier avec lui. Il accepta. Mais sans entrain. Le vrai sujet de brouille n'était pas la querelle des philosophes, c'était Julie. Et tant que d'Alembert serait amoureux d'elle, l'état de guerre serait latent, ou déclaré.

« *J'oubliais de vous dire,* écrivit d'Alembert à Voltaire, *que je me suis raccommodé, vaille que vaille, avec Mme du Deffand. Elle prétend qu'elle n'a point protégé Palissot, ni Fréron…* »

Vaille que vaille, trois années passèrent dans une entente très peu cordiale. Julie se plaignait, la marquise la tyrannisait, d'Alembert aimait et travaillait. Depuis qu'il en avait fini avec l'*Encyclopédie*, il se consacrait uniquement à ses travaux académiques dans la soupente qu'il continuait à habiter chez sa mère adoptive. Malgré sa célébrité, ses travaux, tous ses talents, il vivait dans une grande pauvreté. Voltaire lui ayant décrit le magnifique paysage des « Délices », il lui avait répondu :

« *Vous m'écrivez de votre lit d'où vous dominez dix lieues de lac, et je vous réponds de mon trou d'où je domine un pan de ciel long de trois aunes.* »

Qui fut moins courtisan que lui ? On l'a vu refuser toute démarche pour se faire élire à l'Académie. Il n'avait jamais fait sa cour à aucun grand de ce monde. Il n'aimait les grands que quand ils étaient comme Voltaire, disait-il, c'est-à-dire grandis par eux-mêmes, à tel point qu'on pouvait se tenir pour honoré de leur amitié et de leur estime. « *Pour les autres, je les salue de loin, je les respecte comme je dois et je les estime comme je peux.* » L'idée même de se faire bien voir par Mme de Pompadour pour qu'elle lui fasse accorder une pension et des faveurs par le roi qui d'ailleurs le traitait d'impie, lui faisait horreur.

Oublié du gouvernement comme tant de gens le sont de la Providence, persécuté même, autant qu'on peut l'être quand on évite de donner trop d'avantage sur soi à la méchanceté des hommes, il n'avait aucune part aux « *récompenses qui pleuvent ici sur les gens de lettres avec plus de profusion que de lumière* ». La vie retirée et austère qu'il menait était parfaitement conforme à son caractère, à son amour extrême pour l'indépendance.

Pourquoi n'allait-il pas chercher ailleurs la fortune qu'on lui refusait à Paris ? Deux grands de ce monde se l'arrachaient, lui faisaient mille promesses. Catherine de Russie rêvait d'en faire l'éducateur de son fils. Elle lui avait écrit de longues lettres pour essayer de le persuader de venir vivre en Russie à ses côtés et il avait refusé. Tenace, elle insistait, elle l'invitait s'il le voulait, ainsi que ses amis, lui promettant « *toutes les aisances, tous les agréments qui pouvaient dépendre d'elle* ». Il recevrait cent mille livres de rentes, un hôtel « *auquel s'attacherait toutes les immunités et tous les droits des ambassadeurs* »[27]. L'offre était tentante. Mais Julie ? Il ne pouvait se séparer d'elle. Pas pour un empire.

Le roi de Prusse, Frédéric le Grand, ou plutôt « l'Unique » comme l'appelaient ses sujets, protecteur des arts, des lettres et de la pensée, le réclamait à corps et à cris. D'Alembert éprouvait un « *tendre intérêt* » pour ce roi philosophe qui l'attendait à Potsdam, où ses appartements étaient prêts dans le palais royal, où son couvert était mis à côté de celui du roi, où l'hôtel particulier choisi pour lui était mis en état. Le grand Frédéric avait jeté son dévolu sur le philosophe qui lui avait dédié, en 1746, son ouvrage *Réflexions sur la cause générale des vents*, couronné par l'Académie de Berlin. Il lui avait proposé par l'intermédiaire du marquis d'Argens le fauteuil présidentiel de cette Académie qui

[27] Lettre de Catherine de Russie à d'Alembert, 1762.

allait être bientôt vacant, à la mort de Maupertuis. D'Alembert avait une bonne raison de décliner les offres royales : il travaillait à l'*Encyclopédie*. Mais le roi n'en démordait pas : il voulait son philosophe, il le harcelait gentiment. Voyant que d'Alembert ne pouvait pas se fixer définitivement à Berlin, il lui proposait de venir simplement passer quelques mois avec lui.

Puis il lui adressa une épître en vers à propos de la mise à l'Index de l'*Encyclopédie* et de ses ouvrages brûlés sur la place publique, qui se terminait par cette strophe de consolation :

Continuez en paix loin de leurs cris rebelles
Vos découvertes immortelles ;
Tandis que leur audace ameute des pervers,
Et qu'à son tribunal l'idiot vous assigne,
Par un sort plus noble et plus digne
Vous éclairerez l'Univers.

Là, si peu flatteur qu'il fût, d'Alembert avait dû se répandre en louanges sur les talents du royal poète. Ce qui lui avait valu de recevoir, en remerciements, une écritoire en porcelaine. Puis ce fut, soudain, une avalanche d'épigrammes du souverain impatienté. Frédéric envoya à son ami ses *Réflexions sur les réflexions d'un géomètre sur la poésie* que d'Alembert goûta médiocrement, avec raison. Ensuite une *Facétie au sieur d'Alembert, grand géomètre indigné contre le frivole plaisir de la poésie*, à quoi il répondit avec la meilleure grâce.

Pourquoi, après tout, d'Alembert n'irait-il pas en Prusse rendre visite à ce grand roi qu'il aimait beaucoup, et qu'il n'avait rencontré qu'une fois, en coup de vent, à Wesel ?

On était en février 1763, la guerre de Sept Ans s'était terminée par le traité de Paris. La monarchie prussienne était élevée au rang de grande puissance. Le prestige de la France était amoindri militairement et politiquement.

Le patriotisme de l'époque étant ce qu'il était, on félicita le vainqueur. Condorcet écrivait *L'Indomptable Frédéric* :

« *Ce prince n'était enivré ni de ses triomphes, ni du bruit de sa renommée, il se plaisait à cultiver, dans la paix, la philosophie et les arts, parlant avec simplicité de ses succès, de ses revers, de ses dangers, de ses ressources, et même de ses fautes, il comparait la gloire d'avoir fait* Athalie *à celle de ses victoires...* »

Et d'Alembert envoyait à Frédéric ses plus chauds compliments :

« *Puissiez-vous, Sire, jouir longtemps de cette paix et de cette gloire si justement acquises. Avec quel empressement, Sire, n'irai-je pas exprimer à Votre Majesté ce que ma plume grave ici faiblement et ce que mon cœur sent bien mieux...* »

Julie de Lespinasse encouragea son ami à aller donner au roi philosophe les preuves de l'intérêt qu'il portait à ses succès. Autant dire qu'elle le poussa dans la calèche, et d'Alembert se laissa faire. Il devait cette visite à son plus fidèle et éminent admirateur. Loin de Julie pendant quelques mois, il mettrait son amour à l'épreuve de l'absence. La mort dans l'âme, « le marquis de Brandebourg », comme certains surnommaient railleusement d'Alembert, arrivait à Clèves où le grand Frédéric lui ouvrait les bras.

Frédéric fut pour d'Alembert un ami dévoué, fidèle, spirituel et généreux. Mais comment, une minute, oublier Julie ? Pendant les trois mois que dura le séjour du philosophe en Prusse, chaque courrier apporta une lettre à la jeune fille. Il lui raconta tout : ses impressions de voyage, les incidents de parcours, ses conversations avec le roi, son emploi du temps, avec une confiance qui permet d'apprécier l'ascendant que Julie exerçait sur lui.

« *Je voudrais que vous puissiez entendre ce prince : vous seriez enchantée de la justesse de son esprit, de celle de son goût et surtout de la manière dont il parle de ses ennemis. Quel homme, ce Frédéric ! Il a eu la bonté de jouer à ma prière un solo qu'il a composé et dont je fus très content pour la musique et l'exécution. Il en a fait deux cents, que j'ai vus hier dans son cabinet. Et où trouve-t-il du temps pour tout cela ?* »[28]

D'Alembert s'extasie sur les connaissances de son royal ami. Celui-ci a tout lu, a un avis sur tout, il parle peinture aussi bien qu'il raisonne guerre et politique, il connaît Rousseau par cœur, lui trouve « *de la chaleur et de la force, mais peu de logique et de vérité* ». Sa conversation est « *charmante, douce, gaie, instructive* ». Ses sujets l'adorent, l'appellent « *le Grand, l'Unique* ». Il y a « *très peu de pauvres dans ses États : avant la guerre même, il n'y avait pas un seul mendiant : les paysans travaillent, ils sont bien vêtus et ont l'air contents et nourris. Voilà ce que produit une bonne administration dans les sables du Brandebourg... Dieu le conserve longtemps pour le bien de son pays et l'exemple de l'Europe.* »[29]

---

[28] J. d'Alembert, *Œuvres et correspondance inédites*, publiées par Ch. Henry, Paris, 1887.

[29] *Ibidem*.

D'Alembert se plaisait dans cette cour où tout le monde avait de la considération pour lui, où on lui donnait du « *M. le marquis d'Alembert* », où on lui prodiguait tous les honneurs dus à son talent. Mais il ne fallait surtout pas que Julie s'imagine qu'on lui avait tourné la tête : « *Je n'en sens que mieux tout le prix de l'amitié puisque toutes les satisfactions que peut désirer le plus avide amour-propre ne sauraient m'en dédommager.* »

N'est mentionné qu'une seule fois dans cette correspondance le nom de Mme du Deffand. « *Le roi m'a demandé si elle vivait encore.* » Et, alors qu'il écrivait chaque jour à sa Julie, il n'envoya à sa vieille amie qu'une seule lettre, impersonnelle et polie :

« *Vous m'avez permis, Madame, de vous donner de mes nouvelles et de vous demander des vôtres ; je n'ai rien de plus pressé que d'user de cette permission... Je me contenterai de vous assurer que dans l'espèce de tourbillon où je suis je n'oublie pas vos bontés et l'amitié dont vous voulez bien m'honorer ; je me flatte de la mériter un peu par mon respectueux attachement pour vous. Comme je sais que rien ne vous ennuie davantage que d'écrire des lettres, je n'ose vous demander de vos nouvelles directement, mais j'espère que Mlle de Lespinasse voudra bien m'en donner... Adieu, Madame, conservez votre santé ; la mienne est toujours bonne...* »[30]

Marie du Deffand, qui n'était pas au courant de la correspondance secrète de d'Alembert et de Julie, crut qu'elle était la seule à recevoir des nouvelles du philosophe et en fut si attendrie qu'elle lui envoya par retour du courrier une lettre pleine d'une inhabituelle tendresse. La marquise pouvait, à ses heures, être insupportable, froide, exigeante. Mais elle était fidèle, et passionnément attachée à ses amis. Ce qu'elle voulait avant tout, c'était retrouver l'amitié de d'Alembert.

Pour une fois, elle n'eut recours à personne pour faire écrire sa réponse. Elle s'enferma toute seule dans sa chambre, et au moyen d'une machine construite spécialement pour elle, elle rédigea de sa grosse et malhabile écriture d'aveugle, la lettre la plus humble et la plus touchante qu'elle ait jamais envoyée :

« *Non, non, Monsieur, je ne m'en rapporterai à personne pour vous donner de mes nouvelles, et encore moins pour répondre à la plus charmante lettre que j'ai reçue de vous. En la lisant, j'ai cru avoir vingt ans de moins, que j'étais à la Sainte-Chapelle, que vous vous plaisiez autant avec moi que je me plaisais avec*

---

[30] Lettre du 25 juin 1763, *in* M. du Deffand, *Correspondance complète*, *op. cit.*

vous. Enfin, cette lettre m'a rappelé l'âge d'or de notre amitié ; elle a réveillé ma tendresse : elle m'a rendue heureuse. Partons de là, croyez-moi et aimons-nous autant que nous nous sommes aimés. Je crois que nous ne pourrions mieux faire ; croyez-le aussi, si vous le voulez !... Adieu, mon cher d'Alembert ; je suis et je serai toujours la même pour vous. N'en doutez point, et aimez-moi à votre tour. »[31]

D'Alembert resta sourd à cet appel. Quand d'Alembert revint, à son retour de Prusse, prendre sa place dans le salon Saint-Joseph, il se jeta dans les bras de Julie, et n'eut pas un mot pour sa vieille amie. Désespérée, glacée d'effroi et de solitude, la marquise, toute petite dans son fauteuil d'aveugle, le profil droit, versa des larmes silencieuses que personne ne vit, et son âme se laissa envahir par la haine. Le drame ne pouvait plus tarder à éclater.

Pendant des années, Julie avait adopté sans regimber le mode de vie de Mme du Deffand, se couchant comme elle au lever du soleil, après avoir passé des heures interminables à lui faire la lecture, se levant tard dans la journée, attendant docilement avec elle jusqu'à sept heures l'arrivée de d'Alembert, et un peu plus tard la cohue des visiteurs. Telle était la coutume, invariable...

Mais, depuis quelque temps, d'Alembert avait pris l'habitude de monter d'abord à l'étage supérieur pour aller rendre visite à son amie. Il y passait une heure ou deux, savourant le plaisir d'être seul avec elle. Puis, petit à petit, il amena ses amis, Chastellux, Turgot, Marmontel. Ces petites réunions devinrent une habitude. Puis une institution. Le vieux président Hénault, tout essoufflé, avec des mines de conspirateur, vint se joindre au groupe. Puis arrivèrent La Harpe, le vieux marquis d'Ussé, enfin presque tous les intimes de Mme du Deffand.

On allait passer là une heure ou deux, à parler de n'importe quoi, librement, à rire, à se laisser envoûter par la conversation de Julie qu'on trouvait de plus en plus charmante. Pour elle, c'était une heure précieuse, dérobée à l'hégémonie de la marquise, à sa tyrannie ombrageuse, des rendez-vous secrets qui avaient l'attrait du mystère et la saveur du fruit défendu.

Julie prenait sa revanche. Elle n'était plus pendant un moment l'humble femme de compagnie de la vieille marquise tyrannique. Elle était la reine

[31] Lettre de Mme du Deffand à d'Alembert, 7 juillet 1763, Bibliothèque nationale.

de ces « avant-soirées » de salon en miniature. C'était elle qu'on venait voir, c'était elle qui recevait. On riait de ses mots. Elle était heureuse.

Et la marquise, à l'étage au-dessous, entendait parfois des éclats de rire, des chuchotements, des pas dans l'escalier, des silences curieux, des bruits de conspiration suspects. Elle se sentait entourée par une étrange atmosphère de complot.

C'est à la fin d'avril 1764 que le drame éclata, si on se rapporte à une lettre de la marquise du Deffand à Voltaire où elle s'excuse de ne pas lui avoir répondu plus tôt, à cause « *des peines et des embarras domestiques* » qui l'ont troublée. Il n'y est pas question de Julie de Lespinasse, mais l'ennui dont elle se plaint en général à son vieil ami se transforme ici en détresse :

« *Vous me dites que vous voulez que je vous fasse part de mes réflexions. Ah ! Monsieur, que me demandez-vous ? Elles se bornent à une seule : elle est bien triste. C'est qu'il n'y a, à le bien prendre, qu'un seul malheur dans la vie, qui est celui d'être né. Il n'y a aucun état, quel qu'il puisse être, qui me paraisse préférable au néant… Il vaudrait mieux n'être pas né, par la raison qu'il faut mourir, qu'on en a la certitude, et que la nature y répugne si fort que tous les hommes sont comme le bûcheron. Vous voyez combien j'ai l'âme triste, et que je prends bien mal mon temps pour vous écrire ; mais, Monsieur, consolez-moi ; écartez les vapeurs noires qui m'environnent.* »[32]

Le Monsieur de Ferney ne trouve guère à lui répondre :

« *Vous me faites une peine extrême, Madame, car vos tristes idées ne sont pas du raisonnement, mais de la sensation… Nous avons un grand sujet à traiter ; il s'agit du bonheur ou, du moins, d'être le moins malheureux que l'on peut en ce monde. Je ne saurais souffrir que vous me disiez qu'il faut végéter, que, plus on pense, plus on est malheureux. Cela est vrai pour les gens qui pensent mal ; je ne dis pas pour ceux qui pensent mal de leur prochain : cela est quelque fois très amusant ; je dis pour ceux qui pensent de travers parce que c'est une maladie de l'âme. Mais vous, dont l'âme se porte le mieux du monde, sentez, s'il vous plaît, ce que vous devez à la nature. N'est-ce donc rien d'être guéri des malheureux préjugés qui mettent à la chaîne la plupart des hommes et surtout des femmes ? De ne pas déshonorer son être par des terreurs et des superstitions indignes d'un être pensant ? D'être dans une indépendance qui vous délivre de l'hypocrisie…*

---

[32] *Cher Voltaire : la correspondance de Mme du Deffand avec Voltaire*, présentée par I. et J.-L. Vissière, Paris, Éditions des Femmes, 1976.

Les douceurs de la société, de la conversation, sont des plaisirs aussi réels que celui d'un rendez-vous de la jeunesse. Faites bonne chère, ayez soin de votre santé, amusez-vous quelque fois à dicter vos idées. Vous aurez deux grands plaisirs : celui de vivre avec la meilleure compagnie de Paris, et celui de vivre avec vous-même. Je vous défie d'imaginer rien de mieux. »[33]

Il est bien question des douceurs de la société ! Belle société qui l'a trahie, qui s'est moquée d'elle, qui a profité lâchement de son infirmité pour lui jouer le pire des tours !

Par quelle indiscrétion a-t-elle surpris le secret des soirées clandestines de Julie ? Ce qu'on peut dire, c'est qu'en apprenant la « trahison » de sa protégée, Mme du Deffand suffoqua d'indignation. Elle, une des souveraines de Paris, la femme la plus spirituelle de son temps, le centre de la société la plus brillante, se voir moquée, détrônée, par une fille qu'elle a sorti de rien, qui sans ses bontés croupirait dans un couvent, une laideronne, une vieille fille, une bâtarde, une coureuse, une jalouse, une comploteuse !...

Voilà ce que cette fille de rien avait tramé ! Une machination abominable dans le seul but de lui enlever ses amis, de la laisser seule, à l'approche de la mort, abandonnée de tous. Julie n'était plus qu'une petite aventurière qui voulait la supplanter, « *dresser autel contre autel* » sous son propre toit.

Une explication eut lieu sur l'heure. Elle fut terrible.

La marquise chanta pouilles à Julie, jeta de hauts cris, la traita d'emblée de tous les noms sans vouloir écouter les excuses qu'elle essayait d'invoquer :

« *Je me sentais étouffer. Comment n'aurais-je pas cherché de l'air ?*

– *Une vipère que je nourrissais dans mon sein. Voilà ce que vous êtes !* »

Julie, cherchant à calmer la tempête, s'excusa, s'accusa d'indélicatesse. Rien n'y fit. Saisie d'une fureur noire, l'aveugle lui jeta à la tête les injures les plus cruelles. Alors la colère de Julie éclata. À bas les bienséances ! Il n'y eut plus face à face que deux femmes violentes, passionnées, qui se disaient enfin, après dix ans de vie commune, ce qu'elles pensaient vraiment l'une de l'autre. Qu'étaient tous les bienfaits dont parlait la marquise, à côté des brimades, des humiliations qu'elle avait fait subir

---

[33] *Ibidem.*

à Julie ? Pendant dix ans, elle n'avait pas cessé de se sentir écrasée. On lui avait fait sentir qu'elle n'était qu'une gouvernante, une lectrice, une domestique. La vieille orgueilleuse, jalouse, avait chassé le vicomte de Taaffe, le seul homme qu'elle ait jamais aimé… Est-ce de quelqu'un qui prétend vous aimer comme une mère que de vous empêcher de revendiquer les droits de votre naissance, en brandissant les menaces les plus odieuses ? Pour sauver le renom d'une famille haïssable, on lui enlevait sa fortune, on la dépouillait, on l'empêchait de se marier.

Une bourrasque d'injures, une litanie de reproches, un flot de mots irréparables, d'autant plus torrentiel qu'il avait été plus longtemps contenu, rompaient les digues. Des relations entre les deux femmes ne remontaient à la surface que ce qui avait nourri leurs griefs, entretenu leur animosité. Tout était dit, jusqu'au sang.

« *La séparation fut brusque* », dit Marmontel. Julie de Lespinasse alla chercher refuge et consolation dans le salon de Mme Geoffrin qui accueillit d'autant mieux Julie qu'elle savait que son hospitalité serait plus désagréable à sa vieille rivale.

Après quelques jours pourtant, Julie se souvenant des moments de bonheur passés chez la marquise, émue aussi à l'idée de laisser la vieille infirme toute seule, désespérée, sans aide, lui écrivit pour exprimer comme un remords :

« *Vous m'avez fixé un terme, Madame, pour avoir l'honneur de vous revoir, et ce terme me paraît bien long. Si vous vouliez l'abréger, j'en serais très heureuse. Je n'ai rien plus à cœur que de mériter vos bontés : daignez me les accorder et m'en donner la preuve la plus chère, en m'accordant la permission de vous aller renouveler moi-même l'assurance d'un respect et d'un attachement qui ne finiront qu'avec ma vie, et avec lesquels j'ai l'honneur d'être, Madame, votre très humble et très obéissante servante.* »[34]

Ce ton de repentir, si digne, aurait peut-être ému la marquise si seul son amour-propre avait été en cause. Mais son cœur était brisé. Dans sa colère et dans un mouvement de jalousie et de possession bien naturel, elle avait demandé à son cher d'Alembert de choisir entre elle, sa vieille amie de toujours, et Julie, la nouvelle amie. D'Alembert, sans hésiter, avait dit adieu à la marquise et du jour au lendemain déserté le salon Saint-Joseph.

---

[34] Lettre de Mlle de Lespinasse à Mme du Deffand, 8 mai 1764, *in Lettres de Mlle de Lespinasse…*, édition présentée par E. Asse, *op. cit.*

La pauvre femme, anéantie, venait de perdre le seul être au monde pour lequel elle avait une vraie affection. Jamais elle ne s'en consolerait. Jamais elle ne pourrait pardonner à Julie de l'avoir frappée dans ce qu'elle avait de plus cher, et la réponse qu'elle lui fit parvenir le lendemain est un refus de toute réconciliation :

« *Je ne puis consentir à vous revoir sitôt, Mademoiselle ; la conversation que j'ai eue avec vous, et qui a déterminé notre séparation, m'est dans le moment trop récente. Je ne saurais croire que ce soient des sentiments d'amitié qui vous fassent désirer de me voir. Il est impossible d'aimer ceux dont on sait qu'on est abhorré, détesté, par qui l'amour-propre est sans cesse humilié, écrasé, ce sont vos propres expressions, et la suite des impressions que vous receviez depuis longtemps de ceux que vous dites être vos véritables amis. Ils peuvent l'être en effet, et je souhaite de tout mon cœur qu'ils vous procurent tous les avantages que vous attendez : agréments, fortune, considération, etc. Que feriez-vous de moi, aujourd'hui, de quelle utilité pourrais-je vous être ? Ma présence ne vous serait point agréable, elle ne servirait qu'à vous rappeler les premiers temps de notre connaissance, les années qui l'ont suivie, et tout cela n'est bon qu'à oublier. Cependant, si par la suite vous veniez à vous en souvenir avec plaisir, et que le souvenir produisît en vous quelque remords, quelque regret, je ne me pique point d'une fermeté austère et sauvage, je ne suis point insensible. Je démêle assez bien la vérité ; un retour sincère pourrait me toucher et réveiller en moi le goût et la tendresse que j'ai eus pour vous, mais en attendant, Mademoiselle, restons comme nous sommes, et contentez-vous des souhaits que je fais pour votre bonheur.* »[35]

Comment Julie prit-elle cette fin de non-recevoir ? D'après les confidences de La Harpe, de la façon la plus tragique. Il ne lui restait qu'à mourir. Elle avala derechef soixante grammes d'opium, « *mais la mort tant souhaitée ne vint pas* ».

Julie partie, la marquise, toute tendresse évaporée, se donna tout entière à la haine et à sa vengeance. Elle commença par interdire à ses amis toute relation avec l'intrigante qui l'avait si odieusement trompée et trahie, espérant ainsi faire le vide autour de Julie.

Le résultat ne fut pas celui qu'elle espérait. Un à un, le marquis d'Ussé, Chastellux, la comtesse de Boufflers, la duchesse de Châtillon, la maréchale de Luxembourg, le comte d'Anlezy, Brienne, le futur cardinal, Boisgelin, archevêque d'Aix, Marmontel, et jusqu'au président Hénault,

[35] Lettre de Mme du Deffand à Mlle de Lespinasse, 9 mai 1764, *in ibidem*.

tout le « gratin » du salon Saint-Joseph, tous les amis les plus chers et jusqu'aux simples connaissances coururent porter à Julie des témoignages de leur fidélité et de leur affection.

Tout le monde se détourna de la marquise qui avait fait son temps... Elle se retrouva, dit-elle, dans un salon désert, au fond de son fauteuil à œillères, avec pour toute compagnie sa sœur, la marquise d'Aulan, vieille rapace mielleuse qui n'avait d'autre chose en vue que la succession de sa sœur, et le chanoine de la Sainte-Chapelle, son frère, qui ne voulait pas se mêler de ces tracasseries, des indifférents, des mondains, des « machines à ressort » que sa réputation attirait, mais qui ne se souciaient pas plus d'elle qu'elle ne faisait attention à eux.

La traversée du désert dura peu. Elle avait trop d'esprit, trop de relations pour ne pas se refaire un monde à elle. Et Walpole, l'astre qui devait illuminer sa vieillesse, allait bientôt paraître dans son salon.

LE SALON

Sous le nez de la marquise – Rentes et pensions – Un décor – Grêlée ! – Deux cent mille laiderons réfugiés dans les monastères – Un pied dans la barque à Caron – Mariés secrètement ? – Ce matin, du bain où je suis – Un mauvais amant – Tendresse – Le royaume de la rue Saint-Honoré – La Tsarine – C'était mon mari ! – Mon adorable roi ! – Un trône à sa taille – Un nouveau cercle – Sœur de Lespinasse – Âme d'une compagnie bigarrée – Le règne de la femme – Embrassez-moi, je serai à vos pieds

Julie n'eut pas plus tôt claqué la porte du salon Saint-Joseph qu'elle alla s'installer cent mètres plus loin, sous le nez de son ancienne bienfaitrice, à l'angle de la rue de Belle-Chasse et de la rue Saint-Dominique.

Dans une petite maison donnant sur le couvent des chanoinesses augustines du Saint-Sépulcre, et appartenant au sieur Messager « *maître menuisier à Paris* », elle loua le deuxième et le troisième étage, moyennant un loyer de neuf cent cinquante livres plus « *quarante-deux livres dix sols pour contribution aux gages du portier* ». C'était une lourde charge pour une jeune femme sans fortune et surtout incapable de gérer un budget. À cette époque, elle touchait, outre la maigre pension de trois cents livres laissée par sa mère, la comtesse d'Albon, une rente de six cent quatre-vingt-douze livres, sans retenue, sur le duc d'Orléans, constituée par contrat du 16 juillet 1754 et obtenue par le duc de Choiseul sur les instances de Mme du Deffand, au début de la belle amitié des deux femmes. Deux autres pensions d'origine obscure, de six cents livres et de deux mille livres versées « *sur les revenus du roi* », c'est-à-dire provenant directement de la cassette de Louis XV, obtenues probablement aussi par le duc de Choiseul, s'y ajoutaient. Soit une somme totale de trois mille cinq cent quatre-vingt-douze livres, ce qui suffisait à assurer le strict nécessaire, sans lui laisser « *un sol d'argent liquide* » pour s'installer.

Mais Julie avait des amis : ils s'occupèrent de tout. Le président Hénault, Turgot, d'Ussé, Mme de Châtillon se cotisèrent pour lui offrir une première somme. La maréchale de Luxembourg lui fit cadeau d'un « meuble complet ». Et Mme Geoffrin, attendrie par le sort de la jeune fille et enchantée de déplaire à sa « bête noire », Mme du Deffand, décrocha trois de ses van Loo et les envoya à la grande Catherine qui lui en offrit dix mille écus. Une partie de cette somme permit d'arranger l'appartement de Julie. Le « surplus » fut placé chez M. de la Borde, banquier du roi, qui souscrivit en faveur de Julie une rente viagère de deux mille écus.

Ajoutons à cela une pension de mille écus que Mme Geoffrin joignit quelque temps plus tard à son premier cadeau et sur laquelle Julie garda le silence toute sa vie[1], et trois mille livres de pension qui fut constituée quelques années plus tard par M. de Vaines et un autre donateur dont le nom est resté inconnu. (Heureuse époque où les amis se mettaient en quatre pour ne pas vous voir manquer du superflu !)

Du jour au lendemain, Cendrillon se retrouvait rentière, servie par quatre domestiques qui accrochaient aux fenêtres des rideaux de soie et tendaient de damas rouge les murs de sa chambre à coucher.

Levons le rideau sur le décor de la vie « publique » de notre héroïne, pièce en cent tableaux où les plus grands acteurs du siècle se donneront la réplique, où défileront d'innombrables figurants, dont l'argument principal sera l'amour et le dénouement, la mort.

L'antichambre est sans importance. Ce sont les coulisses. N'y jetons que le coup d'œil indifférent de l'homme de loi faisant l'inventaire : une petite fontaine à laver les mains et sa cuvette de cuivre, six chaises de bois fourrées de paille, six bois de fauteuils, de bois de noyer, une petite table sur ses pieds tournés garnie d'un tiroir, prisé le tout ensemble pour la somme de quarante livres.

Le petit salon, attenant à l'antichambre, est le décor des scènes de la vie parisienne. Les boiseries sont blanches, les rideaux de soie cramoisie se retroussent en portières sur les portes d'entrée. Des bergères, des ottomanes, des fauteuils moelleux encombrent un peu la pièce. Dans un coin, on voit une chiffonnière en bois de merisier, à côté un petit secrétaire

---

[1] « *Ce n'est que depuis sa mort,* écrit Grimm dans sa *Correspondance littéraire, qu'on vient de découvrir que Mme Geoffrin lui faisait, depuis plusieurs années, une pension de mille écus.* »

en bois de rose. Plus loin un bureau à cylindre, un rouet à filer la laine, un second petit bureau à cylindre en bois satiné, garni d'ornements de cuivre doré d'or moulu. Les bustes de Voltaire et de d'Alembert sourient sur la cheminée.

Aux murs sont accrochées des gravures représentant *La Lecture et la Conversation espagnole* de Beauvarlet d'après Carle van Loo, des scènes romaines de Dietrich, *Le Paralytique* et *L'Accordée du village* de Greuze, *Le Chevalier Bayard, Bélissaire, L'Enfant au chien* et *La Petite Fille pleurant son oiseau mort,* ces deux dernières de Greuze encore, et deux estampes sous verre, les portraits de d'Alembert et de Turgot, dans des bordures de bois doré.

Près du salon et donnant sur la rue, se trouve la chambre à coucher tendue de damas rouge, décor du troisième acte. Un lit de quatre pieds, recouvert d'une courtepointe de damas cramoisi, se cache dans une alcôve aux grands rideaux assortis.

À côté, un bureau de bois noirci couvert de cuir noir, où Julie passera la moitié de sa vie à écrire, deux fauteuils rouges, une bergère garnie de coussins et recouverte de gourgouran, étoffe de soie venue des Indes et travaillée par les ateliers de Tours. Au mur sont accrochés un tableau peint sur toile représentant l'archevêque de Toulouse et six estampes sous verre.

Dans les armoires des chambres de débarras s'entasse la garde-robe de Julie : une multitude de jupons de taffetas, de jupons de mousseline et de jupes à la polonaise, des manteaux de lits en soie et des pelisses d'intérieurs de satin blanc, doublées de renard, des mantelets doublés de martre, des manchons de grèbe au plumage argenté, des manchettes de gaze blonde, des robes de pékin cramoisies, et une quarantaine de toilettes de soie et de satin, toute une garde-robe de femme coquette qui ne regarde pas à la dépense. Julie n'était pas économe et le superflu, pour elle, était chose très nécessaire.

Au même étage se trouve également la chambre de Louise Agnès Saint-Martin, la femme de chambre de Julie, et un cabinet de toilette. Au troisième étage, il y a plusieurs pièces de débarras, la cuisine et la chambre de la femme de charge, Marie Plainchant.

La nouvelle vie de Julie s'ouvrit par un drame : à peine installée, elle tomba malade, et le médecin diagnostiqua la petite vérole.

Avant que le monde ait été gagné par la « vaccine », c'était un terrible fléau. Voltaire, l'une de ses illustres victimes, estimait que sur cent personnes qui venaient au monde, soixante au moins contractaient la petite vérole, vingt en mouraient et les autres restaient défigurées, estropiées ou mutilées. D'après le prince de Ligne, « *deux cent mille laiderons s'étaient refugiés au fond des monastères pour cacher sous des voiles et des capuches leurs visages hideusement défigurés* ».

L'Europe entière avait été frappée par des épidémies. Paris en 1719, la Suède en 1749, Vienne en 1763, la Toscane en 1764. En 1741, quatre-vingt mille personnes avaient été emportées par la vérole et la typhoïde.

Parmi les victimes, on citait La Vallière, la duchesse de Berry, Mme d'Houdetot, la maîtresse de Rousseau, Mme de Beauvau, la chanoinesse de Remiremont, Pelisson, l'ami de Fouquet, si grêlé que Mme de Sévigné écrivait à son sujet : « *Le Pelisson, il a abusé de la permission qu'ont les hommes d'être laids* », Vauvenargues, la princesse de Conti, Mlle de Nantes, quatrième enfant de Louis XIV. Plus tard, on citera Mirabeau, Danton et Talleyrand qui, miraculeusement, n'en garda aucune trace.

Pour lutter contre ce fléau, on commençait timidement à pratiquer l'inoculation, méthode d'immunisation pratiquée par les Chinois et aussi les Circassiennes qui se piquaient le corps avec des aiguilles imbibées du liquide séreux de la maladie. Mais avant d'arriver à faire accepter cette méthode hasardeuse par la faculté de Médecine, la lutte avait été dure. La grande championne de l'inoculation avait été lady Mary Wortley Montagu qui proclamait en 1717 dans sa correspondance : « *La petite vérole, ce mal si cruel, si commun parmi nous, n'est nullement dangereuse, grâce à l'intervention de l'inoculation... Il y a tous les jours des milliers de personnes inoculées... Il n'y a pas d'exemple qu'on en meure, et vous pouvez me croire bien convaincue de la sûreté de mon expérience, puisque mon intention est de la tenter sur mon cher enfant.* »

Ce qu'elle fit à Istanbul, où elle avait accompagné son époux, Edward Wortley, qui y avait été envoyé en ambassade. Elle-même avait été victime de cette effroyable maladie et avait perdu sa beauté. Elle évoque ce drame dans ces vers :

Sous mon masque, tremblant à la vue du jour,
Ma beauté s'est enfuie et ma vie disparaît.

C'est une des deux célèbres matrones « inoculatrices » qui inocula son fils. La Thessalienne et la Philippopolis, un peu sorcières, un peu rebouteuses et surtout inspirées par le ciel, officiaient à Istanbul avec succès ; elles disaient avoir inoculé plus de quarante mille personnes, et les foules se pressaient à leurs portes. La Thessalienne, qui prétendait tenir ses dons de la Sainte Vierge, opérait à la flamme des bougies en marmonnant des prières et déposait le venin sur les quatre points du visage de son client : au front, près des oreilles et au menton, en référence à la croix grecque.

Cinq ans plus tard, en 1721, de retour à Londres, lady Wortley Montagu décidait de faire inoculer sa fille de quatre ans par le chirurgien Maitland, qui se fit assister par deux autres médecins célèbres de la cour du roi Georges Ier. Le principe était celui qu'appliquaient les inoculatrices grecques : on prélevait un peu de pus sur un malade atteint de variole bénigne et on le déposait dans des petites plaies qu'on faisait au bras de celui qu'on inoculait. Ce dernier faisait alors une poussée de fièvre et une éruption de boutons sans lendemain puis il était immunisé.

Ce fut un succès. On tenta ensuite l'expérience sur six criminels condamnés à être pendus. Ils acceptèrent à condition d'être graciés s'ils survivaient. Un seul d'entre eux souffrit d'une réaction, très bénigne, et tous recouvrèrent la liberté. On prit ensuite comme cobayes les orphelins de la paroisse Saint James. Tous ces enfants survécurent.

Dès lors, l'inoculation fut chose courante en Angleterre jusqu'en 1727 où la pratique, qui entraînait tout de même un mort sur 53 inoculés, connut un temps d'arrêt. Jusqu'en 1725, en effet, on recensait 481 inoculés qui donnaient 447 petites véroles artificielles, dont 9 étaient mortelles. Les Français, méfiants, se racontaient l'histoire de la ravissante comtesse de Boufflers, inoculée par le célèbre docteur Gatti et qui, deux ans après, avait essuyé une petite vérole des plus graves. Le docteur Hecquet clamait dans son ouvrage *Raisons et doutes contre l'inoculation*, publié en 1724, que l'inoculation était une pratique illégale, qui s'apparentait à la magie. « *Elle est contraire au Créateur, elle ne préserve point de la petite vérole naturelle, elle est contraire aux lois.* » Les prêtres interdisaient cette pratique à leurs pénitents : « *La petite vérole, envoyée par la volonté divine, est un fléau auquel on doit se soumettre et on n'a pas le droit de se soustraire aux décrets de la Providence, en se donnant à soi-même la maladie.* »

Les esprits s'échauffaient, la polémique enflait, et Voltaire, dans ses *Lettres anglaises* publiées en 1727, s'élevait seul contre les adversaires de l'inoculation, et chantait les louanges de l'entreprise lancée par lady Montagu. C'est d'ailleurs sur les recommandations du philosophe de Ferney que le grand duc de Russie et la Grande Catherine se firent inoculer[2].

En fait, l'inoculation ne commença à se pratiquer, en France, qu'au milieu du siècle. Le grand inoculateur de la seconde moitié du siècle des Lumières fut le médecin genevois Tronchin. On se bousculait pour se faire inoculer, et Tronchin devint la coqueluche des Parisiennes. Il n'était question que de « *tronchinades* », de « *bonnet à l'inoculation dont les rubans, semés de pois, imitaient les pustules de la petite vérole* » ; on vendait du vinaigre à la Tronchin qui préservait soi-disant des maladies pestilentielles.

Le cas de Julie de Lespinasse fut des plus graves. Elle délira pendant plusieurs jours, et son corps n'était plus qu'une énorme boursouflure infectée. Elle arrivait à peine à respirer, n'avalait plus rien, et l'infection était telle que personne ne pouvait plus entrer dans sa chambre. Sauf d'Alembert, qui ne la quittait plus. Il s'installa à son chevet, oubliant philosophie et mathématiques et, la main dans la main de son amie, lutta contre la mort. Certains jours, elle paraissait si mal que le pauvre homme craignait à chaque instant de la perdre et, mieux qu'une infirmière, il savait trouver les remèdes pour calmer ses douleurs. Il la consolait, lui insufflait le courage de vivre, et il ne consentit à prendre un peu de repos que lorsque la fièvre baissa et que Julie fut hors de danger.

La convalescence fut longue. Elle laissa Julie minée par des maux de tête qu'elle traînera toute sa vie et la vue si affaiblie[3] qu'elle dut bien souvent avoir recours à un secrétaire pour dicter ses lettres, le visage « grêlé », le teint gâté et les traits épaissis.

L'amoureux d'Alembert lui-même dut convenir que sa bien-aimée avait perdu de ses charmes : « *Elle était assez marquée de la petite vérole,* écrivait-il

---

[2] Pierre Darmon, *1774, La variole, les nobles et les princes*, Bruxelles, Éditions Complexe, 1989.

[3] Les Vichy avaient des yeux fragiles et une vue déficiente. Mme du Deffand, mais aussi Gaspard de Vichy et son fils Abel, souffraient perpétuellement des yeux. Leur correspondance renferme toutes sortes de remèdes pour y voir mieux. Ainsi Julie préconise-t-elle à son demi-frère Abel de l'eau de rose mélangée à de l'eau de vie (*cf. Un hiver en Provence. Lettres de Diane de Vichy à ses enfants 1767-1768, op. cit.*).

à David Hume. *Mais*, ajoutait-il, plein d'indulgence, *sans être défigurée le moins du monde.* »[4]

Julie, qui souffrait déjà de ne pas être belle, fut obsédée par cette nouvelle disgrâce. Elle ne s'en consola jamais.

À peine était-elle remise que d'Alembert tomba malade à son tour. Il était de santé fragile et devait suivre un régime très strict : « *J'ai*, disait-il, *un estomac qui me joue d'aussi mauvais tours que si je l'obligeais à digérer tout ce qui se fait et tout ce qui se dit en France.* » La peur de perdre Julie, ses longues veilles eurent raison de sa santé. Au printemps 1765, il fut pris d'une fièvre si violente que son médecin, Bouvard, n'osa pas se prononcer.

« *J'ai pensé aller demander une pension au Père Éternel, qui sûrement ne m'aurait pas traité plus mal qu'on ne fait à Versailles. Une inflammation d'entrailles m'a mis un pied dans la barque à Caron, dans laquelle il me semble que je descendrais sans regret. Heureusement, ou malheureusement, le danger n'a pas été long. Il faut que le diable qui nous guette l'un et l'autre ne sache pas son métier ; ou il se console apparemment en pensant que ce qui est différé n'est pas perdu.* »[5]

Il habitait encore rue Michel Lecomte, dans le faubourg Saint-Antoine, chez sa mère adoptive, Mme Rousseau, vitrière de son état. L'illustre géomètre-philosophe, membre de toutes les Académies, secrétaire perpétuel de l'Académie française, créateur de l'*Encyclopédie*, oracle des salons, brillant causeur, homme à la mode, n'était pas sevré. À cinquante ans, il était aussi attaché à sa nourrice que lorsqu'il était enfant. Elle formait sa seule famille, ayant longtemps été la seule femme qui l'eût encouragé et aimé. Et par reconnaissance et par amour, il ne voulait pas quitter cette femme qui le considérait comme un fils. Il occupait dans ce modeste logis « *une petite chambre*, dit Marmontel, *mal éclairée, mal aérée, avec un lit à tombeau étroit* ». C'était, dit d'Alembert lui-même, « *un cachot où je ne respirais plus* ».

Julie de Lespinasse s'était établie sa garde-malade. Elle s'occupait de son ami qui l'avait sauvée de la mort avec la ferveur et l'élan qu'elle mettait en toute chose. Elle lui rendit avec amour les attentions qu'il avait eues pour elle. Le monde pouvait jaser, ricaner, penser d'elle ce qu'il voulait, elle était à son chevet, elle aussi, nuit et jour, veillant et priant pendant son accès de « fièvre putride ».

---

[4] *Private Correspondence of David Hume*, Londres, 1820.

[5] Lettre à Voltaire, 13 août 1765.

Après plusieurs semaines, la santé du philosophe ne s'améliorait pas. Il restait dans un état de faiblesse et de prostration dangereuse. Son médecin, Blanchard, incrimina le logis qui « *pouvait lui être très funeste* ». Dès que le malade fut transportable, il exigea que la convalescence se fit dans un cadre plus confortable. Un des amis de d'Alembert, le fermier général Watelet, lui proposa de venir se reposer dans son hôtel particulier, proche du boulevard du Temple, où Julie vint s'installer avec lui, « *quoi qu'on pût en penser ou en dire,* affirme Marmontel. *Et personne n'en pensa et n'en dit que du bien.* »

Entre la jeune femme et le philosophe s'établirent alors des liens de plus en plus tendres. Julie ne voulut bientôt plus entendre parler de se séparer de son ami. Au troisième étage de sa maison de la rue de Belle-Chasse, il y avait des chambres libres qu'elle pourrait très bien aménager et où d'Alembert vivrait beaucoup plus confortablement que dans le réduit humide de la vitrière.

Elle lui proposa donc de venir vivre chez elle (moyennant un petit loyer de 400 livres par an), et trouva pour l'amoureux ébloui des arguments irrésistibles : ils vivraient côte à côte, prendraient leurs repas ensemble, recevraient leurs amis, travailleraient, feraient des projets. Ils ne seraient plus jamais seuls. Elle était d'humeur égale, lui aussi, il n'y aurait jamais de disputes. Ce serait le paradis.

D'Alembert, fou de bonheur, n'hésita guère. Pour respecter les bienséances, il expliqua à ses amis que l'air lui était absolument nécessaire et qu'il allait en chercher où il y en avait. Mais, plus honnête avec Mme Rousseau, il lui avoua les vraies raisons :

« *Ah, ma pauvre nourrice, vous qui m'avez mieux aimé que vos propres enfants, je vous ai quittée pour obéir à un sentiment plus tendre...* »[6]

En automne 1765, Jean Le Rond d'Alembert s'installait chez Julie de Lespinasse. « *Voilà un jour remarquable,* s'écrie Duclos. *C'est aujourd'hui que l'on a sevré d'Alembert.* »

Ainsi Julie et son amoureux s'étaient mis en ménage. Le monde s'y attendait. Mais il se demandait avec curiosité quelle était au juste la nature de leurs relations. Julie était-elle la maîtresse du philosophe ? S'était-on vraiment abusé sur les mœurs de d'Alembert ? Sur son tempérament ?

---

[6] J. d'Alembert, *Aux mânes de Mlle de Lespinasse, op. cit.*

Grandes questions qui firent jaser Paris, et au-delà. David Hume, débarquant à Paris, écrivait à un ami de Londres qu'il était allé « *voir Mlle de Lespinasse, la maîtresse de d'Alembert, qui est réellement l'une des femmes les plus intelligentes de Paris* »[7]. L'abbé Galiani, secrétaire d'ambassade du roi de Sicile à la cour de France, disait à son ministre des Affaires étrangères : « *À Naples, on dirait qu'ils se sont mariés secrètement, mais ici on se dispense de ces paroles inutiles… Mlle de Lespinasse jouit du droit de vivre comme un être à part, aimée et estimée de tous…* »[8]

« *Rien de plus innocent que leur intimité* », affirmait Marmontel qui ajoutait que la malignité même ne pouvait l'attaquer, et que la considération dont jouissait Julie, loin d'en souffrir aucune atteinte, « *ne pouvait en être que plus honorablement et plus hautement établie* ».

Ici et là, pourtant, des ricanements persistaient, visant d'Alembert et sa virilité :

« *On assure qu'il lui est arrivé la même mésaventure qu'à Boileau… – Quoi ? Un jars ? Mais chez ce pauvre d'Alembert, il n'a rien trouvé à mordre ! – En voilà un philosophe au moins qui n'aura pas eu à faire à la philosophie le sacrifice que lui consentit Origène*[9]*… – Mais vous n'y êtes pas : d'Alembert vient de demander la main de Julie ! – Vous vous moquez ? – C'est Voltaire qui l'affirme… – Mais d'Alembert s'en défend !* »

Ces commérages à propos de mariage irritaient l'amoureux. Il se défendait comme il pouvait, niait à droite et à gauche, s'échauffait. De quel droit tous ces gens se mêlaient-ils de sa vie privée ?

« *Si vous êtes amoureux,* lui disait Voltaire, *restez à Paris.*

– À propos de quoi me supposez-vous l'amour en tête ? Je n'ai pas ce bonheur ou ce malheur-là, et mes entrailles sont d'ailleurs trop faibles pour avoir besoin d'être émues par d'autres choses que par mon dîner. »

Il contre-attaquait : « *J'imagine bien qui peut avoir écrit cette impertinence… Je ne doute pas que ce bruit n'ait été appuyé par Mme du Deffand. Elle sait bien qu'il*

---

[7] John Hill Burton, *Life and Correspondence of David Hume*, 2 vols, Édimbourg, 1846.

[8] *Lettere di Ferdinando Galiani*, Florence, 1880.

[9] Origène, docteur de l'Église, éminent philosophe, fondateur de l'exégèse biblique, grand mystique. Pour se mettre en sûreté contre les tentations et prenant à la lettre la parole de l'Évangile, « *il y a des eunuques qui se sont fait eux-mêmes eunuques pour le royaume des cieux* » (Matthieu, 19, 12), il se castra, ce qui était un crime au regard du droit romain.

n'en est rien de mon mariage, mais elle voudrait faire croire qu'il y a autre chose. Une vieille et infâme catin comme elle ne croit pas aux femmes honnêtes. Heureusement, elle est bien connue et crue comme elle le mérite. »[10]

La marquise du Deffand n'était pas seule à faire courir le bruit. Les gazettes s'en mêlèrent et annoncèrent que le célèbre philosophe allait convoler en justes noces. D'Alembert redoublait de dénégations : « *Eh ! mon Dieu, que deviendrais-je avec une femme et des enfants ! La personne avec laquelle on me marie est, à la vérité, une personne respectable par son caractère et faite, par la douceur et l'agrément de sa société, pour rendre heureux un mari ; mais elle est digne d'un établissement meilleur que le mien, et il n'y a entre nous ni mariage, ni amour, mais de l'estime réciproque et toute la douceur de l'amitié. Je demeure actuellement dans la même maison qu'elle où il y a d'ailleurs deux autres locataires : voilà ce qui a occasionné le bruit qui a couru.* »[11]

Oui, mais... Julie dictait ses lettres à d'Alembert, nue dans sa baignoire : « *Ce mardi, du bain où je suis...* »

Bien sûr, la baignoire « *de forme sabot, en cuivre rouge* » comme l'indique l'inventaire, était selon l'usage du temps recouverte d'une planche qui ne laissait passer que la tête de l'occupant.

Oui, mais... pourquoi, si cette liaison avait été purement platonique, d'Alembert aurait-il écrit à Julie :

« *Vous savez si bien aimer ! Vous qui m'avez aimé, par qui du moins j'ai cru l'être, vous à qui je dois quelques instants de bonheur et d'illusion... car vous m'avez du moins aimé quelques instants...* »[12]

Et Julie, qui était « *vraie et franche avec ceux qu'elle estimait* », mentait-elle ? Jouait-elle la comédie quand elle s'écriait : « *Je suis heureuse au point d'avoir peur. Vous êtes le plus cher objet de mon cœur !* »

Il est hors de doute que Julie a aimé d'Alembert, et qu'elle l'a aimé dans son alcôve. On ne sait rien de sa vie sentimentale et sexuelle avant l'épisode de John de Taaffe. Elle avait alors ving-huit ans. Mais tout ce qu'on lit d'elle, et à propos d'elle, donne à penser qu'en Julie, passion de tête et passion des sens se confondaient. Elle était bien trop ardente, bien trop amoureuse de l'amour pour résister à la passion de d'Alembert. Elle ne l'aima pas d'amour fou, mais avec lui elle était heureuse. Il paraît

---

[10] Voltaire, *Correspondance générale*, Paris, Garnier, 1877.

[11] *Ibidem.*

[12] J. d'Alembert, *Aux mânes de Mlle de Lespinasse, op. cit.*

évident aussi que d'Alembert amoureux était « un mauvais amant », et que cette liaison a laissé Julie insatisfaite.

Le monde était plein d'indulgence pour les amours « irrégulières », pour peu qu'elles fussent établies. On avait souvent plus de considération pour les maîtresses que pour les épouses. On ne demandait pas au comte d'Angivillier des nouvelles de sa femme, mais on s'informait de la santé de Mme de Marchais, cette « jeune fée », si intelligente, si belle. Le nom de la comtesse de Boufflers était indissociable de celui du prince de Conti. Quand on allait dîner dans la ravissante maison de campagne du fermier général Watelet, grand ami des philosophes, c'est par son amie, Mme d'Houdetot, qu'on était reçu. Aux yeux de tous, le vrai mari de Mme du Deffand était le président Hénault. Quand d'Alembert s'installa chez Mlle de Lespinasse, « *la considération dont celle-ci jouissait, loin d'en souffrir aucune atteinte, n'en fut que plus honorablement et plus hautement établie* »[13].

Les tempéraments les plus fougeux, les cœurs les plus faits pour la passion se satisfont un moment ou un autre de leur vie d'un amour calme et tranquille et y mettent ce qu'il faut de ferveur pour faire taire leurs regrets. À trente-trois ans, avant de s'établir avec d'Alembert, Julie n'avait jamais connu la vraie tendresse. Son cœur, une fois, avait été secoué par une passion forte, mais n'en avait ressenti que de la douleur. Elle ne devait la considération dont elle avait joui que pour avoir vécu dans l'ombre d'une femme célèbre et spirituelle. Elle n'avait connu de l'amour physique que les baisers dérobés dans l'escalier de service du couvent Saint-Joseph à la vigilance d'une femme jalouse.

L'idée du bonheur, à cette époque de sa vie, c'était tout simplement le calme et la sécurité, la confiance absolue, dans les bras d'un homme fidèle et simple pour lequel elle était tout, dans une maison où elle était enfin chez elle.

La passion qu'elle avait en elle, Julie en épiçait tous ses rapports avec son compagnon. Elle corsait sa tendresse de mots exaltés, de transports d'affection qui la bernaient sur ses sentiments et qui comblaient d'Alembert. Elle était heureuse, lui disait-elle, « jusqu'à être effrayée » de son bonheur. Il était, elle le jurait, le seul être au monde qu'elle aimait.

---

[13] J.-F. Marmontel, *Mémoires*, publiés par M. Tourneux, Paris, Librairie des bibliophiles, 1891.

« *Vous m'avez dit tant de fois*, s'écriera-t-il plus tard, *les yeux dessillés, que de tous les sentiments que vous avez inspirés, le mien pour vous et le vôtre pour moi étaient les seuls qui ne vous eussent pas rendue malheureuse. Personne ne m'aime ni ne m'aimera plus.* »[14] Mais au début de leur idylle, il était simplement, béatement heureux, prenant pour amour comptant les sourires et les baisers dont il s'enchantait, sans y voir ce qu'ils pouvaient cacher de nostalgie et de rêves confus.

Ils vivaient l'un pour l'autre, et s'imprégnaient chaque jour un peu plus l'un de l'autre. Julie devenait gaie, savante, curieuse de tout, « philosophe ». Elle se mettait à aimer la vie. D'Alembert se découvrait des talents de poète, une âme de ménagère et une vocation de professeur.

Exemple rare dans le siècle, il se préoccupait beaucoup de l'éducation des femmes, ayant éprouvé lui-même « *combien la culture de l'esprit et l'exercice des talents sont propres à nous distraire de nos maux* ». Mais en réalité, c'était lui qui était à l'école. Le professeur était beaucoup plus influencé par l'élève que l'élève ne l'était par le chef de file du parti philosophique le plus éminent après Voltaire.

D'Alembert était tombé sous le charme de Julie. Il l'associait à tous ses travaux, et dérobait à peine quelques heures à la géométrie, pour travailler à des œuvres légères auxquelles son amie prenait part. Leurs mains se mêlaient pour écrire. Julie inspirait toutes ses pages, et elle aurait pu en signer plus d'une. Ils écrivaient leurs courriers à quatre mains, elle dictant à « son secrétaire », et lui écrivant, corrigeant le style s'il y avait lieu, et rajoutant son grain de sel :

« *À Paris, ce 7 août 1769* ; dictait Julie.

– *Neuf heures et demie, cinq minutes du matin et quatre secondes. Temps moyen*, ajoutait d'Alembert.

– *Adieu, Monsieur, mon amitié pour vous est bien sincère et bien durable*, dictait Julie.

– *Le secrétaire demande pour lui quelques miettes ou rogatons de cette amitié-là* », rajoutait d'Alembert.

Il lui faisait lire Montesquieu dont il avait écrit l'éloge. Elle l'enthousiasmait pour les drames de Shakespeare. Elle lui lisait, les larmes dans la voix, les tragédies de Racine. Il convenait qu'on y trouvait une passion que les anciens n'y avaient guère mise. L'esprit de Voltaire les amusait. Ils aimaient

---

[14] J. d'Alembert, *Aux mânes de Mlle de Lespinasse*, *op. cit.*

la subtilité de Marivaux. Ils applaudissaient aux mêmes pièces de théâtre, pleuraient sur la même musique, fredonnaient les mêmes airs d'opéra.

On les voyait partout ensemble, et il était hors de question d'inviter l'un sans prier l'autre.

Julie et d'Alembert, ces exilés de la maison du Deffand, ces victimes de la marquise au cœur sec, ne pouvaient qu'être chers à la maison rivale. Ils reçurent un accueil triomphal chez Mme Geoffrin. Les portes s'ouvrirent à deux battants pour laisser entrer dans le royaume de la rue Saint-Honoré les transfuges du salon Saint-Joseph : cet intéressant « ménage » et en particulier cette charmante jeune fille qui avait tant souffert de la cruauté de la « méchante bête ».

Les deux orphelins trouvèrent une mère en l'aimable Geoffrin, indulgente, toujours prête à faire plaisir et à rendre service. L'hôtel particulier de la rue Saint-Honoré devint leur seconde demeure. On les y voyait tous les jours, et même en dehors des heures consacrées :

« *Je fus très étonnée,* écrit à cette époque Mme de La Ferté-Imbault, fille de Mme Geoffrin, *un jour que je revenais de la campagne, de trouver installée dans le salon de ma mère, une figure que je n'y avais jamais aperçue, et qui semblait y être comme chez elle.* »[15]

Surprise ! La sage Geoffrin qui n'aimait pas beaucoup les femmes, s'était subitement entichée de cette demoiselle de Lespinasse sans que rien, à première vue, ne parût les rapprocher. On ne pouvait pas trouver deux personnes plus dissemblables, « *l'une,* comme dit l'abbé Morellet, *ne cherchant qu'à goûter en paix les douceurs de la société et de l'amitié, et l'autre, au contraire, sans cesse troublée dans sa jouissance par la violence même de ses passions* ».

Il convient de considérer d'un peu plus près la femme qui allait devenir la meilleure amie, la protectrice, la « maman » de Julie.

Son mari ? (Après tout, ces reines de Paris avaient des maris qui traînaient quelque part dans l'ombre des salons.) Celui de Mme Geoffrin avait le grand avantage d'être riche, ce qui contribua grandement à dorer les lambris du salon de sa femme. Hormis cela, il ne lui restait pas grand-chose. C'était, comme on dit, un brave homme, modeste, de mœurs bourgeoises et tranquilles, plein de bon sens, un peu terre à terre, « *aimé et estimé dans sa paroisse* » et « *orné* », comme le dit sa fille, Mme de

[15] *Souvenirs inédits de la marquise de La Ferté-Imbault, op. cit.*

La Ferté-Imbault[16], de toutes les « *vertus gothiques* » qui manquaient la plupart du temps à ses plus brillants détracteurs. M. Geoffrin n'avait pas d'esprit, ce qui, à l'époque, était un grand crime et suffisait pour qu'on le traitât d'imbécile. Il ne laissa à la postérité que les quelques naïvetés que la méchanceté des gens du monde lui attribuèrent. Parmi les nombreuses anecdotes qui couraient sur son compte, on racontait qu'il lisait plusieurs fois le premier tome d'un livre de voyages qui en comprenait dix, sans s'en apercevoir, et s'écriait avec conviction : « *Ce livre est très intéressant, mais il me semble que l'auteur se répète un peu.* »

On l'aurait surpris un jour plongé dans le dictionnaire de Bayle, qui était imprimé sur deux colonnes, et suivant les lignes d'un bout à l'autre de la page, il aurait dit : « *Quel excellent ouvrage, s'il était seulement moins abstrait.* »[17]

Il tenait modestement sa place au bout de la table brillante de son épouse, sans rien dire, sauf pour servir à table, ce qu'il faisait, d'après d'Argenson, « *de la façon la plus honnête mais d'un air détaché et avec l'attitude d'un intendant de Madame* ». Ces dîners étaient pour lui un supplice, il détestait le monde dont s'entourait sa femme et, moins sot qu'on ne le croit, les jugeait, toujours d'après d'Argenson, qui l'avait en estime, « *dans un esprit de critique* ». Quand il mourut, en 1749, à l'âge de quatre-vingt-quatre ans, un convive habituel de la maison demanda à Mme Geoffrin :

« – *Qu'est donc devenu ce vieux monsieur qui était toujours en bout de table et qui ne disait jamais rien ?*

– *C'était mon mari,* répondit-elle. *Il est mort.* »

À l'époque où elle rencontra Julie, Mme Geoffrin était au sommet de sa gloire. « *Vous êtes,* lui disait le poète Thomas, *comme ces saints dont on entend beaucoup parler, et que les dévôts aiment à voir de près. On vient chez vous en pèlerinage, et la sainte renvoie tout le monde content, ce qui n'est pas un petit miracle.* » Elle savourait paisiblement, dans son salon de la rue Saint-Honoré que Walpole appelait « *un abrégé d'empire* », le résultat de quarante années d'efforts. Tous ceux qui comptaient dans le « monde » de la peinture, de la littérature, des sciences, les étrangers connus, tous les mondains, se pressaient aux dîners de celle qu'on appelait « la Tsarine ». Il y avait là, pour n'en citer que quelques-uns, les peintres

---

16 *Ibidem.*

17 F. M. Grimm, *Correspondance littéraire, op. cit.*

Charles-André van Loo, Joseph Vernet, François Boucher, Maurice-Quentin de La Tour, Louis-Jean Lagrenée, l'architecte Germain Soufflot, le physicien Jean-Jacques Mairan, Pierre Carlet de Marivaux, le philosophe et encyclopédiste Jean-François Marmontel, le chevalier de Chastellux, futur académicien, l'abbé Morellet, le poète Jean-François de Saint-Lambert, auteur des *Saisons*, le philosophe Claude-Adrien Helvétius, l'abbé Raynal, écrivain, l'homme de lettres allemand Melchior Grimm, le baron d'Holbach, Horace Walpole, l'abbé Galiani, David Hume, Edward Gibbon, historien anglais, Benjamin Franklin...

Et elle vieillissait calmement, entourée par la « dévotion » et l'estime universelle, sans inquiétude, et sans regret pour sa beauté disparue :

« *La Rochefoucauld*, écrivait-elle à une amie, *a dit dans ses maximes que la vieillesse est un tyran qui défend, sous peine de la vie, les plaisirs de la jeunesse. Oui, pour les têtes mal faites. Mais pour les têtes sensées, je dis que c'est une sage gouvernante, qui ôte sans effort et sans que l'on s'en doute le goût des plaisirs qui ne conviennent plus.* »

La tête bien faite, elle l'avait. Ce fut la femme la plus raisonnable de son temps. Elle avait passé cinquante ans à bannir de son âme tout sentiment excessif. Pour conserver l'équilibre en tout, elle n'aimait rien passionnément, disait-on, pas même la vertu.

Sa vertu à elle, c'était la volonté qui, selon sa propre expression, « *remplace toutes les vertus et sans laquelle les vertus font naufrage* ». La volonté de cette conquérante à qui ses contemporains reconnaissaient « *l'âme d'Alexandre et la diplomatie d'un cardinal romain* », était dirigée vers un seul but : gouverner. À force de ruse, de prudence, de bon sens, de gentillesse, de raison et d'ordre, avec méthode et modération, elle était à soixante ans, dit Sainte-Beuve, « *l'administrateur habile et presque un grand ministre de la société* ».

Un très habile jeu de « *récompenses et de peines* », de sourires et de gronderies, lui permettait de gouverner son monde. Il n'y avait pas plus gentil qu'elle, quand elle aimait, pas plus généreux. Elle était l'indulgence même. À l'opposé de Mme du Deffand qui critiquait tout, et dont le premier talent était de débusquer les travers les mieux dissimulés, la verrue derrière l'oreille, elle ne voulait voir que le bon côté des gens et des choses.

À l'inverse aussi de la marquise qui demandait surtout à ses amis de la distraire de son ennui, Mme Geoffrin qui ne s'ennuyait pas, ne demandait rien, et donnait tout. Elle distribuait des pensions avec une incroyable générosité, couvrait tout le monde de cadeaux, se mettait en quatre pour rendre service : elle avait sauvé Diderot de la ruine en garantissant les fonds nécessaires à la publication de l'*Encyclopédie*, et pour qu'il vive plus confortablement, lui avait fait cadeau de quelques très beaux meubles. Elle avait fait une donation de douze cents livres de rente à l'abbé Morellet, van Loo avait reçu d'elle la somme – très importante pour l'époque – de dix-huit mille livres, pour trois de ses tableaux. Elle versait à d'Alembert une rente de six cents livres. Elle avait offert deux vaches à sa laitière qui pleurait de désespoir d'avoir perdu la sienne. Elle payait le loyer d'une pauvre voisine, elle envoyait des cadeaux à l'impératrice de Russie.

Cette « humeur donneuse » ne se manifestait pas seulement sur le plan matériel, mais aussi sur le plan moral. Elle distribuait aussi largement ses conseils que ses cadeaux, mais gare à l'imprudent qui ne les suivait pas. Grande sauveuse d'âmes, elle avait fait confesser son ami Mairan à l'âge de quatre-vingt-treize ans et Fontenelle à cent, pour leur assurer *in extremis* une belle éternité. Et elle s'était fâchée avec Saurin qui, au cours d'une grave maladie, avait refusé de voir un prêtre.

Sa bonté envers ses amis lui assurait le droit de correction. Le régime de son salon était autocratique. On savait en y entrant les règles à suivre, et il fallait s'y tenir rigoureusement. « *L'indocilité, même respectueuse,* dit Marmontel, *la refroidissait sur-le-champ et, par un petit dépit sec, elle faisait sentir combien elle était piquée.* »[18]

Avec l'âge, cette humeur grondeuse devint « un tic », une maniaquerie de vieille femme trop ordonnée. Elle avait en horreur tout ce qui n'était pas à sa place, tout ce qui dépassait, choquait, et passait le rabot sur les conversations comme elle l'avait passé sur les sculptures de son appartement. Une de ses manières de « gronder » Diderot, qui faisait négligé, avait été de l'obliger à rajouter à son buste sculpté par Falconet une perruque de marbre.

Dès que les conversations s'égaraient, que les voix s'élevaient un peu trop fort, que le désordre menaçait, d'une manière ou d'une autre, elle rappelait à l'ordre par le légendaire : « *Voilà qui est bien* », lancé à mi-voix, et si l'avertissement n'avait pas été compris, on ne tardait pas à s'en repentir. Les plus frondeurs parmi ses invités, Morellet, Turgot,

---

[18] J.-F. Marmontel, *Mémoires*, *op. cit.*

Marmontel, devaient bien souvent quitter son salon pour aller discuter politique ou potins dans la rue. Mais on ne lui en tenait pas rigueur. Et au lieu de regimber, on plaisantait. Comme le fit Grimm dans ce passage du *Sermon philosophique*, prononcé le Jour de l'an 1770, dans la « synagogue de la rue Royale », c'est-à-dire dans l'hôtel du baron d'Holbach : « *Annonces et bans... Mère Geoffrin fait savoir qu'elle renouvelle les défenses et lois prohibitives des années précédentes, et qu'il ne sera pas plus permis que par le passé de parler chez elle ni d'affaires intérieures ni d'affaires extérieures, ni d'affaires de la cour ni d'affaires de la ville, ni d'affaires du Nord ni d'affaires du Midi, ni d'affaires d'Orient ni d'Occident, ni de politique ni de finances, ni de paix ni de guerre, ni de religion ni de gouvernement, ni de théologie ni de métaphysique, ni de grammaire ni de musique, ni en général d'aucune matière quelconque.* »

On racontait à ce propos l'histoire du jeune comte de Coigney qui n'en finissait pas de raconter une anecdote à mourir d'ennui, malgré les nombreux rappels à l'ordre de la maîtresse de maison. Pour essayer de le faire taire, elle lui demanda de découper la volaille qui était sur la table. Peine perdue. Le jeune comte, tout en sortant un petit canif de sa poche, continua son histoire. Pour le coup, Mme Geoffrin n'y tint plus :

« *M. le comte,* lança-t-elle de sa voix sèche, *pour réussir dans ce pays-ci, il faut de grands couteaux et de petites histoires.* »[19]

Mais n'était pas tancé qui voulait... C'était un honneur insigne, la marque la plus sûre d'une grande affection. Ceux qu'elle aimait le mieux étaient le mieux grondés, et il faut reconnaître que les victimes se soumettaient avec plaisir à ce régime de remontrances :

« *Elle a une manière de me reprendre qui me charme,* disait Horace Walpole. *Je n'ai jamais vu, depuis que j'existe, personne qui attaque si au vif les défauts, les vanités, les faux airs de chacun. Je n'avais jamais aimé à être redressé auparavant ; maintenant, vous ne pouvez vous imaginer combien j'y ai pris goût ! Je la fais à la fois mon confesseur et mon directeur.* »[20]

Pas pour longtemps. Car, en fin de compte, Walpole préféra les éloges acides aux semonces aimables, et déserta le salon de Mme Geoffrin pour celui de la marquise du Deffand – pour lui toute douceur. Il faut noter aussi deux autres déserteurs : Montesquieu et La Tour, et quelques

---

[19] Prince de Ligne, *Notes sur la correspondance de La Harpe*.

[20] Horace Walpole, *General Correspondence*.

sursauts de révolte parmi les fidèles, comme ce Burigny qui osa lui lancer : « *Voilà quarante ans que j'ai l'honneur d'être votre sujet et au moins trente-neuf que je suis votre esclave.* »

Rare cas de rébellion. Dans l'ensemble les sujets de « la Tsarine » étaient satisfaits, lui vouaient une affection filiale et respectueuse et, suivant l'exemple du roi de Pologne, Stanislas Poniatovski, l'appelaient « maman ».

C'est pour ce fils adoptif préféré que la bourgeoise sans passion, modérée en toutes choses, sortit un instant de sa réserve. Quand il fut élu roi de Pologne en septembre 1764, on découvrit tout d'un coup une « maman » Geoffrin saisie par l'ivresse et le vertige de l'orgueil :

« *Mon cher fils, mon cher roi,* s'écria-t-elle, *mon cher Stanislas Auguste ! Vous voilà trois personnes en une seule, vous êtes ma Trinité... Tenez, mon cher fils, si vous êtes un aussi grand roi que je le désire et que je l'espère, pourquoi n'irais-je pas vous admirer comme un autre Salomon... Je vois la Pologne renaître de ses cendres, je la vois comme la nouvelle Jérusalem, resplendissante. Ô mon cher fils ! Mon adorable roi ! Quel transport ce sera pour moi de vous voir l'admiration de l'Europe.* »

Elle qui n'avait jamais été jusque dans la banlieue de Paris, qui n'avait pas « découché » une seule fois depuis dix ans et qui disait à d'Alembert : « *On ne sait pas assez qu'il n'y a point de meilleur air qu'à Paris* », avec d'autant plus de sûreté qu'elle n'en avait jamais respiré d'autre, qui trouvait la mode des voyages funeste pour tout le monde, se décida à partir pour la Pologne. Ce fut l'événement de l'année. Le départ de la « maman » prit des allures de déplacement princier, avec une solennité qui fixa les yeux de l'Europe entière. On suivait jour après jour les préparatifs de voyage.

« *Elle s'inquiète un peu de savoir si en Pologne, l'eau est bonne à boire.*

– Le roi lui a promis d'être logée au château, de plain-pied avec lui, qu'elle aura une voiture à ses ordres.

– Savez-vous que cette démarche extraordinaire a un motif secret de haute politique, et la mère Geoffrin n'est ni plus ni moins qu'un diplomate, mais, chut ! ce secret divulgué pourrait avoir des inconvénients pour elle. Je n'aurais pas voulu en dire un mot à Votre Seigneurie, mais je n'ai pu résister à vous faire ce plaisir.

– Il paraît que le roi, par une galanterie bien digne d'un monarque délicat, fait construire à Varsovie une maison toute semblable à celle de la rue Saint-Honoré, distribuée et meublée exactement de même, de sorte qu'en y mettant les pieds elle pourra croire entrer chez elle. »

Les convives habituels de Mme Geoffrin étaient indignés. Ainsi, on les abandonnait, tous, pour un seul ? Ils considéraient ce départ comme un manquement professionnel, une privation du droit sacré qu'ils avaient de venir tous les jours chez elle. Cependant, la vieille dame de soixante-sept ans soignait ses rhumatismes, secouait son ankylose et s'entraînait aux fatigues du voyage :

« – *Je suis dans ce moment,* plaisantait-elle, *comme les petits oiseaux qui s'essayent à voler... Depuis un mois, j'ai fait plus de cent lieues, en allant à dix, à quinze, à vingt lieues de Paris.* »

Elle arriva en terre promise après des mois de voyage sans avoir mis le nez à la fenêtre de son carrosse, sans la moindre curiosité pour les pays barbares qu'elle traversait, « *comme si elle n'était jamais sortie de son fauteuil* ». Mais « *quand j'ai vu le Roi au bas de son degré, criant "Voilà maman !" et me saisissant entre ses bras, le battement de cœur m'a pris si fort et le tremblement dans les jambes que je serais tombée si le Roi ne m'avait pas soutenue* »[21].

À Paris, on rêvait. Grâce à elle, le plan de l'abbé de Saint-Pierre pour la paix universelle allait se réaliser. Elle allait convertir tous les souverains sur son passage et les gagner au bonheur des peuples. La vertu triompherait enfin. Ce serait l'âge d'or. Voltaire lui adressa à Varsovie des lettres au nom du genre humain, la suppliant d'implorer l'intercession du roi en faveur du chevalier de La Barre, condamné pour sacrilège à être brûlé vif. Elle était devenue l'apôtre de la civilisation. Elle allait étendre ses bons conseils à toute l'Europe.

Est-il plus difficile de gouverner un royaume que de régner sur un salon ? Les splendeurs orientales de la Cour ne cachèrent pas longtemps à Mme Geoffrin la misère affreuse, l'incurie, la saleté des rues transformées après la pluie en « *bourbiers infâmes où les piétons barbotent jusqu'aux genoux* ». Il régnait en Pologne la même barbarie qu'au Moyen Âge. Les paysans étaient maltraités, volés, et vivaient dans la terreur. Et son roi, qu'elle avait pris pour le grand Charlemagne, n'était pas capable, dans sa faiblesse et sa timidité, de faire les réformes qui s'imposaient.

Imbue de tolérance et de justice, la bourgeoise parisienne se mêla d'y mettre bon ordre. Elle aurait voulu sortir un à un les mendiants des rues boueuses, les paysans de leur misère, tuer tous les bandits de grand chemin, accorder à chaque Polonais l'attention dont elle entourait ses protégés. Bref, elle se rappela si bien de choses qui ne la regardaient

---

21 Lettre de Mme Geoffrin, 7 août 1765.

guère que Stanislas Poniatovski se redressa sous le fils adoptif et fit gentiment comprendre à Mme Geoffrin qu'elle outrepassait ses droits. Elle revint donc à Paris s'asseoir sur un trône à sa taille.

Quiconque était passé, même en coup de vent, dans l'illustre salon était immédiatement fiché, classé dans un dossier sous la rubrique adéquate : Pologne, Italie, Russie, Angleterre, Suède, Irlande, et désigné par les caractéristiques les plus frappantes aux yeux de la maîtresse de maison. Ainsi, en tirant au hasard, voici ce qu'on trouvait :

« *Antoine Prozodzinski, fils du chancelier de Lithuanie. Il m'a fait la plaisanterie de me donner une partie de sa moustache.* »

« *Général Barington. M'a donné à dîner avec Milord Grosvenor. Il est fort laid et marqué de la petite vérole. Grosvenor se prononce en français Grovener.* »

« *M. Wilkes, anglais, homme laid, faux et très extraordinaire, qui a fait beaucoup de tapage à Londres. Je l'ai connu chez le baron d'Holbach.* »

« *Milady, comtesse d'Oxford, folle, qui m'a été présentée par Gatti. Elle est belle-fille du célèbre Robert Walpole et belle-sœur d'Horace Walpole.* »

Dans cette galerie de portraits, il y a peu de femmes, Mme Geoffrin s'en méfiait. Toujours à cause de son amour de l'ordre. Les femmes, et surtout les femmes du monde, étaient cause de complications, fauteuses de trouble, éparpilleuses de causeries, ferments de discorde. Elle acceptait les jeunes mondaines à ses soirées ordinaires, parce qu'il le fallait bien, et qu'elles remplissaient les intervalles de la conversation comme « *ces duvets qu'on introduisit dans les caisses de porcelaine : on les compte pour rien et tout se brise à leur défaut* ». Mais aucune n'était admise à ses grands dîners académiques du lundi et du mercredi, à une exception près : Julie de Lespinasse.

Un caprice de souveraine, un « décret royal » avait solennellement intronisé Julie dans le saint des saints, seule de son sexe. Du jour au lendemain, elle devint l'attraction principale de ces dîners. Tout le monde tomba sous le charme de cette jeune femme boutonneuse, vieillie avant l'âge, qui, par la seule magie de son regard et de sa voix, était devenue le foyer des conversations. « *Son génie était présent partout, et l'on eût dit que le charme de quelque puissance invincible ramenait sans cesse tous les intérêts particuliers vers le centre commun.* »[22]

---

[22] F. M. Grimm, *Correspondance littéraire*, *op. cit.*

Chez Mme Geoffrin comme chez la marquise, Julie n'était pourtant que la seconde. Quand on a le tempérament et le talent d'une *prima donna*, on doit brûler les planches sur sa propre scène. Entreprise insensée : Julie n'avait pas de fortune, et traînait avec elle la « tare » de sa naissance irrégulière. Il était hors de question de faire concurrence aux grands cénacles parisiens : le salon de Mme Geoffrin était le rendez-vous de l'Europe entière, Mme du Deffand était toujours la femme la plus spirituelle de Paris, et les nouveaux lustres flambant neufs qui venaient de s'allumer dans le fastueux hôtel de la rue de Cléry, chez Mme Necker, attiraient comme des mouches ce qui restait d'hommes de lettres et de ministres en panne de fauteuil.

L'élite parisienne était « geoffrinisée », « neckerisée », « deffandisée ». Pour réussir à « enlespinasser » Paris, Julie n'avait que son esprit et son amoureux philosophe, des revenus modestes, et un petit appartement. Mais elle avait de l'ambition et une immense envie de plaire. Il n'en fallut pas davantage. Elle ouvrit ses portes, d'Alembert envoya les invitations, et Grimm annonça *urbi et orbi* l'inauguration du nouveau cercle :

« *Sœur de Lespinasse fait savoir que sa fortune ne lui permet pas d'offrir à dîner ni à souper et qu'elle n'en a pas moins l'envie de recevoir chez elle les frères qui voudront y venir "digérer". Quand on a autant d'esprit et de mérite, on peut se passer de beauté et de fortune.* »[23]

Il avait raison. Le succès fut immédiat et éclatant. Ce petit salon devint vite une curiosité parisienne. Il fallait l'avoir vu. Il avait ce charme particulier de n'être ni un salon politique, ni un salon musical, ni un salon littéraire, mais d'être tout cela un peu : politique, religion, philosophie, contes, nouvelles, rien n'était exclu de ses entretiens. La plus petite anecdote y trouvait le plus naturellement du monde la place et l'attention qu'elle pouvait mériter. On recueillait les nouvelles de tout genre, dans leur primeur. On y faisait des lectures. C'est là qu'on entendit pour la première fois le *Voyage à l'Île de France* de Bernardin de Saint-Pierre, que Julie de Lespinasse défendit, le *Barnevelt*, tragédie de Lemierre interdite par la censure, *Les Mois* du poète Boucher. Mme du Deffand, perfide, disait de ces soirées : « *Notre ambassadeur* [Caraccioli] *soupa hier chez moi. Il avait passé son après-midi chez la demoiselle Lespinasse ; il était enivré de tous les beaux ouvrages dont il avait entendu la lecture. C'était un éloge d'un*

---

[23] *Ibidem*.

nommé Fontaine, par M. de Condorcet. C'étaient des traductions de Théocrite, par M. de Chabanon ; des contes, des fables, par je ne sais qui ; tout cela était plus beau que tout ce qui a jamais été écrit. Et puis des éloges d'Helvétius, une admiration extrême de l'esprit et des talents de ce siècle ; enfin de quoi se boucher les oreilles. Tous jugements faux et du plus mauvais goût. »

Le secret de cette réussite ? D'Alembert y fut pour quelque chose, bien entendu. Un philosophe aussi célèbre attirait à lui seul les visiteurs comme un pot de miel les abeilles. Mais si d'Alembert attirait, c'est Julie qui retenait. Elle était, on l'a dit, « *l'âme et le charme de cette compagnie bigarrée* ».

Figée pour la postérité, comme Mme du Deffand, par le crayon de Carmontelle, voici Julie, de profil, assise bien droite sur son fauteuil, l'œil éveillé, le front haut, les cheveux relevés, bouclés et surmontés d'une petite coiffe, le nez retroussé, le cou serré dans un ruban noir brodé de perles, les seins dans la dentelle, les mains occupées à un ouvrage, le bout du pied sortant du froufrou de la jupe. Julie dans son salon, radieuse et triomphante, à la mode, pas si laide que ça, poudrée, coquette, rieuse, entourée. Julie dans la galerie de portraits des femmes qui ont fait le siècle. Julie au pouvoir.

Siècle béni : les femmes, pour peu qu'elles en aient envie, gouvernaient, étaient les points de mire de la société, les modèles à suivre, les reines. « *Elles sont la raison qui dirige, la voix qui commande, la cause universelle et fatale, l'origine des événements, la source des choses…* »[24]

« *Il n'y a personne,* dit Montesquieu, *qui ait quelque emploi à la cour, dans Paris, ou dans les provinces, qui n'ait une femme par les mains de laquelle passent toutes les grâces et quelquefois les injustices qu'il peut faire. Ces femmes ont toutes des relations les unes avec les autres, et forment une espèce de république, dont les membres toujours actifs se secourent et se servent mutuellement : c'est comme un nouvel État dans l'État ; et celui qui est à la cour, à Paris, dans les provinces, qui voit agir des ministres, des magistrats, des prélats, s'il ne connaît pas les femmes qui gouvernent, est comme un homme qui voit bien une machine qui joue, mais qui n'en connaît point les ressorts.* »[25]

Qui gouverne ? Les maîtresses du roi. Qui, en 1744, pousse vers la Lorraine envahie par les Autrichiens un Louis XV fatigué ? La duchesse de Chateauroux, qui disait : « *Il faut ressusciter le roi.* » Qui obtient la disgrâce de Maurepas ? À qui attribue-t-on la responsabilité de l'alliance de

---

[24] E. et J. de Goncourt, *La Femme au* XVIIIe *siècle*, *op. cit.*

[25] Montesquieu, *Lettres persanes.*

la France avec l'Autriche ? À la marquise de Pompadour. À qui les ministres Maupeou, d'Aiguillon, Richelieu et Terray font-ils la cour pour se faire valoir ? À la comtesse du Barry, ci-devant Manon Vaubernier, fille ramassée dans un tripot sordide pour ranimer les ardeurs du roi. Qui, par tous les souterrains possibles, attaque les ministres qui s'opposent à la fortune de son frère ? Mme de Tencin.

Derrière « *tout ce qui montait et tout ce qui tombait* »[26], on trouvait la femme. De la cour du roi à la cour de la ferme, elle exerçait son pouvoir « *sans défaillance, sans apathie, sans interrègne* »[27].

Le cardinal de Tencin obéissait à sa sœur, au doigt et à l'œil, sans broncher. Choiseul reniait les Philosophes pour la duchesse de Gramont. Le prince de Conti n'avait qu'une idole : la comtesse de Boufflers. Terray n'envoyait personne à la Bastille sans le consentement de Mme de Langeac. Marie-Madeleine Guimard, la danseuse, distribuait les bénéfices ecclésiastiques.

Autour de la table du conseil flottaient des odeurs de violettes et d'opopanax. Mais aussi, dans les plus humbles foyers, c'était la femme qui décidait de l'achat d'une paire de bœuf, du renvoi des valets, de l'éducation des enfants. Le mari pliait l'échine. Les auteurs poussés par les femmes étaient arrivés. On lisait leurs œuvres, même si elles étaient mauvaises. Les applaudissements d'une duchesse décidaient du succès d'une pièce de théâtre. Les bâillements condamnaient à l'oubli les meilleures tragédies.

Usurpatrices, inspiratrices, protectrices, séductrices... Elles allaient loin : en temps de guerre, des quartiers généraux de l'armée reçurent des plans de bataille où les « *positions étaient figurées par des mouches* »[28].

Fines mouches, ces ravissantes du XVIIIe apprennent à raisonner, à juger, à écouter. Sachant que la beauté n'est pas tout, elles se mettent à aiguiser leur intelligence, à cultiver leur imagination. Enfin, science suprême, elles étudient l'homme, l'observent, fouillent ses faiblesses au microscope. Elles poussent jusqu'à la science exacte l'étude du comportement masculin. Elles déchiffrent les rides, débusquent les grandeurs mensongères dans les profils bourboniens, dénichent les faiblesses dans

---

[26] E. et J. de Goncourt, *La Femme au XVIIIe siècle, op. cit.*

[27] *Ibidem.*

[28] Comtesse de Genlis, *Mémoires*, Paris, Ladvocat, 1825.

la mollesse des mentons, étudient les moindres nuances des physionomies, arrachent les masques de l'affectation, saisissent les gestes qui trahissent, percent les apparences, bref découvrent les vrais visages des hommes. À observer ainsi, on devient perspicace, condition essentielle pour exercer une domination.

De mère en fille, du début à la fin du siècle, elles se passèrent cette science de la clairvoyance. La jeune Germaine de Staël apprit tout dans le salon de sa mère, Mme Necker. La princesse de Robecq fut la digne fille de la duchesse de Luxembourg, et Julie de Lespinasse avait, une décennie durant, observé les hommes chez la marquise du Deffand. Elle avait en main, dès lors, « *toutes les lisières pour les conduire, et un besoin impérieux d'exercer sa puissance* ».

Pendant presque dix ans, de 1764 à 1773, jour après jour, sans relâche, dimanche compris, Julie tint salon, et s'il lui arrivait d'aller au théâtre ou à la campagne, c'était « *un événement dont tout Paris était instruit à l'avance* ». Elle resta jusqu'à la fin une parfaite maîtresse de maison, souriante, vive, dévouée. Elle trompait son monde. Pendant des années, personne ne s'aperçut que l'épaisse couche de fard cachait des nuits d'insomnie, des heures passées à pleurer, à écrire, des mois passés à attendre.

On crut que ses fous rires étaient de la gaîté, quand ils étaient dus à l'opium. Personne ne sut que Julie mourait de passion et de remords. Personne ne compris jamais pourquoi d'Alembert se rendait si souvent à la poste. Lui-même ne sut pas toujours pourquoi il y allait. Pour tout le monde, Julie était d'abord une femme du monde, une amie exquise, et la fidèle compagne de d'Alembert.

Cette Julie mondaine, il faut d'abord la regarder vivre…

Le charme

Techniques de la séduction – Un cénacle d'adorateurs – Je ne compare rien, je jouis de tout – Dissonances ou harmonies – Que fait-on chez la Lespinasse ? – Français par « régénération » – Je ne mange que de l'ambroisie – David Hume et Jean-Jacques Rousseau – Jean-Jacques est une bête féroce – L'antichambre de l'Académie – Je n'ai qu'un intérêt, celui de l'amitié – Bon, très bon et très cher Condorcet – Julie à sa toilette – Mlle d'Ussé – Consolations – Le beau Suard

Le charme. Quel autre mot pour évoquer Julie de Lespinasse ? On la trouva la femme la plus charmante de Paris. Puis, on se demanda pourquoi.

Grand sujet de conversation, et même de dissertation, dans les salons de l'époque. On analysa la technique de séduction de la jeune femme comme on l'aurait fait de la virtuosité d'un musicien. Voici réunis d'Alembert, La Harpe, Grimm, Guibert, Marmontel, Condorcet, les plus éloquents de ses admirateurs : écoutons-les parler de leur amie. Nous comprendrons peut-être le principe de ce charme que personne, à leurs dires, ne possédait comme elle :

GUIBERT : « *On n'approche pas de son âme sans se sentir attiré. Est-on dans cet état de langueur qui est la situation habituelle de tous les gens du monde, quand ils n'ont ni peine, ni plaisir, on en sort bientôt auprès d'elle. Elle échauffe les imaginations et enflamme les âmes. Elle sait que le secret de plaire est de s'oublier pour s'occuper des autres, et elle s'oublie sans cesse. Son grand art est de mettre en valeur l'esprit des autres, et elle en jouit plus que de montrer le sien.* »[1]

D'ALEMBERT : « *Rien n'est plus vrai. Elle sait dire à chacun ce qui lui convient, et cet art, quoique peu commun, est pourtant bien simple chez elle, il consiste à ne*

[1] J.-A.-H. de Guibert, *Éloge d'Éliza*, *op. cit.*

jamais parler de vous aux autres et beaucoup d'eux. En somme, elle est l'âme de la conversation, et n'en fait jamais l'objet… »[2]

GUIBERT : « *Est-il quelque sentiment exquis, quelque rare vertu qui honorent l'humanité et qui ne soient pas dans son cœur ?* »[3]

L'ABBÉ MORELLET : « *C'est en effet un caractère ardent et noble. Personne ne peut rester insensible au rayonnement de sa pensée, à son naturel incomparable.* »[4]

GUIBERT : « *Naturelle ! Personne ne l'est autant qu'elle. Le tact ! Voilà ce qu'elle possède au suprême degré. Jamais elle ne se méprend, jamais elle ne confond, jamais elle ne dit quelque chose de sensible à qui ne peut pas la sentir, et n'exprime une pensée fine à qui ne peut l'entendre. Sa conversation n'est jamais au-dessus ou au-dessous de ceux à qui elle parle. Elle semble avoir le secret de tous les caractères, la mesure et la nuance de tous les esprits.* »[5]

LA HARPE : « *Elle inspire tant de confiance qu'il n'y a personne qui, au bout de quinze jours de connaissance, ne soit prêt à lui raconter l'histoire de sa vie. Aussi personne n'a jamais eu autant d'amis et chacun d'eux en est aimé comme s'il était le seul à l'être.* »[6]

MARMONTEL : « *Il est curieux de voir que les gens qu'elle a pris çà et là dans le monde sont si bien assortis qu'ils se trouvent comme les cordes d'un instrument montées par une habile main. En suivant la comparaison, je pourrais dire qu'elle joue de cet instrument avec un art qui tient du génie ; elle semble savoir quel son rend la note qu'elle va toucher ; je veux dire que nos esprits et nos caractères lui sont si bien connus que pour les mettre en jeu elle n'a qu'un mot à dire. Son talent de jeter en avant la pensée, et de la donner à débattre, son talent de discuter elle-même, et avec précision, quelquefois avec éloquence, son talent d'amener de nouvelles idées et de varier l'entretien, toujours avec l'aisance et la facilité d'une fée qui, d'un coup de baguette, change à son gré la scène de ses enchantements, ce talent, dis-je, n'est pas d'une femme vulgaire.* »[7]

GUIBERT : « *Il est vrai que la conversation de Julie n'a jamais ces instants de longueur et ces lacunes d'intérêt qu'on trouve parfois dans les livres les mieux écrits. Ce n'est pas tant ce qu'elle dit, car il est vrai qu'elle dit le plus souvent des choses simples. Elle ne dit jamais rien d'une manière commune, et cet art qui sem-*

---

[2] J. D'Alembert, *Portrait de Mlle de Lespinasse*, *op. cit.*
[3] J.-A.-H. de Guibert, *Éloge d'Éliza*, *op. cit.*
[4] Abbé Morellet, *Mémoires…*, *op. cit.*
[5] J.-A.-H. de Guibert, *Éloge d'Éliza*, *op. cit.*
[6] J.-F. de La Harpe, *Correspondance littéraire*, *op. cit.*
[7] J.-F. Marmontel, *Mémoires*, *op. cit.*

ble n'en être pas un chez elle ne se fait jamais sentir, et ne la fait jamais tomber dans la recherche et l'affectation. La prétention, de quelque espèce qu'elle soit, lui est antipathique. Elle ne peut supporter ce qui sent l'effort et l'apprêt. Elle préfère le rude et l'ébauché à ce qui est trop gracieux et trop fini. »[8]

L'ABBÉ MORELLET : « *Je dirais qu'elle attache un peu trop de prix justement à ce qui est gracieux et élégant, et qu'elle pousse un peu loin son goût de la simplicité élégante. J'en ai été témoin la semaine dernière chez Mme Geoffrin. Mlle de Lespinasse, comme vous le savez, avait un vif désir de rencontrer Buffon, et la reine mère qui s'était chargée de lui procurer ce bonheur avait engagé Buffon à venir passer la soirée chez elle. Voilà Mlle de Lespinasse aux anges, se promettant bien d'observer cet homme célèbre et de ne rien perdre de ce qui sortirait de sa bouche. La conversation ayant commencé de la part de Mlle de Lespinasse par des compliments flatteurs et fins, comme elle sait les faire, on vient à parler de l'art d'écrire, et quelqu'un remarque avec éloge combien M. Buffon avait su réunir la clarté à l'élévation du style, réunion difficile et rare. "Oh, diable, dit M. de Buffon, la tête haute, les yeux à demi fermés et avec un air moitié niais, moitié inspiré, oh, diable ! quand il est question de clarifier son style, c'est une autre paire de manches." À cette comparaison des rues, voilà Mlle de Lespinasse qui se trouble, sa physionomie s'altère, elle se renverse sur son fauteuil répétant entre ses dents : "Une autre paire de manches ! Clarifier son style !" Elle n'en revint pas de toute la soirée.* »[9]

D'ALEMBERT : « *Seul petit travers de la plus charmante des créatures. S'il faut absolument lui trouver un défaut, j'admets celui-là. Elle peut, à la vérité, être impitoyable jusqu'à la minutie sur ce point particulier. Elle n'aime que le mot juste parce qu'elle-même a toujours le mot fort et juste. Elle est toujours vraie, et c'est en cela que réside son irrésistible séduction.* »[10]

GUIBERT : « *Ce qui m'a toujours frappé, c'est le rapport, si je puis m'exprimer ainsi, l'harmonie entre ses pensées et ses expressions. Est-elle animée par son esprit ou par son cœur, ses mouvements, son visage, tout, jusqu'au son de sa voix, forme un accord parfait avec ses paroles. C'est par ce défaut que la conversation de tant de gens est sans chaleur et sans effet. Ils n'ont jamais ni l'expression ni l'accent de ce qu'ils disent. Ils se battent les flancs pour s'animer, et leur voix monotone trahit leur froideur. Leur esprit leur fournit quelquefois des choses sensibles mais leur visage est en contresens avec elles. Quelquefois,*

---

[8] J.-A.-H. de Guibert, *Éloge d'Éliza, op. cit.*

[9] Abbé Morellet, *Mémoires…, op. cit.*

[10] J. D'Alembert, *Portrait de Mlle de Lespinasse, op. cit.*

par adresse ou par hasard, ils ont une inflexion juste ; mais cette inflexion perd bientôt tout son prix, parce que, l'instant d'après, ils l'appliquent à une pensée pour laquelle elle n'était pas faite. Que me fait le sourire aimable, le regard touchant de certaines femmes ? Ce charme ne les quitte jamais ; il est de tous les temps, de tous les lieux ; elles l'emploient avec un sot et un fat ; dès lors, ce charme n'en est plus un pour moi. »[11]

D'Alembert ne fait point d'observation. Mais dans le fond de son cœur, s'il avait un autre reproche à faire à Julie, ce serait justement de gaspiller ce charme, et d'en faire cadeau à tout le monde. Il l'a assez longtemps observée pour s'être rendu compte qu'elle utilise cette arme avec un art consommé, qu'elle en tire le plus grand parti dans le désir irrépressible de plaire. Elle disperse son charme, savamment dosé ou avec audace, dans un effort de séduction soutenu. Y entre-t-il le moindre calcul ? On ne peut lui en faire reproche, car c'est le besoin d'amour qui la fait agir ainsi. Elle veut que tout le monde l'aime, et fait ce qu'il faut pour ça. Comme elle fait tout le reste, avec passion. Distillant l'amour autour d'elle, elle l'attire en retour.

GRIMM : « *En somme, elle nous inspire l'innocent désir de lui plaire…* »[12]

MARMONTEL : « *Parce qu'elle a l'âme la plus ardente, et l'imagination la plus inflammable qui ait existé depuis Sapho, et que le feu circule dans ses veines.* »[13]

Et c'est là que réside en effet le paradoxe, on pourrait dire le mystère de Julie. En qui combattent deux démons : celui de la séduction et celui de l'amour, qui sont d'ordinaire antinomiques. Qu'y a-t-il de commun entre ce « charme » qui est un mélange de voracité égocentrique et de technique de la mise en valeur des autres, et l'amour, la passion, abandon de soi et pour soi ? Comment concilier le donjuanisme, apparemment innocent, superficiel, aimable et un peu vain dont lui fait grief l'homme qui l'a le plus constamment et dévotement aimée, et cette fureur de don par quoi son nom a traversé les âges ? Le « charme » profond de sa technique un peu voyante de la séduction venait d'un feu encore retenu qui la faisait sans cesse vibrer jusque dans les mondanités – et sa passion elle-même qui, dans les plus grandes folies, fut informée, éclairée, ornée de cet art des salons où s'unissaient pénétration psychologique, sens des relations et culture du Grand Siècle. Dans

---

[11] J.-A.-H. de Guibert, *Éloge d'Éliza*, *op. cit.*

[12] F. M. Grimm, *Correspondance littéraire*, *op. cit.*

[13] J.-F. Marmontel, *Mémoires*, *op. cit.*

la rusée séductrice brûle déjà la folle. Dans la folle se maintient une technique des échanges. Célimène peut devenir Phèdre. Louise Labé était aussi une virtuose du madrigal…

« *Ce qu'on aime par-dessus tout,* disait Julie de Lespinasse, *c'est à être animé, remué, agité, et voilà l'avantage qu'on éprouve avec les gens passionnés.* »

Et voilà ce qu'on pourrait appeler la « révolution de Julie ». La société du temps était lasse des froides lumières de l'esprit. Elle avait assez marivaudé, « voltairisé », parlé pour la forme. L'esprit comme le cœur avaient été trop longtemps tenus en laisse par de rigides et frigides maîtresses de maison, maîtresses de raison, sous le prétexte de bienséances. « *Le siècle s'ennuyait à la longue, d'être tenu et conduit à la lisière. Il voulait parler de tout, à haute voix et à cœur joie.* »[14]

On alla chez Mlle de Lespinasse parce qu'elle était libre. Elle avait la flamme. Elle avait la passion. Elle était outrageusement charmante, provocante, aimante. Elle ne raisonnait pas, elle aimait.

« *Vous ne m'entendrez jamais dire : cela est bon, cela est mauvais, mais je dis mille fois par jour : "j'aime" et je dirai de tout ce que disait une femme d'esprit en parlant de ses deux neveux : j'aime l'aîné parce qu'il a de l'esprit et j'aime le cadet parce qu'il est bête.* »

Julie aimait tout ce qu'on peut aimer, aider ou admirer. Son jugement n'était basé que sur l'amour. Elle ne jugeait pas, elle se contentait de recevoir des impressions, et elle était assez heureuse, assurait-elle, pour aimer à la folie les choses qui paraissaient les plus opposées :

« *Oui, dans tous les genres, j'aimerai ce qui paraît opposé mais qui n'est peut-être opposé que pour les gens qui veulent toujours juger et qui ont le malheur de ne rien sentir… Je ne compare rien, je jouis de tout.* »

Sa sensibilité était son seul guide, on pourrait dire son seul culte. Tout ce qui flattait son cœur était indiscutablement merveilleux. Pour les choses de l'art, de l'esprit et du goût, elle n'avait que de l'instinct. Elle se laissait entraîner. Sans égard pour les gens d'esprits, sans crainte d'être jugée, elle se laissait aller, elle était « *folle ou absurde* », elle était « *elle* ».

« *Oh, mes amis,* s'écriait-elle, *n'ayons pas tant d'esprit. Analysons moins, et jouissons davantage… soyons au moins indulgents pour ce qui vient de nous faire plaisir, et notre goût n'en sera ni moins bon, ni moins juste.* »

---

[14] E. et J. de Goncourt, *La Femme au XVIIIe siècle, op. cit.*

Elle adorait Jean-Jacques parce qu'il agitait son âme, et qu'il y faisait pénétrer une partie de la chaleur qui l'animait. Elle aimait même ses défauts, elle était séduite jusqu'à être « *égarée* ». Elle était « *à genoux* » devant *Clarisse Harlowe*, le roman épistolaire de Richardson. Elle était « *ravie, exaltée, enivrée* » de tous les genres de beauté dont cet ouvrage était plein. Elle aimait Racine avec passion, elle trouvait dans Shakespeare des morceaux qui la transportaient :

« *J'aime la naïveté, la simplicité de La Fontaine, et j'aime aussi le fin, l'ingénieux et le spirituel Lamothe... J'aime le décousu de Montaigne, j'aime aussi l'ordre et la méthode d'Helvétius... J'aime la métaphysique de l'abbé de Condillac, j'aime à la folie Voltaire... les méthodes de Gluck me rendent quasi folle...* »

« *Lisez une page de* Clarisse, *une page de Jean-Jacques,* écrivait-elle encore, *et je vous réponds que vous entendrez ma langue, non que je croie parler la leur, mais j'habite le même pays, et mon âme est à l'unisson du cœur douloureux de Clarisse.* »

D'Alembert essayait en vain de modérer cet enthousiasme qui parfois la faisait accueillir aveuglément les sensibleries de la littérature nouvelle :

« *Vous avez encore un défaut,* lui disait-il, *c'est de vous engouer à l'excès en faveur de certains ouvrages. Vous jugez avec assez de justesse et de chaleur, mais quand ces qualités dominent dans certains endroits d'un ouvrage, toutes les taches, même considérables, qu'il peut y avoir, disparaissent pour vous ; il est parfait à vos yeux, il vous faut du temps et un sens plus rassis pour le juger tel qu'il est.* »

Mais ce qui plaisait chez Julie c'est justement qu'elle n'avait pas ce sens « rassis », qu'elle apportait une fraîcheur nouvelle dans cette société trop critique, qu'elle faisait renaître le sentiment. Chez elle on pouvait s'enthousiasmer, pleurer, chanter, plaisanter, disserter, laisser son âme s'envoler, inventer des mondes meilleurs, et puis papoter sur des riens ou raconter sa vie. Une liberté complète régnait dans son salon. La France, écrit Michelet, avait fait « *table rase d'un monde de vieilleries et entrait dans la vraie voie de la pensée et de l'activité. Les philosophes avaient d'autres préoccupations que celle de briller. Ils devaient reconstruire un monde.* » La marquise du Deffand avait banni depuis toujours les sujets sublimes. Si par hasard on osait les traiter chez elle, ils étaient immédiatement jetés en pâture à la raillerie ou transformés en épigrammes. Elle était restée « régence ». Quant à Mme Geoffrin, elle continuait à bannir les sujets « scabreux ».

Ce qu'on pouvait à peine murmurer chez Mme Geoffrin, on pouvait le crier chez Julie. Pendant des années, son petit salon fut transformé en arène, notamment lors des grandes batailles musicales qui semaient la guerre civile dans la capitale.

Ce fut d'abord la querelle des « lullistes » et des « ramoneurs », comme on appelait les amis de Rameau, qui mit le feu à Paris. Le tumulte fut effroyable. Les lullistes prétendaient que la musique de Rameau ne pouvait plaire qu'à une quinzaine de prétendus savants et « *ennuyait à mourir plus de mille ignorants* ». Rameau n'était qu'un révolutionnaire sans avenir. Les « ramoneurs » accusaient les « lullistes » de n'être que de lâches petits conservateurs.

Cette première querelle à peine apaisée, la haine se ranima quand les « bouffons » envahirent l'opéra. À la musique italienne, représentée par Pergolèse, on opposa la musique française. L'opéra français ne voulait point reconnaître d'autre dieu que Rameau. Dans sa retentissante *Lettre sur la musique française*, Rousseau accusa le chant français de n'être qu'un aboiement continuel, insupportable à toute oreille non prévenue, et reprocha à l'harmonie de sentir uniquement son remplissage d'écolier. Les partisans de la musique française ripostèrent en brûlant l'effigie de Rousseau devant la porte de l'opéra. Telle fut la « guerre des bouffons ».

Alors vint la bataille entre « gluckistes » et « piccinistes ». On se prit aux cheveux, jusque dans le parterre de l'opéra, et au balcon. Chez Julie de Lespinasse, La Harpe, Marmontel, d'Holbach, « piccinistes » fervents, affrontaient Suard, Arnaud et Beaumarchais, qui, comme elle, ne juraient que de récitatifs, d'ouvertures, de basses fondamentales, de tierce majeure ou mineure, de dissonances ou d'harmonie, alors qu'à en croire les mauvaises langues, nul n'aurait pu dire la différence entre un bémol ou un dièse, et que tout le monde chantait faux.

On se disputait partout – sauf chez Mme Geoffrin : dans les jardins publics, dans les colisées, dans les cafés. Les meilleurs amis se brouillaient, les amants se quittaient pour toujours, les parents les plus unis se séparaient, les enfants se donnaient des coups de pied. Ceux de Mme de Valbelle, disait-on, avaient mordu le petit d'Havrincourt parce qu'il était picciniste... Depuis que Mme de Blot avait appris que Lauzun était gluckiste, elle ne le regardait plus.

« *Pour des ignorants tels que moi,* jetait Marmontel, *la musique de Gluck n'est qu'un charivari, tantôt bruyant, tantôt plat, et toujours ennuyeux. Et vous applaudissez. Et vous soutenez, vous autorisez cette musique !*

– *Hé, Monsieur, on ne saurait refuser à ce maître le mot de génie,* ripostait Diderot, enflammé. *Oui, il y a du génie dans cette musique-là.*

– *Ce Gluck n'est que du Lully réchauffé, avec moins de noblesse, moins de grâce et moins de variété,* coupait Marmontel.

– *Allez, Marmontel,* interrompait Julie, *vous aurez beau dire, on ne peut refuser à Gluck, outre que ses opéras sont d'inimitables chefs-d'œuvre de vérité, de force et de sentiment, d'avoir eu le mérite de ranimer l'orchestration et d'enrichir la musique d'effets inconnus. Avant lui, les musiciens de l'opéra n'avaient aucune idée de nuances, leur exécution ressemblait à une parodie ; la plupart des instruments à vent étaient faux ; les violonistes ne savaient pas démancher... Le génie de Gluck a résisté à tous ces obstacles. L'esprit du maître a métamorphosé en artistes tous ces tristes ménétriers...* »

Ainsi, Julie était « gluckiste ». Elle aimait avec passion le trouble et le désespoir que sa musique mettait dans son âme. C'était pour pleurer des larmes délicieuses qu'elle allait écouter *Orphée.*

« *Mon impression a été si profonde,* écrit-elle en sortant de l'opéra, *si sensible, si déchirante, si absorbante, qu'il m'était absolument impossible de parler de ce que je sentais. J'éprouvais le trouble, le bonheur de la passion, j'avais besoin de me recueillir et ceux qui n'auraient pas partagé ce que je sentais auraient pu croire que j'étais stupide. Cette musique était tellement analogue à mon âme, à ma disposition, que je suis venue me renfermer chez moi, pour jouir encore de l'impression que j'avais reçue... Ces accents attachaient du charme à ma douleur, et je me sentais poursuivie par ces sons déchirants et sensibles...* »

Entre deux querelles ou deux faits divers retentissants, le salon de la rue Saint-Dominique s'engourdissait parfois dans les petites habitudes quotidiennes, les douceurs de l'amitié, les événements sans importance. Du fond de son tonneau, la marquise du Deffand qui ne désarmait pas, jubilait en se faisant raconter les insipides soirées qu'on passait chez son ennemie :

« *Dites-moi, cher Carracioli, que fait-on chez cette Lespinasse ? Qui voit-on ?*

– *Oh, on y voit tout le monde. Son salon est aussi plein que l'opéra un soir de première. Il y a d'abord toute la clique des encyclopédistes. Marmontel y distillait hier au soir ses* Contes moraux...

– *Celui-là, qu'il a de la peine, qu'il se donne de mouvement pour avoir de l'esprit ! Ce n'est qu'un gueux revêtu de guenilles...*

– *Il y a aussi Rousseau, dont les femmes sont folles...*

– Dieu, que cet homme est ennuyeux ! Il remettrait tout dans le chaos. Je n'ai rien vu de plus contraire aux bonnes mœurs que son Héloïse, *et de plus ennuyeux que son* Contrat social.

– Diderot y vient souvent.

– Entre lui et moi il n'y a pas d'atomes accrochants. Il peut aller mourir de faim chez la Lespinasse.

– M. de Condorcet lisait son éloge de La Fontaine, qui est fort bien.

– De quoi se boucher les oreilles, voulez-vous dire !

– M. de Chabanon nous a lu ses traductions de Théocrite. Helvétius, enfin, nous a lu quelques-uns de ses éloges.

– Tout cela est du plus mauvais goût.

– Diderot, que vous n'aimez pas, a donné une assez croustillante définition du mariage. "Le pays du mariage, a-t-il dit, a ceci de particulier que les étrangers ont envie de l'habiter tandis que les naturels en voudraient être exilés."

– Assez drôle, consentait la marquise.

– Toujours Diderot : il demandait hier soir une consultation à Bordeu, le médecin de Mlle de Lespinasse, se plaignant de travailler comme un bœuf, de dormir comme un loir, d'être fatigué comme un chien, et de manger comme un loup. "Dans ce cas, a répliqué la maréchale de Luxembourg, j'irais voir un vétérinaire..." Ce même Bordeu, qui est assiégé dès qu'il met le pied rue Saint-Dominique, m'a raconté une jolie anecdote à propos d'un malade venu le consulter pour hypocondrie. "Je n'ai d'autre remède à vous indiquer, lui dit Bordeu, que d'aller voir souvent jouer Arlequin. Son jeu dissipera votre mélancolie."

"Hélas, lui répondit le malade, je suis le seul homme de Paris qui ne puisse en faire usage." – "Et pourquoi ?" – "Parce que je suis Arlequin."

– C'est à mourir de rire », lançait la marquise, glaciale.

Une chose irritait Mme du Deffand. Que cette fille sans nom reçût chez elle les plus grands noms de l'aristocratie : le duc de La Rochefoucauld, le comte de Broglie, le vicomte de Castellane, le comte d'Argental, la duchesse d'Anville, le prince de Beauvau, la comtesse de Boufflers. Tout ce monde la traitait en fille de la comtesse d'Albon. Mais la victoire suprême de Julie est ailleurs : les étrangers accourent chez elle dès qu'ils ont mis le pied à Paris. Il faut voir là un des phénomènes les plus significatifs de l'époque. Vers le milieu du siècle, en effet, ce n'est pas l'Europe qui découvre Paris, c'est Paris qui ouvre les yeux sur l'Europe. Événement sans précédent depuis plus d'un siècle. Sous Louis XIV, les Français étaient repliés sur eux-mêmes. L'état de guerre chronique où était la France avec les trois quarts des puissances et l'orgueil qui faisait considérer la France comme le seul centre du monde, le seul foyer des Lumières, la coupait du reste de la terre.

Après la mort de Louis XIV, et surtout après le traité d'Aix-la-Chapelle, on vit affluer vers Paris tous les « barbares ». Autrichiens, Polonais, Danois, Moscovites, Anglais surtout. Après avoir méprisé les étrangers, on les adora. Ils le rendirent bien, prétendant devenir « *français par régénération* ».

Delille écrivait à propos du salon de Mme Geoffrin :

J'ai vu l'Europe entière
D'un triple cercle entourant son fauteuil
Guetter d'un mot, épier d'un coup d'œil
Les enfants du Midi, les habitants du Nord.
Le rang, la faveur, la naissance
Pour être accrédités dans les cercles de France
Venaient dans son salon prendre leur passeport
Et recevoir leurs lettres de créance.

Ces passeports, voilà que Julie les distribuait à son tour. Voilà qu'elle recevait chez elle les étrangers illustres : Monseigneur l'abbé Fernando Galiani, secrétaire d'ambassade du royaume de Naples, le plus joli petit Arlequin qu'ait produit l'Italie, causeur étincelant, drôle, érudit, profond et bouffon, et dont Diderot disait qu'il était : « *un trésor pour les jours de pluie* », si précieux en société que « *si on en fabriquait chez les tabletiers, tout le monde en voudrait avoir* » ; le marquis Dominique Caraccioli qui, écrit le duc de Lévis dans ses *Souvenirs et portraits*, « *avait de l'esprit comme quatre, faisait des gestes comme huit, et du bruit comme vingt* ». L'ambassadeur du royaume de Naples, ancien ami de la marquise, préféra lui aussi aux conversations badines du couvent Saint-Joseph les débats philosophiques de la rue Saint-Dominique. Furieuse, du Deffand s'était vengée en écrivant de lui : « *Une cervelle de veau dans une tête de singe.* »

Chez Julie, on voyait aussi le comte de Creutz, le baron de Gleichen et lord Shelburne, chef de l'opposition au Parlement britannique. Julie eut-elle un penchant pour lui ? Il semblerait que oui, car elle le voyait beaucoup en tête à tête ; elle écrira plus tard qu'il lui rappelait les deux hommes qu'elle avait aimés.

Mais le plus assidu était, offense suprême à la marquise, le plus illustre de tous les illustrissimes Britanniques : David Hume.

« *Les charmes et les agréments qu'il a trouvés ailleurs que chez moi,* soupirait la marquise, *l'ont emporté et m'ont laissée dans la classe des simples connaissances. Vous savez si j'en suis fâchée et si je n'aurais pas été fort aise d'être du nombre de ses amies.* »

Arrivé à Paris en 1763 pour y occuper le poste de secrétaire d'ambassade, David Hume en était devenu une idole. Sous l'influence de Voltaire, l'anglomanie prenait des allures d'épidémie. Les femmes ne portaient plus que des robes à l'anglaise, des popelines, des moires d'Angleterre ; elles vendaient leurs diamants pour acheter des petits grains d'acier et des verreries anglaises. On reléguait dans les greniers les tapisseries des Gobelins pour couvrir les murs des salons de papier bleu anglais. On prenait le thé à toute heure. Les parents envoyaient leur fils en Angleterre pour leur apprendre à penser. « *Le résultat,* écrit Mme de Genlis, *était de raccourcir les étriers de leurs chevaux, de hausser le siège de leur cocher, et dans la société, de terminer toutes les discussions dans un pari.* »[15]

Hume était écossais : on ne fit pas la différence. Il était célèbre. On délira. Tout auréolé de ses succès de philosophe et d'historien, l'auteur du *Traité sur la nature humaine,* de l'*Histoire de l'Angleterre* et de l'*Enquête sur les principes de la morale,* avait des raisons d'aimer Paris : « *Je ne mange que de l'ambroisie,* disait-il, *je ne bois que du nectar, je ne marche que sur des fleurs.* »[16]

Les dames, écrit un témoin, ne pouvaient se passer de lui à leur toilette. À l'Opéra, on n'apercevait guère « *sa face large et insignifiante* » qu'entre deux jolis minois. Un jour qu'on demandait à Chamfort s'il avait des nouvelles de ce héros, il avait répondu : « *Je crois qu'il est mort, je ne l'ai rencontré que trois fois aujourd'hui.* »

Julie de Lespinasse n'avait pas échappé à la contagion. Quand elle entendit parler de David Hume, elle voulut « l'avoir » dans son salon. Il vint un soir entre deux invitations, et tomba d'emblée « *au pouvoir de la magicienne* ». Sortant de chez Julie, il n'alla pas moins innocemment, à l'angle de la rue, rendre visite à Mme du Deffand. Quand Julie l'apprit, elle s'indigna. Aussi intransigeante que sa rivale, elle somma Hume de choisir :

---

15 Comtesse de Genlis, *Mémoires, op. cit.*

16 *Letters of Eminent Persons adressed to David Hume,* lettre du 1er décembre 1763, Édimbourg, 1849.

« *J'ai sincèrement désiré être votre amie. Je m'étais flattée d'y avoir réussi, et c'est avec beaucoup de chagrin que je me suis aperçue que je m'étais trompée. J'ignore si l'usage autorise ou tolère les liaisons de nos amis avec nos ennemis, je ne sais que ce que dicte l'amitié, et je serais fâchée d'en savoir davantage…* »

Que lui importait que David Hume allât voir la marquise qui était maintenant une vieille femme aveugle et désespérée ? Elle fut féroce. Elle le voulait « à sa botte », et employa tous les moyens pour y réussir. Elle minauda, aguicha, coquetta, fit la roue, envoya à Hume de petits mots prometteurs, dans ce style : « *L'objet de vos amours vous ordonne, vous commande avec sa petite voix flûtée de souper chez moi samedi onze de ce mois ; je ne crois pas que vous osiez y manquer. Ah ! que le temps est long à mon impatience !* »

Elle lui fit croire qu'il lui plaisait juste assez pour qu'il ait l'espoir qu'elle le lui prouve un jour, pas suffisamment pour que cet espoir fût fondé. Elle réussit. Flatté, cajolé par Julie et ses fidèles, le philosophe écossais ne bougea pour ainsi dire pas de la rue Saint-Dominique pendant les années qu'il passa à Paris.

Marie du Deffand oublia vite la désertion de David Hume : un autre héros britannique, Horace Walpole, bouleversait sa vie. Pour cet homme de vingt ans plus jeune qu'elle, ses sentiments, à soixante-dix ans sonnés, furent ceux qu'une jeune fille de dix-huit ans éprouve en découvrant l'amour.

C'est à propos de David Hume, justement, qu'une dispute éclata qui vint ranimer le salon de Julie de Lespinasse alangui entre deux querelles musicales. Incident sans intérêt ? Non. D'abord, parce qu'il met en lumière le rôle de Julie dans le monde littéraire. Et parce qu'il montre qu'elle était alors plus occupée des choses de l'esprit que des choses du cœur.

On était en 1766. Depuis quelques années, Rousseau, son cher Rousseau, vivait en « *enfer* ». Le Parlement l'avait frappé et décrété « *de prise de corps* » pour ses derniers ouvrages – qui avaient eu un succès retentissant : *L'Émile* et *Le Contrat social*. Le Conseil de Genève avait fait brûler ses livres par la main du bourreau, et depuis 1762, le promeneur solitaire errait, sous des noms d'emprunt et des déguisements divers, de Suisse en France et de France en Suisse, chassé, battu, injurié, couvert de crachats, renié par les philosophes, dénoncé par l'Église.

Les femmes l'aimaient pourtant, et l'avaient pris sous leur protection. La belle Mme de Boufflers, émue aux larmes de ses infortunes, avait obtenu pour lui un sauf-conduit qui lui permettait de rentrer à Paris, demander son recours en grâce. Caché au Temple chez le prince de Conti, il y rencontra David Hume.

Les deux philosophes se serrèrent la main, se plurent, s'embrassèrent et se jurèrent une amitié éternelle. En janvier 1766, Hume regagnait l'Angleterre avec Rousseau, bras dessus, bras dessous, lui offrant asile à Davensport, dans le Derbyshire, le couvrant de cadeaux, et épuisant son crédit auprès du roi d'Angleterre pour lui faire avoir une pension.

« *Ah, la belle amitié !* », s'écriait Julie de Lespinasse, dont les yeux se brouillaient de larmes à l'évocation de l'historien écossais « *transportant dans ses bras Jean-Jacques* » dans cette île admirable où on trouvait tous les livres de Sterne, et où on appliquait les principes du *Contrat social*...

Un conte de fées...

« *On ne se figurait plus Hume et Jean-Jacques*, lit-on dans les *Mémoires* de Garat, *que dans les bras l'un de l'autre, baignés de larmes de joie et de reconnaissance.* » Mais un beau jour, chez Mme Necker, on donna lecture d'une lettre envoyée par Hume au baron d'Holbach. Elle commençait par ces mots : « *Jean-Jacques est un scélérat...* »

Stupeur. Suivit la lecture d'une lettre de Jean-Jacques à Hume : « *Vous êtes un traître, vous ne m'avez amené ici que pour me perdre et me déshonorer.* »

Consternation... « *Ces deux mots*, rapporte un témoin, *"traître" et "scélérat" retentirent dans ce souper, et la nuit même dans une partie de la capitale, comme deux coups de canon.* »[17]

Chez Julie, ce fut l'affolement. Qu'était-il donc arrivé entre Hume et Rousseau ? « *Si je ne craignais pas d'être importune*, écrivait Julie à Hume, *je vous supplierais de vouloir bien me dire le précis des noirceurs que vous avez éprouvées.* »

Tout le salon ne vécut plus que dans l'attente des révélations de l'Écossais. Elles vinrent, et Paris fut secoué d'un formidable éclat de rire : « *Vous ririez de voir les raisons d'après lesquelles Rousseau a soupçonné M. Hume d'intelligence avec ses ennemis*, écrivit d'Alembert à Voltaire qui mourait de curiosité. *M. Hume a parlé de lui en dormant ; il logeait à Londres dans la même maison que le fils de Tronchin*[18]*, et il avait le regard fixe.* »

Cette plaisanterie n'en était pas une. Rousseau s'était bien fâché avec Hume à cause de cette histoire à dormir debout. Pourquoi ? Parce qu'il

[17] D. J. Garat, *Mémoires historiques sur la vie de M. Suard*, Paris, A. Belin, 1820.
[18] Tronchin était un ennemi mortel de Rousseau.

était dépité, et ne cessait de chercher toutes les raisons de se fâcher. Le public anglais qui avait été d'abord « *fort amoureux de lui* », avait commencé de le négliger. Cette indifférence l'avait rendu furieux, et il s'en était pris à tout le monde, à commencer par Hume qui avait eu la fâcheuse idée de lui rendre service. Cela en faisait un suspect aux yeux de Rousseau qui se méfiait de chacun, et en particulier des bienveillants.

Rousseau avouait volontiers ce travers, parmi bien d'autres. Il en fit d'ailleurs la confidence à Mme d'Épinay : « *Sachez, Madame, une fois pour toutes, que je suis vicieux, que je suis né tel, et que vous ne sauriez croire la peine que j'ai de faire le bien et combien peu le mal me coûte... Vous riez ? Pour vous prouver à quel point ce que je vous dis est vrai, apprenez que je ne saurais m'empêcher de haïr les gens qui me font du bien.* »[19] Relevons au passage que ce même Rousseau, « *né vicieux* » a écrit que « *l'homme naissait naturellement bon et heureux* ». Et que ce constat allait devenir le thème central de sa philosophie !

Là-dessus était venue se greffer une histoire qui lui avait fait perdre complètement la tête. Walpole, qui aimait rire, avait trouvé drôle d'écrire une lettre supposée de Frédéric le Grand à Jean-Jacques, où il ridiculisait l'auteur de l'*Héloïse*. Fureur de Rousseau. Cherchant les coupables, il en trouva deux : David Hume et d'Alembert, tous deux plaisantins notoires. Accusé sans preuve, d'Alembert explosa :

« *Ah, pardieu, mon cher Jean-Jacques, il n'y a pas moyen d'y tenir. Quelque envie qu'on ait de respecter votre situation, et de ne se point moquer de vous, il faut rire, malgré qu'on en ait. C'est donc moi qui suis auteur, ou tout au moins complice, de la lettre de M. Walpole ! Et vous êtes sûr de cela comme si vous l'aviez vu ! Et j'ai fait un complot avec M. Hume pour vous perdre !* »

Cette histoire idiote faisait un tort aux « philosophes ». Julie devait sauver Rousseau, qui était son idole. Elle tint conseil, entourée des encyclopédistes, et tout le monde s'engagea à étouffer l'affaire. Trop tard, hélas... Elle avait déjà fait le tour de Paris.

« *Si le roi d'Angleterre,* plaisantait-on, *avait déclaré la guerre au roi de France, on n'en eût pas fait plus soudainement le sujet de toutes les conversations.* »

Les défenseurs de Jean-Jacques faisaient courir sur Hume des rumeurs scandaleuses qui éclaboussaient tous ses amis. L'affaire risquait de devenir nationale.

---

19 Mme d'Épinay, *Mémoires*.

Le soir du 21 juillet, Julie convoqua une seconde fois « ses » philosophes : d'Alembert, Turgot, Marmontel, Saurin, Duclos, et ouvrit le débat, qui dura jusque tard dans la nuit. Le lendemain, les philosophes faisaient savoir qu'ils étaient « *unanimement d'avis que Hume devait donner cette histoire au public avec toutes ces circonstances* ». On attendait de lui un rapport qui présente les faits « *simplement, et nettement, sans aigreur, sans la moindre injure, sans même de réflexions sur le caractère de Rousseau et sur ses écrits* ».

Hume s'exécuta, et le mois suivant d'Alembert et Julie faisaient imprimer une épaisse brochure, les « minutes du procès », qu'ils lançaient sur le pavé parisien. Le public, ravi, s'en saisit.

Les plumes grincèrent. Les injures volèrent. Un grand moment…

Du fond de sa retraite, Voltaire frétillait en lisant les récriminations de d'Alembert :

« *Jean-Jacques est une bête féroce, qu'il ne faut voir qu'à travers des barreaux et ne toucher qu'avec un bâton.* »

Walpole riait à gorge déployée, enchanté du tour que prenait sa plaisanterie.

« *Il rit, il ose rire, ce lâche* », fulminait d'Alembert. Voilà bien un ami de la marquise du Deffand. N'est-ce pas elle qui a soufflé à Walpole la plaisanterie ? Comment n'y a-t-il pas pensé plus tôt ? Bien sûr, c'est elle, cette vipère… Elle hait tout le monde, et surtout les gens de mérite. « *Laissons-là cette ordure…* »

Le ton montait. Walpole se défendait maintenant. D'Alembert s'offensait-il d'être tenu pour l'auteur de la lettre ? Il avait raison. Lui, Walpole, aurait été navré qu'on lui attribuât les *Éloges* de d'Alembert et sa traduction de Tacite : « *Je lui pardonnerai tout,* disait-il bien haut, *pourvu qu'il ne me traduise jamais !* »

La guerre dura longtemps. Et Voltaire, radieux, écrivait : « *Voilà une affaire aussi ridicule que Jean-Jacques lui-même.* »

La mort dans l'âme, Julie reconnaissait que son écrivain préféré était absolument fou. Mais elle continuait à l'aimer, envers et contre tout.

Quand d'Alembert fut élu secrétaire perpétuel de l'Académie, le salon de la rue Saint-Dominique, promu « *laboratoire de l'*Encyclopédie », devint aussi l'antichambre de la Coupole.

D'Alembert régnait en maître. Jusqu'alors, l'Académie fourmillait de prélats et de grands seigneurs. Les discours étaient des sermons sur des textes de l'Écriture. Ils étaient somnolents. On distribuait les prix avec l'approbation des docteurs de la Sorbonne. Sous l'aiguillon de d'Alembert, l'Académie se réveilla. Ses portes s'ouvrirent aux philosophes, bien sûr, et aux humanistes. Les sermons furent remplacés par les éloges des grands hommes : Thomas triompha avec son éloge de Marc-Aurèle, Malesherbes avec celui de l'abbé de Saint-Pierre, Villemain avec celui de Montaigne, Chamfort avec celui de La Fontaine. Paris se pressa aux portes de l'Académie. On ne manquait pas une réception, et on la commentait pendant des mois.

Julie conseillait d'Alembert, dressait avec lui la liste des candidats, ouvrant à ses amis la « porte du Parnasse ». C'est elle qui y fit entrer le chevalier de Chastellux, l'auteur de la *Félicité publique*. C'est encore elle qui, agonisante, assura l'élection de La Harpe, l'un de ses « nourrissons ». Elle se battit pendant des années pour faire élire son ami Suard qui ne le méritait pas. Elle refusa l'immortalité à Dorat, dont elle n'aimait pas le style et qui se vengea en écrivant une comédie intitulée *Les Prôneurs* ou *Le Tartuffe littéraire* dans laquelle il persifle ainsi Julie, et démontre du même coup qu'elle avait bon goût en n'appréciant pas ses vers :

Voyez beaucoup Églé
Car il faut que de vous chez elle on ait parlé
Si vous voulez souper en bonne compagnie
Et jouir des honneurs attachés au génie.

La coterie formée par Julie et d'Alembert fit des envieux, et souleva des indignations :

« *Qui le croirait, messieurs ? Le sanctuaire des Lettres est devenu le repaire de l'incrédulité et de l'irréligion*, s'écriait l'archevêque de Vienne.

– *Non seulement M*^{lle} *de Lespinasse fomente le désordre moral, non seulement on lit chez elle des romans orduriers et des brochures impies, mais elle décide maintenant des honneurs de la littérature !*

– *Elle parle, elle pense, elle hait comme un homme.*

– *C'est une intrigante !* »

Les voix s'élèveront encore, et bien plus haut, quand la « coterie », non contente de régner sur la littérature, exercera son action sur le gouvernement, quand elle eut « son ministre » : Turgot.

Julie politique ? Surtout, ne pas en sourire, ne pas hausser les épaules. Voilà une jeune femme qui reçoit chez elle tout ce qui compte dans la vie culturelle de son pays, hormis les derniers amis de la marquise du Deffand, et elle le fait en compagnie de d'Alembert, l'un des deux chefs du « parti encyclopédique », qui est à ce temps-là ce que put être le « parti des *Temps modernes* » au lendemain de la guerre de 1939-1945, ou le « parti intellectuel » au moment de l'affaire Dreyfus. Les écrivains et artistes que Julie « partage » avec Mme Geoffrin, c'est dans son petit salon, plutôt que dans l'autre où la prudence est de mise, qu'ils traitent des sujets brûlants, dont la politique. Et l'on sait que si Julie fut une grande « écouteuse », son prestige et son charme venaient aussi de ce qu'elle prenait volontiers part aux débats. Passionnée comme elle était, elle apporta une contribution active à l'élaboration des théories et idées d'un mouvement dont ses amis intimes, d'Alembert, Turgot, Condorcet, étaient les chefs – un mouvement que l'on qualifierait aujourd'hui de « progressiste », en donnant à ce mot une signification qui aurait peut-être surpris Julie et ses amis.

Pour faire image, disons que si la mode s'en était alors répandue, le salon de Julie aurait été un foyer de signatures de manifestes. D'ailleurs, qu'étaient les libelles de Voltaire, qu'il multipliait à propos du chevalier de la Barre, de Lally-Tollendal, de tant d'autres ? Julie n'aurait peut-être pas signé autant de manifestes que Simone de Beauvoir ou Marguerite Duras, mais elle en aurait fait signer beaucoup...

Ajoutons, pour mieux préciser le sens de cette « gauche », que ce « progressisme » des lumières et de la philosophie se colorait d'une anglomanie qui ne le contredisait nullement. Dans l'immense prestige dont jouissaient, dans la société parisienne, un Walpole, un Hume, un Shelburne, il y avait un peu de snobisme ou de goût de l'« exotisme ». Mais aussi une admiration profonde pour le libéralisme anglais, pour le parlementarisme, pour une certaine façon de penser, de vivre la vie publique, en contradiction avec l'absolutisme. Quand Julie écrit, à propos de lord Shelburne, qu'elle préférerait être un simple parlementaire anglais que le roi de Prusse, elle résume le fond de la pensée d'une grande partie des « siens » – encore que son plus fidèle ami, d'Alembert, fût fort lié à Frédéric, pour ne pas dire dévot de ce souverain. Aussi bien ce n'est pas à l'homme Frédéric qu'en a Julie, mais à l'absolutisme royal.

Son libéralisme est si fort coloré d'anglomanie qu'on a vu de quel ton elle avait salué le départ de Rousseau pour Londres en compagnie de Hume. Tout ce qui lui vient de cette « île admirable » l'enchante, et pas seulement ses romans préférés, ceux de Sterne et de Richardson. À ses yeux, l'Angleterre est le foyer de la liberté, de la nature, de la passion, de la vérité. C'est le pays selon son cœur.

N'oublions pas enfin, à propos de cette « politique » de Julie, que parmi les hommes qui ont partagé ou illuminé sa vie, deux – d'Alembert et Guibert – sont des adversaires actifs de l'absolutisme, l'un à l'*Encyclopédie* et à l'Académie, l'autre dans l'armée avant de l'être à l'aube de la révolution. Et n'oublions pas enfin que son ennemie mortelle, Marie du Deffand, tint la dernière citadelle de l'antiphilosophie...

Ce n'est pas l'ambition qui poussait Julie, mais l'amitié. Les amis, pour elle, étaient sacrés. Elle était avec eux comme dans ses amours : emportée, inconditionnelle. Elle les soutenait, les poussait, faisait leur carrière, fût-ce malgré eux.

« *Je ne connais qu'un plaisir, je n'ai qu'un intérêt dans la vie, celui de l'amitié, elle me soutient et me console ; je n'existe que pour aimer et chérir mes amis. Ah ! qu'ils sont aimables ! qu'ils sont honnêtes ! et qu'ils sont généreux ! Combien je leur dois !* »[20]

Le fond commun de la société de Julie n'était composé que d'amis, de vrais amis, sûrs, loyaux, et qui lui portaient une affection passionnée. Citons le marquis de Ségur : « *On craignait Mme Geoffrin, on respectait Mme Necker, on admirait Mme du Deffand, on aimait Julie de Lespinasse.* »[21]

« *Nous nous sentions tous amis chez elle,* gémit l'un d'eux au lendemain de sa mort, *parce que nous étions réunis par les mêmes sentiments. Hélas, combien de personnes qui se voyaient, se recherchaient, se convenaient par elle, qui ne se verront, ne se chercheront et ne se conviendront plus !* »

Dans cette académie de l'amitié, deux hommes occupaient une place particulière après d'Alembert : Condorcet et Suard.

Julie aima Condorcet du jour où d'Alembert l'introduisit chez elle, et Condorcet aima Julie. Bien qu'il eût renoncé au monde, ayant déclaré que « *la dissipation est sans plaisir, la vanité sans motif et l'oisiveté sans repos* », il accourait chez elle à la moindre occasion. « *Me voici de retour à Paris,* écrivait-il à Turgot, *je vais reprendre ma fonction ordinaire et servir de secrétaire à Mlle de Lespinasse.* »

---

[20] Lettre de Mlle de Lespinasse à Condorcet, octobre 1773.

[21] Marquis de Ségur, *Julie de Lespinasse*, Paris, Calmann-Lévy, 1905.

Ce « *bon et très cher Condorcet* ». Personne au monde mieux qu'elle ne saura tracer son portrait, et le défendre quand il le faudra. Qui était Condorcet ?

« *Ah, vous m'en demandez trop ! J'écrirais un livre et non pas un portrait si je détaillais les effets de toutes ses qualités ! Je me contenterai de dire que son âme est noble et élevée, qu'elle est l'ennemie de l'oppression, qu'elle méprise les esclaves et hait les tyrans, qu'elle ne connaît ni l'intérêt ni l'envie. Je dirai que son âme est grande et forte. Elle sait souffrir et non plier.* »[22]

Était-il vertueux ?

« *On ne doit pas dire : c'est un homme vertueux, parce que le mot vertu entraîne l'idée d'effort et de combat, et que jamais aucune de ses actions, aucun de ses mouvements ne porte ce caractère. Que vous dirai-je ! La nature semble l'avoir fait parfait, et ce n'est que la réflexion qui rend vertueux. Sa bonté est universelle. Il a tous les genres de bonté : celle qui fait compatir, secourir, celle qui rend facile et indulgent, celle qui prévient les besoins d'une âme délicate et sensible ; enfin avec cette seule bonté, il serait aimé à la folie de ses amis et béni par tout ce qui souffre.* »

Avait-il beaucoup d'amis ?

« *Vous croiriez peut-être, comme Montaigne, qu'une telle amitié peut se doubler et jamais se tripler ? Il aime beaucoup de gens. Ce n'est pas seulement un sentiment d'intérêt et de bienveillance qu'il a pour plusieurs personnes : c'est un sentiment profond, c'est un sentiment auquel il ferait des sacrifices, c'est un sentiment qui remplit son âme et qui occupe sa vie.* »

Parlez-nous un peu de son esprit !

« *C'est le plus grand esprit et le plus grand talent. À l'égard de son esprit, on pourrait lui donner un attribut qu'on n'accorde qu'à Dieu : il est infini et présent partout, du moins à tout. Il est profond et subtil, il est fort et fin, il est clair et précis, il est juste et délié ; il a la facilité et la grâce de celui de Voltaire, le piquant de celui de Fontenelle, le sel de celui de Pascal, la profondeur et la perspicacité de celui de Newton ; il joint enfin aux connaissances les plus étendues les lumières les plus profondes et le goût le plus exquis et le plus sûr.* »

Sa conversation doit être bien agréable ?

« *N'en concluez pas cela. Condorcet ne cause point en société. Il y parle quelquefois, mais peu, et il ne dit jamais que ce qui est nécessaire aux gens qui le questionnent et qui ont besoin d'être instruits sur quelque matière que ce puisse être. On ne peut*

---

[22] Tout ce que dit Julie de Lespinasse à propos de son ami Condorcet est extrait du *Portrait de M. le Marquis de Condorcet* qu'elle a écrit en collaboration avec d'Alembert, *in Lettres de M*[lle] *de Lespinasse, suivies de ses autres œuvres, op. cit.*

donc pas dire qu'il soit d'une "bonne éducation", au moins en société, car il y paraît presque toujours distrait ou probablement occupé. Mais ce qu'il y a d'extraordinaire, c'est que rien ne lui échappe ; il a tout vu, tout entendu, et il a le tact le plus sûr et le plus délié pour saisir les ridicules et pour démêler les nuances de la vanité. »

Il doit donc bien vous dédommager, dans l'intimité, du silence qu'il garde en société ?

« *Ah oui ! Il a de la gaieté, de la méchanceté même, mais de celle qui ne peut nuire. Et quand il s'agit de défendre les opprimés ou de défendre, ce qui lui est plus cher encore, la liberté des hommes et la vertu des malheureux, alors son zèle va jusqu'à la passion. Il souffre, il agit, il parle avec toute l'énergie d'une âme active et passionnée.* »

Parlez-nous donc de sa figure.

« *Sa figure ? Elle annonce la qualité la plus distinctive et la plus absolue de son âme, c'est la bonté ; sa physionomie est douce et peu animée, il a de la simplicité et de la négligence dans le maintien. Ceux qui ne le verraient qu'en passant diraient plutôt : voilà un bon homme, que : voilà un homme d'esprit.* »

N'a-t-il donc pas de défauts ? On voudrait quelques ombres au tableau !

« *On pourrait le croire insensible et froid, quand on ne le connaît pas. Il écoutera le récit d'un malheur avec un visage calme. On lira devant lui une tragédie qui transportera tout le monde d'admiration ou d'attendrissement, et lui n'aura pas l'air d'en recevoir la plus légère impression. Aucun des mouvements de son âme ne se dépeint sur son visage. Il n'a peut-être jamais dit à aucun de ses amis : "Je vous aime", mais ne vous y trompez pas. Il est la sensibilité même. Et je le répète. C'est une nature extraordinaire, un homme rare. Et ne dites point que c'est un portrait d'imagination, que la nature n'a jamais produit un homme comme lui ; je vous répondrai : la nature n'a point de bornes. Si vous croyez que j'ai mis de l'exagération dans tout ce que je viens de dire, jugez vous-même M. de Condorcet !* »

Voilà qui peint peut-être mieux Julie, son ardeur, son enthousiasme, son lyrisme, que ce modèle – qui n'était pas pour autant indigne de ce panégyrique.

Devenu célèbre par *L'Essai sur le calcul intégral* qui lui avait valu un éloge de d'Alembert et un prix de l'Académie de Berlin, il était reçu à 26 ans à l'Académie des sciences. C'est alors qu'il rencontra Julie et, chez elle, Turgot. Cette curiosité intellectuelle qui fascinait Mlle de Lespinasse le desservit : il se dispersa aux dépens de son renom scientifique. Avec Turgot, il découvrit l'économie, la politique. Avec Voltaire et d'Alembert, la philosophie. Il se passionna pour tout, dussent les mathématiques en souffrir. Il suggéra que l'instruction publique devienne gratuite à tous les degrés et ouverte aux femmes autant qu'aux hommes. Il imagina une « mathématique sociale », c'est-à-dire une science qui aurait pour objet l'application du calcul aux sciences politiques et morales. Il préconisa la création d'assemblées municipales, provinciales et nationales. Il souhaita la séparation de l'Église et de l'État. Il se saisit de toutes les idées qui étaient dans l'air et y mêla géométrie et sentiments, les mit en valeur. Il bouillonnait sous ses airs froids. « *Un volcan sous la neige* », disait-on. À trente ans, il serait trop vieux. Il travaillait vingt heures par jour, entretenait vingt correspondances, en attendant la chute infaillible de la superstition et de tout ce qu'elle produisait et protégeait.

Tel est ce Condorcet qui venait, vers midi, surprendre Julie à sa toilette. Heure charmante, « la jeunesse de la journée ». Quand Julie n'était pas en proie à ses crises de désespoir, c'est à cette heure qu'elle recevait ses intimes, tout en choisissant des toilettes assorties à ses humeurs, ou en essayant sur ses robes des garnitures qu'elle avait achetées la veille.

Serrée dans un corset qui mettait sa taille en valeur, les jupons dans un charmant désordre, elle se faisait une beauté. Sa toilette, ornée de dentelles et de mousselines, était encombrée de petits pots de crème, de fards, de mouches, de différents rouges, de vinaigre de Maille pour la peau, d'eaux de toute sorte contre les rides, de mouchoirs de Vénus pour purifier la peau du front, et d'un grand pot de pommade, caché derrière le miroir, pour effacer les marques de la petite vérole. Elle avait beau dire que, quand on a passé trente ans et qu'on est ce qu'on appelle en beau style « grêlée », plus rien n'a d'importance, elle était coquette.

Condorcet arrivait donc, bousculait le coursier venu apporter les nouvelles du jour, saluait la marchande de modes qui remballait ses coupons de soie et s'asseyait distraitement sur un jupon de taffetas oublié sur le coffre à robes. Dans sa cage, un perroquet l'accueillait en jacassant. C'était l'heure des gronderies et des confidences. Julie, qui avait dix ans de plus que lui, avait pris à cœur de le former aux usages du monde :

« *Je vous recommande de ne point manger vos ongles : rien n'est plus indigeste. Je vous recommande aussi vos oreilles qui sont toujours pleines de poudre, et vos cheveux qui sont coupés si près de votre occiput qu'à la fin vous aurez la tête trop près du bonnet.* »[23]

---

[23] *Lettres inédites de Mlle de Lespinasse*, publiées par Ch. Henry, *op. cit.*

Condorcet écoutait, un doigt dans la bouche, les épaules rentrées, le dos voûté, balançant la jambe.

« *Et ne vous mettez pas le corps en deux, comme un prêtre qui dit le* Confiteor *à l'autel. Si vous continuez, vous direz quelque jour votre* Mea Culpa. *C'est Mlle d'Ussé qui vous a donné cette mauvaise habitude pour lui parler de plus près ?* »

Condorcet était fou de cette d'Ussé. Il lui aurait donné la lune. Elle n'en voulait pas. C'était une garce qui trouvait « de bon air » d'avoir un amoureux célèbre et de s'en amuser.

Julie, qui voyait clair et raisonnait juste quand il s'agissait des autres, donnait à son ami des conseils pleins de sagesse : il ne devait pas se dégrader, se rendre l'esclave d'une personne dont il ne pourrait jamais être l'ami. Qu'il s'en aille, qu'il évite le ridicule attaché au rôle de sigisbée. Qu'il abandonne une chimère dont il n'obtiendrait jamais ni plaisir ni consolation…

Deux années durant Julie prêcha dans le désert. Elle attaqua la passion de son ami sous tous les angles. Puis les rôles s'inversèrent. Elle ne jura plus que par l'amour, et Condorcet devint le confident et le consolateur. Il était fait pour ce rôle. Bon comme le pain, muet comme une tombe, plus patient qu'un confesseur. Pendant cinq ans, la jeune femme pleura sur son épaule, déversant dans son cœur ses remords, ses souffrances et ses espoirs.

Ce commerce de sentiments passionnés avec Condorcet n'était pas dangereux. Il faillit le devenir avec Jean-Baptiste Suard, le second confident de Julie.

Julie de Lespinasse, qui ne pouvait pas résister à l'envie de plaire, alluma les quinquets de ses prunelles quand elle rencontra pour la première fois le très beau Jean-Baptiste Suard, qui venait de s'installer avec son épouse dans la même maison qu'elle, à l'étage au-dessous.

Suard était le contraire de Condorcet, de ces hommes de lettres qui sentaient un peu trop la moisissure de bibliothèque et de laboratoire. Il avait bonne mine, un sourire de carnassier, un mètre quatre-vingt-cinq, les épaules larges, une voix de baryton et des yeux magnifiques. Julie frissonna, comme toutes les femmes, et marivauda. Suard était le charme même. Il la faisait rire. Ses conversations n'étaient jamais trop sérieuses et il était irrésistible dès qu'il parlait.

Elle l'attira d'abord chez elle par de petits billets aguicheurs, comme si elle avait voulu l'acheminer doucement vers l'idée d'une aventure galante.

Leurs conversations tournaient autour de l'amour, vers quoi, d'ailleurs, Julie ramenait tout. Causeries badines, bien sûr, flirt innocent, mais qui montre, une fois encore, que Julie avait l'engouement facile. Suard n'était pas « l'amour », mais il y faisait penser.

« *Voudriez-vous,* lui écrivait-elle, *ne fût-ce que pour la rareté du fait, venir dîner avec moi, c'est-à-dire mourir de faim et de tristesse ?* » Il venait. Et tous les deux assis devant une table où le rôti manquait, car Julie ne vivait que d'amour et de thé, s'abandonnaient à des dissertations sur le bonheur :

« *Ah, il n'y a que le bonheur qui importe,* soupirait Julie.

– *Le bonheur,* objectait son ami, *qu'est-ce que c'est ? Chacun ne caresse-t-il pas quelque idéal particulier, en harmonie avec ses goûts et son caractère ? Saint Augustin a compté deux cent vingt-huit opinions ! Nul philosophe ne pourra guère s'accorder sur ce chapitre. Selon Cratès, le souverain bien, c'est une heureuse navigation, selon Archytas, c'est le gain d'une bataille ; selon Chrysippe, c'est bâtir un superbe édifice ; selon Épicure, c'est la volupté ; selon Palémon, c'est l'éloquence ; selon Héraclite, c'est la fortune ; selon Simonidas, c'est l'amitié d'un chacun ; selon Euripide, c'est l'amour d'une belle femme, selon l'archevêque d'Aix, c'est Dieu qui peut à toute heure, en tout lieu, répondre aux aspirations de notre âme ; et selon M. de Lauraguais, c'est manger des fruits exotiques… Adieu, ma belle amie, mon épouse m'attend.* »

Et Suard redescendait à l'étage au-dessous retrouver sa femme dont il était amoureux fou, et qu'il avait épousée contre l'avis du monde entier. Chacun avait prédit le pire : sa femme était jolie et sans dot, lui-même mourait de faim, et ils étaient tous les deux élégants et dissipateurs.

« *Plus j'y réfléchis, plus cet homme me paraît perdu* », avait dit Diderot. Et Grimm : « *S'il ne s'est pas encore noyé, ce n'est que partie remise.* »

« *Suard n'est qu'un grignon grignonnant* », grommelait Mme Geoffrin qui avait d'abord pris en main la direction de sa carrière. Elle ne décolérait pas contre lui depuis qu'il avait refusé un travail très lucratif qu'elle lui avait trouvé :

« *Quand on n'a pas de chemise,* l'avait-elle rabroué, *on ne doit pas avoir de fierté !*

– *Au contraire,* avait-il répliqué, *c'est alors surtout qu'il en faut, car sans cela on n'aurait rien.* »

En dépit de tout, Suard pouvait affirmer que pas un jour, pas une heure, le bonheur n'avait cessé d'embellir sa vie. Tout le monde avait oublié de prévoir cette chose imprévisible entre toutes : qu'il aimerait sa femme et qu'il en serait aimé.

« *Ah, quel bonheur d'aimer ainsi !* » rêvait tout haut Julie.

Suard n'était à l'époque qu'un littérateur famélique qui dirigeait la publication du *Journal des Étrangers*. Mais, aux yeux de Julie, la passion le rendait sublime. Quand elle eut pris la mesure de cet amour conjugal, Julie arrêta net de marivauder avec lui, et se préoccupa de la carrière de son ami. Son cœur, qu'un sentiment tendre avait failli émouvoir, fondit de tristesse quand elle vint à penser que « *cet homme si rare, ce prodige de la nature* » connaissait la misère et en souffrait.

Elle le fit écrire. Il avait la plume alerte. Il acquit une certaine renommée, travailla à un dictionnaire, commença ses Mémoires. Bagage suffisant pour entrer à l'Académie. Il résistait, ne s'en trouvant pas digne. Julie se battit pour convaincre tout le monde qu'il avait du génie. Après un échec, il conquit la place, en mai 1774, à la surprise générale.

Le soir, dans le petit salon rouge où on fêtait joyeusement l'élection de Suard, Julie essayait de sourire, mais son cœur se brisait.

Troisième partie

« Le plus fort battement de cœur de tout le siècle »

Le miracle

Grand d'Espagne – En une semaine, je fus garçon, marié et veuf – Le cœur de La Nouvelle Héloïse *– Le gouffre de la passion – L'Espagne ne méritait pas Mora – La foudre – Aimée à un degré où l'imagination ne peut atteindre – L'aubergiste de l'Europe – Entendons-nous sur le mot « vertu » – Tour à tour au ciel et en enfer – La passion résiste-t-elle au bonheur ? – Ah ! c'en est fait, je suis malheureuse !*

José y Gonzaga, marquis de Mora, appartenait à l'illustre maison Pignatelli qui avait étendu ses rameaux en Italie, en Espagne, et en France où l'un de ses membres, le prince Casimir Pignatelli, duc de Bisaccia, comte d'Egmont, avait épousé en 1756 la fille du duc de Richelieu.

Le père du marquis de Mora, Don Joachin Pignatelli d'Aragon, comte de Fuentès, grand d'Espagne, chevalier de la Toison d'or et de Saint-Jacques, était ambassadeur de Sa Majesté le roi très catholique. C'était un homme à deux visages : l'un terrible de dédain et de hauteur, le regard tombant de haut, ce qui terrorisait les ministres et les grands seigneurs pourtant rompus à l'assurance ; l'autre gai, affable et charmeur, qui lui assurait tous les succès dans les salons. Raide comme la justice derrière sa table de travail quand il traitait d'affaires, il voltigeait d'une femme à l'autre dans les salons sans qu'on le vît jamais s'asseoir ni demeurer en place.

Son épouse, Maria Luiza Gonzaga y Caracciolo, duchesse de Solferino, était en proie à une idée fixe : ne pas penser à sa mort prochaine. Poitrinaire, elle traînait un cœur désolé sous le visage avenant d'une femme d'ambassadeur, serrant dans sa main un mouchoir sanglant où elle crachait ses poumons entre deux quadrilles. Brisée, au bord de la mort, elle souriait, jouait, dansait, faisait de l'esprit, était la première arrivée chez les duchesses et la dernière partie. C'était sa manière à elle de sauver son âme et de garder la face.

Le marquis de Mora, deuxième des quatre enfants du comte et de la comtesse de Fuentès, avait reçu l'éducation d'un grand seigneur et d'un fils d'ambassadeur, et s'était frotté à la culture et à l'esprit des pays où son père représentait l'Espagne. À douze ans, on décida de le marier à Maria Ignacia del Pilar, fille du comte d'Aranda, alors ambassadeur au Portugal. La fiancée, qui avait onze ans, ne promettait pas d'être belle, mais elle apportait en dot le duché d'Almazan et une fortune immense. En outre, le comte d'Aranda, le futur beau-père, était un des hommes les plus importants du royaume : plus puissant à Madrid que le roi lui-même. Il avait en un jour chassé les jésuites d'Espagne et il avait eu, raconte Casanova, « *la force de faire proscrire tous les chapeaux rabattus et les manteaux jusqu'aux talons* ». Président du Conseil de Castille, il ne sortait qu'accompagné d'un garde du corps du roi. On le craignait comme la peste, mais on le respectait, car c'était un esprit profond, grand politique, intrépide, raisonnant juste et fort peu soucieux du qu'en dira-t-on.

Le 4 décembre 1756, le jeune marquis de Mora fut présenté à sa future épouse. L'acte de mariage, solennellement signé, apportait au jeune marié l'assurance de se trouver un jour à la tête de quatre cent mille livres de rente. Après quoi on décerna au nouveau marié le titre de cadet de l'armée espagnole, et on l'enferma dans l'hôtel d'Aranda, à Saragosse, sous la surveillance de sa belle-mère et d'un précepteur, pour qu'il continue ses études et fasse plus ample connaissance avec sa femme qui traînait encore ses poupées derrière elle.

Quand il eut quinze ans, on jugea que l'heure était venue de consommer ce mariage, et les deux jeunes époux furent unis devant Dieu en grande pompe le 6 avril 1760 dans la chapelle de l'hôtel de la comtesse de Lemus, parente des comtes d'Aranda. Après la cérémonie apparut devant toute la noblesse du royaume le couple le plus mal assorti qu'on pût imaginer : Mora, superbe, grand, bien bâti, élégant, le regard sombre et brillant, le visage fin et beau. À ses côtés, une petite maigrichonne mal poussée, noiraude, brune de peau « *à faire peur* », au visage ingrat. « *On dit qu'elle n'est point laide,* écrivit Walpole qui la vit deux mois après son mariage, *et qu'elle a aussi bonne dentition qu'on le peut souhaiter quand on n'a que deux dents et qu'elles sont noires.* »[1]

---

[1] *The Letters of Horace Walpole*, éditées par P. Cunningham, Londres, 1857-1859.

On leur souhaita, en flairant le désastre, tout le bonheur du monde et beaucoup d'enfants. Les familles se félicitèrent, et le jeune Mora rejoignit sa noiraude dans la chambre conjugale.

La vie du jeune couple fut une série de catastrophes. Leur premier enfant, une fille, mourut quelques mois après sa naissance des rigueurs du climat. Puis Mora tomba amoureux fou, comme un Espagnol passionné peut s'éprendre, de la célèbre comédienne Mariquita Ladvenant, maîtresse du duc de Villahermosa. Une nuit, le duc entrait, le marquis sortait : ils se trouvèrent face à face. Le duc provoqua le marquis en duel. Les familles s'en mêlèrent. Ce fut une affaire d'État, et bien entendu d'honneur, chose avec laquelle on ne plaisante pas dans ce pays. Mora, au désespoir, dut quitter Mariquita. Deux ans plus tard, la marquise de Mora rendait l'âme en mettant au monde un fils. Tout le monde se réjouit de la venue de cet héritier. Qui pleura la mère ? Modeste et muette, elle était morte dans un souffle, comme elle avait vécu. En guise d'épitaphe, les Madrilènes fredonnèrent sur sa tombe cette chanson populaire :

Le dimanche, je la vis à la messe,
Le lundi, je lui envoyai un message,
Le mardi, je l'épousai,
Le mercredi, je la battis,
Le jeudi, elle se mit au lit,
Le vendredi, elle fut administrée,
Le samedi, elle mourut,
Et le dimanche, je l'enterrai :
Si bien qu'en une semaine,
Je fus garçon, marié et veuf.

Nimbé d'une tristesse qu'il ne ressentait pas, devenu « intéressant » par son veuvage, le bel Espagnol de vingt ans débarqua à Paris où l'attendait son père qui venait d'être nommé en 1763 ambassadeur en France. C'était alors une mission de première importance.

Depuis que Louis XV avait signé le pacte de famille qui unissait tous les Bourbons régnants et opposait une Europe catholique à l'Europe protestante, l'ambassadeur d'Espagne était le diplomate le plus en cour à Versailles. Le roi le traitait en parent et le recevait quand il le voulait, alors que les autres diplomates n'étaient reçus par lui que le mardi. Il avait un appartement à Versailles, soupait à la table du roi où l'on servait des plats « à l'espagnole » pour lui faire honneur, et on le grondait quand il n'y paraissait pas : « *On ne saurait dire combien Fuentès est estimé à Paris,* écrit le duc de Villahermosa, son secrétaire. *La Reine dit qu'elle ne veut pas entendre parler de son départ. Le Roi ne peut s'en passer.* »

Après avoir conquis Versailles, Fuentès avait conquis Paris, et les philosophes, connaissant ses liens avec Aranda le vainqueur des jésuites, le tenaient pour l'un des hommes les plus éclairés de son temps et de son pays. La comtesse, toujours mourante, fière comme une Espagnole, bravait le destin en ouvrant un salon dans l'hôtel de Soyecourt, rue de l'Université, et recevait les gens de lettres. Acharnée à vivre, elle discutait philosophie avec les philosophes, papotait avec les grands seigneurs, jusqu'à l'aube, et protégeait Rivarol, publiciste méridional à la belle figure et au charme irrésistible, qui était « monté » à Paris, y chercher fortune et y faire carrière, avec pour tout bagage la jeunesse, un esprit étincelant et une éloquence lumineuse[2].

Jeté dans ce monde poudré et moucheté, le jeune Mora dut réviser un peu son éducation avant de paraître dans les salons. Le duc de Villahermosa, son ancien rival, et Fernando Magallon, second secrétaire du comte de Fuentès, l'initièrent aux courbettes et au « bon ton » français avant de le lancer dans le monde. L'effet fut immédiat. On le compara au Cid, on le trouva superbe, noble, joli garçon. Les femmes en quête de nouveauté et de chair fraîche, se ruèrent sur lui pour le consoler de son veuvage. Les premiers temps, ce fut la fête. Gonçalve – ainsi l'appelaient à Paris ses amis – se laissa griser, caresser, embrasser. Mais il n'était pas homme de plaisirs. Les petits bonheurs d'un jour, les petites griseries d'une nuit le lassèrent vite. À vingt ans, on est grave. Mora était impatient d'apprendre.

La France était avant toute chose, pour lui, le pays des philosophes, la patrie de la liberté, des idées neuves, de l'*Encyclopédie*. Il n'était pas venu à Paris pour danser la passacaille, mais pour devenir un homme. Les philosophes, enchantés de trouver un élève, ensemencèrent son cerveau de leurs idées et le désignèrent pour être leur apôtre en Espagne, dernier bastion où se retranchait le monstre clérical que Voltaire appelait

---

[2] Antoine Rivaroli, dit le comte de Rivarol. Burke l'appelait « *le Tacite de la Révolution* ». Voltaire disait de lui qu'il était le Français par excellence. Son *Discours sur l'universalité de la langue française* est une apologie brillante de la langue française. Essayiste et pamphlétaire brillant, il ne comprendra pas la révolution, qu'il réprouvera. Il mourra en exil.

l'Infâme. Condorcet, le premier, lui envoya un de ses manuscrits, et la réponse du jeune Espagnol montre l'intérêt qu'il prenait aux problèmes soulevés par le philosophe :

« *Je reçois, Monsieur, avec un plaisir sensible, l'excellent ouvrage que vous avez eu la bonté de m'envoyer, et dont je vous suis infiniment reconnaissant. Ce que vous dites sur le sort de l'humanité est malheureusement si vrai qu'on ne saurait trop estimer et l'ouvrage et l'auteur qui en défend les droits opprimés. Mais il faut bien le cacher de la vue perçante des ennemis de la vérité. Comptez donc sur mon profond secret. Si tout le monde abhorrait comme vous les tyrans et les persécuteurs, on ne serait pas obligé d'en garder de cette espèce et nous jouirions tous du bien inestimable de la liberté, mais les hommes ne sont pas faits pour ce bonheur : leurs sottises et leurs folies les attachent à la chaîne de l'esclavage.* »[3]

Mora lisait Rousseau, Voltaire, d'Alembert, Helvétius, et, dans le but de rencontrer ces hommes pour lesquels il avait un respect et une estime profonds, il acceptait les invitations que lui envoyaient toutes les hôtesses de Paris. C'est ainsi qu'un jour, probablement à la fin de 1766, il se rendit chez Mlle de Lespinasse pour y voir d'Alembert. C'est à dater de ce jour que Julie commença à vivre et à mourir.

Julie regarda Mora et le trouva beau. Elle lui parla et le jugea intelligent. Elle lui fit des confidences et lui trouva un cœur généreux. Elle lui demanda conseil et estima qu'il avait l'esprit ferme et droit. Après une heure de tête-à-tête, à l'écart des conversations, elle notait :

« *Une figure pleine de bonté et d'agréments, et qui inspire la confiance et l'amitié... un caractère doux et liant, sans être fade, une douce chaleur sans emportement, un esprit ferme, juste, rempli de traits de lumières, un cœur ! ah ! quel cœur ! tous ses premiers mouvements sont l'expression de la vertu, tous ses discours la respirent, et toutes ses actions en sont le modèle. On voit toujours jusqu'au fond de son âme ; et il estime assez les gens qu'il aime ou du moins il les aime assez pour croire que l'art qu'il pourrait employer est au-dessous d'eux et de lui. En un mot, cet homme remplit l'idée que j'ai de la perfection.* »[4]

Gonçalve de Mora, l'œil encore ébloui de la beauté des femmes qui l'avaient charmé depuis deux ans, fut étonné de voir une femme laide.

---

3 *Lettres inédites de Mlle de Lespinasse*, publiées par Ch. Henry, *op. cit.*

4 Lettre de Julie de Lespinasse au baron d'Holbach, 19 décembre 1766, *in Lettres de Mlle de Lespinasse*, édition présentée par G. Isambert, 2 vols, Paris, Alphonse Lemerre, 1876.

Julie avait trente-six ans et les années ne l'avaient pas embellie. Elle cachait mal sous les crèmes épaisses les trous que la petite vérole avait creusés sur son visage. Ses traits s'étaient empâtés, avec cette bouffissure grise que finit par donner une vie confinée. Une vieille fille souriante : telle elle apparut au jeune Espagnol. Mais quand elle commença à lui parler et que la surprise de le voir si charmant l'arracha à l'indifférence et fit frémir ses nerfs, elle ne devint pas jolie, non, elle devint *le charme* même. Et chez elle, le charme valait toute la beauté du monde. Ses yeux marron, qui tombaient un peu, s'écarquillèrent et s'animèrent, brûlèrent comme deux brasiers. Une fossette troua sa joue, son front se dérida et parut plus grand, sa narine palpita, tout son visage se détendit et rajeunit subitement. « *En ces moments-là, Julie de Lespinasse prenait sa revanche sur les femmes toujours belles.* »

Le jeune homme fut séduit, mais ne fut pas touché au cœur. Pas cette fois. Julie, elle, commença à rêver. N'était-ce pas lui, ce héros impossible qu'elle avait attendu toute sa vie ?

Le lendemain, elle se confiait à son ami, le baron d'Holbach : « *Je veux vous parler,* lui dit-elle, *de ce qui m'affecte en ce moment, d'une nouvelle connaissance dont j'ai la tête pleine et dont je vous dirais que j'ai le cœur plein si vous ne me niiez pas d'en avoir un.* »

Avoir un cœur ? La grande affaire ! Depuis le demi-siècle, la volupté avait régné. C'est elle qui avait réglementé les goûts, les mœurs, l'art et la littérature. Elle avait inventé les costumes, dicté les discours amoureux, décoré les appartements, tourné les compliments et les billets doux, jeté sur les tables de toilettes des opuscules libertins et des gravures polissonnes. Les hommes lutinaient, les femmes roucoulaient. Les amours de Fragonard délaçaient les chemises. « Je vous aime » voulait dire « Je vous désire ». Les femmes « enlevaient » les hommes, les hommes « avaient » les femmes. On ne soupirait pas, on attaquait, on triomphait, on faisait l'amour et on allait séduire ailleurs. Les femmes cachaient leurs émotions sous des airs de désinvolture. Il fallait paraître roué. C'était un devoir d'être infidèle.

Puis le siècle, repu de plaisirs, ayant satisfait tous ses caprices, redécouvrit le sentiment. Les « attachements » succédèrent aux fantaisies. On parla de tendresse sans craindre le ridicule. Les larmes revinrent avec la vertu. On trouva de la douceur à pleurer : larmes délicieuses, expression de la jouissance de l'âme. Ce fut Rousseau qui ébranla cet empire de la prudence en lançant dans les salons le cœur de *La Nouvelle Héloïse.*

On s'arracha l'*Héloïse*, dont l'héroïne s'appelle Julie... Les femmes ne voulaient plus dormir sans l'avoir sous leur oreiller. Quand on ne pouvait pas l'acheter, on le louait, douze sous l'heure... En province, on faisait la queue devant les voitures de poste pour enlever les copies qui venaient de Paris. Dans les salons, on en écoutait la lecture, un mouchoir à la main, un autre dans la poche. Un long sanglot secoua les boudoirs.

« *Ah ! aimer comme Julie, souffrir comme Saint-Preux !* »

Les cœurs saignèrent et s'ouvrirent : au petit bonheur personnel, mais aussi au « grand amour », l'amour du bon, du juste, de l'humanité. On commença à parler de justice et d'affaires sociales.

Les hommes se prirent pour des Saint-Preux. Les femmes s'appliquèrent à ressembler à Julie. Telle Mme du Deffand, nous l'avons vu, qui n'avait jamais aimé et tomba éperdument amoureuse à soixante-dix ans sonnés, du philosophe anglais Walpole. Elle n'en mourut pas, mais souffrit le martyre. La cruelle duchesse de Luxembourg se déclara mourante parce que Rousseau la persécutait. Cette femme rayonnante s'alita comme une poitrinaire aux dernières extrémités et se fit un devoir de sangloter, elle qui avait ri toute sa vie. Le retour à l'amour selon Richardson et Rousseau allait avec le retour à la nature. Ainsi, on vit dans les salons des femmes donnant le sein et dans les bals, les danseuses mener le cotillon en faisant téter leurs nourrissons.

Métamorphose, mode ou transformation profonde des esprits ? Plus qu'une fantaisie, moins qu'une révolution. Mais pour certaines femmes comme Julie de Lespinasse, l'air du temps, la mode de l'amour trempé de larmes, le mythe du héros inaccessible furent fatals. Née trente ans plus tôt, nul doute qu'elle aurait aimé avec passion, car elle avait le feu à l'âme et au corps. Elle aurait planté des ruines dans les jardins de Le Nôtre. Mais l'époque de Rousseau portait aux extrêmes.

Julie n'eut pas plus tôt aperçu le marquis de Mora qu'elle entrevit le gouffre de passion dans lequel elle rêvait de se jeter. Mora était bien le héros impossible : il avait un grand nom, une fortune immense, il était beau et de dix ans plus jeune qu'elle. Mlle de Lespinasse, dit Grimm avec une certaine cruauté, avait « *passé la saison des amours* ». Elle était laide, pauvre, sans nom et bâtarde. Il était de passage à Paris et devait d'un jour à l'autre retourner à Madrid. L'y suivre ? Elle n'avait ni les moyens financiers pour y songer ni la santé pour s'y risquer. Tout les séparait donc. En s'éprenant de Mora, Julie se vouait à l'Absent. La séparation tue les sentiments faibles ; souvent elle exalte et amplifie les forts. L'objet aimé, inaccessible, touche au merveilleux.

Inaccessible Mora !

Quinze jours après avoir rencontré Julie, il boucle ses valises pour retourner à Madrid « *appelé aux plus hautes destinées* ». Dès lors Julie a le loisir de rêver son héros. Elle l'auréole de toutes les vertus, et elle écoute avec ravissement les louanges que d'Alembert, sans méfiance, chante à propos du jeune Espagnol, « *la solidité, la justesse, les forces de son esprit, la variété et l'étendue de ses connaissances, sa profonde modestie, sa simplicité aimable et naïve* ». Mais de bonne foi sûrement, elle se défend d'être touchée : « *N'allez pas croire,* s'écrie-t-elle, *que cette amitié aille jusqu'à l'amour !* »

Tout donne à penser que, de retour de Madrid, Gonçalve de Mora oublia rapidement Julie de Lespinasse. Il avait reçu un accueil triomphal de la société madrilène. Il revenait du pays des philosophes, il les avait vus, il leur avait parlé. Il fut accueilli comme le messager des temps nouveaux, l'apôtre de la liberté.

L'esprit de Voltaire, de Diderot et de Rousseau soufflait sur cette Espagne encore fumante du grand brasier des autodafés, sanglante encore des coups de l'Inquisition. La philosophie commençait de tarauder la société castillane où l'on parlait maintenant de tolérance et de pensée libre. Certains faisaient le pèlerinage de Ferney comme d'autres allaient à Saint-Jacques-de-Compostelle. Quiconque en revenait, disant : « J'ai vu Voltaire », s'assurait une célébrité immédiate. On ouvrait grandes les portes à tous ceux qui arrivaient de France. On parlait de Rousseau et de Diderot avec des accents de dévotion. On épousait des Françaises. On dévorait l'*Encyclopédie*. Si on ne l'avait pas lue, on jurait de l'avoir fait. On achetait sous le manteau les pamphlets et les opuscules contre l'obscurantisme, les superstitions, le fanatisme, dont Voltaire continuait à inonder l'Europe.

Le beau-père de Mora, le comte d'Aranda, avait été l'un des plus fervents disciples de Voltaire en Espagne. Il avait prêché ses idées dans les salons. Rentré de France, il continuait de nettoyer « *les nouvelles écuries d'Augias* » sous les applaudissements du vieux maître qui voyait en lui le libérateur qui a chassé les jésuites d'Espagne et qui chassera bien quelques « *autres vermines* ».

Les vermines, ce sont les philosophes, ripostaient les suppôts de l'Infâme. Ils ont mis l'impiété à la mode, ils se rient du Christ et de son Église, en répétant sur le ton du madrigal des horreurs blasphématoires divulguées par Voltaire. Pourquoi faut-il qu'ils suppriment Dieu ? Parce qu'au-dessous de cette brillante assemblée de petits maîtres sans substance, d'esprits forts, d'abbés frivoles et de présumées demoiselles, il y a un intérêt commun : la chair ! Les philosophes ? des intrigants, des faiseurs de fausses réputations, aux sensibleries fatiguées, fausses, postiches et romanesques qui mêlent tout et combinent tout pour recouvrir leur âme sale, orner de plumes et de dentelles leurs blasphèmes, cacher la plaie putride, la laide et ordurière et prosaïque luxure.

Mora apparut aux uns comme le suppôt de Satan, venu donner une impulsion à la propagande impie qui pourrissait la société, et aux autres comme le « *miracle de son pays* », le « *plus grand des grands d'Espagne* », le « *messager des temps nouveaux* », l'« *apôtre de la Liberté et de l'Espérance* ».

Les raisons d'un tel enthousiasme parmi l'aristocratie « éclairée » ne sont pas très claires. Fut-il vraiment un philosophe ? Mises à part les pages brûlantes adressées à Julie de Lespinasse, il ne reste de lui et sur lui que quelques souvenirs, quelques lettres, quelques phrases éparses, mais saisissantes :

« *Tout est destinée dans ce monde,* écrira Galiani à sa mort, *et l'Espagne n'était pas digne d'avoir un M. de Mora.* » Et plus loin : « *Il y a des vies qui tiennent à la destinée des empires. Ce que nous voyons à présent n'est qu'une fausse lueur de polissement, mais l'Espagne ne sera pas la France. S'il était dans l'ordre éternel qu'elle le devînt, Mora ne serait pas mort.* »[5]

On voudrait en savoir plus sur ses vertus, ses aptitudes. Mais la séduction qu'il exerçait sur tous ceux qui l'approchaient est évidente. Les faits attestent son ascendant sur les autres : on parle de femmes pâmées sur son passage, au bord de la mort ; on note l'admiration de Voltaire quand il le rencontra. On retient l'amitié que les philosophes lui témoignèrent.

En dépit de ses triomphes, des fêtes qu'on donnait en son honneur, Mora s'ennuya vite à Madrid. Il fut saisi par la mélancolie, par une « *invincible tristesse* ». Paris lui manquait. L'Espagne, pour lui, c'était l'exil. Il regarda à peine la femme que ses parents voulaient lui faire épouser, une

---

[5] Lettre de juillet 1774 *in* F. Galiani, *Correspondance avec Mme d'Épinay, Mme Necker, Mme Geoffrin…*, nouvelle édition par L. Perey et G. Maugras, 2 vols, Paris, Calmann-Lévy, 1881-1889.

cousine lointaine, Félicité d'Egmont Pignatelli, et n'en voulut pas : elle se consola en épousant deux ans après son frère cadet. Pour secouer sa tristesse, il se mit à écrire. Il composa à la mémoire de Mariquita Ladvenant, qui venait de mourir, une élégie pleine de sanglots. « *Un tissu d'énormités et de blasphèmes contre la compagnie de Jésus* », écrira le jésuite Coloma au siècle suivant. Dans un tout autre style, il écrivit un poème héroïcomique sur un personnage à la mode, un jésuite défroqué, l'abbé Casalbon, érudit parasite qui mangeait à la table des ducs en payant de sa plume. Il employa ce même jésuite pour traduire un livre à succès de Richardson, complètement inconnu en Espagne : *Sir Charles Grandison*[6]. Une idée de Julie de Lespinasse ? Peut-être pensait-il à elle, de nouveau.

Il fréquenta assidûment le plus riche salon de Madrid, celui de Don Pablo Olivade, ancien intendant de Séville, grand lettré et voltairien fanatique « *bien que de bon fond* », comme devaient l'admettre plus tard les jésuites.

Le salon de Don Pablo était un repaire de voltairiens où s'ourdissaient les complots du vieillard de Ferney. Olivade traduisait lui-même les pièces de Voltaire et les faisait jouer chez lui, ce qui était sa façon de répandre dans les salons la libre pensée. Cette audace lui valut d'être enfermé huit ans dans une prison de l'Inquisition, où il eut tout le temps « *de se repentir* ». Les « Lumières » n'étaient pas si vives encore qu'elles interdissent de tels accidents.

La meilleure actrice de cette troupe de comédiens aristocrates amateurs était Doña Mariana de Silva, duchesse d'Huescar. Elle brillait en première ligne sous les feux de la rampe. Elle était la Prima Donna. Mora était le galant.

La duchesse était veuve et belle. Elle affolait les hommes. Elle avait tous les talents : elle peignait si bien qu'on l'avait nommée présidente honoraire de la Société royale de Peinture. Elle écrivait, elle traduisait des tragédies françaises, elle faisait des vers. On l'appelait l'Académicienne.

Chaque semaine, Mora retrouvait la duchesse dans le salon d'Olivade. Chaque semaine sur les planches ils se disaient : « Je t'aime. » À force de se le dire sur la scène, « *ils commencèrent par le croire, et finirent par le réaliser* ».

---

[6] Ce roman de Richardson complète la trilogie dont les deux premiers romans sont *Clarisse Harlowe* et *Pamela*. Dans ce roman, Richardson aborde la peinture de la haute société et donne le rôle principal à un homme. Au sujet de ce livre, Walpole persifle : « *C'est le grand monde tel qu'un libraire peut le peindre, c'est l'amour tel qu'un ministre méthodiste peut se l'imaginer.* »

Pour Mora, ce fut une passade. Pour la duchesse, l'affaire de sa vie. Elle était décidée à lui sacrifier son veuvage. Elle congédia rudement tous ses prétendants, s'enferma dans une passion douloureuse et bruyante, et clama si fort son amour que son cri arriva jusqu'à Paris et alerta le comte de Fuentès. Or le comte n'était pas du tout d'accord : la duchesse était plus âgée que son fils, et elle était pauvre, la fortune de son père, le duc de Huescar, revenant (en lui passant au-dessus de la tête) à sa fille de quatre ans, la future duchesse d'Albe qui sera le célèbre modèle de Goya.

Gonçalve de Mora rompit donc avec la duchesse, sans trop de peine, car il ne l'aimait plus. Il fut envoyé en Catalogne avec son régiment, et l'amoureuse se mit au lit pour mourir. Effondrée sur ses oreillers de dentelle, elle poussait ce qu'elle croyait être ses derniers soupirs, écrivant des « séguedilles » dans le genre élégiaque sur la traîtrise des hommes et leur inconstance. Pour mieux se faire plaindre, elle ouvrit la porte à ses anciens soupirants qui se ruèrent chez elle et la consolèrent si bien qu'elle ne mourut pas. Mieux : sept ans plus tard, elle épousait ce même comte de Fuentès, devenu veuf, qui n'avait pas voulu l'avoir pour bru.

Tandis que la duchesse faisait semblant de mourir, Mora dépérissait en Catalogne. Il n'avait qu'un désir : revoir Paris, retrouver ses amis. Il multipliait les démarches pour obtenir une permission. Il écrivait lettre sur lettre au ministre de la Guerre quand, le 5 juillet 1767, son fils, qui avait alors trois ans, mourut de la petite vérole. Le coup atterra le jeune homme. Il était seul en Catalogne, sans un ami pour le consoler, loin de ses parents. Le ministre de la Guerre céda enfin, et la permission de se rendre à Paris lui fut accordée. Mais il fallait avant son départ qu'il démêlât les intrigues familiales avec les d'Aranda : « *Tout se ligue contre moi,* écrivait-il au duc de Villahermosa, ancien rival devenu son ami, *et il ne manquait plus que de me voir enlever la consolation d'embrasser parents, frères, amis, enfin, tout ce que j'aime le plus au monde ! Cela m'aiderait tellement à calmer ma douleur, à secouer la mélancolie qui m'accable. Je t'assure que j'ai traversé des jours bien cruels. Combien tu m'as manqué ! Et de quelle consolations m'eût été ta compagnie dans mes peines.* »

Enfin, tout fut réglé, et sans un regret pour la duchesse de Huescar, sans un adieu, Mora se mit en route pour Paris.

La langueur de Julie, sa mélancolie... Depuis qu'elle avait rencontré et perdu Mora, tout lui semblait fade. Elle continuait vaillamment à jouer son rôle de maîtresse de maison et de muse de l'*Encyclopédie*. L'interminable querelle qui avait opposé David Hume à Jean-Jacques Rousseau l'avait un moment tirée de ses rêveries. Elle brillait toujours aux dîners du mardi de Mme Geoffrin et, chaque soir, dans les coulisses de son salon, elle se grimait consciencieusement avant de paraître sous les feux des lustres. Jusqu'alors, la représentation, les conversations mondaines, le rôle d'inspiratrice avaient suffi à sa survie. Mais maintenant ?

À quoi bon se divertir, s'étourdir dans le fracas du monde ? N'était-ce pas se perdre, à la longue ? Pour Julie c'était une manière de brider sa nature. Elle sentait que la moindre égratignure à la belle organisation de sa vie la déchirerait comme une dentelle. Sa triste aventure avec le vicomte de Taaffe l'avait rendue prudente. Ne fallait-il pas se contenter de l'adoration de d'Alembert ? Cet Espagnol trop beau et trop jeune valait-il le mors qui blesse ?

« *Quand j'étais jeune,* confie-t-elle à d'Holbach, *je me livrais à esprit perdu à toute ma sensibilité. J'en ai pensé perdre la vie. Il m'en a coûté la santé. Je suis venue à une situation plus douce, à une disposition plus calme, et j'ai vu que la vie pouvait n'être pas insupportable, qu'il fallait s'étourdir, s'amuser, si l'on pouvait, et ne s'attacher fortement à rien. Voilà, mon cher baron, le secret de ma vie, et voilà ce que vous appelez un cœur dissipé. De bonne foi, croyez-vous qu'il ne fût fait que pour la dissipation ? Croyez-vous que, quoique ma raison m'ait prescrit ce plan de conduite, mon âme s'y soumette toujours ? Oh ! si vous saviez ce qu'il m'en a coûté, vous ne douteriez pas que les lettres d'Héloïse m'aient affectée jusqu'à me faire mal.* »[7]

La littérature, la tendresse, le monde avaient entièrement occupé Julie pendant trois ans. La torpeur avait fait place ensuite à cet émerveillement. Elle avait besoin d'autre chose. Elle se fût jetée à âme perdue dans la religion. Elle n'avait pas la foi. Elle se jeta à cœur perdu dans la passion.

De retour à Paris, le marquis de Mora traversait la même crise que Julie. La mort de son fils l'avait fait vieillir d'un coup. Il n'était plus le fringant jeune homme, ardent, curieux de tout, passionné, que les Parisiennes s'arrachaient un an plus tôt. Le visage défait, maigre à faire peur, toussant à s'arracher les poumons, traînant une fièvre continuelle, il tenait les propos désabusés d'un homme qui n'a plus envie de vivre.

---

[7] Lettre de Julie de Lespinasse au baron d'Holbach, Papiers du Président Hénault, cité *in* Marquis de Ségur, *Julie de Lespinasse*, *op. cit.*

« *Tout cela n'a pas de remède,* disait-il au duc de Villahermosa inquiet de son état, *et s'étendre sur de si douloureux sujets ne sert qu'à faire revivre la douleur. Je suis né malheureux, et je n'ai qu'à subir mon sort. Puissé-je avoir la consolation que les miens soient toujours heureux ! De leur bonheur dépendra tout le mien... Je suis jeune, mais personne, si âgé qu'il soit, n'a subi de plus dures et plus nombreuses expériences du monde que moi.* »

Quelle hécatombe en effet autour de cet homme de vingt-quatre ans : sa femme, sa fille, son fils, une maîtresse, et une mère mourante de la tuberculose dont lui-même ressentait les premières atteintes. Il s'étourdissait comme il le pouvait, allant d'un salon à l'autre, et paraissait peu pressé de retourner chez Mlle de Lespinasse qu'il semblait, dans ses malheurs, avoir oubliée.

Nulle précipitation non plus chez Julie. Paris était petit. Elle le reverrait bientôt, chez Mme Geoffrin, à l'opéra, ou chez elle. Elle frémissait quand quelqu'un de ses visiteurs lui parlait de l'Espagnol ; elle essayait de se raisonner. Qu'espérait-elle au juste ? N'était-elle pas vieille et laide ? Le revoir, simplement, une seule fois, se rafraîchir seulement les yeux et le cœur de lui, une seule journée, n'était-ce pas le seul bonheur qu'elle était en droit d'attendre ?

Pâle et décharné, Gonçalve de Mora surgit sans prévenir. Il s'assit, comme la première fois, à côté de Julie, lui parla de la mort de son enfant, de sa vie. Il était devenu, enfin, ce qu'il était vraiment, celui dont elle avait rêvé. La tristesse, la maladie lui avaient arraché son masque de jeune homme insouciant. Il était, comme elle, un être souffrant, passionné, désespéré. Soudain, tout parut possible à Julie. Elle ne cacha pas une seconde de plus son amour au jeune homme. Il vit dans son regard la passion qu'elle contenait depuis longtemps, et en un instant les patriciennes du faubourg Saint-Germain, Mariquita Ladvenant, la duchesse de Huescar n'existèrent plus pour lui. Il fut emporté par l'amour de Julie. Hors d'elle, plus de vie.

À dater de ce jour, il oublia tout, la philosophie, la religion, les salons, les honneurs, les « hautes fonctions » auxquelles sa famille le destinait. Il ne vécut plus que pour aimer Julie, être auprès d'elle tous les soirs. Quand il ne la voyait pas, il prolongeait le tête-à-tête avec ses souvenirs des heures précédentes, continuant à s'enivrer de ce qu'elle avait dit, les sens et le cœur incendiés par le regard qu'elle posait sur lui. Il était, comme dit Marmontel « *en adoration devant elle* ».

« *Ah !* s'écriera Julie, *qui a jamais senti mieux que moi tout le prix de la vie ! Combien j'ai été aimée ! Par un bonheur inouï et qui ne devrait jamais arriver, la créature la plus tendre, la plus charmante qui ait existé m'avait abandonné son âme, sa pensée et toute son existence. Quelque indigne que je fusse du don et du choix qu'il m'avait fait, j'en jouissais avec étonnement et transport... Mon Dieu ! qu'il était doux d'aimer et de vivre pour quelqu'un qui avait tout connu, tout jugé, tout apprécié, et qui avait fini comme le sage à trouver que tout n'est que vanité. Ah ! qu'elle était noble, qu'elle était grande, cette âme ! Elle aurait rejeté avec horreur l'empire de ce monde.* »[8]

Tout ce qui les séparait, les différences d'âges, de condition, disparut dans leur émerveillement :

« *Quand je lui parlais,* dit Julie, *de la distance immense que la nature avait mise entre nous, j'affligeais son cœur, et bientôt il me persuadait que tout était égal entre nous, puisque je l'aimais. Il voyait mon âme, la passion qui la remplissait, et rejetait bien loin les jouissances de l'amour-propre.* »

Julie vivait enfin. Sa vraie nature, cachée par la peur des choses graves sous les manèges du monde apparaissait, dépouillée, décapée par la passion dont elle brûlait. La Julie animée du seul désir de plaire sans objet, grisée par les succès et les bruits du monde, emportée par l'ivresse des séductions de son siècle, était morte. Il n'y avait plus que Julie l'Amoureuse, exaltée, brûlante de désirs, torturée par l'angoisse : « *Le plus fort battement de cœur de tout le siècle.* »

Tout d'abord, ils ne furent qu'heureux. Julie ouvrit des yeux neufs sur le monde. Elle commença à écrire ses *Mémoires*, comme si la vie n'eût compté à ses yeux qu'à partir du moment où elle avait connu Mora. Elle jouissait du plaisir d'être aimée, « *aimée à un degré où l'imagination ne peut atteindre* ». Tout ce qu'elle avait lu lui paraissait froid et faible en comparaison du sentiment qu'éprouvait pour elle Gonçalve de Mora.

Heureuse, confiante, elle abandonnait son âme à « *l'âme la plus grande, la plus forte et la plus vertueuse* » et découvrait tout le prix de la vie entre les bras de ce héros éperdu d'amour.

D'Alembert ne voyait rien, n'entendait rien, ne devinait rien. Heureux, satisfait de son amour platonique, de ce rôle de mari honoraire. Pour lui,

---

[8] Lettre de 1774, *in Lettres de Mlle de Lespinasse...*, édition présentée par E. Asse, *op. cit.*

les affaires de cœur étaient simples : il aimait Julie, et l'aimerait aussi longtemps qu'il vivrait. Elle lui avait dit qu'il était le premier objet de son cœur, et il se reposait sur cette certitude. Sa propre fidélité, la constance de ses sentiments étaient les garants de l'amour et de la vertu de sa compagne. Il croyait Julie incapable de passion, pensant que pour l'avoir une fois éprouvée, elle en connaissait trop les dangers pour s'y livrer. La sensibilité, pensait-il, était pour elle un tourment plutôt qu'un plaisir, elle n'aimait donc qu'autant qu'elle osait. Elle osait peu. Le principal tort qu'il lui reconnaissait était la froideur de sa nature, et lui-même, le modeste d'Alembert, si peu exigeant, s'en était plaint un jour : « *Les défauts que j'ai à vous reprocher prouvent peut-être – je ne vous dis cela qu'à l'oreille – qu'il n'y a guère de passion chez vous.* »

Pauvre d'Alembert. Aveuglé comme un mari. Souriant avec indulgence à ce qu'il croyait n'être chez Julie qu'un sentiment passager, un engouement, alors que tout dénonçait l'amour fou. Chantant avec Julie les louanges de son rival, pleurant presque autant qu'elle lorsque Mora, quelques mois après son arrivée à Paris, annonça que son congé était fini et qu'il devait retourner en Espagne.

Cette idylle sans nuages avait duré jusqu'en avril 1768. Julie devait à Mora plus de bonheur et de plaisir que presque tout ce qui a paru sur la terre n'en a senti ni pu imaginer. Mora, ressuscité par l'amour, devait rejoindre ses troupes. Auparavant, il voulut accomplir le sacro-saint pèlerinage à Ferney en compagnie de son ami Villahermosa.

Julie aurait pu le supplier de rester auprès d'elle plutôt que d'aller voir Voltaire. Mais n'aurait-il pas été indigne de la « muse des philosophes » d'empêcher le jeune apôtre de la liberté espagnole d'aller boire à la source de la libre pensée ? Elle le poussa à partir, sans regrets, sans tristesses, car elle était sûre qu'il lui reviendrait. Il l'avait juré. Il vivrait avec elle, dût-il pour cela abandonner sa carrière et dresser contre lui sa famille. Elle s'occupa des préparatifs du voyage, régla tous les détails, et pour être bien sûre que son amant soit reçu avec tous les honneurs dus à son rang et à ses mérites, elle mit la plume dans la main de d'Alembert et lui fit écrire à Voltaire une lettre de recommandation, à la louange de son rival :

« *Il y a ici un jeune Espagnol de grande naissance, fils de l'ambassadeur à la cour de France et gendre du comte d'Aranda, qui a chassé les jésuites d'Espagne. Vous voyez déjà que ce jeune seigneur est bien apparenté, mais c'est là son moindre mérite. J'ai vu peu d'étrangers de son âge qui aient l'esprit plus juste, plus net, plus cultivé et plus éclairé. Soyez sûr que, tout jeune, tout grand seigneur et tout Espagnol qu'il est, je n'exagère nullement. Il est près de retourner en Espagne, et il est tout simple que, pensant comme il fait, il désire de vous voir et de causer avec vous. Il sait que vous êtes seul à Ferney et que vous voulez y être seul : aussi ne veut-il pas vous incommoder. Il se propose de demeurer à Genève quelques jours et d'aller de là converser avec vous aux heures qui vous gêneront le moins. Ce qu'il vous dira de l'Espagne vous fera certainement plaisir : il est destiné à occuper un jour de grandes places et il peut y faire un grand bien. Je puis vous répondre que, quand vous l'aurez vu, vous me remercierez de vous l'avoir fait connaître. Faites-moi, je vous prie, un mot de réponse, ostensible, soit pour accepter ce que je vous propose, soit pour le refuser honnêtement, ce qui m'affligerait, je vous l'avoue, sans cependant que je vous en susse mauvais gré, ni M. de Mora non plus... Oh ! qu'un jeune homme étranger comme celui-ci ferait honte à nos freluquets welshes !* »[9]

On entend, derrière les mots, la voix de Julie stimulant d'Alembert, poussant à la louange. Mais il est clair aussi que d'Alembert avait une vive admiration pour le jeune Espagnol : cette lettre fait voir un peu plus clairement la séduction qu'exerçait le jeune homme.

Voltaire avait beau se plaindre d'être depuis des années « l'aubergiste de l'Europe » et de trouver ce métier lassant, il ne recevait pas tous les jours des Grands d'Espagne. Non seulement il accepta de donner audience à Mora et à Villahermosa, mais il leur offrit aussi l'hospitalité.

Le 25 avril, après s'être arraché l'un aux bras de Julie, l'autre aux plaisirs de Paris, les pèlerins espagnols arrivaient chez « *le Prince des Poètes, Phénomène perpétuel de gloire, Philosophe des Nations, Mercure de l'Europe, Orateur de la Patrie, Promeneur des Citoyens, Historien des Rois, Panégyriste des Héros, Aristarque des Zoïles, Arbitre du Goût, Peintre en tous genres, le même à tout âge, Protecteur des Arts, Bienfaiteur des talents, ainsi que du vrai mérite, Admirateur du génie, Fléau des persécuteurs, Ennemi des fanatiques, Défenseur des Opprimés, Père des Orphelins, Modèle des Riches, Appui des Indigents, Exemple immortel des sublimes vertus...* » Voltaire, enfin.

L'illustre objet de la dévotion de l'Europe n'émerveillait pas au premier abord. Il lui fallait en premier lieu se plaindre. Lui disait-on qu'il avait l'air de se bien porter ? il devenait furieux. Cela faisait quarante ans que cet

---

[9] Lettre du 5 avril 1768, *in* Voltaire, *Correspondance générale*, *op. cit.*

homme de santé robuste souffrait, croyait-il, de toutes les maladies. Son hypocondrie augmentait avec l'âge. Il se lamentait d'être sourd, aveugle, podagre, détaillait ses infirmités, se purgeait pour le moindre bouton. Un voyageur, revenant de Ferney, raconte l'accueil du patriarche :

« *Je le laissai se plaindre, et pour vérifier moi-même ce qu'il en était, dans une promenade que nous fîmes ensemble dans le jardin, tête-à-tête, je baissai d'abord insensiblement la voix, au point d'en venir à ce ton bas et presque humble dont on parle aux ministres ou aux gens qu'on respecte le plus. Je me rassurai sur ses oreilles. Ensuite, sur les compliments que je lui faisais de la beauté de son jardin, de ses fleurs, etc. il se mit à jurer après son jardinier, qui n'avait aucun soin, et en jurant, il arrachait de temps en temps de petites herbes parasites, très fines, très déliées, cachées sous les feuilles de ses tulipes et que j'avais toutes les peines du monde à distinguer de ma hauteur. J'en conclus que M. de Voltaire avait encore des yeux très bons ; et par la facilité avec laquelle il se courbait et se relevait, j'estimai qu'il avait de même les mouvements très souples, les ressorts très liants, et qu'il n'était ni sourd, ni aveugle, ni podagre… c'est une lampe qui s'éteindra faute d'huile, quand le feu dont il est dévoré aura tout consumé.* »

Mais, après les doléances et les lamentations d'usage, Voltaire était le plus charmant des hôtes. Il ne pouvait pas résister longtemps à l'envie de plaire. D'autant que cette fois ses visiteurs étaient charmants. Mora, oubliant sa passion toute neuve, mit son lyrisme au service de l'Espagne, fit à Voltaire le récit bouleversant de l'expulsion des jésuites, jetés sur les côtes de Corse, lui raconta l'émeute provoquée en 1766 par un décret proscrivant les capes et les sombreros, sous le prétexte que les sombreros cachaient les yeux des brigands, et que les capes pouvaient dissimuler des armes. La foule avait fini par emprisonner le roi Charles III qui, pour se tirer d'affaires avait dû rendre capes et sombreros. Mais Aranda, plus déterminé à moderniser l'Espagne que le souverain lui-même, les avait interdits à nouveau. Depuis lors, les Espagnols, furieux, portaient l'habit à la française.

Il s'enflamma en parlant des horreurs de l'Inquisition, assura Voltaire que ses œuvres avaient remué les entrailles de l'Espagne, que Madrid applaudissait ses pièces. Le philosophe, touché jusqu'à l'âme, imaginait déjà l'Espagne devenue, grâce à ces jeunes gens d'un si grand mérite, le meilleur des mondes possibles, le paradis des Philosophes :

« *Les Espagnols,* proclamait-il, *avancent quand nous reculons. Ils ont fait plus de progrès en deux ans que nous n'en avons fait en vingt. Ils apprennent le français pour lire les ouvrages nouveaux qu'on proscrit en France.* »[10] L'Inquisition n'était pas encore abolie, certes, mais on avait arraché les dents à ce monstre, on lui avait coupé les griffes.

Pendant trois jours Voltaire répandit ses lumières sur ses nouveaux disciples. Son charme et son esprit les enchantèrent. Il les quitta persuadé qu'ils étaient maintenant prêts à propager sa bonne parole :

« *Que l'Être des Êtres*, manda-t-il en les voyant partir, *répande ses éternelles bénédictions sur son favori d'Aranda, sur son très cher Mora et sur son bien-aimé Villahermosa. Un nouveau siècle se forme chez les Ibériens. La douane des pensées n'y ferme plus l'allée à la vérité.* »[11]

Tout cynique qu'il fût, Voltaire se faisait des illusions. Mora ne repartait pas empli du seul désir de pourfendre « l'Infâme ». Sitôt franchies les grilles de Ferney, le philosophe en herbe redevint l'amoureux éperdu. Arrivé en Espagne, il avait complètement oublié qu'il avait juré d'y faire entrer « *tous les bons livres où les hommes peuvent puiser l'horreur du fanatisme* ». Son fanatisme à lui n'était pas de ceux qu'on pourfend, c'était son amour pour Julie. Il ne pensait qu'à elle. Tous ses moments libres, il les passait à lui écrire, et à implorer auprès du ministre des Armées un nouveau congé. Les mois passaient. Il était prêt à donner sa démission, à renoncer à une carrière éclatante, quand se présenta l'occasion rêvée de retourner à Paris.

Sa sœur, Maria Manuela Pignatelli, âgée de seize ans, épousait l'homme qu'elle aimait, Villahermosa, le compagnon de Mora, de vingt ans son aîné. Le mariage fut célébré à Saragosse. Retenu à Paris où il était retourné après le pèlerinage de Ferney, Villahermosa était remplacé par le comte d'Aranda. La nouvelle duchesse devait rejoindre son époux à Paris. Il n'était pas question de la laisser voyager sans chaperon : Mora fut choisi pour conduire le cortège de sa sœur.

Après vingt-huit jours de route, il arrivait à Paris, et plantant là les siens, galopait, bride abattue, jusqu'à la rue Saint-Dominique où l'attendait sa bien-aimée.

Ils se retrouvèrent avec un émerveillement intact. Leurs sentiments n'avaient pas seulement résisté à l'absence. Ils s'en étaient nourris. Rien ne vint troubler ces mois d'été qu'ils passèrent ensemble. Ils se voyaient tous les jours, faisaient des projets d'avenir ; le monde, c'était pour eux

---

10 Voltaire, *Correspondance générale*, *op. cit.*

11 *Ibidem*.

cette chambre à coucher aux tentures de damas et de velours cramoisi où ils se retrouvaient tous les matins. Ils s'aimaient « à la rage ».

Que signifie, au juste, cette expression dans la bouche de Julie ? Rage des cœurs ? Rage des corps ?

Il est difficile de les imaginer satisfaits d'une passion platonique. Les sujets du Bien-Aimé pensaient, avec Épicure, qu'en amour le physique seul est bon. Réhabilitée par Rousseau, la vertu n'avait force de loi que sur les demoiselles nées trop tard pour avoir connu les libertés dont leurs mères avaient joui. Fervente lectrice de Rousseau, Julie de Lespinasse avait trente-sept ans. Elle avait vécu dans un monde où les honnêtetés les plus farouches étaient mises à rude épreuve, où la volupté commandait tout. La pudeur ignorait encore les rigueurs et les prudences qu'elle allait inventer au XIXe siècle. Les femmes, à commencer par Julie, recevaient librement, plongées dans leurs baignoires, à leur toilette. Les philosophes, enfin, avaient arraché les débris de pudeur qui collaient à la peau des femmes les plus honnêtes en s'exclamant : « *Belle vertu, qu'on attache sur soi avec des épingles !* »

Elles sont éloquentes, ces phrases des lettres de Julie parlant de sa liaison avec Mora :

« *Il comparait ce qu'il avait aimé, ce qu'il aimait encore, et il me disait sans cesse : "Oh ! Elles ne sont pas dignes d'être vos écolières. Votre âme a été chauffée par le soleil de Lima et mes compatriotes semblent nées sous le soleil de Laponie."* »[12]

Mora se référait-il simplement à la chaleur des regards et des déclarations de sa bien-aimée ? Julie recevant Mora devant sa toilette ou sur son lit, dans un jupon de mousseline, les cheveux dénoués, le corsage mal lacé, tremblante à l'idée qu'il aurait pu ne pas venir, n'aurait-elle accordé à son amant que quelques baisers ?

Était-elle si prude ? Elle vivait ouvertement avec d'Alembert et écrivait : « *Je n'oserais pas vous dire le mépris que j'ai pour l'opinion.* » Hormis la peine faite à d'Alembert, qu'avait-elle à craindre de cette liaison ? Tant d'autres amours étaient consacrés par l'opinion publique…

Certes, tels passages des lettres de Julie à Guibert sont plus troublants, où elle l'accuse de l'avoir entraînée à commettre sa « première faute ».

« *Le crime d'un moment,* écrit-elle, *écrase toute ma vie. Il me semble qu'inutilement j'ai été honnête jusqu'à ce que je vous aie connu. Qu'importe, en effet, ce*

---

[12] Lettre à Guibert de 1775, *in Lettres de Mlle de Lespinasse…*, édition présentée par E. Asse, *op. cit.*

que j'ai été ? Je sais que j'ai manqué à la vertu, que j'ai manqué à moi-même, et j'ai perdu ma propre estime. Jugez si j'ai droit de prétendre à la vôtre ! Et si vous ne m'estimez pas, y a-t-il moyen de m'aveugler, de croire que vous puissiez m'aimer ?... Je ne suis devenue méprisable que parce que je vous ai aimé ; vous n'avez douté de mon cœur que parce que je vous l'ai donné et vous n'avez cessé de m'estimer que parce que je vous ai fait le sacrifice de mon honnêteté. Tout cela doit être la suite et le prix de l'abandon de la vertu... »[13]

Que signifie ici le mot d'honnêteté ? Chez cette bonne philosophe, ce ne saurait être on ne sait quelle convention sociale – mais l'honnêteté des cœurs, la fidélité. Elle est restée honnête tant qu'elle était fidèle à Mora. Son « crime », ce n'est pas d'avoir fait l'amour avec Guibert, mais d'avoir manqué à la parole qui la liait à Mora. De là sa honte. Ce trait de Barbey d'Aurevilly :

« *N'ai-je pas entendu l'autre jour une de nos plus belles duchesses traiter de "fille" Mlle de Lespinasse parce qu'elle avait eu deux amours ? Une femme comme il faut n'en a qu'un et elle en meurt.* »

Que son amour fût consommé ou platonique, Gonçalve de Mora prétendit qu'il voulait le sanctifier par les liens du mariage. Toute philosophe qu'elle fût, comment Julie n'y aurait-elle pas vu un triomphe ? Le projet se propagea d'autant plus vite qu'il était secret. Au mois d'août, tout Paris, sauf d'Alembert, était au courant. Suard écrivait à Julie pour lui demander où en étaient ses espérances : « *Quand pourrai-je vous savoir heureuse ? Vous me devez ce bonheur pour me consoler du sentiment de vos peines...* ». L'abbé Galiani se répandait en allusions. Mora mit son frère dans la confidence si bien que la nouvelle arriva aux oreilles du comte de Fuentès.

L'ambassadeur prit la chose au plus mal. Depuis quand les enfants se mariaient-ils selon leur cœur ? Depuis quand les Grands d'Espagne épousaient-ils des bâtardes sans fortune ? Un tel mariage mènerait sa maison au déshonneur et à la ruine. Et de quel droit une femme sans naissance, privée de rang dans la nature, de place dans le monde, revendiquait-elle le droit au bonheur ? Si elle n'était pas heureuse avec d'Alembert, elle n'avait qu'à se réfugier dans l'ombre d'un couvent.

Fuentès n'avait personnellement rien à reprocher à Julie. Il poussait lui aussi la porte de son salon. Mais « *l'astucieuse Française* » était une

---

[13] Lettre à Guibert de 1774, Archives du comte de Villeneuve-Guibert.

« *fille* ». Elle avait jeté un défi à l'opinion en vivant avec d'Alembert. On lui prêtait d'autres amants. Pour toutes les raisons du monde, elle était le pire des « *partis* » possibles.

Pour éviter que son fils ne tombât dans les filets de la duchesse de Huescar, Fuentès l'avait fait muter en Catalogne. Cette fois-ci, il le fit exiler, en brandissant le prétexte de la santé. Le climat parisien n'avait pas épargné les poumons du jeune homme. La tuberculose avait fait des progrès effrayants. L'amoureux crachait du sang, maigrissait encore et perdait l'appétit.

Il fallait le décider promptement à fuir un air doublement pernicieux. On ne plaisantait pas avec l'autorité paternelle. Mora se soumit tout de suite, dit une fois de plus adieu à sa belle et s'en alla rejoindre ses troupes au début de l'hiver 1769. Deux mois après son arrivée en Catalogne, il était promu général de brigade et obtenait, sans l'avoir demandé, un emploi à la Cour. Il était cerné par les honneurs, sommé de remplir enfin les hautes fonctions auxquelles il était destiné.

Les Fuentès se congratulaient : général de brigade à vingt-six ans ! Quelle carrière fulgurante ! « *Cela est pour moi une grande satisfaction,* écrit le marquis de Castimente, cousin de Mora, à Villahermosa. *On connaîtra maintenant ses mérites, qui ne sont pas du commun !* »

Nous ne connaîtrons jamais « *ces talents supérieurs* » dont tous ses amis s'accordent à douer Mora, pour la bonne raison que quelques mois après sa nomination, il envoya sa démission. Il renonçait à l'armée, aux honneurs de la cour, il renonçait à tout, pour l'amour de Julie. Il ne voyait d'autre destinée que dans les bras de sa maîtresse. Prétexte ? Sa santé.

L'abbé Galiani, colporteur en potins et consolateur des affligés, instruisait Paris de la décision de Mora et trouvait des mots de réconfort pour les Fuentès :

« *Je gage que Mora a quitté le service,* leur écrivait-il... *Ce n'est pas la philosophie, bien ou mal entendue, qui lui aura fait faire cette démarche. Ne craignez pas toutefois pour sa fortune. Il la gâtera trente fois et il la pourra remonter.* »

Pendant qu'à Paris les parents portaient le deuil de leurs espérances, en Catalogne, le fils continuait à ruiner son destin, et rompait les dernières amarres qui le rattachaient encore à l'armée, à la société castillane et à sa famille espagnole.

Un an, douze interminables mois... Au début de janvier 1771, Mora écrivait à Julie pour lui annoncer son retour. Il ne vivait plus que dans l'excitation du départ, le bonheur de retrouver enfin, et peut-être pour toujours, la femme qu'il aimait. Quand soudain, le 25 janvier, il fut terrassé par une crise beaucoup plus grave que toutes les précédentes. Pris d'une fièvre terrible, il cracha le sang et resta évanoui si longtemps qu'on crut qu'il était entré en agonie.

Quand il reprit connaissance, deux médecins penchés sur lui prononcèrent un arrêt qui le plongea dans le désespoir : les deux poumons étaient pris. La seule chance de rétablissement était de faire un long séjour dans un endroit ensoleillé. Ils conseillèrent Valence, « *une de ces contrées les plus délicieuses de l'Europe* » où se trouvait aussi Jorge Azlor d'Aragon, le frère cadet de Villahermosa. On ne lui laissait pas le choix. S'il rentrait à Paris, il signait son arrêt de mort. Il se laissa donc transporter à Valence, dans un demi-coma et le cœur brisé.

Julie était encore, lors du départ de Mora, « *tout entière au bonheur d'aimer et d'être aimée* ». Elle avait triomphé en apprenant que le jeune homme lui sacrifiait sa carrière. Les mois passant, des doutes lui venaient. Elle passait de l'espoir à l'abattement. Quand elle apprit la grave maladie de Mora, une première goutte de sang coula de son cœur.

Les portes de son salon étaient toujours ouvertes. Mondains et philosophes se pressaient chez elle, toujours aussi nombreux. Elle faisait bonne figure. Elle continuait à cabaler dans l'intérêt de ses amis. Elle ouvrait pour d'Alembert les portes de l'Académie, mais les fermait au poète Dorat, dont elle détestait le style et la personne ; elle allait au théâtre voir *Bayard*, une tragédie de du Belloy avec la crainte de ne pas y pleurer à chaudes larmes. Mais le cœur n'y était plus. Son âme était morte à toute espèce de distraction.

« *Il y a une certaine heure de la journée*, écrit-elle à Condorcet, *où je monte ma "machine morale" comme je monte ma montre tous les jours. Et puis le mouvement une fois donné, cela va plus ou moins bien. J'entends dire que je suis gaie et cela me ravit que, sans y mettre de fausseté, mais seulement le projet de conserver ma société, je puisse parvenir à vaincre ma disposition au point de me faire croire gaie. Ce qu'il y a de singulier, c'est que personne ne démêle l'effort qu'il me faut pour paraître ce qu'on me juge être réellement.* »[14]

À quoi bon, soupirait-elle. À quoi bon écrire ? Rien ne valait la peine d'être dit. Elle n'écrivait plus qu'à Condorcet pour lui faire ses confiden-

[14] *Lettres inédites de Mlle de Lespinasse*, publiées par Ch. Henry, *op. cit.*

ces, et à Mora pour lui dire son amour. À quoi bon lire ? Les livres ne lui apprenaient rien et ne l'amusaient point. À quoi bon aller dans le monde ? Elle en avait épuisé toutes les saveurs. Elle ne vivait plus qu'à l'heure de la poste. Deux fois par semaine, elle s'enfermait dans sa chambre, toutes lumières éteintes, et, assise près de la fenêtre, brûlante de fièvre, toussant, dans un « *état convulsif* », elle guettait le courrier.

Quand les lettres d'Espagne lui apportaient de bonnes nouvelles, elle ressuscitait pendant quelques heures. Le cœur gonflé d'espoir, gaie à nouveau, elle faisait lire à son ami Suard des passages de ces lettres, en s'excusant pour le style de son ami : la passion ne lui tournait pas la tête quand il s'agissait de « purisme ».

« *J'ai un scrupule en vous faisant voir ces lettres. Je vous prouve combien il est sensible, mais je fais tort à son esprit. Il est étranger, il m'écrit avec rapidité et négligence : mais croyez-moi, il a autant d'esprit que d'âme, et je l'avais jugé ainsi avant que de l'aimer.* »

Le lendemain, elle se remettait à attendre, dans l'agonie. Ses tendres rêveries se transformaient en insomnies. Seul l'opium pouvait calmer ses nerfs. Elle en abusait. Elle perdait ses forces et sa gaieté, elle était malade, souffrait de tout. Pour suivre les progrès de la passion chez Julie, il faut compulser la correspondance de Condorcet à Turgot : Dimanche, 30 décembre 1770 : « *Mlle de Lespinasse a eu avant-hier, pendant la nuit, une toux convulsive très violente… elle a pris de l'opium, elle s'est couchée hier avec la fièvre.* » 1er janvier 1771 : « *Mlle de Lespinasse a eu hier et avant-hier soir un mouvement de fièvre et elle a toujours eu beaucoup de malaise et de courbature. Elle n'a point dormi cette nuit et elle est sans fièvre ce matin.* » Dimanche 6 janvier 1771 : « *Elle est sans fièvre depuis plusieurs jours.* »

Elle attendait le retour de Mora pour la fin de janvier, et se sentait évidemment mieux… jusqu'à ce qu'elle apprenne la terrible crise qui l'avait terrassé. Juin 1771 : « *A eu hier un frisson très violent, suivi d'une forte fièvre ; c'est le septième accès depuis la rechute. On avait jusqu'ici laissé agir la nature, mais hier on a ordonné les eaux de Sedlitz.* » Un peu plus tard : « *La fièvre a ressaisi Mlle de Lespinasse depuis plusieurs jours, soit pour avoir pris du quinquina, soit à cause du jubilé ; elle est persuadée que le jubilé n'est pour rien dans sa maladie : elle n'est restée qu'un quart d'heure dans l'église de Saint Germain, et elle prétend que si un court espace de temps passé dans une église produisait un si fâcheux effet, ce serait une chose plus terrible qu'aucune épigramme de Voltaire.* »

Ce n'était pas la seule passion qui secouait ainsi la santé de Mlle de Lespinasse. Ces phases d'excitation et d'abattement sont courantes chez les phtisiques. Le mal dont elle avait hérité de sa mère commençait de la miner, elle aussi.

Mais que dire de d'Alembert ? Après avoir été heureux sans savoir pourquoi, il était malheureux sans en connaître la raison. Julie était odieuse avec lui. Seulement avec lui. Pour lui plaire, le pauvre philosophe courait à la poste voir s'il y avait une lettre pour qu'elle la reçût quelques instants plus tôt :

« *Il n'y a point de malheureux Savoyard à Paris,* écrit Grimm dans sa correspondance, *qui fasse autant de courses, autant de commissions fatigantes, que le premier géomètre de l'Europe, le chef de la Société encyclopédique, le dictateur de nos académies, en les faisant tous les matins pour Mlle de Lespinasse.* »[15]

Il courait chercher de l'opium et des potions diverses pour calmer les douleurs de sa bien-aimée. Il restait des heures à son chevet quand elle avait la fièvre. Mais plus il était tendre et dévoué, plus la conduite de Julie était cruelle. Elle lui en voulait de lui témoigner une affection qu'elle ne méritait pas :

« *Mlle de Lespinasse n'était plus la même avec d'Alembert,* écrit Marmontel, *et non seulement il en essuyait les froideurs, mais souvent les humeurs chagrines pleines d'aigreur et d'amertume. Il dévorait ses peines et n'en gémissait qu'avec moi. Le malheureux !* »[16]

Il n'osait pas demander à Julie les raisons de sa tristesse. Il croyait qu'il en était la seule cause, que le mal venait de lui.

« *J'ai été vingt fois au moment de me jeter entre vos bras,* avouera-t-il sur sa tombe, *et de vous demander quel était mon crime : mais j'ai craint que vos bras ne repoussassent les miens que j'aurais tendus vers vous. Votre contenance, vos discours, votre silence même, tout semblait me défendre de vous approcher...* »[17]

Julie, qui avait su l'aimer, n'avait plus un regard pour lui. Il en perdait le sommeil et l'appétit. Lui dont la santé était déjà si fragile, dépérissait à vue d'œil. La tête vide, le corps las, « *imbécile de découragement et de tristesse* », il ne pouvait plus travailler. « *Si je dois continuer à vivre ainsi,* disait-il à ses amis, *j'aimerais beaucoup mieux finir.* »

---

[15] F. M. Grimm, *Correspondance littéraire, op. cit.*

[16] J.-F. Marmontel, *Mémoires, op. cit.*

[17] J. d'Alembert, *Aux mânes de Mlle de Lespinasse, op. cit.*

Concentrée sur ses propres malheurs, égoïste, les yeux bandés pour tout ce qui n'était pas sa passion, Julie ne remarqua pas la détresse de son ami, jusqu'au jour où elle devint assez évidente pour la détourner un instant de la sienne. Elle ouvrit les yeux et vit à côté d'elle un homme épuisé, à bout de forces, le cœur et l'âme malades. Elle fut prise de remords. Elle aimait d'Alembert. Il était son plus grand ami, son seul soutien. Elle aurait pu le prendre dans ses bras, le consoler, il n'était pas si exigeant. Mais elle eut recours au « second secrétaire », le bon Condorcet :

« *Venez à mon secours, Monsieur,* lui écrivit-elle le 27 juillet 1770, *j'implore tout à la fois votre amitié et votre vertu. Notre ami, M. d'Alembert, est dans un état le plus alarmant, il dépérit d'une manière effrayante ; il ne dort plus, et ne mange que par raison ; mais ce qui est pis encore, c'est qu'il est tombé dans la plus profonde mélancolie ; son âme ne se nourrit que de tristesse et de douleur ; il n'a plus d'activité ni de volonté pour rien ; en un mot, il périt si on ne le tire par un effort de la vie qu'il mène. Ce pays-ci ne lui présente plus aucune dissipation ; mon amitié, celle de ses autres amis ne suffisent pas pour faire la diversion qui lui est nécessaire. Il a besoin des secours et des soins de l'amitié, et il faut qu'il trouve tout cela dans un ami tel que vous.* »[18]

Julie proposait à Condorcet d'emmener d'Alembert en Italie. Rien de tel qu'un voyage pour vous distraire de vos malheurs. Le climat, les beautés du pays, un milieu nouveau guériraient vite l'ami déconfit.

« *S'il fallait faire un sacrifice dans votre vie,* continue-t-elle, *y eût-il jamais personne qui le méritât plus que votre malheureux ami ?* » Admirable inconscience de l'égoïsme… Y songeait-elle seulement, à sauver son meilleur ami ? Elle était alors incapable d'une telle générosité, elle qui, en d'autres temps, avait passé des nuits entières au chevet de l'homme qui l'aimait.

Condorcet, « *sensible et vertueux* » comme il l'était, accepta sans hésiter une seconde. Il courut voir d'Alembert, lui fit miroiter les beautés de l'Italie, les charmes d'une halte chez Voltaire à Ferney, lui demanda comme un service de l'y accompagner et d'Alembert se laissa faire. C'était la seule ressource qui lui restait « *pour ne pas périr d'une mort lente et cruelle* ». Comme il fallait de l'argent pour entreprendre ce voyage, on s'adressa une fois de plus à Frédéric de Prusse. Toujours charmé d'obliger le parti des philosophes, il envoya 6 000 livres par retour du courrier.

---

[18] *Lettres inédites de Mlle de Lespinasse*, publiées par Ch. Henry, *op. cit.*

Au début du mois d'octobre, les deux amis se mettaient en route, et Julie restait seule, débarrassée pour un moment d'une amitié envahissante, soulagée de pouvoir pleurer sans témoin.

Sa tranquillité ne dura pas longtemps. Quelques jours passés à Ferney suffirent à d'Alembert pour se déclarer guéri. Le traitement de Voltaire : discussions philosophiques, jardinage, promenades, bonne chère, avait rendu des couleurs à ses joues et du tonus à son âme. Il jugea inutile de poursuivre ce traitement en Italie. Les beautés de la Toscane lui paraissaient ridicules comparées au charme de Julie. Il ne pouvait attendre de la revoir, et regagna Paris en toute hâte, heureux de retrouver sa bien-aimée et son univers. Il voulut à son retour restituer à Frédéric la somme qui lui restait, mais celui-ci s'y refusa et d'Alembert employa l'argent à des œuvres de charité.

Dans l'air de Valence, chargé des senteurs d'orangers, Gonçalve de Mora faisait tout pour guérir. Il mangeait comme un ogre, avalait des potions, consultait des guérisseurs, et deux mois après son arrivée, il était transformé. « *Mora est plus gras et a meilleure mine que jamais* », écrivait le frère cadet de Villahermosa. « *Toutefois, comme la douleur aux poumons n'a pas encore disparu, je suis d'avis que son père le persuade de ne pas encore partir d'ici.* »

Fuentès usa de son autorité et déploya tous ses talents de diplomate pour prolonger la retraite de son fils. Les médecins brandirent des menaces de mort prochaine. Rien n'y fit. Mora était décidé à partir. Dès qu'il fut en état de monter à cheval, il se mit en route, et, brûlant les étapes, piqua droit sur Paris. Il arriva chez Julie, comme d'habitude à l'improviste.

C'est un Mora rajeuni, plus beau, plus émouvant encore et mille fois plus amoureux, qui retrouve Julie. Il ne lui reste plus longtemps à vivre, il le sait, et il se précipite dans l'amour comme un mort en sursis. Il aime Julie avec emportement, dévotion, et ils vivent des instants de bonheur absolu qui ne laissent aucun vide dans leur âme. Ils s'extasient sur le sentiment dont ils ont, dit Julie, « *plus besoin que de l'air qu'on respire* ».

Ils ne se quittent plus, ne voulant rien faire l'un sans l'autre, se communiquant toutes leurs pensées. Le matin, Mora se glissait dans la chambre de Julie, après avoir salué d'Alembert, ravi de la visite. L'après-midi, il la croisait au Bois ou devant le café Gaussin, par hasard, et le soir il la retrouvait chez elle, dans les salons de leurs amis communs qui les invitaient ensemble, ou au théâtre, dans une de ces petites loges où les femmes arrivaient en déshabillé et où l'on pouvait s'embrasser derrière les stores baissés, à l'abri des regards curieux.

Ils ne se cachaient plus, même à d'Alembert qui, de toute façon, avait les yeux bandés. La vie était une fête. Le monde, mort pour Julie sans « *l'Objet qui l'animait* », redevenait avec lui une source de joies. Dans son bonheur, elle aimait tout le monde. Sa passion heureuse laissait la place aux curiosités de l'esprit et à l'amitié. Jamais son salon ne fut si gai, et jamais d'Alembert ne fut d'aussi bonne humeur. Il redevenait l'amuseur de société qu'il avait été dans sa jeunesse, et on riait aux éclats quand il mimait Fontenelle. Julie s'occupait activement de l'élection de Suard à l'Académie française, s'inquiétait de la santé de Turgot qui souffrait de la goutte, dictait des lettres à son secrétaire, grondait Condorcet, s'amusait des potins parisiens. Elle était tranquille et confiante, Mora lui parlait de mariage.

L'amour résiste-t-il longtemps à l'épreuve du bonheur paisible ? La certitude d'être aimé n'atténue-t-elle pas la passion ? Plus de larmes, nul malheur en perspective ? Il semble que le cœur de Julie battit moins fort, après l'exaltation des premiers jours, quand Mora lui eut donné toutes les preuves de son attachement, et lui eut promis le mariage. Leur liaison prenait un tour dangereusement conjugal où s'insinuaient le confort des sentiments et la fierté d'avoir enfin un « état ».

Il est certain que dans l'amour de Julie pour Mora, l'amour-propre eut une part. Elle était aimée d'un homme que toutes les femmes lui enviaient et qui portait l'un des plus beaux noms d'Europe. Les succès qu'il remportait dans les salons étaient pour elle comme des succès personnels et elle en jouissait d'autant plus qu'elle savait qu'ils glissaient, sans laisser de trace, sur l'âme de Gonçalve.

« *Au milieu de la dissipation de la Cour,* écrivait-elle, *étant l'objet de la mode, étant devenu celui de l'engouement des plus belles dames, il n'avait qu'une affaire, il n'avait qu'un plaisir : il voulait vivre dans ma pensée, il voulait remplir ma vie.* »

Il ne consentit à s'éloigner d'elle qu'une fois, invité par le roi à Fontainebleau. L'absence dura dix jours : Julie reçut de lui vingt-deux lettres. Ce déluge épistolaire est un des signes du temps. L'écriture était une manie. Il fallait écrire tout le temps, à propos de tout. Tout en courant la ville à l'affût des nouveautés du jour, la femme déposait dix billets de visite par matinée, se faisait écrire dans tous les salons où elle allait. C'était plus qu'une mode, c'était une fureur. Mme Geoffrin s'imposait d'écrire tous les jours deux lettres. Mme du Deffand faisait dix brouillons du moindre billet du matin. C'était une manière aussi de tromper son ennui, de ne jamais se sentir seule, de continuer une conversation de salon, d'entendre toujours les bruits du monde, de remplir un moment d'horrible solitude.

« *On a connu ici*, raconte Horace Walpole, *des gens qui s'écrivaient quatre fois par jour. On m'a parlé d'un couple qui ne se quittait jamais, et dont l'amoureux, forcené pour écrire, mettait un paravent entre eux deux, écrivait à Mme de l'autre côté, et lui jetait les lettres par-dessus.* »[19]

L'exaltation, les fatigues de la vie mondaine, les succès, les nuits blanches, le climat parisien épuisaient Mora. Quelques mois après son retour, il recommença à cracher le sang. Un peu amollie par le bonheur, la passion de Julie fut ravivée : « *Ah, c'en est fait, je suis malheureuse !* » Quelle part de volupté entre dans cet aveu ? « *Aimer et souffrir, le ciel et l'enfer, voilà à qui je me dévouerai, voilà ce que je voudrais sentir, voilà le climat que je voudrais habiter, et non cet état tempéré dans lequel vivent tous les sots et tous les automates dont nous sommes environnés.* » Elle confie à son ami Suard : « *Je suis à la torture, et je n'en aime que davantage.* » Mora avait perdu en romanesque ce qu'il avait gagné en robustesse. Malade, il grandit à ses yeux. Le voilà plus aimable d'être en danger de mort. Le bonheur calme n'est pas pour des âmes comme celle de Julie de Lespinasse. Heureuse, il faut qu'elle soit « *effrayée de son bonheur* ». Le malheur la « *tue* ». Il faut que la fatalité se mêle à la passion. Alors ce sont des cris sublimes. Hystérie à forme masochiste ? C'est une des définitions possibles de ce préromantisme.

Les crises se multipliaient dangereusement, de plus en plus violentes. Mora avait à peine la force de se traîner chez sa maîtresse. Il restait parfois de longues semaines cloué sur son lit, et d'Alembert faisait la navette entre la rue Saint-Dominique et l'hôtel particulier des Fuentès pour délivrer les messages d'amour, des promesses d'avenir et

---

[19] Lettre du 12 septembre 1771, *in The Letters of Horace Walpole*, éditées par P. Cunningham, *op. cit.*

des bulletins de santé. Julie désespérée, éperdue, grelottant de fièvre et d'angoisse, se persuadait délicieusement qu'il fallait se résoudre à mourir, ou à souffrir toute la vie.

Le 7 juin, le marquis de Mora eut une hémorragie si violente que tout le monde crut qu'il allait passer. Pendant trois jours, le salon de Julie fut dans l'inquiétude jusqu'à l'heure où on annonça que le malade avait été saigné trois fois (saigné ! un phtisique...) et qu'il était hors d'affaire. Tous ses amis souffraient avec lui :

« *Je voudrais*, s'exclamait Condorcet en toute simplicité, *que les amis des causes finales m'expliquassent pourquoi la nature a donné une mauvaise poitrine à un homme aimable, vertueux, qui peut être si utile à son pays, tandis que le professeur Munster et M. Paquier ont reçu des poumons excellents, qu'ils ne devaient employer qu'à dire des sottises atroces.* »

On consulta les meilleurs médecins de Paris, Lorry, le praticien le plus en vogue, conseilla une cure à Bagnères, où le duc de Lauzun avait en 1712 sauvé ses poumons.

Les Fuentès se saisirent de ce prétexte pour éloigner une fois de plus leur fils des bras de l'intrigante. Le train de vie qu'ils menaient à Paris les avait ruinés. Ils s'apprêtaient à rentrer en Espagne. Il fut donc décidé que Gonçalve partirait aussitôt que possible pour les eaux de Bagnères, et qu'une fois remis sur pied, il regagnerait Madrid où sa mère allait elle-même rentrer se soigner.

Cette fois, n'est-ce pas trop de malheurs ? Trois cents lieues d'éloignement et une maladie mortelle ? Cette pensée n'est-elle pas au-dessus du courage de Julie, de son abnégation passionnée – de son masochisme amoureux ? « *Il est affreux ce qu'une affection met de malheur dans la vie*, écrit-elle à Condorcet. *Cependant, le sentiment a un tel charme qu'on voudrait ne point cesser d'aimer.* »[20]

Étrange maxime soudain, ce « *sentiment* » qui a « *un tel charme* », quand une vie, une immense passion sont en jeu. D'où vient cette litote ? Cette sérénité ? La lettre de Julie à Condorcet est du 14 juin. Mora devrait partir en août. Alors se passe quelque chose de surprenant, d'inattendu. Julie jusqu'alors si angoissée, naguère envahie de prémonitions affreuses, prête à mourir pour l'homme dont toute sa vie dépend, signifie soudain qu'elle ne craint plus de le voir s'éloigner. À Condorcet qui vient

---

[20] *Lettres inédites de Mlle de Lespinasse*, publiées par Ch. Henry, *op. cit.*

d'ailleurs de recevoir de Mora une lettre où tente de s'exprimer une manière de lueur d'espoir, elle écrit, d'une plume presque désinvolte :

« *M. de Mora continue à mieux se porter. Il mène à peu près sa vie ordinaire.* »

Voilà un calme inattendu. Une placidité nouvelle. On dirait Mme Geoffrin parlant de Fontenelle[21]... Faut-il l'attribuer à une mutation de la personnalité de Julie aux approches de la quarantaine, mûrie par les épreuves ? Ou à l'intrusion dans sa vie d'une autre personne ? Ou à la guérison, tout simplement, de son amant ?

---

[21] Portrait de Fontenelle par Mme Geoffrin : « *Il ressemblait à une petite machine bien délicate, qui durerait éternellement si on la posait dans un coin, et qu'on ne la frottât ni la froissât jamais. Il n'avait jamais pleuré, il ne s'était jamais mis en colère, il n'avait jamais couru. Je lui disais un jour : "M. de Fontenelle, vous n'avez jamais ri ? – Non, je n'ai jamais fait, ah, ah !" Voilà l'idée qu'il se faisait du rire.* » (Conversation de Mme Geoffrin sur Fontenelle, rapportée dans les *Nouveaux Mélanges extraits des manuscrits de Mme Necker, op. cit.*)
Mme Geoffrin n'avait pas non plus ce qu'elle appelait « *la gaîté du corps* ». Elle riait rarement et, de son propre aveu, le rire des autres ne lui faisait aucun plaisir. Mais, ajoutait-elle : « *toutes mes idées étaient gaies et même souvent comiques* ». Ce qui est vrai.

Le colonel

*Le Moulin-Joli – Jacques-Antoine-Hippolyte, comte de Guibert – Un homme à la mode – Corneille ou Turenne ? – L'*Essai général de tactique *– Un précurseur de Napoléon – Le vent d'autan – Sa mère, sa femme ou sa maîtresse ? – Quel plat poète ! – Virilité – J'étais bien éloignée d'avoir besoin de former une liaison... – Dangereuse familiarité – Les lettres se perdent... – M. de Mora prisonnier – Encore le « petit Savoyard »*

Mora s'était bien remis de la crise qui avait failli l'emporter au début de juin 1772. Julie, qui avait souffert mort et passion pendant la maladie de son amant, craignant chaque jour de recevoir la nouvelle fatale, reprenait goût à la vie. Elle était redevenue confiante. On pouvait vivre longtemps avec de mauvais poumons. Mora était jeune, ressuscité, et il l'aimait. Tous les jours il lui en avait donné des preuves, et s'il avait accepté de repartir pour l'Espagne, c'était parce qu'il était bien décidé, cette fois, à emporter de haute lutte la main de sa maîtresse. Il reviendrait, il l'avait juré, « *il comblerait tous ses vœux, et remplirait toutes ses espérances* ».

L'été s'annonçait. Il faisait chaud. Julie, ayant secoué sa tristesse, avait besoin de croire à la vie. Elle se sentait jeune. Après de longs mois passés chez elle dans l'angoisse, au bord du désespoir, à partager jusque dans son corps les souffrances de Mora, elle avait besoin de rire, de bouger, de voir d'autres visages que ceux qu'elle retrouvait chez elle, chaque soir. Watelet, fermier général, écrivain, membre des deux académies, grand ami de d'Alembert qu'il avait accueilli après sa grave maladie, donnait une fête dans sa propriété du Moulin-Joli. Julie de Lespinasse décida de s'y rendre.

Le Moulin-Joli était le symbole de cette « nature » où toute une génération se précipitait depuis la publication de *La Nouvelle Héloïse* comme en d'autres temps on se jetait dans la religion. La Nature était devenue la source de l'extase : une extase plus charnelle que mystique. On l'adorait comme on avait adoré Dieu. Les âmes s'élevaient sous les voûtes d'ogive des grands arbres qui se croisaient au-dessus des allées comme avant elles s'étaient élevées sous le vaisseau des cathédrales. Juché sur un rocher, isolé, près des cieux, le regard fixé sur les astres, le cœur enivré, on s'abîmait dans la méditation, les odeurs de lavande et le chant des oiseaux, loin des petitesses du monde.

Mais avant de jouer les promeneurs solitaires dans l'orage et sur les versants alpins, il fallait s'y préparer. On avait donc inventé l'extase aux portes de la capitale. On entrait dans la nature « *par la grille du jardin* ». Nouveaux bâtisseurs de cathédrales, les paysagistes, anglomanes et rousseauistes, redessinaient des natures au goût du jour. Finis les beaux parterres tirés au cordeau. Piétinées les plates-bandes domestiquées, oubliées les charmilles architecturées de Le Nôtre. On creusa des torrents, des rivières torturées, des vallons ombreux. On fit surgir des montagnes qu'on troua d'antres obscurs. On planta des saules et des arbres tristes. On posa des ruines un peu partout. Vrais amoureux de la nature, et jardiniers dans l'âme, les Anglais éclatèrent de rire devant ces collines si bien arrondies, « *pareilles à des puddings aux herbes* », et ces ruisseaux « *navigables aisément dans les saisons des coques de noix* », raille Walpole qui ajoute : « *C'est quelque chose de si sociable que de pouvoir se serrer la main par-dessus une rivière, de la cime de deux montagnes ! Il n'y a qu'une nation aussi aimable qui ait pu l'imaginer.* »[1]

Plus la mélancolie gagnait les âmes, plus les jardins devenaient « terribles ». On dessina des paysages surprenants, sauvages, désolés. On voulait éprouver l'enivrement de Saint-Preux parcourant les Alpes et « *trouvant partout dans les objets la même horreur qui régnait en dedans de lui. Les arbres dépouillés, le séchard et la froide bise entassant la neige et les glaces, toute une nature morte comme l'espérance au fond du cœur, des lieux solitaires pleins de ces sortes de beautés qui ne plaisent qu'aux âmes sensibles et paraissent horribles aux autres.* »[2]

Parmi ces âmes sensibles que la passion pour les jardins rendit fou, citons le neveu de Julie, Camille III d'Albon, qui se ruina en trois ans

---

[1] Lettre du 5 août 1771, *in The Letters of Horace Walpole*, éditées par P. Cunningham, *op. cit.*

[2] J.-J. Rousseau, *La Nouvelle Héloïse*.

dans un jardin extravagant, situé à Franconville-la-Garenne. Il y fit ériger un Temple des Muses, une obélisque, une salle de jeu, une île, deux fontaines, un Hermitage, un pont au diable, deux chalets, un étang, une maison de pêcheur, un moulin, un vieux château, une grotte, un Asile des Berges. Le tout entouré de dieux Pan, de rochers, de fontaines, d'arbres tristes et de bosquets. Sa femme, exaspérée, demanda et obtint la séparation, le retour de ses biens et le divorce. Camille III mourut fou dans son château d'Avauges.

Pour la petite histoire, son épouse devint l'amie de Beaumarchais qui ne craignait pas de s'afficher avec elle, portant son titre, au début de la Révolution.

Le Moulin-Joli était le fruit du rêve d'Henri Watelet, auteur d'un *Essai sur les Jardins* : un poème sentimental, pittoresque, poétique et romantique. C'est-à-dire qu'il plaisait à tout le monde sauf aux Anglais.

Sur un amas fortuit de sables stériles, situé au milieu d'une île, il avait planté des arbres de haute futaie, de grands saules pleureurs, des jardins, des vergers, des ruines, traversés par un ruisseau au-dessus duquel étaient jetés des ponts. Mme Vigée-Lebrun aimait à venir y rêvasser : « *Voilà un de ces lieux qu'on n'oublie pas,* s'écriait-elle. *Si beau, si varié, si pittoresque, si élyséen, si sauvage, si ravissant enfin.* »[3]

Le prince de Ligne évoque dans ses *Mémoires* « *ce superbe saule qui formait une énorme voûte sous laquelle on se reposait avec délices* ».

Le poète Delille écrivait au Chant trois de ses *Jardins* :

> *Tel est, cher Watelet, mon cœur te le rappelle*
> *Tel est le simple asile où, suspendant son cours,*
> *Pure comme tes mœurs, libre comme tes jours*
> *En canaux ombragés la Seine se partage*
> *Et visite en secret la retraite du sage…*
> *Beaux lieux, offrez longtemps à votre possesseur,*
> *L'image de la paix qui règne dans son cœur.*

Dans son discours de réception à l'Académie française, Sedaine, qui allait s'asseoir sur le fauteuil laissé vacant par la mort de Watelet, prenait sa lyre pour évoquer le lieu : « *Si j'osais me livrer aux images*

---

[3] É. Vigée-Lebrun, *Souvenirs*, 2 vols, Paris, Charpentier, 1869.

poétiques, je dirais que les Nymphes de la Seine se plaisaient à y répéter les distiques sentencieux que leur présentent les Dryades... »

Cependant qu'Horace Walpole persiflait : « *Au lieu d'y trouver un moulin à vent bâti en ivoire incrusté de pierres fausses, avec des dryades et des hamadryades récoltant des glands dans des corbeilles de gaze, j'ai vu M. Watelet retombant d'un bond dans la Nature, telle qu'elle était à l'âge de cinq cents ans ; en un mot, son île ne diffère en rien d'un jardin à la française dans lequel aucun mortel n'aurait mis les pieds depuis le siècle dernier.* »[4]

Si on veut imaginer le Moulin-Joli vu par Julie de Lespinasse, on oublie ce jardin. On plante au milieu d'un espace nu, désertique, un homme de 29 ans à la belle carrure : Jacques-Antoine-Hyppolyte, comte de Guibert, colonel de l'armée du Roi et auteur d'un livre célèbre sitôt que publié.

Ce jeune guerrier qui s'avance vers Julie, son livre dans une main et dans l'autre une épée, quelle gloire fut plus vive, plus immédiate que la sienne ? Jean-Jacques lui-même, le Rousseau du *Discours* à l'Académie de Dijon, ne frappa pas d'un éclat plus soudain l'esprit de ses contemporains. Les mots de « génie » et de « gloire » vinrent sur toutes les lèvres. Les deux arbitres suprêmes du temps, Voltaire et Frédéric II, se saisirent de ces mots et de ces idées pour saluer l'auteur de l'*Essai général de tactique* (1770).

Voltaire à Condorcet : « *Je ne sais si M. de Guibert sera un Corneille ou un Turenne, mais il me paraît fait pour être grand en quelque genre qu'il travaille... La* Tactique *n'est pas un ouvrage de belles-lettres, mais elle m'a paru un ouvrage de génie.* »

Frédéric : « *Il s'élance vers la gloire par tous les chemins. Je mets l'*Essai de tactique *de M. le comte de Guibert dans le très petit nombre de livres dont je conseille la lecture à un général.* »

Poussons au-delà. Dans le « Discours préliminaire » à son essai, Guibert écrivait : « [...] *un prince* [...] *opérera cette grande révolution. Dans les écrits de quelques-uns de mes concitoyens, dans les miens peut-être, il en puisera le désir et les moyens.* [...] *J'ai posé quelques principes où il n'y en avait aucun, c'est au génie d'en faire l'application.* »

---

[4] H. Walpole, *Essai sur l'art des jardins modernes*, [1785], Paris, Mercure de France, 2002.

Vingt ans plus tard, le jeune Bonaparte a pour professeurs à l'École militaire les frères Keralio, admirateurs de Guibert – qui vient de mourir. C'est le chevalier du Teil, autre disciple de Guibert, qui prend en main la formation de l'officier corse à Auxonne. Plus tard, au camp de Boulogne, devant le général Vallongue, Napoléon évoquera l'*Essai général de tactique*, ce « *livre propre à former les grands hommes* », qui figurait naturellement dans la bibliothèque qui ne le quittait jamais. Ouvrant la campagne de 1806, rapporte le général Poirier, l'empereur décrétait : « *Celui qui n'emportera pas le livre de Guibert sera un âne !* » En 1811 encore, il doublait la pension de la veuve de Guibert « *en considération des ouvrages de M. de Guibert et des avantages que l'armée française en a retirés* ».

Encore un ou deux bonds en avant et nous aurons mieux pris la mesure de Jacques-Antoine-Hippolyte de Guibert, penseur de la stratégie. Vingt ans après sa mort, un jeune Prussien qui lui ressemble par plus d'un point, Karl von Clausewitz, dévore l'*Essai de tactique* et s'en inspire de si près dans sa *Bekenntnis* de 1812, celle qui appelle à la levée en masse du peuple allemand, qu'il oublie de citer son prédécesseur : ce qui est, de précurseur à précurseur, la marque de la révérence la plus vive.

Et vers la fin du siècle, méditant sur l'histoire militaire de la France dans l'*Armée nouvelle*, Jean Jaurès écrira à propos des forces armées à la veille de la révolution, et du rôle décisif qu'elles allaient y jouer : « *Un corps d'officiers où sont passés Vauvenargues, de Guibert, Gribeauval, n'était pas de pensée vulgaire... L'action militaire elle-même est pleine de génie. L'organisation et le commandement des forces humaines en vue de la guerre mettent en jeu les facultés les plus hautes de l'esprit et du caractère...* »

Curieuse histoire que celle de cette famille : l'arrière-grand-père Jean Guibert (ou Guybert ou Guybbert) était, vers 1650, cordonnier à Salles-Curan, dans les environs de Rodez, d'où son fils Benoît gagnera Montauban, à la fin du siècle, pour y devenir commis de l'administration de la cour des aides. Le fils du cordonnier ne devait pas manquer d'entregent puisqu'en 1709, après avoir épousé une fille de toute petite noblesse, Mlle de Saux-Peyrille, dont le frère est lieutenant-colonel au Royal-Vaisseaux, il succède à son beau-père comme garde des sceaux à la Cour des aides. C'est lui qui achète, à une lieue au nord de Montauban, le domaine de Font-Neuve (ou Fonneuve) qui symbolise l'ascension sociale de la famille, désormais dite « bourgeoise ».

À son fils Benoît, on donnera du « messire ». C'est le père de notre héros… et déjà un très remarquable personnage. Né en 1715, il s'engage à seize ans dans une compagnie de cadets, à Metz, d'où il sort deux ans plus tard sous-lieutenant au régiment d'Auvergne – que devait illustrer, entre bien d'autres, le chevalier d'Assas. À vingt-neuf ans, il est nommé major de ce régiment d'élite. Benoît Guibert apparaît comme le type même de ces officiers plus nombreux qu'on ne croit, qui, dans cette année où s'exaspèrent jusqu'à la caricature les inégalités capricieuses de la société d'Ancien Régime, s'élèvent « *par les grades* », sans acheter leur compagnie ou leur régiment, par leur seul mérite et compétence. Lors de la signature de la paix d'Aix-la-Chapelle, en 1748, il est colonel.

Au moment où éclate ce qui sera la guerre de Sept Ans, en 1756, le maréchal de Broglie l'appelle à ses côtés comme major général d'une armée qu'un peu plus tard, la cour jugera bon de placer sous le commandement du maréchal prince de Soubise dont on sait qu'il n'était pas « *passé par les grades* ». C'est le désastre de Rossbach. Guibert, prisonnier du vainqueur, le grand Frédéric, passera dix-huit mois en Prusse. Captivité qu'il semble avoir utilisée le mieux du monde – comme de Gaulle entre 1916 et 1918 –, à observer et critiquer la société militaire la plus avancée de l'époque. Son fils bénéficiera au premier chef de ces notations.

Jacques-Hippolyte n'avait pas quatorze ans que son père l'avait déjà fait prendre en charge par une compagnie. Depuis les jeunes Lacédémoniens, qui fut mieux forgé aux leçons du combat ? L'armée est sa famille et son école, où son maître est un père qui fut à l'évidence un officier de premier ordre, un vrai professionnel, averti de tout et attentif aux détails : l'œuvre entière de Guibert fourmille d'observations qu'une vie n'aurait pas suffi à rassembler. Et si l'*Essai de tactique* met si constamment l'accent sur la question des cadres et de l'avancement, c'est que le jeune officier eut constamment sous les yeux l'exemple d'un homme haussé au premier rang par une longue patience : on retrouve Benoît de Guibert général de brigade en 1761, puis maréchal de camp, enfin général gouverneur des Invalides.

Mais quoi ? Guibert, ou de Guibert ? Ces « bourgeois » à peine arrachés à la condition artisanale et à la toute petite bureaucratie, cet officier auquel on donnait du « messire » qui n'était pas un titre de noblesse, étaient-ils entrés dans l'ordre nobiliaire ? Un édit royal de

1750 conférait automatiquement l'anoblissement à tout officier promu général. Ainsi Benoît de Guibert en 1761. Mais le titre de comte, qu'il devait porter, et après lui, sa descendance masculine, lui avait été accordé non par la cour de France mais par celle des Habsbourg ! Un décret royal en date du 30 octobre 1775 stipule : « *Le Sieur de Guibert, maréchal de camp, commandeur de Saint-Louis, nommé par l'Empereur*[5] *comte du Saint-Empire en considération des services qu'il a rendus pendant la dernière guerre à différents États de l'Empire en sa qualité de major de l'armée du roi, est autorisé à en porter le titre.* »

Comte de Guibert, donc. (Observons qu'au moment où Julie rencontre Jacques-Hippolyte, il n'est pas encore habilité à se prévaloir du titre dont on le salue communément.) Mais ce qui est clair, c'est que presque rien ne rattache cette famille, non plus que son fils le plus célèbre, à la caste nobiliaire. Tel critique parlera en ricanant de ses « *vers de grand seigneur* ». Guibert n'est pas un grand seigneur, et n'y prétend pas. C'est un officier, ou plus précisément un intellectuel militaire. Un « philosophe » armé. S'il appartient à une caste, à un ordre, c'est à l'ordre militaire. Presque né dans les camps, élevé par un père fou de son métier, qui s'y est totalement voué et y a voué dès l'enfance son fils, il est un templier des armes, un fils de Bellone. Dans le « colonel comte », comptons pour peu le comte, pour beaucoup le colonel.

Si éclatante que soit sa pensée, un militaire se juge d'abord sur le terrain. Guibert participe à la bataille de Rossbach (à la veille de son quatorzième anniversaire...) mais, plus heureux que son père, évite d'être capturé. Libéré après la bataille de Berghen (1759), Benoît de Guibert appelle son fils à ses côtés, l'initie aux travaux de l'état-major du maréchal de Broglie. Il l'aventure même dans quelques affaires risquées où il a deux chevaux tués sous lui – en un temps, remarque le général Poirier, où les projectiles ne partent pas de très loin. Il y montre du sang-froid et de la décision. La paix venue, le jeune Guibert rentre à Montauban où il se plonge dans des études qu'il mène à son gré, tant il est vrai, dit-il, que « *l'instruction qu'on se donne a de grands avantages sur celle qu'on reçoit* ».

---

[5] Joseph II. Le « renversement des alliances », vingt ans plus tôt, avait fait de la France l'alliée de l'Empire autrichien, donc l'ennemie de la Prusse.

En 1765, on le voit à Paris – alors que Julie pense mourir de la petite vérole. Son père le fait admettre dans l'entourage de Choiseul qui l'emploie à la refonte du règlement militaire. C'est alors, à moins de vingt-cinq ans, qu'il jette les plans d'ambitieux ouvrages : une histoire du ministère de la Guerre depuis Louvois, puis un traité des institutions militaires de la France depuis la fondation de la monarchie, tandis que le général Benoît de Guibert rédige pour Choiseul les ordonnances du nouveau service en campagne.

En 1768, Paris obtient de la République de Gênes la cession de la Corse. Mais dans l'île déchirée par les factions, beaucoup aspirent à s'ériger en État libre, dont Rousseau écrirait la Constitution. Et cette Corse qu'ils vendent, les Gênois ne la contrôlent nullement : si la France veut rendre effective l'annexion, il lui faut y contraindre les Corses. Un corps expéditionnaire s'embarque, placé sous l'autorité du général comte de Vaux, qui choisit le jeune Guibert comme aide de camp, puis aide-major. La campagne sera dure : Pascal Paoli, animateur du mouvement d'indépendance, dont l'état-major compte un officier nommé Charles Bonaparte (le père...), tient fermement le maquis. Guibert semble avoir joué un rôle déterminant dans l'affaire de Ponte-Nuovo, où se décida le sort de la campagne. Il y gagna le grade de colonel et le titre de chevalier de l'ordre de Saint-Louis. Être le conquérant de la Corse au moment même où l'Autre vient au jour...

Ce qui compte en l'occurrence, c'est moins l'avancement ou les honneurs que les leçons qu'il tire de la conquête de la Corse. Lui qui a vu, pendant la guerre de Sept Ans, fonctionner dans sa solennité le grand attirail militaire, armées, régiments, bataillons, vient de découvrir une autre forme de guerre. Les Corses, il est vrai, n'ont tenu que deux mois face aux troupes, très supérieurement armées et approvisionnées, parce qu'ils étaient divisés et que la guerre des clans ruinait les efforts de Paoli. Mais en ces deux mois, Guibert a pu observer des hommes qui se battaient, non pas pour une solde, en fonction d'une discipline abstraite, mais pour une conviction, l'attachement à une terre, à une liberté, à un parti. Il a vu fonctionner l'embryon de ce qu'on appellerait aujourd'hui une « guerre révolutionnaire », ou idéologique. Il retiendra d'autant mieux ces leçons qu'il est nommé colonel de la « légion corse ».

C'est alors que Jacques-Hippolyte de Guibert entame la rédaction de son grand ouvrage : l'*Essai général de tactique*, précédé d'un « Discours sur l'état actuel de la politique et de la science militaire en Europe ». Mieux que les considérations souvent techniques – mais nous verrons qu'elles ouvrent souvent d'autres perspectives – qui font l'essentiel du *Traité*, c'est le « Discours » qui attira l'attention générale sur l'ouvrage, surprit par son audace et suscita l'enthousiasme du parti philosophique. Moins savant que *L'Esprit des lois*, moins radical que *Le Contrat social*, c'est néanmoins l'un des textes les plus significatifs de son temps, l'un de ceux où s'annonce le mieux l'inventivité de la Révolution.

Est-il surprenant que ce soit du corps des officiers que vienne cet avertissement prémonitoire ? L'armée fut le premier corps de l'État à être « révolutionné », par des mesures auxquelles Benoît de Guibert prit une grande part, et sous l'impulsion d'une pensée qui est avant tout celle de Jacques-Hippolyte. Et c'est l'armée encore qui recueillit ou confisqua les fruits de l'immense mouvement que, dès 1772, Guibert appelle de ses vœux en proclamant qu'il faut « *tout réparer en tout bouleversant* ».

Dans ce « Discours », nous trouverons déjà le ton et les idées des hommes de 1789, parfois même ceux de 1793. Cet exode, d'abord, qui sonne déjà un peu comme du Saint-Just : « *À ma patrie ! Puisse-t-on un jour rendre à ce saint nom de patrie toute sa signification et toute son énergie, en faire le cri de la Nation, le ralliement de tout ce qui compose l'État !... Le délire d'un citoyen qui rêve au bonheur de sa patrie a quelque chose de respectable !* » Est-on allé trop loin en évoquant Saint-Just ? Il est vrai que Guibert est moins que lui militariste. C'est plutôt à Montesquieu que font penser ces développements : « *Quel devrait être le but de la politique des peuples ? Celui de se fortifier au-dedans plutôt qu'à chercher à s'étendre au-dehors ; de se resserrer même, s'ils ont des positions trop étendues et de faire pour ainsi dire, en échange, des conquêtes sur eux-mêmes, en portant toutes les parties de leur administration au plus haut point de perfection ; celui d'augmenter la puissance publique par les vertus des particuliers, de travailler sur les lois, sur les mœurs, sur les opinions ; celui, en un mot, de changer ou de ralentir le cours funeste qui les entraîne vers leur ruine...* » Et ceci, sur les États et leurs querelles : « *Ce sont des athlètes timides, couverts de plaies, et toujours armés, qui s'épuisent à s'observer et à se craindre ; s'attaquent de temps en temps pour s'en imposer mutuellement sur leurs forces ; rendent des combats faibles comme eux ; les suspendent quand leur sang coule ; et conviennent d'une trêve pour essuyer leurs blessures.* »

Curieux écrivain que celui-là, chez qui se mêlent l'ingénieux et l'emphatique, le profond et le désinvolte. Maître du point-virgule, qui ponctue durement, sans la briser, la disjoindre, une pensée rapide dans l'analyse, audacieuse dans la synthèse, visiblement imprégnée du Montesquieu de *Grandeur et décadence*, mais aussi de Plutarque et de Tacite. Tout ici parle de « philosophie » et y revient. Comment s'étonner que Voltaire, d'Alembert et Grimm aient trouvé, chez ce jeune homme, tant de génie ? C'est le leur.

Mais Guibert, ce n'est pas seulement ce premier prix d'excellence de la classe de philosophie encyclopédique. C'est aussi le fils de Benoît de Guibert, le colonel commandant la Légion corse puis le régiment de Neustrie, l'observateur du grand Frédéric, analyste pénétrant des conflits de son temps. C'est un prophète – oui, prophète – de la stratégie moderne. On ne se mêlera pas ici de résumer ce texte si dense et si neuf. On se contentera seulement de signaler les trois ordres de réflexion (ou d'analyse) où Guibert affirme une originalité alors sans rivale, et un courage admirable face au pouvoir.

Écoutons-le parler d'abord de ceux qui meurent : les hommes de troupe. Ce colonel évoque la condition des soldats de son temps, misérables, détestés, méprisés de tous, en toutes façons vexés, du ton de La Bruyère écrivant des paysans : « *C'est cet homme, souvent exténué par une modique nourriture, toujours réduit à boire de l'eau, privé de toute espèce de divertissements, humilié par l'indolente fainéantise de la livrée, par le mépris du dernier bourgeois, par la dépense que le plus pauvre artisan fait pour sa récréation, les jours de dimanche et de fêtes ; c'est ce soldat, n'ayant au-dessous de lui, dans la classe des malheureux, que l'homme manquant de tout, ou ce journalier de nos campagnes qui partage avec sa famille un pain trempé de sueur et de larmes ; c'est lui qui doit défendre la patrie et verser son sang pour elle ; c'est de lui que l'on a l'injustice d'exiger de l'honneur et des vertus.* »

Et que dire du commandement, confié à des incapables désignés par la Cour ? N'est-ce pas la faveur du roi, plutôt que la compétence, qui fait le général ? Qu'attendre d'une armée où « *presque toutes les récompenses sont surprises par l'intrigue… et deviennent des apanages héréditaires… où faire fortune ne signifie plus acquérir de la réputation mais amasser des richesses… Où l'on peut être à la fois couvert de dignité et d'infamies, de grade et d'ignorance ; où l'on peut servir mal l'État, et en posséder les premières charges ; avoir le blâme public, et jouir de la faveur du souverain* » ? On sait des gens qui furent à la Bastille pour moins que cela…

En accouplant au mot de « soldat » celui de « citoyen », Guibert a ouvert la voie à ce qui est peut-être l'argumentation essentielle de son essai, qui a fait d'abord sa gloire et, pour une part, notre malheur. Ce qui fait la faiblesse militaire des États de son temps, selon lui, ce n'est rien d'autre que « *la peur d'armer les citoyens* ». Pour y remédier, « *il suffit de changer la nature du gouvernement* ». Ce n'est rien de moins que la république que Guibert, aussi clairement que Rousseau, appelle alors de ses vœux, sans prononcer le mot : « [...] *Qu'il existe un État libre, un peuple qui ait des mœurs, des vertus, du courage, du patriotisme ; un peuple qui fasse la guerre à peu de frais, parce que tous les citoyens s'armeront pour la défense commune sans exiger de salaire ; un peuple qui se gouverne par lui-même, et qui par conséquent, dans les temps de crise, mette nécessairement à sa tête l'homme le plus éclairé et le plus digne... Ses armées plus braves, mieux constituées, mieux commandées, arrêteront l'ennemi sur la frontière ; si le contraire arrive, l'État ne sera pas en danger pour la perte de quelques lieues de pays, ses citoyens se rassembleront de toutes parts contre l'ennemi commun. Plus l'ennemi aura de succès, plus il faudra qu'il s'étende, et qu'il s'affaiblisse : où sera l'ennemi, là sera la frontière, parce que, si je peux m'exprimer ainsi, l'État ne fera que se replier sur lui-même, et que partout où il restera de la terre et des hommes, l'État subsistera encore.* »

Ce qu'il y a d'admirable chez Guibert, c'est qu'il entrevoit clairement ce qu'annonce sa vision du soldat-citoyen, du peuple en armes : des guerres plus cruelles, plus massives, plus implacables.

« *Terrible dans sa colère* [le peuple] *portera chez son ennemi la flamme et le fer. Il épouvantera, par ses vengeances, tous les peuples qui pourraient être tentés de troubler son repos. Et qu'on n'appelle par barbarie, violation des prétendus droits de la guerre, ces représailles fondées sur les lois de la nature. On est venu insulter ce peuple heureux et pacifique. Il se soulève. Il périra jusqu'au dernier s'il le faut ; mais il obtiendra satisfaction, il se vengera, il assurera, par l'éclat de sa vengeance, son repos futur.* » Cette fois, qui ne croirait entendre Saint-Just ? Ou Carnot ? Ou Hoche ? Et non pas seulement parce que le colonel de 1772 affiche son attente d'« *une révolution presque miraculeuse* ».

Sociologue de la guerre et précurseur de la stratégie de masse, Guibert aurait mal justifié le titre donné à son essai s'il n'avait traité des problèmes de tactique. C'est moins dans ce premier ouvrage que plus tard, après les grands débats du camp de Bayeux, en 1778, dans sa *Défense du système de guerre moderne* (1779), que Guibert s'engagea dans le grand débat entre « l'ordre mince » et « l'ordre profond » – prenant hautement parti pour le premier, qui tendait à alléger les pertes de la troupe en augmentant sa mobilité de manœuvre.

Plus on lit l'auteur de l'*Essai général de tactique*, et plus on s'interroge sur ce qu'eût été Bonaparte sans l'outil ainsi forgé. L'usage qu'il en fait n'est pas imputable à Jacques-Hippolyte de Guibert. Mais le lien est manifeste entre le luthier et le virtuose. Si Guibert est prophète, c'est tout de même moins pour une affaire de subsistance et de répartition des forces sur le terrain – pour fondamentales que soient ces considérations – que parce qu'il suggère, avant Napoléon, Jomini et Clausewitz, une manière de stratégie pure, tendant irrésistiblement à trouver en elle-même sa fin prompte.

« *De quoi s'agit-il ?* », comme ne cessait de dire Foch. Guibert : « *Faire le plus de mal possible à l'ennemi* [pour] *décider promptement les querelles des nations.* » Moment décisif dans l'évolution des guerres, estime le général Poirier, dans la mesure où « *Guibert provoque une redoutable inversion dans les relations logiques de déterminant à déterminé entre politique et stratégie militaire…* [un] *glissement conceptuel de la bataille décisive vers son englobant, la guerre d'anéantissement…* » Il ne demande pas à la seule bataille de décider sans appel, mais aussi à la guerre considérée dans sa totalité. Qui englobe, par extension, la politique. Qu'a dit d'autre Clausewitz ?

Apprenti sorcier, alors, cet homme des Lumières, ce philosophe (botté), cet ami de Voltaire, de Montesquieu et de d'Alembert qui engage le monde sur la voie de la guerre totale ? Jacques-Hippolyte de Guibert n'a jamais écrit, comme Napoléon : « *Mieux eût valu pour le monde que ni Rousseau ni moi n'eussions jamais existé.* » Mais il eût pu le dire… Il le sous-entend même, sept ans après la publication de l'*Essai* dans sa *Défense du système de guerre moderne*, où, comme effrayé par les implications de son argumentation antérieure, il ne met plus l'accent que sur les nécessités de la défense, affirmant que « *la perfection véritable de la science de la guerre consiste à rendre la défensive supérieure à l'offensive* ». *Si vis pacem…*

Il observe même que la paix ne tend que trop à « *devenir elle-même une prolongation de l'état de guerre* » – ce qui est déjà retourner le doigt du gant. Et plus loin encore, cette fois comme un démenti solennel à soi-même : « *L'intérêt des nations modernes est encore d'entretenir des troupes réglées pour faire la guerre plutôt que de faire la guerre elle-même.* » Retour à l'armée de métier ? Jaurès ou (et) de Gaulle ? Voilà bien un singulier prophète, que sa prophétie empêche de dormir quand il en perçoit les périls, et qui se détourne, dit-il, des « *vapeurs de la philosophie* » sitôt qu'elles ont cessé de lui « *échauffer la tête* ».

Par soi-même épouvanté, voici un honnête homme, et assez honnête pour l'écrire. Mais il se trouve que dix fois, vingt fois plus de lecteurs ont lu l'*Essai* que la *Défense*. Nul discours n'est innocent. Nul discours sur la guerre, en tout cas !

De ce texte chargé d'orages immenses, deux « lectures » furent faites, dès les premiers temps. L'une, celle des philosophes qui assurèrent son triomphe, y admirait avant tout le réquisitoire contre l'absolutisme et les privilèges, la dénonciation d'un pouvoir capricieux et corrompu. L'autre, celle des spécialistes, fut beaucoup plus réservée.

Que la première lecture se soit d'abord imposée, les circonstances de la publication et les premières réactions y furent pour beaucoup. Il n'était pas question, pour le colonel comte de Guibert, de publier un tel texte en France, et sous son nom. L'ouvrage eut donc le charme pervers des œuvres clandestines. Il fut d'abord édité à Leyde (Pays-Bas) en 1770, en deux volumes, toujours sans nom d'auteur : c'est cette édition-là (Plombeux éd.), semble-t-il, qui fut surtout répandue à Paris. Il y en eut des contrefaçons sans nombre. Dès 1774 était éditée à Dresde une traduction allemande, suivie d'une anglaise (Douglas) en 1781, et de bien d'autres : une persane par exemple, vers 1840.

Les réserves formulées contre le livre de Guibert dans les milieux militaires du temps tiennent, semble-t-il, aussi bien à sa personnalité qu'à ses idées. Personnage supérieur, et le sachant, le colonel de Guibert s'irrite volontiers des résistances qu'on lui oppose, de l'incompréhension et de la sottise des conservateurs. Il dissimule mal son mépris, refrène mal ses sarcasmes dès lors qu'on fait obstacle à ses vues. Au surplus, c'est trop d'assurance, d'invention, de génie, dans un si jeune âge, et après des campagnes tout de même si brèves...

Il y eut, au gouvernement et dans les hautes sphères militaires, des conseillers du roi pour suggérer des sanctions contre Jacques-Hippolyte de Guibert. Grimm, qui rapporte le bruit, ajoute que c'est, tout malencontreux qu'il fût, le maréchal de Soubise qui s'y opposa – arguant qu'une telle mesure ferait perdre à la France un homme de grande valeur, qui ne manquerait pas de trouver ailleurs l'usage de ses talents. Ce qui montre, chez le vaincu de Rossbach, une rare absence de rancune : nul plus que lui n'est le symbole du système de promotion des chefs que dénonce l'*Essai* de Guibert.

Du type d'accueil que le traité du colonel comte reçut parmi ses pairs, on donnera deux aperçus : ce bref extrait d'une brochure alors publiée par un M. de Maizeroy, lieutenant-colonel d'infanterie, chez Jombert, en 1773 : « L'Essai général de tactique*, dont l'auteur a voulu garder l'anonyme, m'étant tombé entre les mains, son titre et sa réputation me l'ont fait lire avec avidité. J'ai été frappé de la force et de l'énergie du style. J'ai admiré la profondeur des réflexions et l'étendue des vues qu'il renferme. Mais j'ai vu avec douleur qu'un génie militaire qui s'annonce avec tant d'éclat se soit attaché au système le moins convenable à sa nation…* »

Quelques années plus tard, c'est un tout autre écho qui était fait, de Prusse, à l'ouvrage de Guibert. Dans *Grande tactique et manœuvres de guerre selon les principes de Sa Majesté prussienne* (Potsdam, 1781), texte qui fut inspiré, sinon rédigé par Frédéric, on lit : « *Il était réservé à M. de Guibert d'éclairer sa patrie, son siècle et la postérité. À l'ignorance enfin a succédé la réflexion… L'art de la guerre a ses éléments et ses principes comme tous les autres arts. Il a besoin d'être médité et approfondi. Il faut y joindre plus de théorie que de pratique et il ne suffit pas d'avoir vieilli sous les drapeaux pour être général. On n'a pas daigné faire attention au seul ouvrage didactique qui existait en langue française sur l'art militaire, mais M. de Guibert fut bien vengé, car il reçut de l'Europe entière des hommages que lui refusait sa patrie…* »

Grand texte, donc. Et superbe personnage que celui de Guibert. Un de Gaulle mort en mai 1940 ? Du génie en tout cas, du caractère, de l'imagination. Tentons de cerner un peu mieux sa personnalité : elle en vaut la peine, ne serait-ce que pour mieux comprendre la nature de ses relations avec Julie de Lespinasse.

C'est un Provincial, un Méridional. Si son guerrier de père l'arrache très tôt aux charmes humides des rives du Tarn pour le naturaliser spartiate, il lui restera toujours quelque chose d'un peu Pourceaugnac. L'accent qu'on reçoit en naissant, de ce côté-là, ne se perd pas. Il devait rouler les « r » plus que de raison (« Je m'appelle Guiberre… »), dans ce monde dominé par les gens de Paris, de la Champagne ou du Bourbonnais – et de l'Europe du Nord. Voix chantante et profonde, bec d'aigle, cou de taureau, épaules de rugbyman : quand il entrait dans un salon, le vent d'autan devait souffler…

C'est un militaire, qui a troqué les sabots pour des bottes qu'il ne devait retirer qu'en cas d'extrême nécessité mondaine. Élevé dans les camps, par un père qui n'est que poudre et canons, cartes et bivouacs, marches et contremarches, qui en sa partie excelle avec emportement, un père qu'il dut admirer sans réserve aux côtés d'un « patron » de haute volée, le maréchal duc Victor de Broglie qui fut un des derniers chefs de guerre authentiques de l'Ancien Régime, Guibert était doté de cet instinct du chasseur qui fait l'homme de guerre et se manifeste aussi bien au feu des canonnades d'Allemagne que des « pistolettades » de Corse. Intrépide et robuste, et trouvant dans l'étude de son métier et la méditation sur les armes et leur rapport avec la politique d'exaltantes satisfactions, le colonel, puis brigadier puis maréchal de camp Jacques-Hippolyte de Guibert, eût-il conquis plus de femmes que de provinces, et tout baigné de « philosophie » qu'il fût, apparut avant tout comme un militaire.

On le verrait volontiers en Romain de haute époque. On raconte que quelques mois avant sa mort, il se vit proposer de mettre en représentation l'une de ses tragédies, *Les Gracques*. Si engagé qu'il fût, par ses sentiments et par sa disgrâce, avec le parti de la contestation, il refusa cette consolation offerte au dramaturge avorté qu'il était : parce que les héros de sa pièce luttaient pour une réforme agraire que lui, Guibert, dans le climat déjà révolutionnaire de 1790, jugeait prématurée. Étonnante confusion entre cette antiquité fiévreuse et les temps non moins fiévreux où il agissait. Par la voix des Gracques, c'est lui qui parle. Et le citoyen Guibert se refuse à accélérer, par le truchement de ses porte-parole romains, un processus révolutionnaire qu'il a contribué à déclencher.

Romain par une certaine conception de la patrie, qui est déjà celle des compagnons de Robespierre, de Bonaparte. Romain par la gravité, ce quelque chose de pompeux et de ferme qui s'acquérait sur le *limes* ou au Sénat, par le maniement des faisceaux et l'usage de l'ablatif, par les citations de Brutus et les références à la vertu publique (la privée est d'un autre ordre...). En cela encore homme de cette Révolution qui, faute de Suétone et de Tacite, et en dépit de Mirabeau, eût couru le risque de rester muette.

Mais cet officier provincial nourri de vers latins fut un homme libre, un caractère indocile à l'absolutisme. Un homme aussi doté d'une intelligence rayonnante, fougueuse, d'une vitalité dont fut irradiée la société raisonneuse et larmoyante qui l'accueillait à Paris au temps des « vingt ans du roi », un homme qui marqua de son empreinte éclatante tous ceux qui alors le connurent.

Des parallèles viennent, sous la plume. Bonaparte ? Non, bien qu'il lui ait beaucoup donné. Mais on pense à Laclos qui fut son contemporain, peut-être son rival en quelque occurrence amoureuse, et finit lui aussi près des sommets de la hiérarchie militaire après avoir publié un essai de tactique moins éclatant que celui de Guibert limité à la seule artillerie, mais à peine moins prémonitoire. Guibert n'a pas écrit les *Liaisons dangereuses* : on le déplorerait pour lui s'il n'était aussi, par un biais, le créateur des lettres de Julie, qui n'ont rien à envier à celles de la présidente de Tourvel.

Guibert écrivain ne s'en tiendra pas là. Il ne néglige rien de ses obligations proprement militaires : sa fiche conservée au Service historique de l'armée précise que cet officier « *fait pour être avancé* » et qui sera « *propre à tout* » s'occupe « *on ne peut davantage de son régiment* » – qui, après la « Légion corse », puis la « Légion du Dauphiné » fut le fameux régiment de Neustrie. Il ne put, en dépit de ses relations innombrables, embarquer son unité dans la guerre d'indépendance américaine et ne s'en consola pas, sinon en prenant une part intense aux grands débats de Bayeux sur l'orientation tactique de l'armée, et en devenant auprès du comte de Saint-Germain, ministre de la Guerre, le vrai maître des réformes militaires.

Élu en 1786 à l'Académie française, il pourra faire état d'une œuvre qui, du seul point de vue militaire, va de l'*Essai* de 1772 à l'*Éloge du maréchal de Catinat*, de la *Défense du système de guerre moderne* aux *Observations sur la constitution politique et militaire des armées de Sa Majesté prussienne, avec quelques anecdotes de la vie privée de ce monarque, suivi de l'état militaire de la Prusse en 1774*[6]. Quant à ses travaux littéraires, ils comportent trois tragédies, *Le Connétable de Bourbon*, *Les Gracques*, et *Anne de Boleyn*, un opéra, *Appelle et Campaspe*, et des récits de voyage « en Allemagne » et « dans diverses parties de la France et de la Suisse ».

Un oubli généreux a enseveli l'œuvre de Guibert dramaturge, bien qu'au temps de sa gloire, le colonel-poète eût remporté un vif succès en déclamant *Le Connétable de Bourbon* dans les salons. Sa voix d'or corrigeait les faiblesses du texte.

---

[6] Le traité *De la force publique* est posthume.

... Des fils adulateurs environnent le roi
Éteignant ses vertus au sein de la mollesse
Excusant ses erreurs, encensant sa faiblesse
De ce spectacle affreux combien j'eus à gémir
Combien je me sentis avili d'obéir !

La pièce fut jouée au château de Versailles devant un public de femmes pâmées, sauf une : la marquise de Créqui qui en donna ce compte rendu peu flatteur : « *Le plan, mal conçu, mal combiné, mal exécuté, me sembla difforme et d'une obscurité fatigante : la versification de cette pièce me parut plate et barbare. Le style de M. Dubelloy le boursouflé serait, à mon avis, moins incorrect et moins ignoble que celui de M. de Guibert... Ajoutons que cette pièce est d'une longueur assommante, car elle ne dura pas moins de trois heures et demie... Le Roi s'aperçut trop tard de l'inconvenance et de l'inconvénient qu'il y aurait à laisser jouer cette mauvaise pièce. Il annonça hautement qu'il ne souffrirait pas que cette tragédie reparût sur aucun théâtre.* »[7]

Guibert n'est guère plus heureux avec *Les Gracques*, bien que le sujet lui importât plus encore :

Rome n'est plus bientôt qu'un repaire de vices
Un grand corps chancelant au bord des précipices
Liberté, travaux, gloire, éclat du nom romain,
Tout ce que nos aïeux nous ont acquis enfin
Est prêt à s'engloutir dans cette nuit profonde
Où tombent tour à tour les empires du monde...

L'admiration que voue Voltaire à cette œuvre reste mystérieuse. Il est vrai que lui-même, en ce domaine...

Bien meilleurs, souvent très bons, parfois même excellents sont les souvenirs de voyage, d'un ton souvent sentencieux, mais riches de notations qui révèlent un esprit pénétrant et un cœur généreux. Un peu solennelle, mais charmante, cette note prise à la fontaine du Vaucluse : « *Cette rivière du Vaucluse, dont la source est si belle et si pure, n'a ni une longue, ni une brillante destinée. Elle n'arrive pas aux honneurs du fleuve. Elle va se jeter dans la Durance, qui est elle-même engloutie par le Rhône. C'est*

---

[7] *Souvenirs de la marquise de Créqui, op. cit.*

l'image de quelques hommes qui, avec une noble origine ou de brillants débuts, vivent sans gloire et meurent sans éclat... »[8]

La mort de Guibert, homme aux « *brillants débuts* », ne fut pas « *sans éclat* ». Lors de la convocation des états généraux, il se présente pour la noblesse au baillage de Bourges (la propriété de sa femme en est voisine). Mais il est conspué et refoulé de la salle des séances comme traître à sa classe : ses pairs devaient avoir connaissance du discours qu'il méditait d'y prononcer, et qui renchérit d'audace sur son *Essai* de 1772 : il y dénonce le « *despotisme inexécutable* » de la Cour, affirme que « *le tiers état seul peut faire la nation* », exige enfin du souverain une Constitution, et non une charte, laquelle serait une « *concession qui semblerait reconnaître que nous tenons nos droits du roi, tandis que ces droits nous appartiennent* ».

Ce texte non prononcé (mais vite publié) court les bureaux. La réaction du pouvoir est rapide : il exige la démission du comte de Guibert, rapporteur général de la Commission des réformes militaires, qui est en train de modeler les années de la Révolution. Guibert se retire et meurt (de chagrin ?) en mai 1790[9].

Ni Laclos, ni Bonaparte, ni de Gaulle, Jacques Antoine Hippolyte François Apolline Hector Jacob de Guibert fut lui-même, ce qui n'est pas peu. L'un des inventeurs de la Révolution et de la stratégie moderne, et aussi l'homme qu'aima plus que tous, plus que tout, Julie de Lespinasse. De cet homme, on disait encore voici un demi-siècle, avec Roger Caillois, qu'il avait « *laissé quelques traces dans la littérature française, non pour avoir écrit, mais parce qu'on lui écrivit* »[10]. Plus généreux – et perspicace – que l'auteur du *Fleuve Alphée*, notre temps est en train de redécouvrir la fulgurante originalité de Guibert, écrivain.

C'est un homme à la mode...

Qu'il s'appelât Richelieu, Cagliostro, Valmont ou Guibert, qu'il sentît le cuir militaire ou le cuir de Russie, qu'il arrivât dans les salons les bottes

---

[8] *Voyages de Guibert dans diverses parties de la France et en Suisse, faits en 1775, 1778, 1784, 1785*, ouvrage posthume publié par sa veuve, Paris, 1806.

[9] Dans ses *Mémoires*, Louis XVIII écrira que le comte de Guibert mourut d'un accès de « *vanité rentrée* ».

[10] *Preuves*, n° 43, septembre 1954.

crottées ou qu'il y entrât avec sur les joues le maquillage d'Arlequin, qu'il ait l'œil battu par la volupté ou par la fatigue des chevauchées, l'homme à la mode était une divinité. La présidente de Tourvel demandait grâce dans ses bras. Les abbesses arrachaient leurs voiles, les marquises se battaient en duel, les princesses faisaient le trottoir devant ses fenêtres, les femmes prédestinées au malheur se préparaient à mourir, les bigotes oubliaient la messe.

Rien ne résistait à l'homme à la mode. Ni la raison, ni la vertu, ni l'honneur. Les femmes trouvaient de la gloire à être, par lui, couvertes de boue. Elles s'enivraient de l'air qui flottait dans son sillage. Dans le faubourg Saint-Germain, on comptait ses victimes. Il y en avait d'enfermées à la Bastille pour avoir empoisonné leurs rivales, il y en avait de cloîtrées dans les couvents, il y en avait qui mouraient dans les alcôves.

L'homme à la mode entassait dans ses coffres d'innombrables mèches de cheveux, bouts de dentelles, bagues et colliers. Avait-il seulement le temps de lire les billets de rendez-vous, suppliants et baignés de larmes, dont le harcelaient ces écrivassières exaltées ? L'homme à la mode était un fléau qui ravageait les salons de Paris et la santé des dames.

Julie de Lespinasse posa un œil curieux sur ce phénomène mondain qui depuis quelque temps fixait l'attention de Paris, de l'Europe et de ses amis. À quoi ressemblait cette nouvelle idole ?

« *Sa figure*, note Julie, *est belle sans être distinguée, ses traits sont réguliers, sans avoir beaucoup de jeu : sa physionomie a quelque chose de doux et de sombre ; son maintien est négligé ; son rire est tout naturel : c'est celui de la première jeunesse.* »[11]

Observons d'un œil plus détaché les trop rares effigies de Guibert qui nous soient parvenues, dont le buste de Houdon. La tête, rejetée en arrière, est portée par un cou de taureau. Les mâchoires sont puissantes, un peu trop carrées. Les joues sont pleines. Le nez, long, fort et très bien découpé prolonge en droite ligne un front curieusement fuyant. La bouche est sinueuse, relevée aux commissures. Le menton, en caboche, est troué d'une bizarre fossette. Les yeux sont enchâssés dans des paupières lourdes et étirées, assez belles. L'ensemble n'est pas

[11] Premier portrait du comte de Guibert par Julie de Lespinasse, écrit dans les premiers temps de leur liaison, et retouché de la main de d'Alembert.

exactement beau, mais impressionnant de force et d'autorité. Voilà un homme débordant de vitalité, content de soi, un tantinet pompeux, intensément masculin.

Et voilà bien le trait essentiel de cette physionomie. On s'y arrête parce qu'il n'est pas courant à cette époque où la virilité est souvent « poudrée ». Guibert n'est pas « joli garçon », il n'a aucune grâce, rien de ces officiers qui, dans les salons, brodaient ou découpaient des estampes. On le voit mal en train de se faire friser au fer et poudrer à blanc avant de regagner son régiment, comme c'était la mode pendant la guerre de Sept Ans. Il ne doit pas savoir danser. Trapu, costaud, débraillé, il détonnerait au milieu des hommes aimables qui peuplent les salons, si déjà un Diderot, un Rousseau, voire un d'Alembert ou un Condorcet, les héros du parti philosophique, n'avaient ouvert la voie à la rusticité. Dix ans plus tôt, il aurait choqué. Au début des années 1770, il étonne. Mieux : c'est une sorte de fascination qu'il exerce sur les femmes. Ce rustaud promettait des bonheurs gaillards.

C'est moins son apparence qui séduisait pourtant que sa voix. Sitôt qu'il ouvrait la bouche, celles qu'il n'avait pas séduites d'emblée étaient conquises. Il venait de Montauban. Comme Toulouse, une terre de chanteurs, de ténors, de voix solaires, d'orateurs. Il devait avoir de l'accent, un peu rocailleux, sonore, musical. La voix de Jaurès ? Portée par cette voix d'or, douce et chaude, vibrante, basse, sa conversation avait un charme incomparable :

« *Son âme,* écrivait Mme de Staël, *vous appartenait en vous parlant. Sa conversation était la plus vive, la plus animée, la plus féconde que j'aie jamais connue. Il n'avait pas cette finesse d'observation ou de plaisanterie qui tient au calme de l'esprit, et pour laquelle il faut attendre, plutôt que devancer les idées ; mais il avait des pensées nouvelles sur chaque objet, un intérêt habituel pour tous. Le mouvement de son esprit ne s'arrêtait point, il le communiquait infailliblement, et si l'on ne revenait pas en le citant comme le plus aimable, on parlait toujours de la soirée qu'on avait passée avec lui comme la plus agréable de toutes. Qui me rendra ces longues conversations où je le voyais développer tant d'imagination et d'idées ! Ce n'était pas en versant des pleurs avec vous qu'il savait vous consoler ; mais personne n'adoucissait mieux la peine en vous parlant, ne faisait mieux supporter les réflexions, en vous les présentant sous toutes leurs faces.* »[12]

---

[12] Notice que Mme de Staël écrivit sur Guibert, au lendemain de sa mort.

Guibert fut le premier amour de Germaine Necker, future baronne de Staël, qui avait à peine quinze ans quand elle le rencontra. Il ne pouvait donc qu'être, pour elle, le plus aimable des hommes. Mais des femmes moins suspectes de passion portent sur lui des jugements enthousiastes, comme sa mère, la très calme et très prudente Mme Necker, qui pesait sept fois ses jugements avant de les livrer au public :

« *Guibert,* dit-elle, *était plus heureusement doué que les plus heureux en ce genre. On admirait en lui les facultés merveilleuses et absolument individuelles et qu'aucun homme avant lui n'avait encore possédées. Son génie avait de l'enthousiasme. Il fallait en avoir pour le peindre.* »[13] Et au lendemain d'une lecture que Guibert avait fait d'un de ses ouvrages, elle écrivait à Grimm : « *Un jeune homme lit à lui tout seul une pièce mieux que la meilleure troupe possible, et l'on emporte les femmes mortes ou mourantes au sortir de ce spectacle…* »

« *C'est Corneille, Racine et Voltaire fondus et perfectionnés* », s'écriait une autre. Pendant toute une soirée, chez Mme Geoffrin, on agita cette grave question : quel sort était plus à désirer, d'être la mère, la sœur ou la maîtresse de Guibert ? Ce dernier rôle était le plus facile à remplir, et le plus agréable. Beaucoup de femmes le choisirent. Il les prit avec plaisir et les quitta sans regrets. Elles souffrirent.

« *La légèreté, je pourrais même dire la dureté avec laquelle il traite les femmes,* écrit Julie, *vient du peu de cas qu'il en fait. Voilà comment il les voit : coquettes, vaines, faibles, fausses et caillettes. Celles qu'il juge plus favorablement, il les croit romanesques ; et s'il est forcé de reconnaître dans quelques-unes certaines bonnes qualités, il trouve que ce n'est point la peine de les en estimer davantage, parce que c'est plutôt en elles des vices de moins que des vertus en plus. C'est comme dissipation et divertissement qu'il les prend et qu'il les quitte, et il n'estime pas assez leurs sentiments pour se croire obligé de ménager leur sensibilité.* »[14]

L'une d'elles, cependant, avait réussi à fixer le cœur de cet homme à bonnes fortunes : Jeanne Thiroux de Montsauge, fille du fermier général Bouret[15]. Maîtresse dévouée et conciliante, elle acceptait sans jalousie que son amant la trompe. Elle était elle-même beaucoup plus faite « *pour*

---

[13] Mme Necker, *Nouveaux Mélanges, op. cit.*

[14] Julie de Lespinasse, *Second Portrait de Guibert,* écrit en 1773.

[15] Il était connu pour sa prodigalité et ses excentricités. On raconte notamment qu'il avait fait nourrir une vache de petits pois à « cent cinquante livres le litron » afin de fournir à une de ses maîtresses un lait plus succulent. Cité *in* Marquis de Ségur, *Julie de Lespinasse, op. cit.*

une amitié très douce et très aimable » que pour l'amour fou. Guibert lui revenait toujours entre deux toquades, par habitude, et aussi parce que cette liaison lui était flatteuse. Pour cela, Julie, qui méprisait la modération des sentiments, ne lui épargnera pas les coups d'épingle :

« *Je crois que Guibert a fait une grande méprise,* dit-elle. *Il a rencontré quelqu'un qui a arrêté tous ses mouvements. Enfin il n'a pas rencontré Mme de La Moussetière. Il en était digne.* »[16]

Revenons à la fête du Moulin-Joli. Julie et Jacques-Antoine-Hippolyte se sont éloignés de la foule et se promènent dans les allées ombragées qui conduisent vers la Seine. Le cœur de Julie est pris. Mais elle se trouve en face d'un homme séduisant, intelligent, aimé des femmes. Comment ne chercherait-elle pas à lui plaire ? Par instinct. Pour mesurer son propre pouvoir. Pour tracer les frontières de celui de l'autre. Que fait un homme « irrésistible » ? Il cherche à s'en assurer.

Ils se sont mesurés de la voix et du regard, appréciés et reconnus. Ils parlent, heureux simplement de découvrir une amitié naissante. Point de coup au cœur de Julie, d'abord. Elle n'éprouve apparemment qu'une sympathie profonde pour le colonel à la voix chantante :

« *J'étais bien éloignée,* écrira-t-elle l'année suivante, *d'avoir besoin de former une nouvelle liaison ; ma vie et mon âme étaient tellement remplies que j'étais bien loin aussi de désirer un nouvel intérêt.* »

Mais il n'est pas de cœur si empli qu'il ne reste disponible pour quelque autre sentiment. Guibert la distrayait, il « *ranimait son âme et y faisait pénétrer le plaisir* »[17]. Ses chaudes paroles la contentent mieux que les timides attentions de d'Alembert. Elle parle de Mora. Elle en oublie presque qu'elle vit un drame, qu'elle vient de passer des mois entiers dans une inquiétude mortelle. D'où vient qu'elle a « *confiance jusqu'à l'abandon* » en cet homme qu'elle connaît à peine ? Pourquoi lui confie-t-elle déjà tous les secrets de sa vie ?

Puisqu'ils en étaient à parler d'amour, Guibert l'entretint de Mme de Montsauge. Il lui avoua qu'il n'en était plus amoureux et que son âme était libre, ou désengagée. Y avait-il dans ses confidences le désir, déjà,

---

[16] Mme de La Moussetière s'était rendue célèbre par une aventure qui s'était dénouée par sa mort et celle de son amant.

[17] Première lettre de Julie de Lespinasse à Guibert, 15 mai 1773, *in Lettres de Mlle de Lespinasse*..., édition présentée par E. Asse, *op. cit.*

d'entreprendre la conquête de Julie, de l'enlever à un autre ? L'ami s'épanchait-il simplement dans un cœur ami ?

Ils se séparèrent, heureux et contents l'un de l'autre, et promettant de se revoir.

Trois jours plus tard, Julie confiait au « cher Condorcet » :

« *J'ai fait connaissance avec M. de Guibert ; il me plaît beaucoup : son âme se peint dans tout ce qu'il dit ; il a de la force et de l'élévation, il ne ressemble à personne.* »[18]

Quand elle prétend avoir dévoré l'*Essai de tactique* en une nuit, on peut juger que ses insomnies avaient pris un tour maladif, et que quelque exaltation, déjà, se glisse dans son « amitié ». Mais enfin, elle l'avait très vite lu, annoté, commenté, critiqué, en faisant le principal sujet de conversation de ses soirées. Si Guibert n'avait été déjà un homme à la mode, il le serait devenu en trois jours, par la grâce du seul enthousiasme de Mlle de Lespinasse.

Or voilà que cette angoissée voit soudain la vie d'un autre regard. Mora va mieux, c'est vrai, mais il peut rechuter à tout moment, et le jour de son départ approche. Pas d'inquiétude pourtant dans la correspondance de Julie. Tout allait bien. Mora l'aimait. Elle sortait, se préoccupait de ses amis, allait à l'Académie française entendre les discours de réception de deux nouveaux membres : M. de Brequigny avait été court et froid, M. de Beauzé avait bien réussi. On avait applaudi La Condamine qui avait lu une traduction en vers du discours d'Ajax dans Ovide. Elle s'était divertie « *à merveille et à faire bâiller* ». Elle trouvait M. de Tillot, ministre de Parme, fort à son gré, elle s'inquiétait de la santé de Mme de Meulan qui venait de faire une fausse couche. Trois mots sur Mora, dans ces lettres. Beaucoup d'éloges de Guibert :

« *Je voudrais que vous lussiez le discours préliminaire de l'ouvrage de M. de Guibert,* écrivait-elle à Condorcet. *Je suis sûre qu'il vous ferait grand plaisir ; cela est plein de vigueur, d'élévation et de liberté.* »

Elle va d'ailleurs lui faire envoyer ce livre de toute urgence par M. de Saint-Chamans, pour être bien sûre qu'il le lise, et elle ajoute à la fin de la lettre qu'elle a revu Guibert chez elle, et qu'il continue à lui plaire infiniment.

Rue Saint-Dominique, Guibert se multiplie. Près de Julie, il n'a pas besoin de briller, ni de jouer. Il peut être vrai, il peut dire tout ce qu'il a

---

[18] *Lettres inédites de Mlle de Lespinasse*, publiées par Ch. Henry, *op. cit.*

dans le cœur : « *Elle attirait si doucement ma confiance, elle entendait si bien le langage des passions ! De quelque sentiment qu'on eût l'âme remplie, elle faisait éprouver le besoin de le lui communiquer, et l'on se trouvait toujours plus heureux ou moins malheureux auprès d'elle.* »[19]

Les semaines passaient. Mora allait partir. Apaisée un moment par la certitude d'être aimée et par la douceur d'une nouvelle amitié, Julie retomba dans la mélancolie. Mora n'était-il pas toute sa vie ? Rien ni personne n'existait en dehors de lui, et il s'en allait, pour la quatrième fois, la laissant à son anxiété. Cette fois, reviendrait-il ? Il était si faible, si malade… Julie avait retrouvé l'angoisse désirée et haïe, elle vivait une fois encore dans un état second, se gavant d'opium. Mais quelle drogue pouvait lui fournir le seul bien auquel elle prétendait aspirer, d'être « *presque aussi heureuse que si elle était morte* ».

Sa seule consolation, c'était Guibert, si confiant, si solide, si rassurant. Mora guérirait, assurait son nouvel ami, il reviendrait. S'il n'avait pas été près d'elle, le soir du vendredi 7 août, après qu'elle eut dit adieu une fois de plus à celui qui occupait son cœur, se serait-elle laissée mourir de chagrin ? Peut-être sentait-elle, cette intuitive un peu sorcière, que cette date était celle de la séparation définitive.

Une fois de plus malade, triste et stupide. À quoi bon chercher à tout prix le bonheur ? Pourquoi rendre son existence dépendante d'un autre ? « *Fût-il Dieu,* écrit-elle, *ce serait trop lui sacrifier.* » (« *Un autre* », « *trop lui sacrifier* » ! Voilà un nouveau langage qui sent sa raison, son économie, sa prudence, sa « philosophie », plus que la passion de naguère…)

Où trouver le courage de vivre ? Vers qui se tourner ? Vers Guibert, bien sûr. Lui seul pourrait la sauver, calmer ses nerfs. « *En vous voyant,* disait-elle, *je trouvais le plaisir.* » (Encore un mot nouveau chez elle). À dater du départ de Mora, elle le vit de plus en plus. Elle le retenait, le soir, après les autres, pour lui parler de son amour – de l'autre, encore :

« *Vous seul, peut-être,* lui écrira-t-elle, *avez eu le pouvoir de suspendre quelques instants ma douleur, et ce bien d'un moment m'a attachée à vous pour jamais. Mon âme n'avait pas besoin d'aimer. Elle était remplie d'un sentiment profond, tendre, partagé, mais douloureux cependant, et c'est ce mouvement qui m'a rapprochée de vous. Vous ne deviez que me plaire et vous m'avez touchée.* »

---

[19] J.-A.-H. de Guibert, *Éloge d'Éliza, op. cit.*

Jacques-Hippolyte faisait, il est vrai, tout ce qu'il pouvait pour « toucher » la jeune femme. Aurait-il voulu la séduire qu'il ne s'y serait pas mieux pris. Et peut-être déjà voulait-il la séduire ? Il l'écoutait parler des heures entières, il évoquait Gonçalve de Mora en termes élogieux et pleins de chaleur, il se plaignait aussi de ne pas être aimé comme il l'aurait voulu. Depuis qu'il connaissait Mlle de Lespinasse, Mme de Montsauge lui faisait l'effet d'une banquise. « *Puis-je exiger,* soupirait-il, *qu'elle me ressemble, qu'elle vous ressemble ?* »

Ah, si Mme de Montsauge avait su l'aimer comme Julie savait le faire ! Devait-il la quitter ? demandait-il sournoisement. Trouverait-il une femme qui réponde aux besoins de son âme ? Il évoquait l'amour et la passion de sa belle voix chaude, grave, vibrante et Julie, pour qui l'amour était le seul sujet possible, se laissait aller à la douceur de ces entretiens.

Jamais Guibert ne lui parlait de sa carrière, de ses espoirs, des réformes qu'il méditait de faire dans l'État. En entrant chez elle, il faisait mine d'oublier ses ambitions, de n'être plus que dominé par la passion, celui à qui elle peut écrire : « *J'avais tant souffert ! Mon corps, mon âme étaient épuisés par la durée de la douleur. C'est alors que je vous ai vu, c'est alors que vous avez ranimé mon âme.* »[20]

Julie semblait avoir été alors de bonne foi avec Guibert et avec elle-même. Le visiteur était son ami, son grand ami, rien de plus. Toutes ses pensées, croyait-elle, étaient tournées vers Mora dont elle recevait deux fois par semaine des nouvelles. Et des plus alarmantes.

La cure de Bagnères n'avait pas été heureuse : des hémorragies terribles et de nombreuses saignées l'avaient laissé sans forces. Le médecin n'avait pas pu le prémunir contre une rechute, et Mora était si anéanti au moment de repartir pour l'Espagne qu'il n'avait pas pu juger du péril auquel il s'exposait en se mettant en route. À demi mourant, il s'était traîné jusqu'à Bayonne où sa sœur, la duchesse de Villahermosa l'attendait pour le ramener à Madrid.

Depuis, plus de nouvelles. Pas un mot. Que se passait-il ? Julie, terrifiée, imaginait le pire. Mora ne l'aimait plus ? Peut-être était-il mort ?

En vérité, il était prisonnier. Après quelques semaines de soleil catalan, de soins et de repos, il allait mieux, mais il était cependant trop

---

[20] Première lettre de Julie de Lespinasse à Guibert, 15 mai 1773, *in Lettres de Mlle de Lespinasse*..., édition présentée par E. Asse, *op. cit.*

faible encore pour sortir de sa chambre. Cloîtré à l'hôtel Fuentès, sous la haute surveillance de sa très vigilante sœur, près de leur mère qui se mourait dans la pièce à côté, il était pieds et poings liés. Chaque jour, il allait supplier sa mère d'obtenir pour lui la main de Julie. Rassemblant ses dernières forces, la moribonde s'y refusait obstinément, soutenue par la duchesse de Villahermosa qui haïssait l'intrigante française au point d'intercepter les lettres qu'il lui envoyait, et à chaque arrivée du courrier, de subtiliser celles venues de Paris.

« *J'ai le pressentiment,* écrit Julie, *que M*[me] *de Villahermosa empoisonnera le reste de ma vie. Au moins qu'elle n'empoisonne pas la sienne.* »

Que faire ? Qui pouvait l'aider – sinon ce bon d'Alembert toujours prêt à se mettre en quatre pour elle ? Elle lui suggéra, le plus doucement du monde, d'écrire lui-même au duc de Villahermosa qui était lui aussi rentré en Espagne. Ravi de pouvoir se rendre agréable à Julie, le philosophe reprit ses rôles de « premier secrétaire » et de « petit Savoyard » et courut à la poste déposer les missives écrites sous la dictée de Julie : « *Quoique les amis de M. de Mora approuvent son silence, ils en sont pourtant alarmés ; ils craignent qu'il y ait dans ce silence plus d'impossibilité de le rompre que de régime qui oblige à le garder. M. le duc est donc instamment prié d'avoir la bonté de faire savoir aux amis de M. le marquis de Mora si la poitrine est restée attaquée de la violente secousse qu'il a éprouvée à Bagnères, s'il a encore des évanouissements, et quels sont les aliments dont il fait usage. M. le duc voudra bien pardonner ces questions aux sentiments d'amitié qui obligent de les lui faire.* »

Le duc de Villahermosa, moins dupe que d'Alembert, et devinant qui étaient « *les amis* » auxquels il faisait allusion, répondit directement à Julie en s'adressant au philosophe. Il n'épargnait aucun détail propre à la rassurer sur la santé de son amant. M. de Mora était mieux, il n'avait pas essuyé le moindre évanouissement depuis son retour de Bagnères. Il était faible, se nourrissant seulement de légumes. Une fois, cependant, il avait dîné, chez lui, Villahermosa, et avait pu manger du pot-au-feu à l'espagnole. Mais il sortait peu et avec toutes les précautions imaginables. Par le truchement de son beau-frère, Mora l'assurait à la fin de chaque lettre, de son attachement et de sa reconnaissance, et lui faisait dire qu'il lui avait écrit. Mi-exaspérée, mi-rassurée, Julie reprit courage.

Le soir, Guibert venait aux nouvelles, quand ses activités mondaines et professionnelles lui en laissaient le temps. Il était charmant, plein d'attentions. Et Julie s'interrogeait : « *Si j'étais jeune, jolie, et bien aimable, je ne manquerais pas de trouver beaucoup d'art dans votre conduite envers moi ; mais comme je ne suis rien de tout cela, que je suis le contraire de tout cela, j'y trouve une bonté et une honnêteté qui vous ont acquis à jamais des droits sur mon âme.* [...] *Vous l'avez pénétrée de reconnaissance, d'estime et de tous les sentiments qui mettent de l'intimité et de la confiance dans une liaison. Vous voulez que je jouisse en paix de l'amitié que vous m'offrez, et que vous me prouvez avec autant de douceur que d'agrément. Oui, je l'accepte, j'en fais mon bien ; elle me consolera, et si jamais je jouis de votre société, elle sera le plaisir que je désirerai et sentirai le mieux.* »[21]

---

[21] Deuxième lettre de Julie de Lespinasse à Guibert, 23 mai 1773, *in Lettres de Mlle de Lespinasse...*, édition présentée par E. Asse, *op. cit.*

Le voyage

Jeune homme, prenez le large... – Fouette cocher ! – Plût au ciel que vous fussiez mon ami – La confusion des sentiments – Je ne fais qu'aimer, je ne sais qu'aimer... – Un coup fatal à Mora ? – Le grand Frédéric – Une bourgeoise à Schönbrunn – Affres de Julie – M. de Guibert aime-t-il une femme mystérieuse ? – Ce retour est redoutable – Revenez, revenez...

Julie recouvrait son calme. Les nouvelles reçues d'Espagne étaient assez bonnes. On parlait de convalescence. Pour que Mora revienne plus vite, elle avait fait envoyer dans la dernière lettre de d'Alembert au duc, une note du médecin Lorry affirmant de manière péremptoire que l'air de Madrid était tout à fait néfaste aux poumons. Que pourrait objecter la famille Fuentès à un tel argument ? La santé de leur fils ne leur importait-elle pas avant tout ?

Les choses allaient donc bien, jusqu'au jour où Guibert annonça à Julie qu'il partait en voyage. Un coup de tête, lui dit-il. Il avait toujours eu l'ardeur de courir les routes et l'inaction lui pesait. Cela faisait trois ans qu'il n'avait pas quitté la France, depuis son retour de Corse. Il ne pouvait se reposer plus longtemps sur les lauriers que lui avait valus l'*Essai général de tactique*. Il voulait mériter d'autres applaudissements. Un soldat n'est pas fait pour rester confiné dans les salons, fussent-ils le théâtre d'une stratégie amoureuse. La halte était déjà longue pour cet homme de vingt-neuf ans en route pour la gloire.

Au vrai, il n'avait pas pris seul cette décision. Ce départ, c'était aussi, par quelque biais, un exil. Si son ouvrage avait enchanté les philosophes et leur parti, il n'avait guère plu au pouvoir, et moins encore à l'armée, au parti militaire. Non seulement parce que l'esprit de réforme séduit rarement ce corps de l'État, plus attaché que tous les autres à ses traditions et à ses certitudes, mais aussi parce que ce colonel était bien jeune pour avoir tant de génie. Aussi bien son ministre le comte de Saint-Germain, qui plaçait de grands espoirs en lui, jugea bon pour sa gloire et son avenir qu'il prît un peu le large, loin des humeurs de Paris et des orages qu'il avait fait lever. Pourquoi pas un voyage d'étude ? Ce penseur ne pourrait que grandir en se faisant observateur. Fouette cocher !

Ce serait un voyage militaire : il irait revoir le théâtre des opérations de la guerre de Sept Ans, lieu d'étude incomparable pour la multitude des marches et actions qui s'y étaient déroulées, la science des dispositions prises, l'emplacement des camps. Il voulait parcourir le pays des Croates, ces descendants des redoutables Daces, et où restait en vigueur l'ancienne Constitution guerrière établie par les Romains. Il voulait voir en temps de paix les terrains sur lesquels Turenne, Condé et Luxembourg avaient exercé leur génie. Il voulait rencontrer enfin le plus illustre capitaine de son siècle, le Grand Frédéric.

Il quittait Paris, confiait-il à Julie, entraîné par la curiosité et le besoin d'approfondir son expérience, mais aussi – oh ! le grand tacticien – agité par les regrets, désolé de se séparer de tous les objets de son affection, triste enfin d'entreprendre seul ce long voyage.

« *Le caractère commande,* conclut-il, *et il commande même au sentiment.* »[1]

Julie frappée, Julie saisie, Julie dessillée... Aveugle jusqu'à ce jour sur la vraie nature de son ami, elle ouvrit les yeux et le regarda en face. Comment avait-elle pu se tromper à ce point, et croire que Guibert se satisferait des plaisirs de l'amitié ? C'était un homme actif, avant tout, impatient, insatisfait. Non point malade comme elle, mais « *plein de force et de raison* ». Il voulait voir le monde, c'était bien naturel. Qu'il parte, puisqu'il l'avait décidé.

« *Comme j'ignore l'impression que me fera votre départ, je ne sais point si j'aurai la liberté et la volonté de vous écrire. Et vous,* continuait-elle, *mettez-vous bien à votre aise, et écrivez-moi un peu, beaucoup ou point du tout.* »[2]

La « *volonté* » de Julie, sur quoi, vers qui pouvait-elle s'exercer ? Vingt-quatre heures plus tard, elle recevait une lettre de Mora, pleine de confiance, qui la troubla au point de prendre la décision de tout lui sacrifier, et de se dire en tremblant : « *Mais il y a deux mois, je n'avais pas de*

---

[1] J.-A.-H. de Guibert, *Journal d'un voyage en Allemagne, fait en 1773*, ouvrage posthume, publié par sa veuve, Paris, 1803.

[2] Lettre I à Guibert, 15 mai 1773, *in Lettres de Mlle de Lespinasse*..., édition présentée par E. Asse, *op. cit.*

sacrifice à lui faire... »[3] Tout se brouillait dans sa tête, dans son cœur. Elle souffrait et ne savait pas pour qui, ni pourquoi. Était-ce le départ de l'un, était-ce l'éloignement de l'autre ?

Pourquoi Guibert réunissait-il tout ce qui pouvait lui plaire et la toucher ? Pourquoi lui offrait-il un bien dont elle n'était pas digne ? Elle ne voulait point de cette amitié : elle la consolerait, mais l'exaspérerait, elle qui avait besoin de se reposer, d'oublier pendant quelque temps... Il y a deux mois, elle n'aimait pas davantage Mora, mais elle l'aimait mieux.

Seul Guibert pouvait l'aider à voir clair dans son cœur :

« *Ah ! mon dieu ! Par quel charme, ou quelle fatalité êtes-vous venu me distraire ? Que ne suis-je morte dans ce mois de septembre ! Je serais morte alors sans un regret, sans avoir un reproche à me faire... Qu'est-ce qui m'entraîne ? Faites-moi connaître à moi-même ; aidez-moi à me remettre en mesure, mon âme est bouleversée ; est-ce vous, serait-ce votre départ, qu'est-ce donc qui me persécute ? Je n'en puis plus. Dans ce moment, j'ai de la confiance en vous jusqu'à l'abandon, et peut-être vous parlerai-je de ma vie. Adieu ; je vous verrai demain, et peut-être aurai-je de l'embarras de ce que je vous écris aujourd'hui. Plût au Ciel que vous fussiez mon ami, ou que je ne vous eusse jamais connu ! Croyez-vous ? serez-vous mon ami ? Pensez à cela, une fois seulement ; est-ce trop ?* »[4]

Guibert devait partir le mardi 18 mai. Il retarda quelque peu son départ, sans l'en prévenir. Le 20 mai, Julie apprenait, à son grand étonnement, qu'il était encore à Paris. Ainsi, ce n'était peut-être pas elle qui avait reçu les derniers adieux. Elle souffrait déjà et se reprochait de souffrir. Elle courut à son hôtel prendre de ses nouvelles, espérant dans le fond de son cœur qu'il était malade... On lui dit qu'il venait de sortir.

« *Pourquoi n'êtes-vous pas parti mercredi ?* lui demandait-elle peu après. *Est-ce à quelqu'un ou à vous-même que vous avez accordé ces vingt-quatre heures ?* »

Il était chez Mme de Montsauge, c'était certain : « *Vous m'aviez assuré que vous n'étiez plus amoureux de cette femme.* » Possessive, exclusive déjà. Déjà la torture.

Mora est loin. Guibert s'éloigne. Julie s'assied à son écritoire et entame une correspondance, qui ne finira qu'avec sa mort, et qui l'a arrachée à la mort.

---

[3] *Ibidem.*

[4] *Ibidem.*

Tout au début, elle se sent calmée, triste aussi. Elle ne sait pas si elle le regrette, mais il lui manque « *comme son plaisir* ».

La sensibilité, ils en sont convenus, n'est au fond que le « *partage de la médiocrité* ». Le caractère de Guibert ne lui commandait-il pas d'être grand ? Qu'il se voue donc à sa destinée, lui qui n'est pas fait pour la vie douce et intérieure qu'exige la tendresse : « *Il n'y a que du plaisir et point de gloire à vivre pour un seul objet ; quand on ne veut que régner dans un cœur, on ne règne point dans l'opinion ; il y a des vies, des noms faits pour l'histoire. Le vôtre excitera un jour l'admiration. Quand je me pénètre de cette pensée, cela modère un peu l'intérêt que vous m'avez inspiré.* »[5]

Elle est hantée aussi par l'idée qu'il pourrait l'oublier. Pensera-t-il encore à elle quand il sera à trois cents lieues ?

Comment aurait-il pu l'oublier ? Une pile de lettres l'attend à Strasbourg, sa première étape. Il y répond d'un mot amical et chaleureux. Julie, terrifiée du plaisir que lui cause cette lettre, essaie de lutter contre l'équivoque en lui répondant :

« *J'ai vu clair dans mon âme, je n'ai plus à combattre ce que vous m'inspiriez. Je pensai mourir vendredi en recevant une lettre par un courrier extraordinaire. Je ne doutais pas qu'il m'apportât la plus funeste nouvelle ; le trouble où il me jeta m'ôtait jusqu'au pouvoir de décacheter ma lettre ; je fus plus d'un quart d'heure sans mouvement ; mon âme avait glacé mes sens ; enfin je lus et je ne trouvai qu'une partie de ce que j'avais craint. Je n'ai point à trembler pour les jours de ce que j'aime : mais à l'abri du plus grand des malheurs, mon Dieu, qu'il me reste encore à souffrir !* »[6]

Du cœur, on ne peut que sentir et souffrir. Son sentiment, affirmait-elle, était purgé de ce vilain alliage qui corrompait et affaiblissait les affections. Pourquoi, alors, s'inquiétait-elle de savoir si d'autres lettres que les siennes l'avaient attendu à Strasbourg. Était-elle jalouse de Mme de Montsauge ? Et soudain ce cri :

« *Je vous aime trop pour pouvoir m'imposer la moindre contrainte ; j'aime mieux avoir à vous demander pardon que de ne point faire de fautes. Je n'ai plus d'amour-propre avec vous. Je ne connais point de devoirs envers mon ami ; je me rapproche de l'état de nature ; les sauvages n'aiment pas avec plus de sensibilité et de bonne foi. Le monde, le malheur, rien n'a pu corrompre mon cœur. Ne chicanez*

---

[5] Lettre II à Guibert, 23 mai 1773, *in Lettres de Mlle de Lespinasse*..., édition présentée par E. Asse, *op. cit.*

[6] Lettre IV à Guibert, 30 mai 1773, *in ibidem.*

pas, accordez-moi beaucoup ; vous verrez que je ne m'abuse pas. Oh ! vous verrez comme je sais bien aimer ! Je ne fais qu'aimer, je ne sais qu'aimer. »[7]

Comme Chesterfield et Walpole qui visitaient alors l'Europe, les yeux ouverts sur tout, Guibert arpentait son temps et l'histoire.

Il s'arrêta tout d'abord à Strasbourg, où étaient réfugiés des confédérés polonais suite au premier partage de leur pays : « *l'abominable partage* », disait Guibert. Ou plutôt le dépeçage opéré entre les trois puissants monarques qui encerclaient la Pologne. Il était inévitable qu'un jour où l'autre ces dirigeants soient tentés de se partager le gâteau : Frédéric s'empara des territoires situés entre la Prusse orientale et l'Ouest poméranien, à l'exception de Gdansk qui resta polonaise ; Marie-Thérèse saisit une partie du Sud-Ouest du pays, connue plus tard sous le nom de Galicie ; quant à Catherine, elle prit une partie du Nord-Est. Guibert passa ensuite le Rhin à Kehl, petite ville en ruines gardée par quelques invalides de l'Empire : « *C'est aujourd'hui que mon voyage commence,* note-t-il dans ses carnets. *La France est derrière moi : tout ce qui m'environne est étranger, et je suis seul ! Et je ne dois avoir pendant plusieurs mois, personne à qui confier ma pensée, avec qui la développer et la rectifier.* »[8]

Darmstad était une caserne où s'exerçait la manie du souverain local pour imiter le militaire prussien. Les troupes portaient des tenues singulières, et des perruques frisées « *à sept ou huit rangs de boucles et poudrées à blanc* ». Devant le bassin de la Kinche, près de Gelnhausen, il prit son pipeau. « *Vallée charmante,* s'écrie-t-il, *je te salue ; je te remercie de l'illusion où ton aspect m'a jeté. Heureux peintres ! Pour vous, la nature est toujours riche, toujours variée, toujours inépuisable ! Et moi, souvent, je ne la vois pas, souvent je la foule aux pieds sans la sentir.* »[9]

La pauvreté de la ville d'Erfurt, gouvernée par l'évêque de Mayence, lui inspire ce parallèle entre pays protestants et catholiques : « *Dans le même territoire, sous le même gouvernement, avec les mêmes impôts, le même genre de cultures, les mêmes débouchés, le village protestant se soutient, le village catholique est au comble du délabrement et de la misère.* »[10]

Il s'attarda sur la plaine de Lützen où était tombé en 1632 le grand Gustave II Adolphe, fondateur de la Suède moderne. Ironie du sort, c'est

---

[7] *Ibidem.*

[8] J.-A.-H. de Guibert, *Journal d'un voyage en Allemagne, fait en 1773, op. cit.*

[9] *Ibidem.*

[10] *Ibidem.*

là, à Lützen, que ce roi guerrier avait remporté sa plus belle et importante victoire. L'esprit du souverain suédois semblait remplir la plaine. Guibert se fit montrer par son postillon où était le quartier général le jour de la bataille, et chercha à se tracer la position des deux armées, moins pour s'instruire que pour asseoir son imagination, la fixer sur un point de cette immensité. Là, sur une grosse pierre érigée au bord du chemin où avait été tué le grand roi, Guibert se figura des lauriers et des cyprès le protégeant de leur ombrage.

À Dresde, il était allé voir la parade militaire, il s'était promené sur les fortifications, avait visité le musée, et le soir dîné chez l'Électeur de Saxe. À l'hôtel de Pologne, des lettres de Julie l'attendaient.

Il n'y avait pas un mois que Jacques-Antoine-Hippolyte de Guibert était parti, et déjà Julie était en enfer. Ce voyage à peine commencé lui paraissait interminable. Pourquoi était-il parti ? « *Les gens qui sont gouvernés par le besoin d'aimer ne vont pas à Pétersbourg sans y être condamnés.* »[11] Mora n'avait quitté Paris, lui, que pour obéir aux prescriptions médicales, et aussi pour arracher à ses parents la permission d'épouser Julie. Mais l'Espagnol était un homme de cœur. Il se plaisait à aimer et à être aimé : « *Oh, si vous saviez combien il est aimable,* écrivait-elle à Guibert. *Oh, qu'êtes-vous donc pour m'avoir détournée un instant de la plus charmante et de la plus parfaite des créatures ?* » Un instant…

Qui pouvait exiger de Guibert qu'il ressemblât à Mora ? Son âme était plus avide que sensible. « *Eh bien,* se demandait Julie, *quel mal y a-t-il à cela ?* » Il était ardent, il était passionné, il était capable de tout ce qui est fort, de tout ce qui est grand. Elle en venait presque à plaindre Guibert d'être condamné à la gloire : la nature ne l'avait point fait pour être heureux. Qu'il se soumette donc à cet âpre destin, sans murmure.

Quant à elle, elle mourait lentement, dans les tortures. Elle se comparait à un de ces malades incurables à qui on demande des nouvelles de leur santé : « *Cela va aussi bien que son état le comporte.* » C'est-à-dire qu'il mourra, mais qu'il a quelques moments de répit. Le répit, pour Julie, c'était passer de « *la convulsion à l'abattement* », sans pouvoir juger de rien, en se méprenant sans cesse, l'esprit égaré par les vapeurs de l'opium. La mort lui semblait être la seule issue. Mais elle se sentait garrottée à la vie par la pensée qu'elle risquerait de porter un coup fatal à Mora. Deviendrait-elle folle ?

---

[11] Lettre IV à Guibert, 30 mai 1773, *op. cit.*

« *Que dois-je faire ?* demandait-elle à Guibert, suppliante. *Que deviendrai-je ? Éclairez-moi : je vous croirai, vous serez mon appui, vous me secourrez comme la réflexion.* » L'instant d'après, elle se reprochait de se laisser entraîner à lui montrer ses souffrances. Mais comment faire aussi, comment aurait-elle pu vivre sans lui faire ses confidences ? « *Mon âme à la fièvre continue, avec des redoublements qui me conduisent souvent jusqu'au délire.* »

Elle n'aurait voulu lui parler que de lui. Lui demander de ses nouvelles, s'intéresser à ce qu'il voyait, à ce qu'il faisait. Lui rapporter tout ce qui se passait à Paris. Elle était si troublée qu'elle avait oublié de lui dire que Diderot allait lui aussi partir : il ne pouvait résister plus longtemps aux sollicitations de la Grande Catherine qui lui envoyait pour le voyage une luxueuse voiture à l'anglaise où il pourrait se tenir couché. Avait-il lu son *Connétable de Bourbon* à quelques-uns de ses hôtes ?

À peine a-t-elle jeté une nouvelle ou posé une question qu'elle revient à elle et à ses sentiments, tentant de se comprendre, de retrouver un peu de calme : son absence lui pèse, mais elle ne peut assurer que sa présence lui ferait du bien. « *Aimer, être aimée, était-ce donc si horrible ? Quelle situation horrible que celle où le plaisir, où la consolation, où l'amitié, où tout enfin devient poison !* [...] *Oh, combien de fois l'on meurt avant que de mourir ! Tout m'afflige et me nuit. Je souffre tous les maux, et j'ai encore à me reprocher de troubler le repos, de faire le malheur de ce que j'aime ! Mon âme est épuisée par la douleur : ma machine est détruite, et cependant, je vis, et il faut que je vive.* » Elle avait beaucoup lu *Phèdre*.

Elle parle à Guibert avec la franchise et l'abandon qu'on a, dit-on, aux approches de la mort. Qu'il l'écoute donc avec l'indulgence et l'intérêt qu'on a pour les mourants. Qu'il l'écoute lui parler de Mora qu'elle aime, elle en est sûre...

Mora avait encore craché le sang, il avait été saigné neuf fois. Le moyen de se calmer avec cela ?

« *J'ai pris à cinq heures du matin deux grains d'opium. J'en ai obtenu du calme qui vaut mieux que le sommeil, ma douleur est moins déchirante.* »

Si Mora venait à mourir, ce serait de sa faute à elle. Comment ne pas faire le rapprochement entre les crises de plus en plus fréquentes qui menaçaient la vie de son amant, et les infidélités de son cœur ? C'était son châtiment.

« *Je pense que c'est un malheur dans ma vie que cette journée que j'ai passée, il y a un an, à Moulin-Joli... Je déteste, j'abhorre la fatalité qui m'a poussée à vous écrire ce premier billet !* »

Elle est « coupable » de ne plus donner à Mora le meilleur d'elle-même, de ne plus lui accorder toutes ses pensées. On s'épuise à mener de front deux sentiments contradictoires. Ce qu'elle donne à l'un, elle le retire à l'autre. Toute l'énergie dépensée dans ses lettres, elle la retire à Mora, elle la dévie de sa mission. Pour s'engager aussi loin qu'elle l'aurait souhaité dans cet amour, elle aurait dû renoncer à suivre un autre sentiment qu'elle s'obstinait à trouver secondaire. Pour retrouver l'équilibre, elle aurait dû choisir, tout de suite. Mais elle avait enchevêtré, insouciante, ces deux affections. Elle savait maintenant le prix qu'il lui faudrait payer, si elle choisissait Mora. Ce prix était lourd, trop lourd. Était-elle encore prête à lui faire le sacrifice de Guibert ?

Avec une imprévoyance voulue, une héroïque insouciance, un abandon de tout amour-propre, de tout orgueil, elle se donne à ses impressions sous les yeux de Guibert, analysant tous les mouvements de son cœur, décomposant ses sentiments pièce par pièce, pesant tous les pour et les contre, jusqu'à corroder ses illusions. La multitude de lueurs qui jaillissent de ses pages l'éclairent une seconde, l'éblouissent et l'aveuglent l'instant d'après. Mais il fallait qu'elle écrive, qu'elle se dise tout, sinon elle aurait suffoqué, elle serait morte.

Elle criait ses scrupules, son désir d'être parfaitement juste envers Mora, ses craintes de ne plus l'aimer. Puis, dans un éclair, elle avait la brusque certitude de l'aimer. « *Hélas, je le sens, je mourrais encore aujourd'hui pour lui.* [...] *Il me parle de moi, de ce que je pense, de mon âme avec ce degré de connaissance et de certitude qu'on a, lorsqu'on exprime ce que l'on sent fortement et vivement.* »

Elle comptait les lettres qu'elle recevait de Mora. Sa vie dépendait du courrier qui arrivait d'Espagne. Mais en même temps elle frémissait pour le beau colonel : était-il mort ? Il ne lui avait pas écrit depuis un mois. Aurait-il déjà oublié que son souvenir était vif et douloureux dans l'âme de ceux qu'il avait quittés ? Pas un mot de lui depuis le 24 mai... D'Aguesseau lui-même, son fidèle ami, n'avait pas de nouvelles. Vite, une lettre, qui ferait diversion un instant – un instant ? – à l'angoisse qui écrasait son existence. Elle attendait cette lettre, mais elle avait cessé de la désirer, disait-elle, parce que son âme ne pouvait plus avoir un mouvement de plaisir. Au milieu de « *tant de mouvements et de tant d'intérêts si différents de celui qui touche et attendrit* », entendait-il encore une langue qui était étrangère à la plupart des gens entraînés par la dissipation ou enivrés par la vanité ?

Elle était coupable d'attendre ces lettres avec autant d'impatience que les autres. Mais lui aussi était coupable. Il avait égaré son jugement. En toute sincérité, elle avait cru qu'il ne serait jamais qu'une connaissance aimable. Ses manières, son esprit, tout lui plaisait, et elle jouissait en paix de l'amitié qu'il lui offrait. Mais un « degré d'intérêt » avait tout gâté. Guibert avait été coupable de lui avoir montré son âme. Le lui demandait-elle ? Non. Pourquoi alors avait-il cherché à établir entre eux une intimité dont elle ne voulait pas ?

« *Est-ce vous, est-ce moi qui suis coupable de l'espèce de douleur dont je souffre ?* » N'y avait-il pas de la folie, et même du ridicule à croire qu'on en pouvait rester à l'amitié avec un homme aussi aimable ? Et jaillissaient alors des reproches sur son comportement avec les femmes : il n'avait pas de cœur, aucune sensibilité :

« *Je plaindrais une femme sensible dont vous seriez le premier objet ; sa vie se consumerait en craintes et en regrets ; mais je féliciterais une femme vaine, une femme fière ; elle passerait sa vie à s'applaudir et à se parer de son goût ; ces femmes-là aiment la gloire, elles aiment l'opinion, l'éclat.* »

Tout cela était noble et beau, mais loin de la passion qui fait dire :

La mort et les enfers paraissent devant moi ;
Ramire, avec plaisir, j'y descendrai pour toi.

Qu'il reste donc avec cette Montsauge qui ne sait pas aimer, qui n'a, c'est certain, ni goût ni sensibilité. Mais non ! Qu'a-t-elle dit ! Qu'il la quitte, au contraire, tout de suite. Il ne faut à aucun prix qu'il reste lié à cette créature inférieure. Guibert est un être qu'on ne peut aimer qu'à la folie ! D'où vient que Mme de Montsauge ne meurt pas d'amour pour lui, comme il le mérite. À quoi emploie-t-elle donc son âme et sa vie ?

Lui avait-il écrit, au moins ? Avait-il reçu des lettres à Dresde ? Auxquelles avait-il répondu en premier ? À Mme de Montsauge, sûrement, puisque c'était elle qu'il aimait, ou du moins qu'il avait aimée. Julie n'était qu'une amie. Il était donc normal qu'elle vienne après : « *Ne venez à moi que lorsque vous n'aurez plus rien à lui dire. Cela est dans l'ordre.* »

L'ordre ? Julie en est bien loin. Quel est son but désormais ? Ses deux sentiments se mêlent. Elle ne peut se détourner ni de l'un ni de l'autre. Elle se replie sur elle-même, dans une douleur qui est maintenant son lot, et que peut-être, elle s'applique à entretenir. Elle y trouve un tel charme qu'elle s'avoue parfois prête à la préférer à ce qu'on appelle le « plaisir ».

C'est un poison dont elle se nourrit et qui lui est « *bien plus nécessaire que l'air qu'elle respire* »[12].

« *Songez donc que je sais souffrir et mourir... Si quelqu'un avait eu la puissance de me séparer un moment de mes malheurs, je crois que loin de lui porter de la reconnaissance je devrais l'en haïr. Qu'en pensez-vous ?* »[13]

Guibert, les premiers temps, fut plutôt surpris de ce déferlement de passion. Mme de Montsauge ne l'avait pas habitué à un tel langage. Cette exaltation, ces déchirements, ces analyses le déconcertaient. Aussi écrivit-il le moins possible, s'excusant un peu lourdement, mais non sans style :

« *Je me disais toujours : demain j'écrirai, et les jours s'écoulaient. Je n'ai écrit à personne au monde. Quand je ne vous écris pas, soyez donc sûre une fois pour toutes que je suis mort à l'univers entier.* »[14]

Il évitait les questions brûlantes, déviait la conversation, se lançait dans de grands récits de ses voyages, racontait ce qu'il voyait avec une foule de détails, et d'une plume très détachée.

Il avait donc vu Frédéric à Berlin. À onze heures du matin exactement. Présenté par le général Krokov. Le roi lui avait tout d'abord fait compliment de son ouvrage, puis il lui avait demandé son âge, ses états de service. Il lui avait posé des questions sur sa guerre en Corse, sur la politique française, sur d'Alembert, sur la littérature. La conversation avait duré trois quarts d'heure. Guibert n'avait pas bien observé le roi, il était trop troublé : « *Une sorte de vapeur magique*, écrit-il, *me semblait environner sa personne : c'est, je crois, ce qu'on appelle l'auréole autour d'un saint et la gloire autour d'un grand homme ?* » Il ne se rappelait ses traits que comme s'il l'avait vu en songe.

À quelques jours de là, il avait rencontré Grimm qui lui avait dit que le roi avait parlé avec bonté du *Connétable de Bourbon*. Le roi, selon Grimm, se piquait toujours de poésie. Il écrivait tous les jours, mais ses vers étaient détestables. Il avait adressé une pièce à son cuisinier, et une autre aux confédérés. Il ne pouvait pas supporter qu'on réparât quelque chose autour de lui. Tout tombait en pièces dans le palais. Les toitures,

---

12 Lettre XI, 25 juillet 1773, *in Lettres de Mlle de Lespinasse*..., édition présentée par E. Asse, *op. cit.*

13 Lettre X, 14 juillet 1773, *in ibidem.*

14 Lettre de Guibert, 20 septembre 1773, *in Lettres inédites de Mlle de Lespinasse*, publiées par Ch. Henry, *op. cit.*

les écuries étaient dans un état lamentable. Le roi n'avait qu'une seule voiture, pour la ville, la campagne et les voyages. Un médecin de Paris n'en aurait pas voulu.

Après avoir mieux observé Frédéric, Guibert pouvait dire qu'il avait une physionomie tout à fait singulière : « *Caressante à droite, menaçante à gauche.* » Cette mobilité se retrouvait dans son esprit, dans son caractère et dans une infinité de détails de sa conduite. Jamais il n'était le même, jamais on ne pouvait prévoir comment il se comporterait. M. d'Argens disait qu'il n'avait jamais vu d'homme dont les inconséquences fussent aussi conséquentes, et plus réfléchies. On se faisait en France une fausse idée du courage du prince. Il n'était peut-être pas né avec le courage du grand Condé, mais s'en était fabriqué un par principe, et il l'avait poussé jusqu'à la témérité pendant la guerre de Sept Ans, dans les batailles de Torgau, Hohenkirchen et Burkersdorf. Il avait vaincu sa nature dans plus d'un domaine. Lui qui était paresseux et aimait à se lever tard était devenu le plus actif des hommes. Il se levait au point du jour, et dans toutes les occasions, il était le « *premier et le dernier à cheval* ». Il craignait prodigieusement le froid, et pourtant faisait plus de campagnes en hiver que personne. Une seule chose sur laquelle il ne variait jamais, l'emploi du temps : mêmes occupations aux mêmes heures.

La différence entre les hommes médiocres et les hommes extraordinaires, notait le voyageur, c'est que l'on voyait les uns d'un coup d'œil, on les jugeait « *sur un jour, huit jours ou un mois de leur vie* », car c'étaient des « *triangles égaux* » dont il suffisait de voir un seul côté. Mais un homme comme le roi de Prusse avait mille faces, mille rapports, mille nuances, mille inégalités : son caractère était comme ces physionomies qui n'échappent qu'au pinceau...

Guibert était ensuite parti pour Vienne en passant par la Bohême pour visiter les champs de bataille de la dernière guerre. À Schönbrunn, qu'il vit comme un grand château sans noblesse, sans goût et de la plus mauvaise architecture, il avait été présenté à l'impératrice Marie-Thérèse par le prince Louis. Une bourgeoise...

Elle était encore assez belle, mais l'embonpoint avait gâté ses traits qui n'avaient plus rien de noble. Elle s'habillait d'une manière triste, et aucune pompe ne l'environnait.

Elle lui avait posé des questions banales, sans aucun esprit, et toute sa conversation avait quelque chose de terriblement commun.

Sa bigoterie était insupportable. À Vienne, elle avait fait chasser les musiciens italiens qui étaient en faveur auprès des dames. Les princes qui vivaient avec des filles étaient mis à l'amende. On pensionnait les femmes de la cour à la condition qu'elles ne fussent pas galantes. La superstition était partout. Dans les rues on voyait des malheureux à genoux, en train de marmotter leur chapelet. On vendait aux coins des rues des images pieuses, des croix et toutes sortes de reliques. Trente mille volumes avaient été mis à l'index, parmi lesquels les œuvres de Molière !

Jamais de gaieté, dans la société. Jamais de saillies. On était dévot. Les libertins étaient tristes. Les hommes bien inférieurs aux femmes. On comptait ceux qui savaient lire. La plupart étaient sans éducation. Sous une apparence d'austérité, se cachait un monde corrompu, hypocrite, affichant une piété fausse et révoltante. Chose curieuse, le second étage de chaque maison appartenait à l'impératrice.

Il n'en avait pas moins été impressionné par la bibliothèque du château : la plus belle d'Europe selon lui. Une seconde d'arrêt sur ce chemin de gloire. Un instant de réflexion :

« *Quand on voit une immensité pareille de livres, qu'on se trouve ignorant ! Qu'on doit peu espérer de percer, de surnager au milieu d'eux : qu'un nom tient peu de place au milieu de tant de noms ! Gloire, renommée, que de fous, que d'aveugles, que d'amants malheureux attachés à ton char !* »[15]

Grand amateur de musique, il était allé ensuite rendre visite « *au plus grand musicien d'Europe* », à Gluck. Celui-ci lui avait joué sur son clavecin plusieurs scènes d'un opéra français, *Iphigénie*, qu'il avait composé pour le théâtre de Paris, et qui devait être joué l'année suivante. Les paroles en étaient « *presque toutes* » de Racine… Guibert, émerveillé, note :

« *Genre de musique neuf, absolument neuf. Récitatif simple et déclamé d'une manière sublime : jamais rien ne m'a fait cet effet en musique, et c'était Gluck tout seul, avec une voix de chaudron, estropiant le français, touchant médiocrement le clavecin ! Son génie couvrait tout, il animait ses yeux, son geste ; il m'échauffait, moi barbare, moi dont on n'a presque jamais ému l'âme par l'oreille.* » Superbe croquis, où l'écrivain s'affirme en un domaine si peu familier.

Après Vienne, il avait parcouru la Hongrie où il crut pouvoir constater que les Français étaient « *très bien vus* », le peuple se souvenant qu'ils avaient été, contre l'Autriche, ses alliés. En tout cas, il avait été bien reçu.

---

[15] J.-A.-H. de Guibert, *Journal d'un voyage en Allemagne, fait en 1773*, *op. cit.*

Dans les villes, la mode française faisait fureur. Les femmes portaient des coiffures en « boudeuse », comme à Paris, chargées de fleurs, et des robes de taffetas chiné, garnies de brimborions. Dans une auberge de campagne, il avait vu quelques lignes écrites en français sur le mur :

Félicité passée
Qui ne peut revenir
Tourment de ma pensée
Que n'ai-je en te perdant, perdu le souvenir ! [16]

Quel était l'inconnu qui avait griffonné ces quelques lignes ? Était-ce un voyageur comme lui, amoureux peut-être ?

« *Qui que tu sois, mon compatriote,* écrit-il, *sache qu'un être absent comme toi, sensible comme toi, ayant peut-être laissé dans la même ville que toi l'objet de son affection, t'a lu avec attendrissement !* »

Pense-t-il à Julie ?

La nostalgie disparaît vite. En Hongrie, Guibert redevient soldat. Il n'est pas de général, de maréchal, qu'il ne visite. Il ne voit guère le pays qu'à travers revues de troupes et champs de bataille. Un moment de romantisme pourtant, le soir où, assis sur un rocher au bord d'une cascade, dans une campagne sauvage, il regarde les enfants attraper des truites à la main[17].

Lettres lues et relues. Julie de Lespinasse les apprend par cœur, cherchant à débusquer le sentiment, l'aveu qui se cache peut-être derrière les mots, y trouvant tour à tour des raisons d'espérer et des raisons de mourir, accablée de chagrin qu'il lui dise si peu de choses sur lui. Ces lettres, il aurait pu les envoyer à toutes les femmes qu'il connaissait, quand les siennes n'avaient qu'une adresse. Mais la voilà transportée de bonheur quand elle lit qu'il songe quelquefois à elle. À sa dernière étape, il n'a reçu que trois lettres de Mme de Montsauge ; Julie lui en a envoyé cinq. Et lesquelles ! Il

---

[16] Tiré du dialogue entre Mme de Maintenon et Mlle de Lenclos, par Voltaire dans *Mélanges*, 1751. Mlle de Lenclos dit : « *Le seul remède dans votre état douloureux, c'est de ne jamais dire : Félicité passée...* »

[17] Tous ces détails sont tirés du *Journal d'un voyage en Allemagne fait en 1773*, par J.-A.-H. de Guibert. Ce journal est écrit au « débotté », dans un style télégraphique et naturel. Les mots « tactique », « parades militaires », « campagnes », « villes militaires » reviennent tout le temps dans le texte.

juge bon de se plaindre à Julie de la tiédeur du ton de sa maîtresse : « *Que dites-vous d'un sentiment qui, devant être plus vif que le vôtre, est toujours en arrière du vôtre ? Ah, ne me le dites pas, vous m'affligeriez en m'éclairant ! Croyez-vous que, si j'en étais le maître, je ne changerais pas ses facultés contre les vôtres ?* »[18]

Que cache cette phrase ? Quels espoirs, quels regrets ? « *Quel plaisir mêlé à la plus cruelle amertume* », écrit Julie. Après avoir relu ces lettres cent fois, les agitations de son cœur redoublent. Elle est ravie et déchirée.

Sitôt que Guibert lui apparaît comme le plus aimable des hommes, le souvenir de Mora la pénètre d'une douleur plus aiguë que jamais. Aucune créature a-t-elle vécu jamais cette torture, ce désespoir ?

Oui, il fallait qu'elle meure, elle en avait besoin, elle cédait. Que Guibert pourrait-il faire des jours qu'il l'aidait à sauver, sinon les remplir de troubles et de larmes ? Il lui ferait détester tous les instants de sa vie ! Et cependant, il continuerait à la lier par un intérêt qui dévorait son cœur, qui, vingt fois par jour, se présentait à sa pensée comme un crime !

« *Quoi, vous croyez que c'est moi seule qui me suis précipitée dans l'abîme ? Je ne puis donc vous imputer ni mes fautes, ni mon malheur. Ah ! j'ai voulu les expier, j'ai vu le terme de mes maux ; en vous haïssant, j'étais plus forte que la mort.* »

Était-ce lui ou la mort qu'elle implorait ? C'était par lui ou par elle qu'elle devait être soulagée ou guérir à jamais. Toute la nature ne pouvait plus rien pour elle. Il ne lui restait ni un vœu, ni un désir, ni un regret, ni une pensée dont lui et Mora ne fussent l'objet. Elle haïssait tout ce qui pouvait la distraire ou la détourner de ses tourments. La dissipation, le monde ne faisaient que l'étourdir et la fatiguer. L'espèce humaine n'était que sotte, et à Paris aussi vaine et frivole que sotte.

« *Ah, si vous saviez ce qui amuse, ce qui attache le public ! Une tragédie de M. Dorat (elle est dénuée d'esprit, d'intérêt et de talent), et puis encore une comédie de M. Dorat. C'est le chef-d'œuvre du mauvais goût et du mauvais ton, c'est un jargon inintelligible. Enfin, les applaudissements qu'on donne à cela m'avaient réellement attristée l'autre jour. Cela est fait pour décourager le talent…* »

Julie ne sortait plus que très rarement, poussée par d'Alembert, mais elle ne se sentait plus « *au ton ni aux sentiments de la société* ». Elle ne vivait plus que pour aimer.

---

[18] Lettre de Guibert, octobre 1773, *in Lettres inédites de Mlle de Lespinasse*, publiées par Ch. Henry, *op. cit.*

Si elle sortait encore, c'était dans l'espoir d'entendre parler de Guibert. L'autre jour, chez la comtesse de Boufflers, on s'était entretenu de lui pendant toute la soirée. Quelqu'un avait dit qu'on le croyait amoureux. Un homme avait assuré qu'il ne l'était plus : il avait aimé, mais c'était fini, et de toute façon il ne pouvait être longtemps malheureux ou heureux par la même femme. Tout le monde avait été d'accord sur le fait qu'il était incapable de se fixer longtemps sur la même personne.

À partir de là, on avait longuement discuté de la passion. La comtesse de Boufflers avait fini par dire qu'elle ne savait pas de qui Guibert pouvait être amoureux, mais qu'il l'était certainement. C'était la raison de son voyage. Les lettres qu'elle avait reçues de lui montraient qu'il était déchiré. S'il était parti, c'était uniquement pour se guérir et pour oublier cette personne. Après s'être perdu en conjectures sans intérêts, on avait fini par demander à Julie si elle connaissait Guibert et si elle l'aimait.

« *Oui,* avait-elle répondu, *je l'aime beaucoup, et quand on le connaît un peu, il n'y a que cette manière de l'aimer.* »

« – *Eh bien, vous savez donc ses liaisons,* lui avait-on demandé. *Quel est l'objet de sa passion ?* »

Julie avait protesté. Elle ne savait rien. Elle savait simplement qu'il était à Berlin, qu'il se portait bien, que le roi l'avait bien reçu et qu'il allait partir pour la Silésie.

Et elle était rentrée chez elle la mort dans l'âme. Guibert lui avait-il caché quelque chose ? Aimait-il une autre femme que Mme de Montsauge ? Elle lui avait écrit aussitôt pour lui demander, timidement, à mots couverts, de lui parler de cette « *autre malheureuse créature* ». Il n'avait jamais répondu à ce sujet, elle avait rêvé. Cette autre personne, c'était peut-être elle, tout simplement. N'était-ce pas à elle qu'il écrivait le plus souvent, et sa dernière lettre n'était-elle pas tendre et affectueuse, pleine de promesses ?

Les mois passaient. D'Alembert correspondait toujours avec le duc de Villahermosa pour donner à Julie des nouvelles de son amant. Elle vivait dans l'angoisse, perdant la tête et la santé. Elle tournait en rond dans sa chambre, le matin, toussant, crachant le sang, serrée dans un gros châle de laine, frissonnante. Elle appelait Mora de toutes ses forces, lui jurait un amour éternel, puis se mettait à son écritoire pour parler à Guibert de ce grand amour qui la tuait et qui la faisait vivre. Si Mora venait à lui manquer, jurait-elle, elle en mourrait… Elle se levait pour aller avaler deux cuillerées de cet affreux « *occimêle cilitique* »[19] qui calmait un peu sa toux mais lui brûlait l'estomac, se regardait dans la glace et se trouvait laide, incapable d'inspirer une passion. Elle-même était-elle capable d'amour ? Elle souffrait trop, et les souffrances physiques rapetissent tellement l'âme !

L'instant d'après, impatiente d'échapper à ses maux, à cette lassitude physique qui la laissait froide, elle se replongeait dans sa lettre, la main si tremblante qu'elle arrivait à peine à écrire. Les charmantes visites matinales qui, jadis, la rendaient si heureuse, l'irritaient maintenant. Le bon d'Alembert frappait à tout instant. Ne pouvait-il pas la laisser tranquille une minute ? Qu'il était donc envahissant ! Avait-elle bien dormi ? Il savait bien qu'elle ne dormait plus, qu'elle passait des nuits atroces à pleurer et à s'arracher les poumons ! Le chevalier de Chastellux qui était entré à l'improviste, croyant lui faire une surprise, ne lui avait procuré aucun plaisir. « *Pas un instant, il n'a suspendu ma douleur.* » Julie sentait seulement qu'il la privait d'écrire à Guibert. Mais c'était lui qui lui avait annoncé que le colonel renonçait finalement à aller à Saint-Pétersbourg, et qu'il n'irait pas non plus en Suède comme il en avait formé le projet. Était-ce vrai ? Le chevalier d'Aguesseau le lui avait confirmé. Ainsi, il allait revenir. Elle comptait les jours. Ce retour était un nouveau sujet de torture, mais aussi une nouvelle raison d'espérer.

Était-ce cette femme mystérieuse qui lui faisait écourter ce voyage ? Pour qui, au juste, faisait-il ce sacrifice ? Quelle que fût la personne qui était la cause de son retour avancé, elle était prête à l'aimer. Tout valait mieux que Pétersbourg.

« *Revenez donc,* écrivait-elle. *Je vois le temps s'écouler avec un plaisir que je ne puis exprimer.* »

Mais à la réflexion, n'y avait-il pas de la folie à se promettre quelque douceur de ces retrouvailles ? Dès son arrivée, Guibert serait happé par tous les salons parisiens. Il serait tellement dissipé, il viendrait de si loin, on s'intéresserait tant à ce qu'il aurait vu et entendu qu'il n'y aurait pas moyen de le dérober aux autres. Et combien y aurait-il de personnes

---

[19] L'oxymel scillitique est un composé de deux parties de miel et d'une partie de vinaigre scillitique, obtenu en faisant macérer pendant quinze jours dans 1 500 grammes de vinaigre 128 grammes de squammes de scille. La scille est une plante médicinale que l'on trouve dans les pays méditerranéens, toxique à haute dose. Elle ressemble au pissenlit et seule la racine est comestible.

qu'il aurait plus de plaisir à voir qu'elle ? Julie comptait. Il irait tout d'abord chez Mme de Montsauge. Dans ses bras, il serait plus éloigné d'elle qu'il ne l'était à Breslau. Mais cela était juste... Et quand il viendrait voir Julie il serait encore tout occupé du sentiment qu'il aurait senti en revoyant sa maîtresse.

Qui verrait-il ensuite ? Le chevalier d'Aguesseau, son plus grand ami, le prince de Beauvau, le comte de Rochambeau, Mme de Beauvau, Mme de Boufflers, cette ravissante qui faisait tout pour attirer son attention.

C'était certain : il la verrait, elle, en dernier, il la laisserait dans la foule. Et pourtant, personne ne l'aurait regretté autant qu'elle. Tout le monde, quand il était parti, s'était occupé ou distrait. Elle seule ne l'avait jamais perdu de vue. Elle l'avait suivi à chaque instant, elle l'avait attendu à toutes les étapes. Eh bien, tant pis : elle ne le verrait guère, et ne chercherait pas une seconde à l'attirer chez elle. Elle l'attendrait, simplement, tous les jours, sans sortir, et s'il l'aimait un peu, il finirait par venir. Serait-elle seulement en état de le recevoir ? Elle était si malade.

Ce retour, à la réflexion, était redoutable.

« *Venez,* s'écriait-elle, *mais cela me fait peur... Venez, il y a des jours et des moments où mon âme est tellement absorbée que je crains de ne pas assez vous aimer...* » « *Eh bien, venez toujours, j'en jugerai et je verrai clair.* »[20]

Guibert devait rentrer au début de septembre. À la fin du mois il n'était toujours pas arrivé, et depuis trois semaines Julie n'avait reçu aucune nouvelle.

La lettre tant attendue plongea Julie dans le désespoir : Guibert était gravement malade. À Breslau, il avait été pris d'un accès de fièvre très violent et, pendant des semaines, il avait dû garder le lit. Là-dessus était venu se greffer un malentendu très désagréable. On l'avait confondu avec un agent secret nommé Gulibert, impliqué dans une sombre affaire politique qui avait fait enfermer à la Bastille deux agents secrets : Favier et Dumouriez. Dumouriez avait conçu le projet de soutenir la révolution que Gustave III voulait accomplir en Suède, et qu'il accomplit ; le duc d'Aiguillon ayant appris que Dumouriez levait des troupes à Hambourg et dans d'autres villes hanséatiques, et ignorant

---

[20] Lettres XVI et XVII, 22 août et 6 septembre 1773, *in Lettres de Mlle de Lespinasse...*, édition présentée par E. Asse, *op. cit.*

pourquoi, avait fait saisir Dumouriez et Favier et les avait fait enfermer à la Bastille[21]. La police avait lu Gulibert au lieu de Guibert, et n'en démordait pas. Il lui fallait prouver son innocence, sans quoi, à peine arrivé à la frontière, il serait arrêté.

Julie remua ciel et terre pour innocenter Guibert, et en trois jours l'affaire fut réglée. Mais le colonel n'en était pas moins souffrant, en train de mourir peut-être, tout seul, dans ce pays étranger. Lui disait-il toute la vérité ?

« *Au ton de votre lettre, je vois que vous étiez bien faible, bien pâle et bien abattu. Au nom de l'amitié, ne faites point de folie. Dormez, reposez-vous, et pour arriver plus tôt, ne risquez pas de n'arriver jamais.* »[22]

Guibert prit ces conseils au pied de la lettre. Il se fit dorloter, flâna dans le pays, apprit encore quelques détails qu'il ignorait sur des points de la Constitution prussienne, et demanda audience à l'empereur Joseph II. Ils parlèrent longtemps de l'*Essai de tactique*, ce qui flatta l'auteur, Joseph lui fit de grands éloges de son « Discours préliminaire ». Le roi avait une sorte d'éloquence, mais on sentait le défaut d'instruction : il récitait brillamment des phases apprises. Incapable d'approfondir, il était indiscret et tenait des propos déplacés : après lui avoir décrit l'emploi du temps de ses journées, il finissait, écrit Guibert, en disant :

« *C'est ainsi que je tâche de remplir mes heures, et quand j'ai été fidèle à mon plan, je me dis le soir avec joie : Joseph, va te coucher ; et il accompagnait ce dicton populaire d'un petit coup sur la joue, si trivial qu'il ne sortira jamais de ma pensée.* »[23]

Ainsi, Joseph II l'avait déçu. Rien ne le distrayait plus. Le voyage avait assez duré, et l'idée de revoir Paris le rendait tout joyeux. La lettre qu'il venait de recevoir de Julie contribuait peut-être à cette joie : « *Revenez, revenez*, s'écriait-elle. *Ce serait une atrocité que de vous en aller.* »

Avant de reprendre la route du retour, Jacques-Hippolyte de Guibert écrivit à Julie une longue lettre qui, sans nul doute, la transporta : il n'était pas resté insensible aux marques « d'affection » de son amie.

---

[21] Ce coup d'État, en supprimant les partis politiques, marqua la fin du régime parlementaire et aboutit à l'adoption d'une nouvelle Constitution de 1772 qui reconnaissait au monarque des pouvoirs quasi absolus.

[22] Lettre XVIII, 23 septembre 1773, *in Lettres de Mlle de Lespinasse*..., édition présentée par E. Asse, *op. cit.*

[23] J.-A.-H. de Guibert, *Journal d'un voyage en Allemagne, fait en 1773*, *op. cit.*

« *Pour le coup, je pars ; et je l'assure parce que je n'ai plus la fièvre depuis quatre jours, parce que ma voiture est attelée, parce que j'y serai dans deux minutes. Actuellement, il me semble que je n'arriverai jamais. On n'a pas idée de ce qu'un mois de maladie et d'ennui ajoute à l'impatience de quitter le pays où on a essuyé ces contretemps et de s'en retourner dans celui où on a des amis, où on se flatte qu'on est attendu, qu'on a été inquiet, qu'on sera bien aise. J'en suis comme un enfant. Je n'irai cependant pas à trop grandes journées. Je ne courrai pas la nuit. Je chéris les conseils que vous me donnez à ce sujet. Je trouve avec plaisir que ce sont ceux de quelqu'un qui veut s'assurer de me revoir. Moi, je vous dirai à mon tour : ménagez-vous donc d'ici à ce que j'arrive ; tâchez de calmer votre âme. Faites que je ne vous trouve point malade, point souffrante, afin que rien n'altère ma joie : elle sera grande ; elle sera vive, je n'en prévois aucune autre à côté de laquelle elle ne fût encore bien sentie. Je vous verrai avant* ELLE. *C'est sans doute parce qu'il faut que j'arrive à Paris d'abord ; mais* ELLE *serait sur le chemin de Paris, que si je croyais que vos souffrances, votre santé, votre âme eussent besoin de moi, à un moment près, j'arriverais droit à vous. L'amitié telle que je la sens, ou plutôt telle que vous me l'avez inspirée, a des droits sur moi dont vous n'osez pas assez concevoir l'étendue. Je voudrais que les occasions vous donnassent cette connaissance. Enfin je suis rapproché ; j'arrive. Je vous verrai dans onze, dans douze jours ; mais encore, je peux compter. Les autres fois que je vous ai annoncé mon départ, je calculais un pied dans le lit. Je calculais par l'espérance… Adieu, adieu ! Je pars !* »[24]

[24] Lettre de Guibert du 9 octobre 1773, *in Lettres inédites de Mlle de Lespinasse*, publiées par Ch. Henry, *op. cit.*

La passion

Est-ce que nous sommes libres ? – La coupe du délicieux poison – Un souvenir qui glace mon sang ! – De tous les instants de ma vie... – L'oracle Turgot – Jalousie – Je meurs pour vous... – Je l'ai tué ! – Les vapeurs – Phèdre. Didon. Médée. – Guibert : un héros ? – Vapeurs de vanité – Rupture – Quel labyrinthe que mon cœur ! – Funeste secours – Nous allons avoir pire ! – Que j'ai mal à l'âme ! – Forcé de se marier – J'épouse Mlle de Courcelles – Ni mots, ni larmes... – Jours passés comme un songe

Julie attendait.

Il allait venir. On l'avait vu à Paris. Son équipage était arrivé ce matin, et les valets avaient débarqué ses malles. Il serait chez elle, d'un instant à l'autre. Il l'avait promis. Il la verrait avant l'Autre.

Le soir tomba. Depuis le matin, Julie tournait en rond dans sa chambre, prêtant l'oreille aux bruits des carrosses, courant à la fenêtre, écartant les rideaux. Les voitures s'éloignaient, s'arrêtaient souvent devant le couvent Saint-Joseph, chez Mme du Deffand. L'horrible femme. Tourment de sa vie.

Comment se calmer ? Devait-elle lui écrire un mot et le faire porter, immédiatement, chez lui ? C'était trop bête. Lire ? Le dernier ouvrage d'Helvétius lui tombait des mains. Elle ne pouvait pas suivre une ligne.

« *Ah, mon Dieu, que l'esprit s'amoindrit quand on aime !* »[1]

Tentation de prendre un grain d'opium, un seul, dans la petite bonbonnière cachée dans un guéridon. Cela la soulagerait. Mais il s'en apercevrait en la voyant. Il ne fallait pas. Il valait mieux s'allonger un instant, respirer, mais comment rester immobile ? Impossible. Alors ?

---

[1] Lettre XIII, 8 août 1773, *in Lettres de Mlle de Lespinasse...*, édition présentée par E. Asse, *op. cit.*

Écrire à ce bon Condorcet pour le féliciter d'avoir suivi ses conseils et d'avoir rompu avec Mlle d'Ussé ? Heureux homme dont la vie ne serait plus troublée, dorénavant ! Elle rit. Comment avait-elle pu s'aviser de donner des conseils, elle qui n'était jamais en mesure, elle qui souffrait sans cesse, elle qui ne pouvait jamais se calmer, elle qui n'avait pas le sens commun ?

Patience. Oh, comme elle haïssait de lui avoir fait connaître l'espérance et la crainte ! Mora… Où était Mora ? Elle l'appelait de toutes ses forces, le repoussait. Non, elle n'était pas digne d'être aimée. Qu'il lui pardonne, elle avait tant souffert, tant attendu… C'est alors qu'elle avait vu l'autre. Guibert ! Mme de Montsauge ne sait pas vous aimer. Moi, je saurai. Je ne sais qu'aimer. Vous aimer, vous voir, ou mourir ? Voilà l'unique vœu de mon âme.

On poussa la porte. D'Alembert. Toujours lui. Mais oui, elle allait mal. Mais non, elle n'avait pas pris d'opium. Oui, elle avait la migraine. Non, elle n'avait pas écrit toute la nuit. Oui, c'est ça, qu'il sorte, qu'il aille à l'Académie lire son discours. Ils se verraient plus tard, mais qu'il la laisse seule, surtout.

La porte, à nouveau. C'était lui. Elle le regarda, et sut qu'elle l'aimait. Elle oublia Mora. Elle oublia tout. Il l'y condamnait. Il était le paradis, l'enfer, l'inconnu, la fatalité.

« *Est-ce que nous sommes libres ? Est-ce que tout ce qui est peut être autrement ?* »

Elle n'avait plus d'opium dans le sang, ni dans la tête. Elle avait lui. Elle y avait ce qui lui ferait bénir le ciel, chérir la vie si ce qu'elle aimait était animé du même mouvement qu'elle. L'était-il ?

« *Oui ! Vous devriez m'aimer à la folie : je suis parfaite, car je vous aime en perfection !* »[2]

Comment résister à ce langage, à ces regards, à ce désir d'autant plus violent qu'il avait été nourri par l'absence ? En un instant, il fut gagné à la contagion de cette passion. Oui, il l'aimait. Il allait rompre immédiatement avec Mme de Montsauge. Il verrait Julie tous les jours, il accourrait chez elle dès qu'il aurait un moment libre. Il était déchiré de la quitter si tôt, ce soir, mais elle devait comprendre qu'il avait des visites à faire. Il reviendrait, dès le matin.

---

[2] Lettre XXI, novembre 1773, *in ibidem*.

Les premiers temps, il tint sa promesse. Il vint la voir presque tous les jours, l'accompagnant à l'opéra et la retrouvant dans les dîners en ville. Mais tous ses instants n'étaient pas libres, et c'était déjà un tort aux yeux de Julie.

Depuis son retour, le nom de Guibert résonnait de plus en plus fort dans les salons de la capitale. L'enthousiasme était arrivé à un point d'ébullition. Tout le monde voulait voir l'ami de Frédéric, le héros, le Corneille, le Condé, l'historien, le philosophe, le dramaturge, le pamphlétaire politique, le réformateur militaire.

LES FEMMES : « *Ah ! Quel homme, quelle éloquence, quelle voix, quelle stature, quel charme !* »

LES HOMMES, rongés par la jalousie : « *Avec cela, quelle mémoire, quelle puissance de travail, quel esprit !* »

Un tel l'avait vu juger, d'un regard, le nombre d'hommes qui composaient un régiment. Un autre l'avait entendu réciter mot à mot six lignes d'un ouvrage sur lequel il avait à peine jeté un coup d'œil. On racontait qu'il avait tenu le pari de lire, en une nuit, six tomes d'un ouvrage particulièrement abstrait, et le lendemain, en avait rapporté une analyse exacte et très détaillée. Diderot criait bien fort que sa *Tactique* était une œuvre d'art. Le comte d'Estaing, descendant de Bayard, lui avait envoyé un portrait, peint par van Loo, du chevalier sans peur et sans reproche, avec ces vers pompeux gravés sur le cadre :

Si Bayard eût vécu, Bayard te l'eût offert
Tu mis dans tout son jour la vertu dont il brille ;
Le portrait d'un héros dans les mains de Guibert,
Sera toujours un portrait de famille.

Guibert se laissait encenser de bonne grâce, tout à fait convaincu de ses propres mérites. Posant pour son portrait, un pied sur un escabeau et la tête fièrement rejetée en arrière, il disait en toute simplicité :

« *Il ne faut jamais faire le portrait d'un homme à qui la postérité ne voudrait pas ériger une statue.* »[3]

L'éclat de ce génie éblouissait Julie. Les femmes les plus passionnées, dans les premiers temps de l'amour, sont sensibles à la manière dont les autres voient l'homme qu'elles aiment. La célébrité n'a jamais

[3] *Mélanges extraits des manuscrits de Mme Necker*, Paris, Pougens, 1798.

fait tort à un homme. (On citait l'exemple d'une jolie femme qui n'arrivait pas à ne pas trouver charmants tous les ducs et tous les princes qu'elle voyait à la cour…)

Julie était flattée. Mais elle avait peur. Ce Guibert bruyant, actif et bavard n'était pas fait pour l'intimité. L'amour ne pouvait être le centre de sa vie. Il avait besoin d'agitation. Elle imaginait parfois avec horreur un avenir incertain où, seule dans son appartement, elle attendrait Guibert parti caracoler loin d'elle dans d'autres longs voyages, emporté toujours plus loin par son besoin d'action et de « gloire ». Elle entendait déjà les roucoulades des femmes qu'il aurait amenées à l'opéra. Déjà, elle avait couru à l'église dans le seul but d'y apercevoir Mme de Montsauge, espérant la trouver laide. Hélas ! « *Sa figure, sa taille justifieraient le goût le plus délicat.* » Mais, oh ! soulagement, « *son ton, son goût, sa manière, ha ! qu'ils sont repoussants ! Ai-je tort, mon ami ?* »

Au moindre sourire qu'il adressait à une autre, elle était déchirée. De la moindre négligence, elle faisait un signal d'alarme. Elle le devinait différent d'elle, il la ferait souffrir. Mais la raison a-t-elle jamais arrêté un cœur ? Julie donnait raison à La Rochefoucauld : « *L'esprit de la plupart des femmes sert plus à fortifier leur folie que leur raison.* »

« *Oui, il m'aime,* se disait-elle dans une certitude éblouie. *C'est le plus merveilleux des hommes, la créature la plus parfaite.* » Puis le doute s'emparait d'elle, glaçait ses espoirs, ranimant ses remords : « *Mais est-ce qu'il m'aime ? Je n'ai aucune confiance en lui. Il m'a fait le mal le plus profond et le plus aigu qu'on pouvait infliger à une âme honnête.* » Ne la privait-il pas, peut-être pour jamais, de Mora, la seule consolation que le ciel accordait aux jours qui lui restaient à vivre ?

« *Mon ami, cette âme qui ressemble au thermomètre qui est d'abord à la glace, et puis au tempéré, et peu de temps après au climat brûlant de l'équateur, cette âme ainsi entraînée par une force irrésistible, a bien de peine à se modérer et à se calmer ; elle vous désire, elle vous craint, elle vous aime, elle s'égare, et toujours elle est à vous et à ses regrets.* »[4]

Elle essayait en vain de paraître calme et joyeuse. Sa plume tremblait, et tous les mots qu'elle écrivait à Guibert étaient des suppliques, des interrogations affolées, des appels au secours :

---

[4] Lettre XXII, novembre 1773, *in Lettres de Mlle de Lespinasse…*, édition présentée par E. Asse, *op. cit.*

« *Venez, je serai heureuse. Non, j'ai tort, je souffrirai, mais je n'envierai pas les plaisirs du ciel. Mon ami, je vous aime comme il faut aimer, avec excès, avec folie, transport et désespoir.* »[5]

En février 1774, elle n'en restait pas moins fidèle à Mora. En ce sens qu'elle n'était pas devenue la maîtresse de Guibert. Était-ce l'illusion d'aimer encore le jeune Espagnol ? Était-ce le sens de l'honneur qui la poussait à respecter son engagement ? Était-ce l'orgueil ? Guibert était irrésistible : quelle raison plus impérieuse de lui résister ? Ajoutons-y la volupté du désir. Julie voulait goûter tous les enivrements de l'attente, jusqu'à la dernière limite, jusqu'à la « *défaite* » acceptée, non subie. De l'amour, elle savourait, à la folie, les prémices.

Dernier obstacle : l'occasion. Pour obéir au monde, Julie ouvrait ses portes à partir de midi. Avant, il y avait le va-et-vient des domestiques et des fournisseurs dans la maison ; après, le défilé des amis et des importuns, les visites intempestives de d'Alembert puis de Condorcet, de Chastellux, de Suard. Guibert venait peut-être la voir une demi-heure avant les autres, et repartait une demi-heure après les autres, mais ils devaient rester vigilants. L'intimité s'arrêtait aux baisers dérobés et aux regards prometteurs.

Un seul endroit où ils étaient sûrs de ne pas être dérangés : la loge de l'opéra que Julie avait louée à l'année. Son luxe. C'était une loge vaste et confortable. Y attenait un salon où on allait deviser et grignoter pendant l'entracte et les récitatifs ennuyeux. C'est là que Julie se réfugiait et se cachait pour y exalter sa douleur ou l'adoucir. Aux maux incurables dont elle souffrait, il fallait des calmants : la présence de l'homme qu'elle aimait, l'opium, « *ressource du désespoir* », et la musique.

« *Elle répand dans mon corps,* écrivait-elle, *dans tout ce qui m'anime, une douleur et une sensibilité si délicieuses, que je dirais presque qu'elle me fait jouir de mes regrets et de mon malheur.* »

Le soir du 10 février 1774, ils se retrouvèrent dans « leur » loge, comme ils l'avaient fait tant de fois. Mais ce soir-là, il y eut un accord plus parfait entre la musique et leurs sens. Plus rien n'exista que ce désir éperdu qu'ils avaient l'un de l'autre. C'est là, dans ce discret salon qu'ils burent, écrit Julie, « *la coupe du délicieux poison* ».

---

[5] Lettre XX, novembre 1773, *in ibidem*.

Le romanesque dont cette vie déborde jusqu'à faire paraître plats Richardson et Prévost, prend alors l'intensité du pathétique le plus effréné : ce même soir (à cette heure même ?), à Madrid, le marquis de Mora subit une nouvelle attaque du mal qui le rongeait, la plus terrible. Il cracha le sang toute la nuit, et rendit l'âme peu de temps plus tard.

Un an plus tard, au jour de l'anniversaire de cette date fatidique, Julie écrira à Guibert ces mots frissonnants d'épouvante :

« *Minuit sonne, mon ami ; je viens d'être frappée d'un souvenir qui glace mon sang !... C'est le 10 février de l'année dernière que je fus enivrée d'un poison dont l'effet dure encore. Dans cet instant même, il altère la circulation de mon sang : il le porte à mon cœur avec plus de violence : il y ramène des regrets déchirants. Hélas ! Par quelle fatalité faut-il que le sentiment du plaisir le plus vif et le plus doux soit lié au malheur le plus accablant !*

Quel affreux mélange ! Ne pourrais-je pas dire, en me rappelant ce moment d'horreur et de plaisir : je vis venir à moi un jeune homme dont les yeux étaient remplis d'intérêt et de sensibilité ; son visage exprimait la douceur et la tendresse ; son âme semblait agitée par la passion... À cette vue, je me sentis pénétrée d'une sorte d'effroi mêlé de plaisir ; j'osai lever les yeux, les arrêter sur lui ; j'approchai : mes sens et mon âme furent glacés ; je le vis devancé, et, pour ainsi dire, environné par la douleur en habit de deuil, elle tendait les bras, elle me voulait repousser, arrêter, et je me sentais entraînée par un attrait funeste.

Dans le trouble où j'étais : Qui es-tu, lui dis-je, ô toi qui fait pénétrer dans mon âme tant de charme et d'effroi, tant de douceur et tant d'alarmes ! Quelle nouvelle m'apportes-tu ? Infortunée, me dit-elle avec l'air sombre et un accent douloureux, je serai, je ferai ton sort ; celui qui animait ta vie vient d'être frappé par la mort !... Oui, mon ami, j'entendis ces funestes mots ; ils se sont gravés dans mon cœur ; il en frémit encore, et il vous aime !...

Ah ! mon Dieu ! Il y a un an qu'à pareille heure, M. de Mora fut frappé du coup mortel ; et moi, dans le même instant, à deux cents lieues de lui, j'étais la plus cruelle, et plus coupable que les ignorants barbares qui l'ont tué. Je meurs de regrets ; mes yeux et mon cœur sont pleins de larmes. Adieu, mon ami. Je n'aurais pas dû vous aimer. »[6]

Julie n'apprit la rechute de Mora qu'au mois de mars et jusque-là, semble-t-il, aucun remords ne vint empoisonner son amour. On peut même dire que pendant quelques jours, elle fut heureuse. Le mot n'est

---

[6] Lettre XCII, 10 février 1775, *in ibidem.*

pas aventuré. Se sentait-elle coupable, emportée qu'elle était par un sentiment auquel elle ne pouvait résister ? Comme la *Phèdre* de Racine, elle sentait peser sur elle la volonté implacable d'une divinité. Elle haïssait l'attrait qu'elle éprouvait pour Guibert, mais cet attrait avait le pouvoir de la fatalité :

« *Mon ami,* écrivait-elle, *dans le temps où l'on croyait aux sortilèges, j'aurais expliqué tout ce que vous me faites éprouver, en disant que vous aviez eu le pouvoir de jeter sur moi un sort qui m'enlevait à moi-même.* »[7]

Elle aimait Guibert comme les dévôts agenouillés devant l'autel, « *sans un moment de distraction* ». Il lui avait créé une âme nouvelle, une âme de feu et de douleur qui était tout entière à sa dévotion.

Cet amour remplissait toutes les minutes de ses journées.

Sortait-il de chez elle, elle prenait son porte-plume pour lui écrire, sans savoir une seconde à l'avance ce qu'elle voulait lui dire, et c'était toujours la même lettre qu'elle écrivait, pour la millième fois, avec des mots différents, et toujours renouvelée. Un torrent de lave : « *les pages brûlent encore* ». C'est de cette époque que, de toutes les forces de son âme, elle lança ce cri, le plus déchirant, et dont l'en-tête résume sa passion, toute la passion :

« *De tous les instants de ma vie,*
Mon ami, je souffre, je vous aime, et je vous attends. »[8]

La scintillante hôtesse d'un des plus prestigieux bureaux d'esprit de Paris est désormais cette femme prosternée, pesante, tragique, dont le seul désir est de se tailler une place dans le cœur de son amant, dépouillée de sa personnalité, n'exigeant rien, suppliant qu'on pense à elle quelques minutes, tout en s'excusant de n'en être pas digne.

« *M'avez-vous accordé depuis hier soir une minute, deux minutes ?...* » « *Viendrez-vous dîner chez Mme Geoffrin ?...* » « *Vous verrai-je chez Mme d'Anville ?...* »[9]

Elle l'y voyait. Elle l'aurait vu partout, car il était partout. Il aimait sa maîtresse, mais – et c'était un tort grave aux yeux de Julie – il « *n'en mourrait pas* ». Il aimait aussi tout le reste. Il vivait dans la joie, heureux d'aimer et d'être aimé – par Julie et par les autres. Il faisait allégrement son métier d'homme à la mode, dînait chez Mme Necker, courait à la cour saluer la comtesse du Barry, assistait l'après-midi à des cours de

---

7 Lettre XXXVII, 1774, *in ibidem.*

8 Lettre XXV, 1774, *in ibidem.*

9 Lettres de 1774, *in ibidem.*

minéralogie à l'Académie des sciences, déclamait son *Connétable* chez le prince de Beauvau.

Comment parler d'amour toute la journée, quand la vie continuait, quand Paris était agité de mille secousses, quand lui-même ne tenait pas en place ? Le seul fait de passer d'une pièce à l'autre, chez Julie, distrayait Guibert de sa passion : il quittait le boudoir de l'amoureuse pour le salon de la muse de l'*Encyclopédie*, où la vie continuait.

Dix ans avaient passé sur ce salon. Il n'avait pas vieilli. On y parlait plus haut, plus librement, et la mode printanière avait avivé les couleurs sur les robes et les joues des femmes. Elles se poudraient maintenant avec des poudres rousses et brunes et ne ressemblaient plus à des momies de porcelaine. Leurs chevelures étaient surmontées d'incroyables coiffures plantées d'aigrettes et de plumes. Les plus audacieuses portaient des « poufs au sentiment », sortes de pièces montées encombrées de tous les objets qui tenaient aux cœurs de ces dames. Ainsi, le pouf de la duchesse de Chartres représentait une femme assise dans un fauteuil, tenant un bébé dans les bras, qui désignait M. le duc de Valois et sa nourrice. À droite, un perroquet, picorant une cerise, à gauche, un petit nègre ; et par-dessus le tout, se dressait un toupet fait des cheveux de M. le duc de Chartres, son mari, M. le duc de Penthièvre, son père, et M. le duc d'Orléans, son beau-frère...

Dès que Guibert entrait, les dames parlaient « tactique » avec frénésie. Au début, c'était un sujet qu'on débattait entre hommes, mais depuis que le colonel comte jouissait des faveurs de l'opinion, tout le monde s'était entiché de tactique, à commencer par les abbés et les marquises. Elles avaient appris par cœur la préface de Guibert, l'avaient recopiée comme, naguère, les passages les plus délicieusement tristes de *La Nouvelle Héloïse*, et dormaient avec. Dans les après-dîners, elles le récitaient à perdre haleine, et la voix vibrante d'émotion discouraient sur les inconvénients et les avantages de « l'ordre profond » et de « l'ordre mince ».

Cette fièvre stratégicale s'était compliquée d'une folie scientifique. Les journées de la marquise de Boufflers se passaient à l'Observatoire, à l'Académie des sciences et à l'École militaire. La mode l'obligeait à assister à un cours d'astronomie par semaine, et elle y courait, enflammée par l'amour des astres, accompagnée d'un chevalier servant. Il fallait ensuite qu'elle aille entendre le fameux minéralogiste Sage, qui prétendait ressusciter les morts avec de l'alcali volatil et faire de l'or avec de la terre glaise.

Puis elle remontait dans sa calèche et se faisait mener à l'École militaire pour assister à une conférence du docteur Dufour, chirurgien-major, qui dispensait de la résurrection en enivrant ses malades à la liqueur d'absinthe après leur avoir frotté les jambes avec des orties. Remède miracle : on s'endormait comme une souche, et on se réveillait guéri... ou pas du tout. Ce traitement de choc avait coûté la vie au fils du baron d'Arconcey, et valu la croix de Saint-Michel au charlatan.

Ayant ainsi couru toute la journée, Mme de Boufflers venait chez Julie raconter ses découvertes dans « *une rage insupportable de trouver des applaudissements* » et dans l'espoir aussi d'étonner Guibert, qui la trouvait assommante et prétentieuse. Il écrivait à Julie : « *J'ai passé ce soir deux heures avec Mme de Boufflers. Elle est continuellement vis-à-vis de moi occupée d'ôter le masque et de le remettre. Je lui ai beaucoup parlé du malheur des gens qui étaient attaqués de la maladie de la* considération, *et je lui ai fait dire beaucoup de mal d'elle.* »[10] La Boufflers n'étonnait que Mme d'Anville qui se demandait comment on pouvait s'agiter autant.

La seule chose qui comptait pour Mme d'Anville, c'était le bien public. Dans le salon de Julie, elle buvait les paroles de Turgot, l'écoutant discourir des réformes économiques indispensables à la France, le cœur ouvert à tous les espoirs et à toutes les illusions. Tout le petit cercle des amis de la rue Saint-Dominique, d'ailleurs, l'écoutait religieusement.

Turgot était un oracle. En treize ans, cet homme qui avait, selon l'expression de Malesherbes, « *la rage du bien public* », avait changé le Limousin de fond en comble, remué toutes les charrues, réveillé les cultures endormies, et ses amis voyaient en lui le sauveur de l'économie française. Mais il fallait attendre : aucune réforme n'était possible tant que régnait Louis XV. Or le Bien-Aimé, que personne n'aimait plus guère, s'acharnait à vivoter, en pantoufles, à coup de tisanes, hanté par la terreur du diable, en dépit ou à cause des trop savantes caresses de la comtesse du Barry, dans un Versailles où rôdait la mort. La France, elle, mourait de faim : elle en était à sa onzième famine sous le siècle de Louis XV. Vu des salons, le royaume était prospère, mais les philosophes de la rue Saint-Dominique ne décoléraient pas.

Écoutant Turgot, ils rêvaient tout haut d'une France où régnerait l'abondance. Et Guibert, recueilli, écoutait cet homme vertueux parler

---

[10] Archives du comte de Villeneuve-Guibert.

avec une ardeur communicative de son amour du genre humain, et du salut de son pays. Julie ne prêtait plus, elle, qu'une oreille. Son salut à elle, c'était Guibert. Tout le blé de la France aurait pu pourrir sur pied, elle s'en serait alors souciée comme d'une guigne. Elle regardait son amant, le retenait quand il voulait partir, et mourait quand il n'était plus là.

Du moment qu'il avait passé la porte, les conversations revenaient sur lui, sur son génie, sur ses amours.

« *Saviez-vous*, lui dit un jour l'abbé Morellet, *que Guibert est fort amoureux de Mme de Boufflers, qu'il va tous les jours chez elle, et qu'il paraît fort occupé à lui plaire ?* »

Lancée « innocemment », par un échotier mondain, cette phrase ranima d'un coup la jalousie endormie quelques jours dans le cœur de Julie. Les soupçons revinrent, lancinants, tenaces. La période de « bonheur » était terminée. Julie recommença de se trouver mille raisons de souffrir. N'oublions jamais que cette masochiste exaltée en avait une sorte de besoin.

Premier sujet de souffrance, donc : la jalousie. Toutes les femmes étaient plus belles qu'elle ; elles les jalousait toutes. Elle comptait celles qu'elle apercevait dans un salon où Guibert était invité, et son cœur s'arrêtait. Elle les dévisageait les unes après les autres, voyait d'un coup d'œil ce qu'elles avaient de mieux qu'elle, et les détestait en bloc, tout de suite. L'une d'elle n'eût-elle pas bronché en apercevant l'incomparable colonel, c'était une hypocrite.

Mme de Boufflers résumait toutes ces femmes : la séductrice, la Circé ! Elle était ravissante et connaissait les hommes. Un seul regard lui avait suffi pour dénicher le défaut de la cuirasse du colonel et c'est là qu'elle avait lancé son javelot. Vanité ou distraction ? Guibert laissait volontiers tomber les lettres de sa poche – Julie en avait ramassé une, signée de Mme de Boufflers, et l'avait lue en tremblant, la tête en feu, les mains moites. Voilà ce que cette intrigante, cette coquette avait eu le front d'écrire à son amant :

« *Sachant qu'on avait des lettres de vous, je me plaignais en secret de n'en avoir pas aussi. Je ne suis pas surprise de l'accueil que vous avez reçu du roi de Prusse ; mais j'aime à la folie la noble franchise avec laquelle vous parlez du trouble et du respect que vous a inspirés sa présence… Conservez votre noble enthousiasme, et ne vous laissez jamais persuader que la démarche naturelle de l'homme soit de ramper dans la boue. La disposition d'esprit que vous possédez est la source de plaisirs dont on ne se lasse jamais. La faible part qui m'en a été donnée fait tout le bonheur de ma vie, mais je n'oserais pas en parler à d'autres qu'à vous…* »[11]

« *Tout le bonheur de ma vie.* » Julie avait cru mourir. Guibert eut beau nier, et lui répéter pour la centième fois qu'il détestait cette coquette « *continuellement occupée d'ôter son masque et de le remettre devant lui* », Julie ne le croyait pas. S'il n'avait pas succombé déjà, il ne pourrait longtemps y tenir, c'était inévitable.

Mais le vrai supplice de Julie, c'était Mme de Montsauge. Guibert, malgré ses dénégations, continuait à voir son ancienne amie, et cela, Julie ne pouvait le supporter. Elle savait qu'il lui rendait souvent visite, qu'il lui prêtait des livres, qu'il avait pour elle mille attentions, « *alors qu'avec moi*, se plaignait-elle, *c'est l'autre excès, l'oubli, la négligence, le refus* ».

Le souvenir de Mora venant se greffer sur sa jalousie, l'aigreur tournait au désespoir. Encore « fiancée », Julie n'était pas en droit d'exiger quoi que ce fût de Guibert. Il pouvait rompre quand il le voulait, retourner à ses anciennes amours :

« *Dans le moment où vous lirez ceci, je parie que vous aurez déjà reçu un billet où l'on vous dit :*

Je regrette pour toi les transports de mon cœur,
Montsauge manquera toujours à ton bonheur !

Ah ! mon dieu, croyez-la, rendez-lui le repos, et s'il est possible, soyez heureux. C'est le souhait, c'est le vœu, c'est le désir de la malheureuse créature qui a toujours sous les yeux cette inscription affreuse de la porte de l'Enfer : "En entrant ici, on laisse toute espérance." »[12]

Guibert pouvait bien lui dire de se calmer, multiplier les « *Je ne pense qu'à vous* », les « *Je vous aime* ». Peine perdue. « *Ah ! Mon Dieu ! Comment penserait-il à moi, au milieu de tant et de si charmants objets de distraction.* » Elle n'arrivait même pas à fixer la pensée de son amant quand il était en tête à tête avec elle. Savait-il pourquoi elle aimait mieux le voir le soir que dans le reste de la journée ? C'est qu'alors l'heure suspendait ses activités. Il ne pouvait plus aller chez « Mme une telle », chez Gluck, et faire cent inutilités auxquelles il semblait qu'il n'attachait de l'intérêt que pour la quitter, elle, plus tôt.

---

[11] Recueil de pièces manuscrites, Archives du comte de Rochambeau, cité *in* Marquis de Ségur, *Julie de Lespinasse*, *op. cit.*

[12] Lettre XXXI, 1774, *in Lettres de Mlle de Lespinasse…*, édition présentée par E. Asse, *op. cit.*

Arrêtons-nous à ce second sujet de souffrances qui est peut-être le plus grave et le plus réel. Chez Julie, l'amour avait tué l'amour qu'elle avait pour le monde. Ses amis, cette phalange sacrée pour laquelle elle aurait donné sa vie, n'étaient plus que des « *grimauds, des cuistres, des sots, des pédants* », tout l'assortiment de « *tout ce qui peuple l'enfer et les petites maisons depuis mille siècles* »[13]. Les murs et les planchers de la rue Saint-Dominique auraient dû s'écrouler sous le poids de ces abominables gens.

On n'avait jamais vu chez elle tant d'orgueil, tant de mépris, tant d'injustice. Pauvre d'Alembert. Pauvre Turgot. Pauvre Condorcet !...

Guibert pourrait-il jamais devenir son ami, lui qui, plutôt que d'aimer, se dissipait dans une société devenue insupportable à ses yeux : celle de ses amis. Voilà le tableau qu'elle trace d'eux à cette époque :

« *Mon Dieu, que je les hais et que je les méprise, et qu'il me serait affreux de recommencer à vivre comme j'ai fait pendant dix ans ! J'ai vu de si près le vice en action, j'ai été si souvent la victime de petites et viles passions des gens du monde qu'il m'en est resté un dégoût invincible, et un effroi qui me ferait préférer une solitude entière à leur horrible société !* »[14]

Et Guibert était là, comme un sot, enchanté au milieu de ce monde imbécile. Il avait trouvé un public. On l'applaudissait, on l'admirait. Il avait besoin de se répandre. Au point que les tête-à-tête avec Julie l'ennuyaient à la longue. Il se morfondait visiblement, peu s'en fallait qu'il ne s'endormît.

Qu'il n'aille pas croire qu'elle lui faisait des « reproches » à ce propos. Ce n'était que des remarques qu'elle ne pouvait empêcher de faire avec le degré d'intérêt qui l'animait. Elle n'exigeait rien, ne demandait rien, et se répétait cent fois par jour que c'était sur elle qu'elle devait prendre de l'empire. Elle était bien résolue à réduire son sentiment à la mesure du sentiment de Guibert. Si elle avait de la passion dans l'âme, elle en viendrait à bout plutôt que de chercher à la lui faire partager. D'ailleurs, elle n'était pas faite pour inspirer un sentiment profond, et elle comprenait fort bien la tiédeur de Guibert.

Comment plaire à un homme ambitieux pour qui aimer n'était qu'un accident de l'âge ? Son âme à lui était parfois agitée par la passion. Mais la plupart du temps, elle n'était ni sensible ni passionnée ni tendre. Il ne

---

[13] Lettre XXVI, 1774, *in Lettres de Mlle de Lespinasse...*, édition présentée par E. Asse, *op. cit.*

[14] Lettre XXXV, 1774, *in ibidem.*

pouvait pas la duper, elle avait vu clair en lui et elle était au désespoir. Le plus grand de ses malheurs avait été de découvrir chez Guibert la seule chose qui pouvait l'arrêter et éteindre son sentiment : la tiédeur. Aussi ne l'aimait-elle pas vraiment, lui disait-elle, car elle était incapable d'aimer seule. Si elle était persuadée d'être aimée comme elle le voulait, ah ! oui, elle aurait la force du martyr, elle ne craindrait aucun malheur :

« *En souffrant et en souffrant beaucoup, je pourrais encore chérir la vie, adorer et bénir celui qui me fait souffrir. Mais c'est à condition que j'en sois aimée, mais aimée par attrait et non par reconnaissance, par procédé, par vertu ; tout cela est détestable, et n'est bon qu'à flétrir et abattre une âme sensible.* »[15]

Julie n'avait pas besoin de pitié. Elle était son égale et, comme lui, avait de « *la force, de l'élévation et un mépris souverain pour tout ce qui était vil ou malhonnête* ». Malgré toutes les dissonances qu'il y avait entre eux, ils se ressemblaient profondément : ils devaient donc s'aimer, ou rompre à jamais. Mais qu'ils mettent au moins de la vérité ou de la générosité dans leur conduite. Que Guibert cesse de mentir, par exemple, et qu'il ne la maintienne plus dans cet état de trouble et de crainte que donne nécessairement l'incertitude d'être aimée. Comment aurait-elle pu jouir de la vie et de lui, sans cela ? Concevait-il combien elle souffrait de ces combats qu'elle livrait contre elle-même, à cause de lui, sans trêve ? Après lui avoir tenu de longs discours, où elle se répétait en trouvant d'autres mots, elle concluait invariablement : « *Je vous aime à la folie...* »

Conclusion ? : « *Je vous aime à la folie, et quelque chose me dit que ce n'est pas là comme vous devez être aimé.* »

Ne nous y trompons pas : ce langage était pour Julie celui de la passion contenue, de l'extrême réserve. Elle ne voulait laisser voir à Guibert qu'une partie de ses sentiments dont il remplissait son cœur, se répétant sans cesse : « *Il n'y répondrait pas, il ne m'entendrait pas et je mourrais de douleur.* » Et c'est en voulant réprimer, contenir tout mouvement excessif qui lui venait du cœur qu'elle écrivait ces mots : « *Je vous attends, je vous aime, je voudrais être toute à vous et mourir après.* »[16]

Pendant ce temps-là, ignorant du drame qui se jouait sous son toit, l'infortuné d'Alembert, cocu et magnifique, piétinait chaque jour devant la poste, attendant l'arrivée du courrier porteur de nouvelles de Mora,

---

[15] Lettre XXXIV, 1774, *in ibidem.*

[16] *Ibidem.*

puis courait à perdre haleine pour les donner plus vite à Julie qui les attendait « *dans la terreur et dans l'effroi* ».

Elle avait enfin appris la terrible rechute à laquelle Mora avait failli succomber le 10 février, au moment où elle « *buvait la coupe du délicieux poison* ». L'Espagnol se dressait à nouveau entre elle et Guibert. Tout s'embrouillait. Qui aimait-elle ? Aux remords, aux déchirements, venait s'ajouter le mépris d'elle-même. Était-elle même capable d'aimer, cette femme qui criait son amour à deux hommes à la fois et qui, depuis des mois, en sortant des bras de l'un, prenait sa plume pour envoyer à l'autre des mots de tendresse et d'espoir ? N'est-ce pas elle qui avait déclaré à Condorcet :

« *Je sais très bien qu'il est possible de tenir plus fortement à son sentiment qu'à la personne qui l'inspire.* »

Il fallait que Mora revienne. Elle devait le revoir avant qu'il ne meure. À Madrid on le tuait. Des médecins incapables l'empoisonnaient avec leurs remèdes de charlatans. Il n'avait plus que du quinquina et du fer dans le sang. Il n'avait même plus de sang : « *Nulle part au monde, on ne saigne autant qu'à Madrid* », s'exclamait d'Alembert. Et nul air n'était plus pernicieux que celui, sec et brûlant, de Madrid. Lorry lui-même ne donnait plus cher de la peau du malade, s'il restait là-bas. Pressé par Julie, le célèbre médecin du roi envoya ordonnance sur ordonnance, lettre sur lettre, « *mi-en français mi-en latin* », pour faire revenir le malade.

Si les Fuentès retenaient leur fils près d'eux, c'était uniquement pour l'empêcher de revoir Julie. Elle avait appris qu'ils cherchaient à le marier maintenant à la duchesse de Huescar que naguère ils avaient dédaignée… Ainsi une autre femme, une inconnue, était tombée amoureuse du jeune homme et briguait le titre de comtesse de Mora. Mais celui-ci n'en avait rien à faire et n'avait que Julie en tête. Elle le savait : « *Le malheur, l'absence, la maladie, la séduction de deux femmes passionnées dont il était l'unique objet, rien,* écrit Julie, *n'avait pu ébranler ni refroidir une âme de feu.* »[17]

Mora voulait la revoir, s'assurer qu'elle l'aimait encore. Des pressentiments l'envahissaient maintenant : il cherchait dans les lettres, de plus en plus courtes, de sa bien-aimée, la chaleur, la ferveur d'autrefois. Pour la première fois il connaissait le doute et passait de l'inquiétude à la crainte. « *Ses lettres,* écrit Julie, *ainsi que son cœur étaient remplis de trouble et de douleur.* »

---

[17] Lettre LIV, 26 septembre 1774, Archives du comte de Villeneuve-Guibert.

Julie lui cachait-elle quelque chose ? L'absence avait-elle refroidi la passion ? C'était lui le coupable : ses hésitations, ses absences, sa maladie avaient fait souffrir la malheureuse. Il devait la reconquérir.

Moribond, crachant le sang, il quitta Madrid, escorté de son médecin, le señor Navarro, et de deux domestiques. Avant le départ, il griffonna ce billet à la hâte :

« *Madrid, 3 mai 1774 : En montant en voiture pour vous voir.* »

L'exaltation, la joie de revoir bientôt celle qu'il aimait, rendirent quelques forces au bel hidalgo, les premiers jours. Il toussait moins, la fièvre tombait. Il supporta les cahots des chemins à travers les Pyrénées et, plein d'espoir après une semaine de route, il lui écrivit :

« *J'ai en moi de quoi vous faire oublier tout ce que je vous ai fait souffrir.* »[18]

Le même jour, une hémorragie violente le terrassa. Il voulut continuer, néanmoins, et pendant dix interminables jours, de Bayonne à Bordeaux, il lutta contre la mort. C'est à peine s'il eut la force d'envoyer ce message :

« *De Bordeaux, 23 mai 1774, en arrivant, et presque mort.* »[19]

Ce billet, griffonné par une main tremblante, provoqua chez Julie une crise nerveuse qui dura huit jours. Elle agonisait avec Mora. « *Non jamais, jamais mon âme n'a senti un pareil désespoir.* » Elle resta inanimée, sanglotante, égarée. S'il mourait, sa sentence à elle était prononcée : il était au-dessus de ses forces de penser que celui qu'elle aimait et qui l'aimait ne viendrait peut-être plus jamais à son secours. Épouvantée, elle écrivait à Suard :

« *L'image de M. de Mora ne se présente plus à moi que sous l'aspect de la mort.* »

Au fond d'une obscure auberge bordelaise, l'héritier des Fuentès, livide, décharné, luttait contre la mort. Il agonisa trois jours et, dans un ultime sursaut, écrivit à Julie ces derniers mots :

« *J'allais vous revoir ; il faut mourir. Quelle affreuse destinée ! Mais vous m'avez aimé, et vous me faites encore éprouver un sentiment doux. Je meurs pour vous...* »

Ses serviteurs retirèrent deux bagues qu'il avait aux doigts : la première renfermait une mèche de cheveux de Julie. La seconde était un simple anneau d'or sur lequel était gravé : « *Tout passe, hormis l'amour.* »

Le lendemain, dans l'église Notre-Dame-de-Puy-Paulin, on enterrait « *le Très Haut et Très Puissant seigneur Joseph de Pignatelli et Gonzaga, marquis*

---

[18] Cité dans la lettre XXVII, [mai] 1774, *in Lettres de Mlle de Lespinasse...*, édition présentée par E. Asse, *op. cit.*

[19] Cité dans une lettre de mai 1774.

de Mora, gentilhomme de la chambre de sa majesté Catholique, Grand d'Espagne de la 1re classe, fils légitime et premier né de son Excellence le comte de Fuentès et de dame Marye-Louise de Gonzaga ».

C'est le jeudi 2 juin que Julie apprit la nouvelle.

« *Je l'ai tué !* », s'écria-t-elle.

N'était-elle pas la seule coupable ? Aussi bien d'avoir, en se donnant à Guibert, ruiné la « *raison d'être* » de Mora, que d'avoir précipité les progrès du mal en faisant pression sur Lorry pour qu'il impose le retour du malade à Paris ? À quoi venait s'ajouter cette horrible question : la froideur de ses dernières lettres n'avait-elle pas assombri encore les derniers jours du malheureux ?

La mort n'était pas un châtiment assez sévère... Mais c'était la seule issue. Elle brûla toutes les lettres de Guibert et ouvrit la petite boîte qui contenait les grains d'opium.

Mort de Didon, mort de Phèdre ? Il fallait que le génie romanesque l'emportât une fois de plus sur la muse de la tragédie – en ce siècle qui est tout de même celui de *Manon Lescaut* plutôt que celui de *Zaïre* : survint Guibert qui arracha le poison des mains de Julie, tenta de la calmer par des baisers et la sermonna :

« *Pourquoi aggraver vos maux en vous imaginant que vous avez pu contribuer à sa mort ? Il la portait dans son sein depuis deux ans, et y avait échappé deux fois en Espagne : il était parti mourant. Votre malheur est assez grand pour ne pas supposer des circonstances qui l'augmentent... Pleurez, mon amie, mais ne dites point que vous avez perdu tout ce qui vous aimait. Ne prenez point la vie en haine et l'amour en horreur.* »[20]

Chez Julie, le remords devint dès lors une monomanie : elle avait l'art de se torturer. Elle entretint ses convulsions et sa fièvre avec acharnement, se flagella avec les souvenirs du disparu. Des nuits entières, sanglotante, elle relisait jusqu'à l'évanouissement ou la folie « *des mots d'amour auxquels elle ne pouvait survivre* », et parfois la nostalgie qu'elle avait de l'Espagnol devenait si pénétrante qu'elle l'appelait de toutes ses forces pour le rappeler à la vie. Le spectre de Mora surgissait devant elle : « *Je le vois, il vit, il respire pour moi, il m'entend* », criait-elle dans son délire, les bras tendus vers lui, les yeux hagards, et il lui

[20] Lettre de Guibert du 8 octobre 1774, Archives du comte de Villeneuve-Guibert.

semblait, écrit-elle, « *que son cœur se posait sur le mien, et que son âme se versait dans la mienne* ».

Elle écrivait au mort des lettres suppliantes, implorant humblement son pardon :

« *Oh, mon ami, si dans le séjour de la mort vous pouvez m'entendre, soyez sensible à ma douleur, à mon repentir. J'ai été coupable, je vous ai offensé, mais mon désespoir n'a-t-il pas expié mon crime ? Je vous ai perdu, et je vis, n'est-ce donc pas être assez punie.* »[21]

D'Alembert pleurait aussi « *cette âme si pure, si noble, si forte, si douce... Quelle perte pour moi, qui conserverai jusqu'au tombeau le plus cher et le plus douloureux souvenir de la plus parfaite créature que j'ai jamais connue !* »

Cette tristesse commune rapprocha le philosophe et sa compagne. Ils évoquaient ensemble la mémoire de leur ami, et d'Alembert se prit à espérer un moment que chez Julie allait renaître la tendresse d'autrefois...

Le salon prit le deuil. Julie n'ouvrit ses portes qu'aux intimes qui venaient lui apporter leurs condoléances, raviver les souvenirs... et lui parler de Guibert et du monde pour faire diversion :

« *Ils croient tous que c'est la mort de M. de Mora qui me mine ! S'ils savaient ! Oui, s'ils savaient que c'est à présent vous que j'aime, vous que j'adore, vous qui m'aimez, n'est-ce pas, et qui pourtant me torturez ! Vous n'avez qu'un moyen de m'enlever à mes maux, c'est en m'enivrant, et ce remède est le plus grand de tous mes malheurs.* »[22]

Son amour croissait en raison de son désespoir. Elle se donnait à Guibert avec rage. Elle s'abandonnait comme on va au combat, un bouclier sur le cœur et la lance à la main, afin de protéger sa passion, afin de pourfendre l'homme qui avait fait d'elle une criminelle, qui l'exaspérait jusqu'à la folie et la jetait hors d'elle-même. Elle aurait voulu le tuer, mais après des luttes acharnées, elle tombait, victime d'un sourire, morte à Mora, morte à ses remords, morte à tout, sauf à Guibert. Prosternée, elle levait les yeux vers lui, joignait les mains, et ses aveux étaient des prières :

« *Mon ami, je vous aime... Tout le reste m'est étranger. Vous seul dans l'univers pouvez m'occuper et m'attacher : ma pensée, mon âme ne peuvent désormais être remplies que par vous.* »

---

[21] Lettre XLIX, 15 septembre 1774, *in Lettres de Mlle de Lespinasse...*, édition présentée par E. Asse, *op. cit.*

[22] Lettre de novembre 1774, *in ibidem.*

Julie souffrait physiquement. La tuberculose, sur ce corps miné par la fièvre et les angoisses perpétuelles, faisait des progrès rapides. Et, pour mettre un comble à ses maux, elle avait « ses vapeurs ». Maladie de riches ? Les vapeurs seraient-elle le châtiment divin des mœurs dissolues des privilégiés ? Le docteur Raulin dénonce la « civilisation » : « *Les maladies*, écrit-il dans son *Traité des affections vaporeuses des deux sexes, sont nées de la société. On les connaît à peine chez les sauvages.* » Le docteur Pomme évoque, dans un autre traité, « *les bonnes femmes des campagnes qui n'avaient pour règle en santé que les besoins modiques de la nature* ». Selon lui, les « *passions de l'âme, le dérangement de l'esprit, effets ordinaires de cette maladie, l'entretiennent et la rendent quelquefois très difficile à guérir* ».

Et cette folie vaporeuse qui envahissait les salons était contagieuse, affirmait Raulin, qui donnait pour exemple ces femmes devenues « *furieuses par contagion* » qui se pendaient par groupes, ces autres qui préféraient la noyade collective. Il évoquait ces religieuses allemandes qui se mordaient entre elles « *comme des enragées* » et auraient communiqué leurs vapeurs aux Hollandaises et aux Italiennes. Il citait aussi ces pensionnaires d'un couvent, qui étaient prises à heures fixes d'un « *miaulement général* ».

Il y a peut-être du vrai là-dedans, car la folie vaporeuse, une fois entrée dans les salons, s'y répandit et bientôt, toutes les élégantes, ou presque, furent clouées sur leurs sofas. On plaisantait la princesse de Lamballe qui se trouvait mal rien qu'à respirer un bouquet de violettes, et qui suffoquait à la vue d'un homard ou d'une écrevisse. On avait tort de rire. Derrière ces exagérations, ces « anéantissements », se cachaient l'hystérie, l'hypocondrie, la névrose, la dépression nerveuse. Les « vaporeuses », affolées, objets de la risée générale, cherchaient des remèdes chez tous les charlatans, depuis Pittara qui guérissait avec des emplâtres sur le nombril jusqu'à Mesmer et son baquet.

On incrimina les baleines qui comprimaient les organes et empêchaient la respiration. Le médecin Bonnaud écrivit tout un livre sur la *Dégradation de l'espèce humaine par l'usage des corps à baleine*. On décompressa les victimes. Elles continuèrent à suffoquer. On incrimina le rouge aux joues : badigeonnage malsain préparé avec des produits chimiques douteux : magistères de bismuth, minium, minéraux de plomb. Les vaporeuses restèrent blafardes et continuèrent à s'évanouir. On accusa les parfums, la nourriture, les uns entêtants, l'autre trop succulente. Les malades moururent de faim. On les enterra. On interdit le thé, le café et le chocolat : les excitées devinrent mélancoliques.

Mais on en revenait toujours aux mœurs du temps, avec raison. Les femmes ne dormaient pas, s'agitaient toute la journée, s'ennuyaient, vivaient de sensations, s'étourdissaient. Elles ne faisaient pas assez d'exercice. Les médecins leur ordonnèrent de courir, de planter des fleurs, et de « s'exténuer ». Sur ordonnance du fameux Tronchin (et les conseils de son ennemi Rousseau), elles coururent la campagne et le Luxembourg, « tronchinant » sur d'élégantes cannes à pommeau d'or.

Les vapeurs persistaient. D'où venaient-elles donc ? On leur découvrit une autre cause : les femmes n'avaient pas « d'objet », elles s'ennuyaient. Frénétiques, elles cherchèrent partout une raison de vivre, un homme, un savant, une cause, une religion. Elles se pressèrent aux cours de Rouelle qui faisait des expériences sur la fusion du diamant, elles écrivirent des mémoires scientifiques, des traités de mathématiques, des observations sur l'astronomie. Elles remplirent les lycées et les musées, forcèrent les portes du Collège royal, jouèrent de l'éventail dans les salles de dissection, emportèrent même des cadavres à disséquer dans les coffres de leurs berlines.

Mais l'objet même qui les distrayait de leurs vapeurs ne les guérit point. Sa passion pour Guibert, loin d'être un remède à l'hystérie de Julie de Lespinasse, l'exalta. Au point de la faire mourir.

La passion nourrissant l'hystérie, l'hystérie avivant la passion, Julie se rêva, se crut promise au rang où elle voulait se situer : celui des grandes amoureuses tragiques, Héloïse, Phèdre, Didon, Médée. Elle rêva d'écrire « son » roman – la *Julie* de Mlle de Lespinasse, un roman d'amour et de mort fait de milliers de lettres. Roman dont on peut se demander si, plus encore que Mora, plus encore que Guibert, il ne fut pas « l'objet » suprême de cette vie frémissante. Ce masochisme passionnel, cet art de cultiver ses souffrances, l'élan torrentiel de ces lettres, ne les projette-t-elle pas dans une œuvre, sitôt sentis, vécus ? Ne les cultive-t-elle pas, ne les vit-elle pas pour l'œuvre rêvée ? Femme de l'être, femme de lettres ? S'il est vrai que la littérature, comme drogue et comme ambition, est peut-être dans chaque battement du cœur de Julie, alors la littérature est une chose bien grande, qui chemine à cette altitude de passion...

Une grande œuvre tragique, un grand roman ne va pas sans un sujet intense, sans un héros de haute taille, sans un dénouement cruel. Le sujet ? Ce qu'il y avait d'un peu mineur, d'un peu banal dans les péripéties de sa liaison avec Guibert, roman de la femme mûrissante et de l'homme trop jeune, séduisant et dispersé, serait sauvé par la grandeur du personnage de Mora, noble victime. Le dénouement ? Elle ne saurait admettre de mourir en toussant, le « romanesque » tragique, où elle se situe, dédaignant fort les ingrédients du romantisme bourgeois. Mais l'opium, mais la ciguë ne sont-ils pas dignes d'elle ? Quant au héros, il est bien vrai que Guibert n'est ni Jason ni Énée. Mais du héros, il a déjà le profil, la pose.

Il faudra corser tout cela, mettre du piment sur les chagrins, des plumes au chapeau de Guibert, sortir Mora de sa tombe, le dresser bien droit sous son suaire entre les deux amants, implacable comme la statue du Commandeur, se tordre dans les convulsions du remords, défaillir dans les ivresses de l'amour, écouter du Gluck tous les jours, et avaler de l'opium toutes les nuits.

Le roman était là : « *Il ne restait plus qu'à l'écrire.* »

Comment transformer Guibert en héros ?

La paix se prolongeait. Il fallait donc abandonner l'idée d'un Guibert-Turenne. Il restait la possibilité d'un Guibert-Corneille : « *C'est ce que je voudrais être* », rêvait tout haut cet affamé de gloire devant le buste de l'auteur du *Cid*. « *La gloire,* soupirait-il, *noble et sublime passion, souffre donc encore une fois que je me vante d'être rempli de toi.* »

Le Connétable de Bourbon avait soulevé l'enthousiasme de quelques-uns. Il lui restait de nouveaux lauriers à cueillir au théâtre. Il entreprit une tragédie : *Les Gracques*, dans une « *effervescence d'amour-propre qu'il prenait pour l'élan du génie* ». C'était un sujet en or pour un homme, qui ne voulait respirer que le souffle des héros.

Tibérius, l'aîné des Gracques, massacré à la tribune lors d'une émeute fomentée par les patriciens ; Caïus rêvant d'une république de laboureurs, puis se poignardant ; Cornélie arrachant son fils à la fureur des licteurs et le remettant aux Vestales ; révolutions, mutations économiques, violences : tout y est. « *Je commence le second acte, et je suis parfaitement content du premier,* écrit-il modestement à Julie. *Les plus grandes richesses se présentent à moi dans ce sujet. Il y en a qui vous tourneront la tête.* »

Julie aurait bien voulu que la tête lui tournât. Acharnée à trouver du génie à son amant, elle lisait et relisait le *Connétable*, les petits poèmes et les morceaux de prose que Guibert, toujours content de lui, bon enfant, venait lui apporter joyeusement.

Mais enivrée d'opium, amoureuse et prête à toutes les indulgences, Julie restait lucide. Certes, Guibert avait de hautes qualités, il était éloquent, fougueux, sagace et hardi. Mais où était le génie de Corneille dans des platitudes comme celle-ci :

Ah, le crime se trame où règne le mystère !

Il fallait avoir l'irrésistible timbre de voix de Guibert pour déclamer sans faire rire ces vers qu'il avait adressés à l'amiral d'Estaing pour le remercier du portrait de Bayard que ce noble marin lui avait offert :

Guide tour à tour vers la gloire
Nos drapeaux et nos pavillons
Poursuis dans ton ardeur guerrière
Embrasse les deux éléments
Il te faut plus d'une carrière
Et plus d'un art à tes talents...

Pauvre Julie : Guibert faisait des vers comme il faisait tout le reste : à la va-vite, dans l'enthousiasme. Sa main « *courait la poste* », comme elle disait. Des vapeurs de vanité lui montaient à la tête et brouillaient son génie. Avec patience et douceur, Julie entreprit de le corriger, de le conseiller. Qu'il ne se hâte point. Racine ne faisait-il pas « *difficilement des vers faciles* »... ?

« *Mon ami,* écrivait-elle, *je vous impose le plaisir de lire, de relire tous les matins une scène de Racine ; et puis vous vous promènerez, vous ferez des vers, et, avec le talent que la nature vous a donné de penser et de sentir fortement, je vous réponds que vous en ferez de forts beaux.* »

Guibert admettait ces critiques, et suivait d'ailleurs d'assez bonne grâce les conseils de son amie, enrobés de serments d'amour et de flatteries :

« *J'aime à me faire juger par vous,* disait-il. *Vous savez me critiquer sans me blesser ; votre amitié frotte toujours de miel les bords du vase. Vous seriez bien contente de moi, je ne fais quelquefois que quatre vers par jour. Je me rends fort difficile ; tout ira bien.* »

La reine, qui avait moins d'exigences que Julie, s'était à son tour entichée de Guibert. En août 1775, à l'occasion des fêtes du mariage de Mme Clotilde, sœur du roi, avec le prince de Piémont, Marie-Antoinette décida de faire jouer *Le Connétable de Bourbon* à Versailles. Le choix de cette pièce avait été âprement discuté. Louis XVI voyait d'un mauvais œil un membre de sa famille jouer le rôle d'un traître à sa patrie et les Français prendre lâchement la fuite devant les Espagnols. Mais Marie-Antoinette avait tapé du pied. Le roi ne résistait pas à sa femme.

On fit venir d'Angleterre le grand comédien Lekain, auquel était confié le rôle du Connétable. On demanda à l'illustre Mme Vestries de jouer le rôle d'Adélaïde, la fille de Bayard. On investit 300 000 livres dans les décors et les costumes, et les deux représentations générales avant la grande représentation furent suivies « *avec une fureur sans exemple* ». Tout Paris s'arrachait les fauteuils et les loges, au point que Guibert eut du mal à en trouver une pour Julie. N'allait-elle pas venir assister au triomphe de son amant ?

Julie hésitait. *Le Connétable* n'avait pas été écrit pour être joué sur une scène, mais pour être lu dans les salons. Il avait plu aux philosophes et aux duchesses du faubourg Saint-Germain. Il avait profité de la gloire de l'auteur. Mais les années avaient passé. Les enthousiasmes étaient un peu retombés. Après l'avoir loué avec excès, n'allait-on pas maintenant le critiquer avec outrance ? Les incorrections et les négligences crevaient les yeux avertis. Non, décidément, elle ne pouvait y aller. Elle avait trop peur, elle enverrait d'Alembert à sa place, et elle attendrait, morte d'angoisse, le verdict de la cour.

Après un accès de désespoir « *qui dura soixante heures* », elle lui fit parvenir un billet, le matin du grand jour :

« *Mon ami, à cinq heures, lorsque le* Connétable *commencera, je ferai comme je ne sais plus quel prophète qui élevait ses bras au ciel pendant que Josué combattait. Oh ! Oui, ma pensée, mon âme seront bien avec vous : qu'importe après cela où soit ma personne… J'espère que vous reviendrez cette nuit, soit que vous soyez couvert de gloire ou abattu par un médiocre succès. Si vous n'étiez pas content, c'est à moi qu'il faut le dire, parce que ce qui est "vous" est plus moi que moi-même. Adieu.* »[23]

Elle attendit, toute la soirée, debout près de la fenêtre. Les heures passaient. À onze heures d'Alembert n'était toujours pas là. Elle ne comptait plus sur Guibert. Mais il lui était impossible d'aller se coucher sans avoir entendu ces mots : « *La pièce a été aux nues ; cela est de toute beauté, il n'y eut jamais plus grand succès ! Oh ! Alors, il me serait doux, plus doux que jamais de m'endormir ensuite du sommeil éternel.* »

---

[23] Lettre du 26 octobre 1774, Archives du comte de Villeneuve-Guibert.

À minuit, d'Alembert ouvrit sa porte, et cria joyeusement que le succès avait fait violer toutes les règles, qu'on avait applaudi la scène du troisième acte, « *ce qu'il y a de plus beau au théâtre* ».

Julie s'endormit heureuse.

Mais le lendemain, d'autres sons de cloche donnèrent raison à ses craintes. Louis XVI avait boudé pendant toute la représentation. La moitié de la salle bâillait d'ennui. Lekain avait joué d'une manière effroyable. Un silence glacial avait suivi le baisser de rideau des deux premiers actes. Si on avait applaudi au troisième, c'était par déférence envers la reine qui avait donné l'exemple. La pièce ne brillait que par la mise en scène, la beauté des décorations et la richesse des costumes.

Le pauvre Guibert, momentanément penaud et malheureux, alla se faire consoler chez Julie. Elle le supplia, avec beaucoup de sagesse, de ne plus jamais faire représenter cette pièce. Qu'il mette son ambition ailleurs. Il avait d'autres talents que celui de poète tragique. Mais Julie ne pouvait pas lutter contre Marie-Antoinette qui, toujours sous le charme, s'acharnait pour qu'on rejouât la pièce, malgré les cris du roi et de sa famille qui trouvaient le sujet « inconvenant ».

Guibert oublia ce premier déboire et repartit sur les chemins de la gloire littéraire. Sa pièce n'emportait pas tous les suffrages ? Eh bien, il la changerait. Il travailla d'arrache-pied, bouleversa le plan, changea le dénouement, rétablit à la hâte quelques vers boiteux, les trouva admirables, et fit tant et si bien qu'elle ne tenait plus debout.

Julie essaya d'éviter la catastrophe : « *Il y aura un déchaînement affreux, et quel que soit le changement que vous ferez, je vous réponds qu'il tuera les beautés réelles de l'ouvrage. Mon ami, vous me tueriez que je soutiendrais que j'ai raison. Et vous ferez comme vous voudrez, je m'en lave les mains.* »[24]

Elle avait vu juste. La pièce retomba, plus lourdement encore. Les duchesses firent chorus avec les critiques, les quolibets coururent les salons :

« *Le style de M. Dubelloy le boursouflé serait moins incorrect et moins ignoble que celui de M. de Guibert.*

– Celui du vieux Crébillon n'est certainement pas plus rocailleux... »

Alors Julie se révolta. Elle encensa Guibert après l'avoir alerté. Dressée, seule, devant le faubourg Saint-Germain, ne craignant pas de se contredire, elle soutint mordicus que la pièce était un chef-d'œuvre, et

[24] Lettre du 19 novembre 1774, Archives du comte de Villeneuve-Guibert.

que Guibert était Corneille. Elle seule, écrivait-elle à son amant, avait « *le droit de penser du mal de lui* »...

En ce temps-là pourtant, elle n'a plus l'espoir de garder Guibert : l'homme qu'elle aime passionnément a achevé de déchirer son cœur.

Un jour, sans rien dire à sa maîtresse, Guibert était parti. Plusieurs jours durant, Julie l'avait attendu rue Saint-Dominique, essuyant ce nouveau coup comme une gifle, bien qu'elle n'en connût point la cause.

Qu'il parte, qu'il aille au diable, qu'il la laisse seule s'il n'était pas capable de remplir son âme ! Elle avait espéré de lui l'apaisement de ses malheurs. Mais ses souffrances étaient trop déchirantes. Elle n'était plus qu'une victime agonisante, qui appelait la mort : « *Oui, partez, dites-moi que vous en aimez une autre. Je le désire, je le veux.* »[25]

Les plaintes de Julie, pour une fois, ne relevaient pas de l'hystérie mélancolique. Guibert était parti passer quelques jours au château de Courcelles, dans l'Orléanais, propriété de la famille de Louise-Alexandrine Boutinon des Hayes de Courcelles, qu'il était question de lui faire épouser. La jeune fille était belle et la dot rondelette. Mais tout cela, Julie ne devait l'apprendre que plus tard.

Fatigué des récriminations continuelles de sa maîtresse, et comme pour préparer le coup qu'il allait lui poser, Guibert écrivit alors à Julie un billet glacial et ironique, pour lui dire qu'il n'avait plus besoin de son amour.

Cette lettre, loin de tuer Julie, la releva. Elle lui donna au moins la force de s'indigner. Les plaies de l'amour-propre refroidissent l'âme. Un instant, elle sortit de son attitude suppliante et cria son mépris à cet homme qui tout à coup lui faisait horreur :

« *Je me suis sentie si humiliée, si accablée d'avoir pu donner à quelqu'un l'effroyable droit de me dire ce que je lisais, et de me le dire avec tant de naturel que j'en devais conclure qu'il n'avait fait que verser son âme en me parlant, sans même se douter qu'il m'offensait mortellement. Ha ! que vous avez bien vengé M. de Mora, que vous me punissez cruellement du délire, de l'égarement qui m'ont entraîné vers vous, que je les déteste. Mon cœur, mon amour-propre, tout ce qui m'anime, tout ce qui me fait sentir, penser, respirer, en un mot tout ce qui est à moi, est révolté, blessé et offensé pour jamais.* »[26]

---

[25] Lettre XXXIX, 1774, *in Lettres de Mlle de Lespinasse*..., édition présentée par E. Asse, *op. cit.*

[26] *Ibidem.*

Quand Guibert tenta de se présenter chez Julie, elle le congédia fermement :

« *Ayez assez d'honnêteté pour cesser de me persécuter ! Je n'ai qu'un besoin, c'est de ne plus vous voir en particulier... Laissez-moi. Ne comptez plus sur moi. Épargnez-moi le chagrin et l'embarras de vous faire exclure à ma porte dans les heures où je suis seule...* »[27]

Elle tint bon pendant huit jours, sortit, reçut des amis, essaya de se distraire, la mort dans l'âme – jusqu'au jour où, n'en pouvant plus, Guibert força la porte : elle se rendit, se jeta dans ses bras, remit son amour-propre aux pieds de son persécuteur, heureuse, dirait-on, à la pensée de souffrir à nouveau.

Voilà Guibert, le cœur piqué à l'idée de perdre sa maîtresse, plus pressant, plus amoureux que jamais. Son existence n'avait jamais été attachée plus fortement à aucune autre. Son ambition s'apaisait un peu auprès d'elle : Julie lui donnait des idées de repos, de gloire et de bonheur tout opposées à celles qu'il avait.

L'éclaircie fut de courte durée. Quelques semaines plus tard, le colonel dut prendre la route. Cela faisait longtemps qu'il n'avait pas rendu visite à ses parents et il leur avait promis d'aller passer l'été avec eux, dans leur propriété de Fontneuve, aux portes de Montauban. Il serait absent trois longs mois, et son départ était fixé un vendredi.

Vendredi ! Julie, toute philosophe qu'elle voulût paraître, était superstitieuse.

« *C'est le vendredi 7 août 1772 que M. de Mora est parti de Paris ; c'est le vendredi 6 mai de cette année qu'il est parti de Madrid, et c'est le vendredi 27 mai que je l'ai perdu pour jamais.* »[28]

Il partait le cœur triste. Trois mois loin d'elle !

« *Que tout ce temps va être long pour mes inquiétudes*, lui écrivit-il le lendemain de son départ. *Qu'elles seront tendres et vives ! Que vos lettres me seront nécessaires ! Les miennes vous le seront-elles de même ? Je les rendrai fréquentes comme si elles vous l'étaient. Cette occupation remplira bien mal le vide affreux que vont me faire votre société, votre conversation, l'habitude que j'ai si doucement contractée de vous voir presque tous les jours. Je sens que cet intérêt et l'étude suffisaient à ma vie.* »

[27] Lettre XL, 1774, *in ibidem*.

[28] Lettre XLV, 1774, *in ibidem*.

Dans les premiers temps de son absence, en effet, il lui écrivit à toutes les étapes. C'était pour lui un plaisir, une consolation et un besoin. Ses lettres étaient pleines de tendresse : « *J'ai besoin de vous voir, de vous parler. Votre pensée m'a occupé. Elle me suivra ainsi demain, après-demain, tous les jours. Devinez les premières lignes que j'ai lues ? Trois ou quatre de vos lettres...* »[29]

On sent, dans ces lignes, l'influence de Julie. Ce n'est plus le Guibert de Prusse, tout occupé à raconter ses exploits. Il se laisse aller maintenant à ses sentiments, « *aux mouvements de son âme* ». Il parle d'amour et de mort, pleure sur la faiblesse de la nature humaine : « *Mon esprit n'a plus été que désordre et désespoir, il s'est calmé dans ma promenade... Mille conformités nous unissent...* »

Depuis quinze jours pourtant, les lettres de Guibert s'accumulent sur l'écritoire de Julie. Elles sont toutes cachetées. Cette fois, c'est décidé. Jamais, au grand jamais, elle ne reverra Guibert. Cette résolution lui déchirait le cœur, la rendait malade, mais elle la tiendrait. D'une lettre de lui, elle a failli mourir (« *Il n'y a point de corps assez robuste pour résister à une telle souffrance.* ») Mais elle se commande d'être forte, et elle l'est. Cent fois, mille fois, elle relit les enveloppes, et elle se répète qu'elle sait résister « *au plus grand plaisir* ». Rien, pendant six jours, ne put la distraire de ces enveloppes. Si elle les ouvrait, ses impressions ne pourraient être « *plus fortes ni plus profondes* ».

La cause de cette brouille était, une fois de plus, Mme de Montsauge. Guibert, après lui avoir dit adieu, était allé la voir à la Bretèche, sous le prétexte de lui donner *L'Éloge de Catinat* qu'il venait d'écrire. Il avait passé avec elle une soirée entière, en tête-à-tête. Alors que l'instant d'avant, c'est Julie qu'il embrassait...

« *Cette pensée soulevait mon âme, irritait mon amour-propre. Je me sentais au comble du malheur, je ne pouvais plus vous aimer, j'abhorrais les moments de consolation et de plaisir que je vous devais ; vous m'aviez enlevée à la mort, la seule ressource, le seul appui que je m'étais promis, lorsque j'avais tremblé pour les jours de Mora, vous m'aviez fait survivre à un malheur affreux ; vous remplissiez mon âme de remords ; vous me faisiez éprouver un plus grand mal encore, celui de vous haïr, oui mon ami, vous haïr. J'ai été plus de huit jours animée par cet horrible sentiment.* »[30]

---

[29] Lettre de Guibert de juillet 1774, Archives du comte de Villeneuve-Guibert.
[30] Lettre XLVI, 25 août 1774, *in Lettres de Mlle de Lespinasse...*, édition présentée par E. Asse, *op. cit.*

Si aujourd'hui elle lui écrivait, après des jours de lutte, c'était pour exiger une explication.

Guibert n'était pas un homme cruel. Il était incapable de rompre, et cette malheureuse disposition de son cœur à aimer deux personnes à la fois, l'une un peu, l'autre beaucoup, disait-il, l'obligeait parfois à de menus mensonges. Enfin, puisqu'elle exigeait une confession sans réserve, il allait la faire. En effet, il était resté avec Mme de Montsauge, après l'avoir quittée, jusqu'à neuf heures du soir, et il n'avait pas voulu, en la quittant, retourner chez Julie. Il était rentré chez lui.

« *Je m'étais séparé d'elle avec attendrissement, et cette émotion était venue d'elle ; quelques larmes avaient mouillé mes yeux. "Ce n'est plus que de l'amitié" me disait-elle, mais c'est de l'amitié vive, tendre, telle qu'elle aurait une peine mortelle si je pouvais jamais l'oublier... J'ai passé une partie de la nuit à m'examiner et à ne pas me comprendre, à sentir que je n'étais pas guéri et que cependant vous m'étiez chère. Quel labyrinthe que mon cœur ! Quel dédale malheureux !* »[31]

Jusqu'à ce point, le plaidoyer de Guibert n'avait rien que d'aimable et de touchant. Mais il se terminait par ces phrases fatidiques qu'il avait eu, jusqu'alors, la patience de ne jamais prononcer et qui criaient l'irrémédiable :

« *Eh ! grands dieux, n'y a-t-il pas entre votre situation et la mienne des rapports qui doivent exciter votre indulgence ? Vous m'aimez, et votre âme est remplie de Mora. Si je vous proposais de vous détacher de son souvenir, ce serait vous arracher la vie. Mon amie, nous sommes, vous et moi, d'étranges exemples de l'activité du cœur humain.* »[32]

Cette fois-ci, Guibert avait osé toucher à un sujet sacré. Il avait passé les bornes, tentant de justifier sa tromperie par un outrage. Il osait mettre en parallèle les tièdes sentiments de Mme de Montsauge et la passion que Mora éprouvait pour Julie. Il osait même mettre ces deux noms l'un à côté de l'autre ! Avait-elle tué Mme de Montsauge, elle ? Non. Qui avait tué Mora ? Qui avait fait du mal à l'homme le plus vertueux et qui méritait le plus d'être aimé ? « *Et c'est moi, ou plutôt c'est vous qui avez prononcé son arrêt !* » À qui avait-elle fait le sacrifice de tous ses intérêts personnels, de son amour, de sa vie ?

« *À un homme qui n'a jamais été à moi, et qui est assez cruel et assez malhonnête pour me dire qu'il m'a faite sa victime sans m'aimer. Cette passion que vous prétendez*

---

[31] Lettre de Guibert du 31 août 1774, Archives du comte de Villeneuve-Guibert.

[32] Lettre de Guibert, Archives du comte de Villeneuve-Guibert.

qui vous ramène toujours à un objet qui y répond si peu, cette passion si forte, si involontaire, vous a pourtant permis d'assurer à quelqu'un que vous n'étiez plus amoureux de cette femme, et que vous aviez l'âme si libre, si dégagée de tout sentiment, que votre désir le plus vif actuellement était de vous marier. Comment accordez-vous tout cela... Je ne saurai plus rien craindre de vous. Vous n'avez été dangereux que lorsque j'ai pu vous croire sensible et vertueux. Adieu, si un jour je puis vous coûter un regret et vous faire connaître le remords, je serai vengée ! »[33]

Une fois encore, elle tenta de se suicider, et une fois encore « *un funeste secours* » la rappela à la vie. Cette nouvelle secousse, en ravageant un peu plus sa santé, la fit sortir de son désespoir. « *Mon âme ne fut jamais faite pour l'avilissement* », se dit-elle, comme Jean-Jacques. Elle se réveilla un matin, délivrée de Guibert, étonnée du calme de son cœur et de la tiédeur de ses sentiments, et lui écrivit :

« *Je ne connais plus ni la haine, ni la vengeance, ni... Mon Dieu, quel mot j'allais prononcer ! Il n'est plus lié, dans ma pensée, qu'au souvenir de M. de Mora... Je vous promets, je m'engage à ne plus rien exiger ni prétendre de vous.* »[34]

Seule l'amitié maintenant dicterait ses lettres, car il était hors de question qu'elle cessât toute correspondance avec celui qu'elle avait aimé. N'écrit-on pas à ses amis ? Elle avait tant de choses à dire ! Car mille événements bouleversaient alors Paris et la France.

Turgot, ami de Julie depuis dix-sept ans, venait d'être nommé contrôleur général des Finances, quatre mois à peine après la mort de Louis XV. Depuis la disparition du souverain « *démodé* », selon l'expression de Walpole, et qui avait succombé à une vérole confluente[35], la pire de toutes, on vivait dans l'espoir. La France avait pris le deuil « *qui descendait de la chapelle ardente de Versailles, du catafalque de Saint-Denis et du luxe funèbre des grands hôtels jusqu'aux boutiques des faubourgs. L'artisan, le portefaix, ceux à qui il ne fait rien réellement qu'un roi meure, s'étudient à attrister leurs vêtements. Il*

---

[33] Lettre du 25 août 1774.

[34] Lettre XLIX, 15 septembre 1774, *in Lettres de Mlle de Lespinasse...*, édition présentée par E. Asse, *op. cit.*

[35] Dans la petite vérole confluente, les pustules se touchent et sont entassées de telle façon qu'elles ne forment qu'une croûte. Elle est ordinairement compliquée par le pourpre et le charbon, et provoque une fièvre éruptive violente avec l'apparition d'anthrax charbonneux ; elle emporte souvent les malades le onzième jour. On la soignait au petit bonheur : « *lavements légèrement purgatifs, tisane de scorsonère (plante alimentaire riche en vitamines et en glucides et qui ressemble au pissenlit), lentilles, dompte venin, ou corne de cerf bouillie* » (*Encyclopédie*, *op. cit.*, tome XVII, article « Vérole »).

semblait que chacun eût perdu son père... »[36] Mais tout le monde fredonnait gaiement les couplets qui d'un jour à l'autre avaient inondé les rues :

Louis a rempli sa carrière
Et fini ses tristes destins
Tremblez voleurs, fuyez putains
Vous avez perdu votre père.

Un moinillon irrespectueux gravait sur la dalle de la crypte de Saint-Denis :

« *Ci-gît qui nous donna le système* [de Law] *en naissant, la guerre en grandissant, la femme en vieillissant, et la peste en mourant.* »

Alors que tous se congratulaient, Julie, troquant le rôle de Didon pour celui de Cassandre, avait jeté, dans un soupir tragique :

« *Nous allons avoir pire !* »[37]

Mais voilà que Turgot, le cher Turgot, le fidèle de son salon allait devenir l'idole de la Nation et sauver la France. Les nouveaux ministres dont il s'entourait étaient des hommes honnêtes : « *M. d'Angivillers a les bâtiments, M. de Miromesnil est garde des Sceaux. M. de Sartine a la Marine. C'est M. le duc de Penthièvre qui va tenir les États avec M. de Fourqueux* », écrit Julie à Guibert.

Louis XVI avait beaucoup hésité avant de prendre Turgot. « *Il est bien systématique, et il est en liaison avec les encyclopédistes* », bredouillait-il. Bref, il se résigna.

« *Sire,* dit Turgot, *ce n'est pas au roi que je me donne, c'est à l'honnête homme.* » « *Vous ne serez pas trompé* », répondit Louis.

Turgot se mit à ses dossiers sans perdre une seconde. Il devait se hâter, réaliser en dix-huit mois « *l'œuvre des siècles* ». En septembre, il lançait l'édit rétablissant la liberté de circulation du blé que Michelet appellera la « *Marseillaise du blé* ». Et Voltaire, au comble de l'émotion, écrivait :

« *L'Humanité tenait la plume, et le roi a signé.* »

Ce qu'il avait fait pour la culture en Limousin, Turgot tentait d'en étendre les bénéfices au pays tout entier. Ainsi, on commença de nourrir les provinces affamées. On exporta même au-delà des frontières. Le vin, captif lui aussi, coula partout. Les paysans se virent ouvrir des débouchés nouveaux.

---

[36] J. de Norvins, *Mémorial*, publié par Lanzac de Laborie, Paris, Plon, 1896.

[37] Abbé Morellet, *Mémoires sur le XVIIIe siècle et sur la Révolution*, *op. cit.*

Ses « *mousquetaires de l'économie libre* », Turgot les choisit tous dans l'entourage de Julie : il nomma Suard « historiographe des monnaies », avec Condorcet. Il installa l'abbé Morellet dans son bureau, et le chargea de la correspondance.

D'un jour à l'autre, Julie se trouva toucher au gouvernement par tous les côtés. Elle régnait. Et d'Alembert, tout « martyrisé » qu'il fût, tenait l'Académie française sous son entière domination. Le salon de Julie en était l'annexe. Et elle, « *présidente en chef des prôneurs philosophiques* ». Une régente.

Cette gloire subite ne plut pas à tout le monde. On dénonça cette « *clique* » de philosophes, Condorcet, « *emphatique et misérable orateur, métaphysicien ténébreux* », qui déclamait d'une voix fausse et creuse : « *Nous sommes les témoins des derniers efforts de l'ignorance et de l'erreur ; nous voyons la raison sortir victorieuse de cette lutte si longue et si pénible. La vérité a vaincu. Le genre humain est sauvé...*" »

Triomphe de Julie, l'avènement de Turgot mit en rage la marquise du Deffand. « *Je le voyais tous les jours il y a une quinzaine d'années,* écrivait-elle à Walpole. *La Lespinasse m'a brouillée avec lui ainsi qu'avec les autres encyclopédistes. Nous allons être gouvernés par eux, j'ai bien du regret de n'avoir pas su me ménager leur protection. Pour l'obtenir aujourd'hui, il faudrait avoir recours à leur muse. Me le conseillez-vous ?* »

C'était une plaisanterie. Mais Walpole la prit au sérieux. La marquise, furieuse, éclata :

« *Comment avez-vous pu croire que j'avais eu la pensée de jamais revoir cette créature ? Je ne voudrais pas lui devoir de me sauver de l'échafaud. Elle est la seule personne pour qui j'aurais vraiment eu de la haine si je ne dédaignais pas d'y penser.* »

Le pouvoir ne grisa pas Julie : il est difficile de « *crever de vanité* » quand on meurt de tristesse. Au milieu de l'ivresse générale, dans son salon tout bruyant de joie et d'enthousiasme, la clairvoyance et l'amertume reprirent le dessus :

« *Si le bien ne s'opère pas par lui* [Turgot], *nous ne serons pas Gros-Jean comme devant, mais mille fois plus malheureux, parce que nous aurons perdu l'espérance.* »

Depuis qu'elle s'était juré de ne plus aimer Guibert, Julie était calme. Mais elle ne s'y trompait pas : c'était le calme de la mort. En mourant à Guibert, elle n'avait retrouvé que M. de Mora. Rien de ce qu'elle voyait, de ce qu'elle entendait et de ce qu'elle lisait ne ranimait son cœur. Et une lettre qu'elle venait de recevoir de Guibert, mécontent de son sort au fond du château de Fontneuve, lui faisait prévoir le pire.

Il y avait trouvé son père menacé par la ruine : une partie de sa propriété était le domaine du roi, et si Turgot maintenait l'édit de ce « *coquin d'abbé Terray* », contrôleur des finances compétent mais véreux, qui restituait au roi tous ses domaines, le comte Benoît de Guibert perdrait tous les droits seigneuriaux de son habitation, plus trois ou quatre mille livres de rente. En tout plus de cent mille francs. Lui-même, Jacques-Antoine-Hippolyte, était couvert de dettes, que son train de vie à Paris alourdissait tous les ans. Il ne lui restait plus que le parti de s'enterrer en province. Il avait besoin, en outre, de beaucoup d'argent pour entreprendre de nouveaux voyages indispensables à l'exécution de son plan de travail. De surcroît sa sœur, veuve, avait deux enfants à sa charge : une fille sans dot, qu'on serait obligé d'enfermer dans un couvent, et un garçon de douze ans dont il voulait perfectionner l'éducation à Paris. Où trouver de quoi payer tout cela ? Il n'y avait qu'un moyen : le mariage. On lui avait proposé des partis considérables en province. Il les avait tous refusés. Il ne lui parlait pas du projet Courcelles.

Julie ne combattit pas les projets de Guibert. Elle lui répondit calmement qu'elle croyait qu'il ferait bien de ne pas se marier en province et lui donna, pour le rassurer sur son avenir, de sages conseils. Comme pour l'éloigner et l'assurer qu'il était maintenant libre de faire à sa guise, elle ne parla guère d'elle dans les lettres qui suivirent. Elle lui adressait régulièrement sa gazette parisienne, écrite d'une plume enjouée et sereine. Les réponses de Guibert étaient « *froides et modérées* ». Tant mieux. « *Mon ami, nous allons nous entendre, mon âme est au ton de la vôtre. Quelle supériorité la raison a sur la passion. Comme elle règle la conduite...* »[38]

Puis quinze jours passèrent sans qu'elle reçût de nouvelles. Il n'en fallait pas plus pour que le sentiment sournois se réveillât. « *Si j'avais de la passion*, écrit-elle, *votre silence me ferait mourir.* » Elle se remit à attendre le courrier, à demander à d'Alembert s'il n'avait pas reçu une lettre. Un samedi, elle apprit que Guibert était tombé malade. Les journées qui suivirent se passèrent dans un état de souffrance qui lui ôtait le pouvoir de parler et d'agir. Bien qu'elle fût « *morte* », « *son âme se réveilla toute neuve à la douleur* »[39]. Une

[38] Lettre XLIX, 17 septembre 1774, *in Lettres de Mlle de Lespinasse...*, édition présentée par E. Asse, *op. cit.*

[39] Lettre LIV, 26 septembre 1774, Archives du comte de Villeneuve-Guibert.

visite inattendue du comte de Fuentès exacerba son émotion : il était venu demander à son ami d'Alembert d'écrire l'éloge funèbre de son fils. Elle évoqua à nouveau les images atroces des derniers instants de Mora. Perdant la tête, délirant, mêlant la haine et l'amour, elle termina sa lettre : « *Je n'ose plus vous dire : je vous aime.* »

Sa passion n'avait fait la morte que pour ressusciter plus frénétique et fiévreuse que jamais. Guibert allait rentrer. Cette pensée la rendit malade. Elle dut s'aliter et, sur l'ordonnance de son médecin, prendre de la ciguë. Poison qui ne tue qu'à fortes doses. Si Guibert lui rendait la mort nécessaire, il la retenait à la vie. Elle n'avait pas la force de se tuer.

« *Mon ami, que j'ai mal à l'âme ! Je n'ai plus de mots, je n'ai que ces cris ; j'ai lu, j'ai relu, je lirai cent fois votre lettre…*

– *Je vous aime de toute mon âme* », répondait l'autre. Mais plus loin : « *Et il faudra aussi que je me marie ! Il le faudra, bon Dieu…* », puis brusquement venait cette proposition surprenante : « *Si je suis forcé de prendre le parti de me marier, je voudrais que ce fût par vous…* »

Il arrive fréquemment que les dépressifs retrouvent du goût à la vie ou de l'énergie dans les crises les plus graves. Le mariage de Guibert, n'était-ce pas une « vraie » raison de mourir, un « vrai » sujet de douleur ? Eh bien, pas du tout. C'était pour Julie, une vraie raison de vivre. Ces drames et ces angoisses n'étaient, subitement, plus confus et nourris par des fausses raisons. L'agressivité remplaça le malaise. Julie devait agir. Elle se remit en forme, cessa de prendre de l'opium, se maquilla, sortit et se mit en quête d'une dot.

Chez Julie, l'amour est « *un souhait sans espoir* ». Elle devait en mourir. Ce mariage va donc précipiter sa mort. En lui cherchant elle-même une femme, elle avance son agonie. Mais elle agit, elle cesse de subir, elle préfère cette souffrance qu'elle s'inflige, se choisit, se crée.

Au bout de huit jours, elle avait déjà trouvé deux dots à saisir et annonçait immédiatement la nouvelle à Guibert :

« *La première, c'est une jeune personne de seize ans, qui n'a qu'une mère et point de père… On lui donnera en la mariant treize mille livres de rente… Cette fille ne peut pas avoir moins de six cent mille francs, et elle pourrait être beaucoup plus riche. Cela vous conviendrait-il, mon ami ? Dites, et nous agirons.* »[40]

---

[40] Lettre LVIII, 9 octobre 1774, *in Lettres de Mlle de Lespinasse…*, édition présentée par E. Asse, *op. cit.*

Si cette affaire-là ne l'intéressait pas, elle en a une autre sous la main, la fille n'a que onze ans, mais « *elle est unique et elle sera bien riche* ».

Puis, après cet abandon surhumain d'elle-même, ce sacrifice, comme une mourante qui se raccroche à la vie et la retient pour avoir le temps d'y trouver une raison de mourir, elle ranimait son salon, redevenait belle : la muse des philosophes, la brillante, la glorieuse, la confidente des ministres. Elle sortit partout. Reçut tout le monde. Ainsi la femme que Guibert allait quitter était bien un être irremplaçable, un modèle de dévouement et de vertu...

Mais cette savante stratégie ne résista pas au retour de Guibert. Malgré ses serments, il ne trouvait pas une minute pour aller la voir.

« *On n'a pas ouvert une fois ma porte aujourd'hui que je n'aie eu un battement de cœur, il y a eu des instants où j'ai craint d'entendre votre nom et puis j'ai été désolée de ne l'avoir pas entendu. Tant de contradictions, tant de mouvements contraires sont vrais et s'expliquent par ces mots : "Je vous aime."* »[41]

Il vint le lendemain, le surlendemain, fou d'amour, dès lors qu'elle lui tenait la dragée haute. Qu'avait-il fait loin d'elle ? Qu'allait-il faire ? Elle allait le lui dire.

« *Appliquez-vous et écoutez-moi :*

– Lundi, dîner chez M. de Vaines et souper chez Mme de M. (Montsauge).

– Mardi, dîner au Contrôle général et souper avec Mme de M...

– Mercredi, dîner chez Mme Geoffrin et souper chez Mme de M...

– Vendredi, dîner chez Mme de Châtillon et souper chez Mme de M...

– Samedi, dîner chez Mme de M... et aller à Versailles après dîner, et revenir dimanche au soir passer la soirée avec moi. »[42]

Et elle, elle allait se dévouer, donner sa vie pour remplir simplement un quart d'heure de la semaine de ce coureur de salon ?

Après quelques jours de résistance stoïque, elle retomba dans ses bras. Et le lendemain, lui envoya ce message :

« *J. n. v... d.... p.. q.. j. v... a..., n. q.. v... m'..... e...... h...d'.. s........ q.. j. v....... n. p... c........ ; d....-m.., p.. s......., m.. a.., q.. v... m'......* »[43]

---

[41] Lettre LXX, 12 novembre 1774, *in Lettres de Mlle de Lespinasse...*, édition présentée par E. Asse, *op. cit.*

[42] Lettre du 19 novembre 1774, Archives du comte de Villeneuve-Guibert.

[43] Archives du comte de Villeneuve-Guibert.

Ce qu'on peut traduire, sans risque de faire beaucoup d'erreurs :

« Je ne vous dirai pas que je vous aime, ni que vous m'avez enivrée hier d'un sentiment que je voudrais ne plus connaître ; dites-moi, par surcroît, mon ami, que vous m'aimez. »

La vie reprit, comme avant.

Ce qui veut dire que Guibert aimait modérément, sortait beaucoup, brillait encore, avait des coups de passion qui le faisaient courir chez Julie pour se désaltérer. Ce qui veut dire que Julie de Lespinasse attendait, berçait ses douleurs en se remplissant les oreilles des airs d'*Orphée*, chaque fois qu'on le donnait à l'opéra, essayait de *Tancrède* qu'elle trouvait beau, mais pas assez touchant pour son âme, rougissait quand Guibert entrait dans son salon, se jetait dans ses bras quand il pénétrait dans son boudoir, conseillait Turgot quand ses réformes lui donnaient du fil à retordre, était ramenée régulièrement au désespoir par la pensée de Mora, pensait donc aimer moins Guibert pendant un jour entier, tremblait pour lui sans qu'il fût malade, se traînait à ses pieds pour le voir un quart d'heure, bousculait d'Alembert qui était toujours sur son chemin, se fâchait, mourait, ressuscitait, priait son « dieu », le plaignait de ne pas être dieu, se plaignait de ne pas être une héroïne, ramassait comme la Cananéenne les miettes qui tombaient sous la table de son maître, se troublait les idées avec de l'opium, allait à la première du *Barbier de Séville*, retrouvait son amie Mme de Châtillon à la messe, jalousait Mme de Montsauge. Bref, aimait dans une sorte de paix, jusqu'au jour où Guibert, soit par inadvertance, soit par intention, lança cette phrase, au milieu de la conversation :

« *Ce n'est pas Mme de Montsauge que vous avez à craindre, mais…* »

Il s'arrêta au milieu de la phrase. Un silence glacial suivit.

Qui avait-elle à craindre ? Guibert ne voulut pas répondre. Il resta muet et écourta sa visite, sans donner de raison.

Julie, hantée par ces mots, le harcela. Elle lui écrivit lettre sur lettre, traîna sous ses fenêtres, s'humilia pour qu'il lui dît la vérité. Guibert éludait, parlait de ses dettes. Comment y échapper ? Comment affermir sa fortune ? Il évoquait, d'un air vague, l'idée de mariage, entre deux considérations sur la pauvreté.

« *C'est de la folie !* » criait Julie, qui après avoir poussé la générosité jusqu'à lui chercher une héritière, ne voulait plus entendre parler de mariage. Maintenant, elle était sûre d'une chose : c'était que « *tout homme qui a du talent, du génie, et qui est appelé à la gloire ne doit jamais se marier* ». Diderot lui-même a dit que la nature, en formant un homme de génie, lui secoue le flambeau sur la tête en disant : « *Sois grand homme, et sois malheureux.* »

« *Croyez que la gloire est le premier besoin de mon âme, et que votre société, votre affection sont les premiers besoins de mon cœur... Mais, traqué, acculé... J'ai résolu...*

– *Vous avez résolu quoi ?* haletait Julie. *Parlez ! Vous est-il donc impossible d'être honnête ? Est-ce trop vous demander ? Ne passez pas votre vie à vous reprocher ce que vous faites, et cessez d'inquiéter ce que vous aimez. Si vous n'avez pas assez de force pour faire mon bonheur, du moins il est certain que vous êtes assez honnête pour être affligé de faire mon malheur...*

– *Alors... j'ai résolu... d'épouser Mlle de Courcelles chez les parents de laquelle j'ai été passer ces dix jours, quand je suis parti sans rien vous dire.* »

Il avoua tout. Ce mariage n'était pas un projet en l'air. La date était fixée. Alexandrine-Louise Boutinon des Hayes de Courcelles, sa fiancée, avait tout juste dix-sept ans, elle était jolie, intelligente, bien née, et riche. Cela faisait un an qu'il fréquentait le salon des Courcelles, à Paris, pour faire sa cour à la jeune fille. Elle était folle de lui.

« *Je ne m'y attendais pas* », répondit Julie, glacée

Quoi ! il avait eu la cruauté de la retenir à la vie pour lui infliger aujourd'hui une mort plus lente et plus cruelle ? Il avait le front de se marier, et en même temps de lui jurer son amour ? Ce n'est qu'un mariage de convenances, bégayait-il, le misérable. Épouse-t-on par raison une ravissante créature de dix-sept ans, pleine d'esprit et de talents ? S'il ne l'aimait pas encore, il l'aimerait bientôt, à la folie. Ah ! Oui, il vengeait bien Mora. Il la punissait cruellement du délire qui l'avait entraînée vers lui, ce sorcier. « *Les passions périssent donc aussi rapidement qu'elles naissent ?* » Et on ose demander l'absolution ! On ose lui demander quelles seront ses impressions quand on sera marié ! Comment saurait-elle ? « *La passion n'a pas d'avenir.* » Elle est.

Qu'il la laisse, maintenant. Elle n'avait plus rien à lui dire après un tel outrage. Qu'il parte à jamais et qu'il cesse de la torturer.

« *À demain,* soupira-t-elle. *Je vous attends déjà.* »

Étrange Julie... Est-ce pour agiter le couteau dans sa plaie, pour prendre vengeance de son amant, pour se consoler de découvrir une rivale médiocre ou laide : elle surgit chez Guibert à l'improviste, ayant appris qu'il attendait la visite de Mme de Courcelles et de sa fille. Elle réussit en tout cas à mettre un moment Guibert au supplice, à qui, la veille, elle avait crié :

« *J'aurai la force du crime pour contenter ma passion !* »

La visite fut exquise. Julie aimable comme jamais. En parlant à la demoiselle, « *le langage du ciel était sur ses lèvres* ». Alexandrine restera pour jamais sous le charme de cette femme adorable. Et le soir, Guibert trouva ce mot sous sa porte :

« *J'ai trouvé cette jeune personne charmante, et bien digne de l'intérêt qu'elle vous inspire ; les manières, la figure et le ton de sa mère sont également aimables et intéressants. Oui, vous serez heureux.* »[44]

Une heure après avoir envoyé ces mots, Julie se relevait la nuit, pour déverser sur le papier une avalanche de reproches et accabler Guibert de tous les crimes de la terre.

Que voulait-elle ? Qu'exigeait-elle ? Guibert s'y perdait. (Comprendra-t-il d'ailleurs jamais les volte-face de son amie ?) Elle le traitait de bourreau. Elle le mettait à côté de Lovelace et de tous les scélérats de romans. Lui, s'efforçait de la raisonner : qu'elle relise tranquillement ses lettres, et qu'elle voie s'il était un méchant. Il l'avait aimée, le lui avait dit, le lui avait prouvé. Aujourd'hui encore il donnerait son sang pour elle. Voilà ses crimes. Les angoisses de son amie étaient contagieuses : elles le rendaient malade. Il se mettait lui aussi à avoir des malaises, des « vapeurs ». Ne pouvait-elle pas le laisser respirer un instant : « *La haine ne serait pas plus cruelle que ne l'est votre activité.* »

Le laisser respirer un instant, alors que dans quelques jours, il allait partir, pour jamais, et lier sa vie à celle d'une autre ? Elle voulait le posséder jusqu'au dernier moment, elle le réclamait constamment, lui écrivait quelquefois trois lettres par jour. Et quand il était devant elle, elle ne pouvait plus le supporter.

Le mariage devait être célébré le 1er juin. Guibert devait partir dix jours auparavant pour le château de Courcelles rejoindre sa fiancée. La veille de son départ, il vint lui dire adieu. Elle ne voulait pas le voir. Elle avait trop mal, mais elle l'avait attendu toute la journée « *dans le désespoir de le craindre et de le désirer* ».

« *Il y a des situations qui n'ont ni mots ni larmes* », dit Rousseau.

Au moment des adieux, Guibert donna à Julie une bague enserrant une minuscule tresse de cheveux : l'emblème de leur amour. Puis il ferma la porte. Julie s'évanouit. L'anneau se brisa. Elle vit là le symbole de sa destinée. Son arrêt était signé.

---

[44] Archives du comte de Villeneuve-Guibert.

« *Commencement d'une vie nouvelle. Frémissement involontaire pendant la cérémonie : c'était ma liberté, ma vie entière que j'engageais. Jamais tant de sentiments et de réflexions n'ont fatigué mon âme. Oh ! quel abîme, quel labyrinthe que le cœur de l'homme ! Je me perds dans tous les mouvements du mien. Mais tout me promet le bonheur : j'épouse une femme jeune, jolie, douce, sensible, que j'aime déjà.* »

Voilà les impressions de Guibert le soir de son mariage. Une semaine après – « *jours passés comme un songe* » –, il était amoureux de sa femme. À la première absence, imposée par son métier de militaire, il en était fou :

« *Être neuf jours,* lui écrit-il, *sans avoir de tes nouvelles, c'est comme si j'étais à cinquante lieues de toi. Ce sont les silences qui séparent, plus encore que les distances... Ah ! répète-moi sans cesse que tu m'aimes ! Je chéris ces répétitions ; ce désordre est l'éloquence du cœur.* » Un peu plus tard : « *Ce vilain Lépine ne m'a pas encore envoyé ma montre, mais j'ai ton portrait. Je puis bien dire comme la duchesse du Maine : l'une marque les heures, l'autre les fait oublier.* »[45]

Le tête-à-tête amoureux, les félicités domestiques fixaient le volage « *tout entier au bonheur d'aimer et d'être aimé* », comme Julie en d'autres temps. Une seule fois il s'était souvenu de sa maîtresse, dix jours après l'avoir quittée, et il lui avait envoyé ces mots : « *Vivez, vivez, je ne suis pas digne du mal que je vous fais.* »[46]

---

[45] *Journal de Guibert pendant ses voyages en France,* à la date du 1er juin 1775, publié par sa veuve.

[46] Lettre de juin 1775, Archives du comte de Villeneuve-Guibert.

Liebestod

On ne meurt pas pour un scélérat – La haine est intolérable – Soyons vertueux – Guibert fou de passion – Est-ce que je vis encore ? – Quelle nuit, quelle solitude... – Grâces soient rendues à la veuve de Guibert

Julie avait décidé de mourir. Elle avait même arrêté le jour de sa mort. Pendant huit jours elle agonisa. Elle n'ouvrait plus les lettres de Guibert, ranimant le souvenir de Gonçalve de Mora, lui écrivant tous les jours. Mais en lisant ces mots « horribles », elle décida de vivre. De vivre pour haïr, pour se venger. L'orgueil prit le dessus. On ne meurt pas pour un scélérat qui vient de se marier pour 12 000 livres de rente.

« *Pourquoi faire croire à l'homme que je hais que je n'ai pu vivre sans l'aimer ?* » C'est dans cette disposition d'esprit qu'elle reçut un paquet du château de Courcelles. Elle l'ouvrit parce qu'elle savait qu'il contenait l'*Éloge de Catinat*, que Guibert envoyait au concours organisé sur ce thème par l'Académie française. Julie avait promis de soutenir ce texte. S'abstenir eût été violer une promesse. Guibert pouvait compter sur elle, elle défendrait son œuvre, avec d'autant plus de détermination qu'elle trouvait à rendre ce service l'occasion de lui montrer son mépris. « *Je jouissais avec une sorte de plaisir*, avoua-t-elle, *du genre d'intérêt qui m'animait. Ce n'était pas vous, ce n'était pas mon sentiment que je satisfaisais, c'était mon orgueil que je contentais. J'ai donc assez de force, me disais-je, pour obliger, pour servir ce que je hais et ce qui m'a fait mal.* »

Quinze *Éloge de Catinat* concouraient pour ce prix d'éloquence. Un seul inquiétait Julie : celui de La Harpe. Elle les jugea ainsi ; celui de La Harpe « *était l'ouvrage d'un homme de lettres qui a un esprit juste et sage, une âme douce, honnête et élevée. Il contient une foule d'expressions heureuses, d'idées fines, exprimées avec clarté et noblesse, mais ce n'est que l'ouvrage d'un homme de beaucoup d'esprit.* » Celui de M. de Guibert – et là elle se jurait de faire abstraction de tout sentiment de haine ou d'amour – lui parut « *l'ouvrage d'un homme supérieur qui a plus que de l'esprit : du génie* ». En lisant celui de Guibert, Julie sentait « *son âme s'agrandir, se fortifier, prendre une énergie nouvelle* ». En fin de compte, tranchait-elle, « *si je ne connaissais pas les auteurs, je passerais ma vie à désirer ou à regretter de n'être pas M. de Guibert, et je ne m'informerais seulement pas si M. de La Harpe vit à Paris* ».

Ce fut La Harpe qui eut le prix. Guibert obtint le premier *accessit*, et le jeune abbé d'Espagnac, homme de lettres et agioteur, reçut le second. « *Si Voltaire avait concouru,* écrivit Julie à son amant, *et qu'on vous eût donné l'*accessit, *cela aurait été tout simple, mais être à la suite de M. de La Harpe et à côté d'un jeune homme de 20 ans ! Cela me révolte à un degré que je ne puis exprimer, et que je n'ai pu contenir. Cela blesse mon orgueil, cela me rend injuste, cela pousse mon âme jusqu'à la haine pour celui qui vous a été préféré.* » Ce qui n'empêcha pas Julie de faire entrer l'objet de sa haine, La Harpe donc, à l'Académie française.

À l'occasion de ce concours, la correspondance reprit entre les deux amants. Guibert regrettait, bien qu'il goûta fort son nouveau bonheur, de n'être plus aimé comme avant par sa maîtresse, tandis que Julie s'appliquait à le haïr et à le mépriser. Un jour ce mot s'échappa de sa plume : « *Mon ami* ». Elle se fit des reproches : « *Comment appeler mon ami ce qu'on hait le plus au monde !... Est-ce donc que cette haine serait le premier anneau de cette chaîne qui ne laisse pas un moment de libre aux malheureux qui ont été subjugués malgré eux ?* »

La haine lui parut vite intolérable. Ce sentiment lui était trop étranger. Elle en mourait, disait-elle. Elle était à bout de forces. Elle ne mangeait plus, ne dormait plus, ne vivait que d'opium et de calmants et, fidèle à la conduite qu'elle s'était dictée, menait une vie « *dissipée* », sortant et recevant plus que jamais. Mais le seul remède à sa douleur restait Guibert. Elle recommença à lui écrire tous les jours « *des volumes* », et à guetter le facteur, n'espérant pas plus de quatre ou cinq lignes « *bien sèches, bien dures* ». Le mercredi 12 juillet, toujours pas de lettre. Le prochain courrier était le samedi. Elle décida que ce serait le dernier jour de sa vie s'il ne venait pas à son secours.

Samedi... Toutes ces heures à tromper avant deux heures de l'après-midi, l'heure du courrier, qui allait décider de son sort. Elle attendait son arrêt. Il ne pouvait être que funeste. Alors elle précipita l'agonie : elle fut prise d'une crise si violente, de spasmes si affreux qu'on crut sa dernière heure venue. D'Alembert, frappé de terreur, entendait ces mots entrecoupés de râles : « *Je mourrai… allez-vous-en* », et fixait avec effroi ces mains « *tordues et retirées* ». Alors, incapable de cacher sa douleur, il fondit en larmes auprès du lit de son amie :

« – *Que je suis malheureux de ce que M. de Guibert n'est pas ici. C'est le seul qui pourrait adoucir vos maux.* »

De ce fait, Julie se calma instantanément et, un peu honteuse, chercha à rassurer « *cet excellent d'Alembert* » qui depuis des années essuyait tous ses caprices, toutes ses humeurs, passait ses nuits à la veiller, à la consoler de la mort de l'un et de l'absence de l'autre…

Il cherchait à comprendre :

« *Par quel motif ce sentiment si doux pour moi s'est-il changé tout à coup en éloignement et en aversion ? Qu'avais-je fait pour vous déplaire ? Aviez-vous avec moi quelque tort que j'ignorais, et que j'aurais eu tant de douceur à pardonner si je l'avais su ?* »[1]

Il ne soupçonnait rien ni personne, déplorait naïvement l'absence de Guibert : « *M. d'Alembert vous aime comme si j'y consentais* », disait Julie à son amant. Et d'Alembert se cantonnait dans les rôles de petit Savoyard et d'infirmier. Ridicule ? Sublime, plutôt, ce philosophe à la foi si naïve qui, offrant son portrait, l'accompagnait de ce quatrain :

De ma tendre amitié ce portrait est le gage ;
Qu'il soit dans tous vos maux votre plus ferme appui,
Et dites quelquefois, en voyant cette image :
De tous ceux que j'aimai, qui m'aima comme lui ?

Et quand Marmontel, pour le consoler de la perte de Julie, lui rappellera les torts qu'elle avait eus envers lui, il répondra : « *Oui, elle était changée, mais moi je ne l'étais pas…* »

Deux lettres de Guibert survinrent à deux heures : « *Mon amie* », écrivait-il. Elle crut revivre : « *Mon âme, mes lèvres, ma vie, sont allées s'attacher au papier : je ne pouvais plus lire, je ne distinguais rien que des mots détachés, je lisais : "Vous me rendez la vie, je respire." Mon ami, c'est vous qui me la donniez. Jamais, non jamais, je n'ai éprouvé un sentiment aussi tendre et aussi passionné.* »

---

[1] J. d'Alembert, *Aux mânes de M*[lle] *de Lespinasse*, *op. cit.*

« *Vous me rendez la vie* », écrivait Guibert, en écho au langage et aux véhémences de Mlle de Lespinasse. Que manquait-il à cet homme heureux, marié « *à la plus charmante et douce créature, formée par le ciel selon le vœu de son cœur, pleine de grâce, plus belle que la beauté, la modestie, la simplicité et la raison* » ?

Il lui manquait Julie. La pensée de cette vieille maîtresse rongée par l'amour et l'angoisse, détruite par lui, ressuscitée par lui, pour lui, le rejetait dans l'esclavage. Julie, succube de ses nuits, fanée, folle, hagarde, pesante, monstrueuse. Julie qu'il aimait, qui lui rendait la vie...

« *Voyons-nous, voyons-nous*, suppliait-il.

– *À condition que nous soyions vertueux*, répondait-elle. *Votre bonheur, votre devoir me seront sacrés ; je me ferais horreur, si je trouvais en moi un mouvement qui pût les troubler. Oh ! Mon Dieu, si j'avais pu conserver une seule pensée qui pût blesser la vertu, vous me feriez frémir ! Non, mon ami, vous n'aurez rien à vous reprocher.* »[2]

Il retourna donc rue Saint-Dominique. Julie avait retrouvé son sang-froid : si on peut appeler ainsi cette espèce de torpeur due à l'affaiblissement de ses forces et à l'abus de l'opium. Jamais elle ne s'est sentie si calme, si détachée. Désormais, c'est elle qui repousse Guibert, c'est lui qui implore : un soir, il vint lui rapporter un paquet de lettres qu'elle avait réclamées, des lettres pleines de reproches et de haine, et il voulut les relire avec elle. Julie, froidement, décortiqua un à un tous ses sentiments, analysant sa passion en notant les paroxysmes, les délires, les montées de fièvre, les temps morts. Il lui semblait qu'il ne lui en restait que « *l'ébranlement et la faiblesse qui suivent les longues et graves maladies* ».

Était-il possible qu'elle ne l'aimât plus ? Guibert, fou de passion et d'inquiétude, voulut la reprendre. Jamais l'amour ne l'avait enivré à ce point : ces lettres qui devaient l'apaiser, le souvenir du passé qui se présentait tout à coup à lui, sa main qui s'était portée sur la sienne, tout enfin...

« *Je n'ai plus été maître de moi*, écrivit-il en rentrant chez lui à trois heures du matin. *Tout le feu, tout le désordre de la passion était dans mon cœur... Je me suis contenu cependant, vous l'avez vu. À quels moments je me suis arraché !... Vous m'accusez, vous me condamnez, vous me haïssez, vous me croyez sans morale et sans vertu ! Ah ! du moins ne me croyez pas sans sensibilité. Je suis occupé de vous, je meurs de repentir et de regrets ; je ne puis point trouver le sommeil. Vous*

---

[2] Lettre CXIX, 15 juillet 1775, *in Lettres de Mlle de Lespinasse...*, édition présentée par E. Asse, *op. cit.*

m'avez cruellement puni de ma faiblesse, vous m'avez fait expier le malheureux égarement de ma raison... »[3]

Julie pouvait-elle condamner cet homme qui l'aimait, enfin ! comme elle avait voulu l'être...

« *Jamais vous ne m'avez été aussi chère.* » Elle ne voulut plus se souvenir que de cette phrase. Et lui répondit : « *Je confonds tout, je ne sais plus si c'est le crime ou la vertu qui fait le malheur ; je ne sais ce qu'il y a de plus douloureux, des remords ou des regrets...* »

Mais la décision était sans appel. Jamais plus elle ne serait à lui. « *Vous aimer, vous voir ou mourir.* »

L'amour total ou la mort. Elle avait vécu pour Guibert, maintenant elle devait mourir par lui : « *Mais, mon ami, je vous ai aimé, je ne me plains plus... Je crois que je suis comme le cygne ; son chant de mort est le plus parfait.* »

Il n'y a plus rien à faire contre le mal à l'âme qui ronge son corps : « *Nous n'avons pas de remède pour l'âme,* déclare Bordeu, son médecin, à chacune de ses visites. *Si votre âme se détendait, si elle cessait de souffrir, vous guéririez.* »

Julie n'a rien à faire des avis de Bordeu. Ni sa volonté, ni rien dans la nature n'aura plus le pouvoir de la sauver : « *Je gèle, je tremble, je meurs de froid, je suis dans l'eau... mon thermomètre est à vingt degrés plus bas que celui de Réaumur.* » Parfois, elle souffre tant qu'elle est obligée de fermer sa porte à Guibert. Elle n'est plus maîtresse de ses maux. Elle leur cède et s'achève lentement, à coup d'opium, grain par grain. Elle en prend jusqu'à quatre à la fois. « *Pris à cette dose,* dit-elle, *il me calme à la manière dont la tête de Méduse calmait. Je suis pétrifiée, sans mouvement, je n'ai d'usage d'aucune de mes facultés, ce que je vois n'est plus pour moi que la lanterne magique.* »

Qui s'agite devant elle ? D'Alembert ? Condorcet ? La Rochefoucauld ? Certains jours, elle ne reconnaît plus personne. De toute façon, elle ne serait pas plus seule dans un désert. « *Pitié,* supplie Guibert. *Si vous m'avez jamais aimé, ne prenez pas cette seconde pilule. Je ne vous suivrai pas. Ce froid inconnu que vous sentez dans votre cœur...* »

Phèdre s'exprime ainsi.

Ironie ! Ce Guibert volage, toujours courant d'un salon à l'autre, Guibert tiède et cruel, ne parle maintenant qu'avec les accents de la passion. Il ne quitte presque plus Julie et, quand il est obligé de s'absenter,

---

[3] Lettre de Guibert, novembre 1775, Archives du comte de Villeneuve-Guibert.

il la couvre de lettres. Et quelles lettres ! Jamais des mots aussi tendres, aussi brûlants ne sont sortis de son cœur : « *Je ne cesse de penser à vous, je baiserais le seuil de votre porte, j'y mourrais de douleur si vous me la refusiez ! Je vous aime, votre vie m'est chère, elle m'est plus que chère, elle m'est nécessaire… Vous mourez et vous me tuez !* »[4]

Pourquoi donc lui fait-il croire que sa vie lui est nécessaire ? Il est trop tard. Elle doit aller rejoindre Mora. Elle sent le besoin de mourir. Qu'il la laisse, qu'il aille retrouver sa femme ou Mme de Montsauge. « *Point de sacrifice, mon ami ! Laissez-moi, soyez tout entier à vos goûts, à vos devoirs, à votre ambition… Ne venez pas.* »

Guibert est effondré, et il a peur. Il le sent, il le voit : il n'a plus rien à attendre de Julie. Ses larmes, ses regards éteints le suivent partout : « *Hier, vous me regardiez à peine, sinon vous m'auriez vu presque aussi bouleversé que vous. Je souffrais de vos maux, et je pleurais de vos larmes. Ha ! Qu'on redouble d'aimer ce qu'on craint de perdre. Mon amie, je n'ai plus dans ce moment-ci qu'un sentiment, qu'une pensée, qu'un désir : c'est que vous viviez et que mon attachement puisse adoucir les maux de votre vie. Il n'est pas trop tard. L'amour a fait de plus grands miracles !* »[5]

Naguère, ces cris l'auraient bouleversée de joie. Aujourd'hui, elle est brisée. Elle n'a plus la force d'aimer : « *Je me souviens que je vous aime,* lui écrit-elle, *mais je ne le sens pas.* »

« *Et moi,* jure-t-il, *je vous aime plus que jamais ; j'embrasse avec transport l'espérance qu'a donnée Bordeu… Je souffre, et beaucoup plus que vous, puisque vous semblez morte à tout ce qui vient de moi, et que moi je vis encore.* »[6]

Un soir, après une terrible rechute, il fait prendre de ses nouvelles, deux fois dans la nuit. « *Calmez-vous,* lui écrit-elle, *je vous le répète, vous hâteriez mes maux, les vôtres me font mal, bien mal.* »

« *Que je me calme, et vous mourez !* répond Guibert sur le ton de Julie. *Votre journée a été affreuse, votre nuit va être terrible… Voyez un médecin, prenez du lait… Je renvoie chez vous, je veux savoir comment vous vous trouvez. Il sera onze heures et demie ou minuit quand votre réponse m'arrivera : elle me trouvera éveillé et en larmes… Ah ! mon amie, que ne voyez-vous le fond de mon cœur ? Il vous toucherait : vous ne pourriez plus vous résoudre à mourir.* »[7]

---

[4] Archives du comte de Villeneuve-Guibert.

[5] *Ibidem.*

[6] *Ibidem.*

[7] *Ibidem.*

Julie pleure. L'aimerait-il vraiment ? Serait-il à elle si elle continuait à vivre ? La morsure la reprend. Non. Sa place serait comme avant, entre deux femmes : l'épouse et Mme de Montsauge : « *Que je rendrais grâce au ciel si, avant de mourir, je pouvais m'exiler de ce trio !* » Mais, paradoxe : c'est à cette époque qu'elle nourrissait l'espoir de déménager pour aller vivre rue de Grammont, là où habitait Guibert, dans une maison appartenant à son beau-père. L'appartement qu'elle désirait louer était situé au coin de cette même rue.

Elle chasse les vapeurs d'opium, compte les battements de son cœur. Il ne bat plus que pour Guibert. Sa passion s'exhale encore dans des pages brûlantes, quand elle a la force de tenir une plume : « *Oui, mon ami, je vous aime, je veux que cette triste vérité vous poursuive, qu'elle trouble votre bonheur… Souffrez que je vous aime, et que je vous le redise cent fois, mille fois… Venez, venez… Que je voudrais savoir si vous revenez demain ! que je voudrais vous voir ! Que je voudrais… l'impossible…* »

Entre deux défaillances, elle se lève, vacillante, farde son visage fatigué, ouvre son salon, reçoit comme elle l'a fait pendant dix ans. Elle gronde son cher Condorcet, plaisante avec l'abbé Morellet, fait du charme au duc de La Rochefoucauld, s'inquiète de la santé de M. de Saint-Chamand, se confie à Suard, rabroue d'Alembert, et, crânement, dans un dernier sursaut de coquetterie, essaie de provoquer la jalousie de son amant en faisant apparaître, dans les lettres qu'elle lui écrit, une mystérieuse créature « *céleste, divine* » dont elle vient de faire la connaissance, et qui, dit-elle, la rattache à la vie, la ranime et lui envoie des billets passionnés. Au bord de la tombe, elle provoque encore Guibert.

Julie agonise sous l'alcôve tendue de damas rouge, veillée par d'Alembert, Condorcet, et Abel de Vichy, son demi-frère, le seul membre de sa famille pour lequel elle ait jamais eu de l'affection. Dans le salon, Guibert fait les cent pas, demandant à chaque minute des nouvelles, suppliant qu'on fît appel à tous les médecins de Paris, « *tantôt suffoqué par les larmes, tantôt plongé dans un muet abattement* ». Julie lui a interdit la porte de sa chambre. Elle ne veut pas qu'il garde le souvenir de son visage défiguré, aux traits tordus et déplacés par les convulsions. Elle s'est relevée une dernière fois, s'est traînée jusqu'à son secrétaire pour lui envoyer ce qu'elle croyait être l'adieu suprême :

« *Vous êtes trop bon, trop aimable, mon ami, vous voudriez ranimer, soutenir une âme qui succombe enfin sous le poids et la durée de la douleur. Je sens tout le prix de ce que vous m'offrez, mais je ne le mérite plus. Il a été un temps où être aimée de vous ne m'aurait rien laissé à désirer. J'aurais voulu vivre : aujourd'hui je ne veux plus que mourir... Je voudrais bien savoir votre sort ; je voudrais bien que vous fussiez heureux par votre situation car vous ne serez jamais bien malheureux par votre caractère et par vos sentiments... Adieu, mon ami. Si jamais je revenais à la vie, j'aimerais encore l'employer à vous aimer, mais il n'y a plus le temps...* »[8]

Sur les instances de son frère qui veut la réconcilier avec l'Église, où elle n'avait jamais mis les pieds, Abel pourra écrire le lendemain « *qu'elle a reçu les sacrements en face et en dépit de toute l'*Encyclopédie ». Toute l'*Encyclopédie*, c'était d'Alembert, seul et anéanti. Il ajoutait : « *Elle est morte dans les sentiments les plus chrétiens.* »[9]

Dans la nuit du 28 mai, elle appelle d'Alembert. Il se précipite au pied du lit, le cœur battant, espérant un mot d'amour, un baiser, un signe. Va-t-elle lui revenir enfin ?

Elle lui demande de lui apporter son écritoire et, se redressant sur ses oreillers, elle écrit, d'une main vacillante, d'une écriture à peine lisible, un petit billet qu'elle lui tend. Il veut l'ouvrir. Elle fait non de la tête, désigne la porte du salon. Il comprend. Le « petit Savoyard » va apporter à Guibert, sans se douter de rien, le dernier cri d'amour sorti de la plume de Julie de Lespinasse :

« *Mon ami, je vous aime ; c'est un calmant qui engourdit ma douleur. Il ne tient qu'à vous de le changer en poison, et de tous les poisons, ce sera le plus prompt et le plus violent. Hélas, je me trouve si mal de vivre, que je suis prête à implorer votre pitié et votre générosité pour m'accorder ce secours. Il terminerait une agonie douloureuse qui bientôt pèsera sur mon âme. Ha ! Mon ami, faites que je vous doive le repos, par vertu, soyez cruel une fois !*

Je m'éteins, adieu. »[10]

Un peu plus tard dans la soirée, elle rappelle d'Alembert, regarde avec tendresse son compagnon de tous les jours qu'elle a tant maltraité. Les larmes lui viennent aux yeux, elle l'embrasse et le supplie de lui pardon-

---

[8] Lettre CLXXX, 11 mai 1776, *in Lettres de Mlle de Lespinasse...*, édition présentée par E. Asse, *op. cit.*

[9] Lettre du 28 mai 1776, Archives d'Avauges.

[10] Archives du comte de Villeneuve-Guibert.

ner, pour tout. D'Alembert, effondré, muet, retenant ses larmes, n'arrive pas à prononcer un mot. Avant qu'il ait pu lui donner la dernière consolation de l'amitié, elle retombe évanouie. Vers minuit, elle demande dans un souffle, étonnée :

« *Est-ce que je vis encore ?* »

Deux heures plus tard, le cœur le plus palpitant et le plus douloureux du siècle des Lumières a cessé de battre.

Les funérailles eurent lieu le lendemain, dans le sous-sol de l'église Saint-Sulpice où l'on ensevelissait souvent des gens de « qualité ». Mais Julie fut enterrée « *comme les pauvres* », sans être exposée sous le porche. Auparavant, six heures après sa mort, un chirurgien de la Charité lui avait ouvert la tête, comme elle en avait émis le souhait dans son testament.

Voici le testament de Mlle de Lespinasse, publié dans *Le Moniteur* du 5 mai 1876 par Eugène Asse :

« *Ceci est mon testament, et mes dernières volontés, au nom du Père, du Fils et du Saint Esprit. Je veux que six heures après ma mort, on me fasse ouvrir la tête par un chirurgien de la Charité, ou d'un autre hôpital. Je veux être enterrée comme les pauvres, et sans être exposée sous la porte. Je prie M. d'Alembert, au nom de l'amitié qu'il a toujours eue pour moi, de vouloir bien exécuter ce testament.*

Je donne à Mme Joinville, qui est une pauvre femme que j'aime, trois cents livres une fois payées, et à son fils, de même, trois cents livres une fois payées ; je demande que ce soit le plus tôt possible après ma mort, parce qu'ils sont dans le besoin. Je donne à Mme Saint-Martin, ma femme de chambre, qu'il y a longtemps qui est à moi et dont je suis très contente ; je lui donne toute ma garde-robe, habits, linge, dentelle, etc. Je lui donne son lit et tout ce qu'il y a de meubles dans sa chambre.

Je donne à mon laquais une année de ses gages, ses habits, et son lit, ses draps et couvertures. M. le comte d'Anlezy m'a permis de lui laisser une marque de mon amitié, je le prie de recevoir l'édition de Molière et de Racine in-quarto, *avec le dictionnaire de Moreri. Je prie M. de Guibert de recevoir tout ce que j'ai de livres anglais et tout ce que j'ai de livres français* in-quarto, *et autres de belles éditions.*

Je prie M. de Saint-Chamans de recevoir, comme une marque de ma tendre amitié, tous mes manuscrits, tant ceux qui sont reliés que ceux qui ne le sont pas. Je prie Mme de Saint-Chamans de recevoir par une suite de la bonté et de l'amitié qu'elle a toujours eues pour moi, ma toilette de bois de rose en bibliothèque, j'espère que, comme cela était à mon usage de tous les jours, cela lui rappellera quelquefois mon tendre sentiment.

Je prie M. Suard de recevoir, par amitié pour moi, mon secrétaire à cylindre de bois satiné.

J'espère que M. de Condorcet voudra bien recevoir une marque de mon amitié : je lui donne le buste de M. d'Alembert et les bustes et statues de Voltaire et toutes celles de mes estampes qui pourront lui plaire, tant en portrait qu'en sujet.

Je prie Mme Geoffrin, qui m'a comblée de tant de bontés et que j'aime si tendrement, de vouloir bien recevoir mon petit oiseau de marbre avec son pied d'or moulu.

Je prie M. Roux, de qui j'ai reçu tant de soins et de marques de bonté, de vouloir bien recevoir comme une faible preuve de ma reconnaissance ma montre et ma pendule.

J'espère que M. d'Alembert voudra bien accepter comme une marque de ma tendre amitié mon secrétaire de bois de rose où sont mes livres et une chiffonnière de bois de rose à neuf tiroirs, je lui ai ouï dire qu'il aimait les tiroirs. Je le prie avec instance de veiller à ce que j'aie la tête ouverte peu de temps après ma mort. Je demande à M. l'archevêque de Toulouse la permission de disposer de son portrait en faveur de M. de Vaines, je sais le prix qu'il y mettra, et je suis ravie de lui donner cette marque de mon amitié.

Je prie M. d'Alembert de payer toutes mes dettes avec l'argent des rentes qui me seront dues à ma mort ; si les dettes excédaient ce qui me sera dû et la vente du reste de mon mobilier, je veux qu'on envoie une copie de mon testament à M. le marquis de Vichy, mon neveu : il y verra que je compte assez sur son honnêteté pour le prier d'achever de payer mes dettes ; cette somme ne saurait le gêner et je lui prouve mon estime et mon amitié en m'adressant à lui de préférence aux d'Albon de qui j'aurais dû recevoir ce secours, non pas à titre de générosité, mais de restitution pour le dépôt qu'il m'a volé à la mort de ma mère et de la sienne. Si, au contraire, après avoir payé mes dettes, il restait quelque argent, je le donne à Mme Saint-Martin, en surplus des legs que je lui ai faits. Telles sont mes volontés que j'espère qui seront fidèlement exécutées.

Fait à Paris, ce II février 1776. »

Deux silhouettes désolées, orphelines, serrées dans leurs habits noirs, conduisaient le deuil : d'Alembert, petit, maigrichon, plus mal peigné que jamais, ses yeux trop ronds remplis de larmes. Condorcet, les épaules rentrées, un doigt dans la bouche et qu'il mordillait comme un enfant malheureux. Perdu dans la foule, Guibert, sanglé dans son uniforme de colonel, pleurait.

Quand le cortège passa sous ses fenêtres, la vieille marquise du Deffand, rayonnante, tendit l'oreille aux bruits des sabots, et, ne pouvant contenir sa joie, dicta à sa secrétaire : « *Si elle est en Paradis, la Sainte Vierge n'a qu'à y prendre garde, car elle lui enlèvera l'affection du Père Éternel.* »

Quant au beau-père de Gonçalve de Mora, il manda à Madrid : « *Mlle de Lespinasse est morte. C'est une fille de pute, un de ces bas-bleus qu'on ne trouve qu'à Paris. Elle attirait des mamelucks chez elle et après étalait son linge sale en public.* »

Noyé dans les liasses de papiers, les milliers de lettres et les bouts de Mémoires que Julie lui avait demandé de classer, d'Alembert, aveuglé par les larmes, lisait les mots qui lui déchiraient le cœur. Il apprenait ce qu'il ne devait point savoir, ce qu'il aurait désiré ignorer. Mora... Depuis huit ans au moins, Julie en aimait un autre. Depuis huit ans, elle ne l'aimait plus. Julie qu'il avait si tendrement et si constamment aimée, Julie dont il avait cru être aimé, Julie qu'il préférait à tout, qui lui aurait tenu lieu de tout si elle avait voulu, Julie, injuste et cruelle, l'avait trompé. Dans ces milliers de lettres, pas une de lui. Elle n'en avait gardé aucune.

Anéanti, il alla se confier à celui qui était le mieux en mesure de le comprendre : Guibert, le grand ami de Julie. Le pauvre d'Alembert, aveugle jusqu'au bout, lui confia comme un secret que Julie aimait le marquis de Mora depuis huit ans :

« *Plaignez-moi, Monsieur, plaignez mon abandon, mon malheur, le vide affreux que je vois dans le reste de ma vie... Je l'ai aimée avec une tendresse qui va me rendre le besoin d'aimer nécessaire ; je n'ai jamais été le premier objet de son cœur : j'ai perdu seize ans de ma vie, et j'ai soixante ans. Que ne puis-je mourir en écrivant ces tristes mots, et que ne peuvent-ils être gravés sur ma tombe !... Adieu, Monsieur, j'étouffe, et je ne puis en écrire davantage... Tout est perdu pour moi, et je n'ai plus qu'à mourir.* »[11]

D'Alembert ne voulut plus vivre dans une maison où personne ne l'attendait et ne l'attendrait plus jamais. Il alla se loger au Louvre dans un petit appartement réservé au secrétaire perpétuel de l'Académie et y attendit la mort.

---

[11] Lettre du 29 juin 1776, Archives du comte de Villeneuve-Guibert. D'Alembert joignait à sa lettre un petit secrétaire que Julie léguait à Guibert et qui renfermait une partie de leur correspondance.

La mort ! Si encore elle pouvait le rapprocher de Julie ; avec quelles délices il l'y aurait suivie ! Mais il n'osait même plus espérer la retrouver « *là-bas* », il craindrait que « *son ombre ne repoussât la sienne* ». « *Là-bas* », elle continuerait à aimer Mora, et lui resterait seul, glacé. Sa douleur serait éternelle. Julie lui ôtait jusqu'à la douceur de mourir.

Il écrivit alors la bouleversante adresse *Aux mânes de M*[lle] *de Lespinasse* :

« *Le seul instant où j'aurais pu vous montrer à découvert mon âme abattue et consternée a été l'instant funeste où quelques heures avant de mourir, vous m'avez demandé ce pardon déchirant, dernier témoignage de votre amour, et dont le souvenir cher et cruel restera toujours au fond de mon cœur. Mais vous n'aviez plus la force de me parler, ni de m'entendre ; il a fallu, comme Phèdre, me priver de mes larmes, qui auraient troublé vos derniers moments et j'ai perdu sans retour l'instant de ma vie qui m'eût été le plus précieux, celui de vous dire encore combien vous m'étiez chère.*

Oh, chère et malheureuse Julie ! Vous qui m'avez aimé, par qui du moins, j'ai cru l'être ! »

Il l'appela, longtemps après sa mort, couvrant le papier de larmes et de cris, la forçant de l'entendre encore, espérant que ses cendres seraient sensibles à ses larmes : « *Je pleure, je me consume… Hélas, personne ne me répond, et mon âme, resserrée et comme anéantie au centre d'un vide immense et affreux, voit s'éloigner d'elle tout ce qui sent et tout ce qui respire.* »[12]

L'amour, dit l'Écriture, est fort comme la mort. « *Que ce sentiment doux et terrible repousse tout ce qui n'est pas lui.* » Qui lui dira jamais ces mots célestes : « *Je vous aime* » ? Et à quel titre oserait-il espérer ces mots ? La nature restait muette devant cet homme seul. « *Ô Nature ! ô destinée, je me soumets à ce fatal arrêt de mon sort, comme une innocente et malheureuse victime.* »[13]

Il vécut dans le souvenir de Julie[14], arrosant son tombeau de ses larmes, faisant en vain des efforts pour s'étourdir, en vain s'essayant à des

---

[12] D'Alembert, *Sur la tombe de M*[lle] *de Lespinasse, op. cit.*

[13] *Ibidem.*

[14] Voici ce que dit Marmontel à propos de son ami d'Alembert, après la mort de sa bien-aimée : « *"J'espère", disait-il, en se servant de ce beau mot de son ami Voltaire, "j'espère en celui qui console." Ce n'est plus cette gaieté vive qui lui était si naturelle, c'est une douceur qui sourit amèrement, mais qui sourit encore ; c'est ce touchant désir de plaire qui avoue le besoin d'être aimé ; c'est une attention délicate et suivie de rendre sa société intéressante à ceux qui la composent, soit en y répandant ce qui, par intervalle, lui revient encore d'enjouement, soit en y jetant ces lumières dont son esprit rayonne encore, et qu'il semble verser avec plus d'abondance aux approches de son couchant.* »

travaux et à des études, recherchant en vain quelques amis, se répétant tristement avec les philosophes que le vrai soulagement des peines c'est l'espoir de n'avoir plus qu'un moment à vivre et à souffrir. Vaine philosophie ! Que de peines elle s'est donnée pour faire des traités sur la vie, qui ne servent à rien ! Les maladies de l'âme n'ont point de remède.

Parfois encore, il souriait en se souvenant des baisers de Julie, les premiers jours : « *J'ai goûté un peu de miel, et je meurs…* »

Qui sut aimer mieux que lui ?

Il lui survécut sept ans et mourut le 19 octobre 1783, de la maladie de la pierre. Donc, dans de grandes souffrances. Ce qui ne l'empêcha pas, la veille de sa mort, de trouver la solution d'un logogriphe du *Mercure*. L'archevêque de Paris autorisa un enterrement dans le cimetière le plus proche, sans cortège et sans bruit, et lui refusa la sépulture dans l'église.

Le soir des obsèques de Julie, Jacques-Antoine-Hippolyte de Guibert, rentré chez lui, s'était enfermé et, pour sublimer sa douleur, avait écrit d'un jet de plume une déploration dont l'emphase n'altère pas l'évidente sincérité et qui fut publiée beaucoup plus tard sous le titre d'*Éloge d'Éliza* : Julie est ainsi nommée d'après une héroïne de Sterne[15], son écrivain préféré, dont elle s'était appliquée à écrire quelques pastiches.

« *Quelle nuit, quelle solitude, affreux emblème de mon cœur. Demain ces ténèbres qui m'entourent se dissiperont, et la nuit qui enveloppe Éliza est éternelle. Demain l'univers se réveillera. Éliza seule ne se réveillera plus. Âme sublime, où es-tu donc passée ? Ah ! tu es retournée vers ta source, tu as repris ton vol vers ta patrie ! Tu étais une émanation du ciel, et le ciel t'a réclamée… Que ferai-je de mon âme et de ma vie ? Qui éclairera mon jugement ? Qui échauffera mon imagination, qui m'enflammera pour la gloire ?* »

L'aube se levait qu'il écrivait encore. « *Oh ! Éliza, Éliza, si je fais jamais quelque chose de bon, d'honnête, si j'atteins à quelque chose de grand, ce sera parce que ton souvenir perfectionnera et enflammera encore mon âme…* » Platitudes ? L'auteur de l'*Éloge d'Éliza* sut, pour donner congé à son amie, trouver ces derniers mots qui atteignent à la beauté de l'adieu de d'Alembert : « *Si penser, aimer et souffrir est ce qui compose la vie, elle vécut dans ce petit nombre d'années plusieurs siècles.* »

---

[15] Éliza Frapper, l'amie adorée de Sterne. Cet éloge a paru la première fois dans un recueil d'éloges par M. de Guibert, publié par sa veuve, sous le titre : *Éloge du maréchal de Catinat du Chancelier de l'Hôpital, suivi de l'éloge inédit de Claire-Françoise de Lespinasse.*

Mais l'étrangeté romanesque de cet amour qui fit surgit tant de cris, et de si beaux, et sut faire du bouillant, du sonore, de l'éclatant Guibert cet amant grave aux accents déchirés, elle est encore ailleurs. Quelques années plus tôt, Julie avait confié à Guibert que sa vie montrait à quel point le vrai peut n'être pas vraisemblable, et qu'elle offrait des événements que n'eussent pu inventer un Richardson ou un Prévost. Mais Laclos, mais Sterne auraient-ils osé inventer que cette liaison éloquente et furieuse resterait ignorée du monde pendant près de trente-cinq ans encore, que cette correspondance à nulle autre pareille ne serait connue qu'au cours du siècle suivant, plus de trente ans après la mort de Julie, près de vingt ans après la mort de son amant ?

Que d'Alembert n'apprît la passion éprouvée par Julie pour Mora qu'après la mort de son amie, il faut y voir un signe d'aveuglement dont seules certaines comédies peuvent donner l'idée, et qui témoigne d'un envoûtement bien admirable : la liaison de la jeune femme et de Gonçalve était le roman de Paris, elle était donnée en modèle, elle suscitait l'admiration, elle devint presque une affaire d'État – et l'on sait le rôle de messager qu'y joua le doux géomètre.

Mais autant les liens qui unissaient le fils du marquis de Fuentès et Mlle de Lespinasse étaient notoires et faisaient de cette Julie-là une autre héroïne de l'*Héloïse*, autant la liaison avec Guibert fut ignorée – au point que la très tardive publication des lettres de Julie, en 1809, provoqua une manière de scandale. Le plus curieux est que c'est Mme de Guibert elle-même qui, avec l'aide du conventionnel Barrère, l'« Anacréon » de la Terreur, publia cette correspondance, trouvée dans le secrétaire que Julie de Lespinasse avait légué, verrouillé, à son amant[16].

Alexandrine-Louise de Guibert, restée veuve à trente-deux ans, avait écrit quatre romans. Celui qu'elle découvrit en ouvrant le secrétaire légué à son mari lui parut digne d'être publié. Elle avait éprouvé une immédiate sympathie pour Julie quand la jeune femme s'était imposée chez Guibert le jour de la présentation au colonel comte. Elle sut prendre la décision qui nous vaut de connaître l'une des plus belles

---

[16] « *Oh ! si feu Barrère n'avait jamais rien fait de pis dans sa vie que de publier ces* Lettres, *et s'il n'avait jamais eu de plus grosse affaire sur la conscience, nous dirions aujourd'hui de grand cœur en l'absolvant : "Que la terre lui soit légère".* » (Sainte-Beuve, *Causeries du lundi, op. cit.*)

correspondances amoureuses jamais écrites. Grâces soient rendues à cette femme d'esprit[17].

Mais l'étrangeté de ce rebondissement frappe moins, en fin de compte, que le secret qui entoura les relations entre l'auteur de la *Tactique* et l'hôtesse de la rue Saint-Dominique. On a fait plusieurs fois allusion aux précautions qu'ils prenaient ; et l'on veut bien croire que, d'un couple enfermé pendant des heures dans le salon d'une loge de l'opéra, on ne médisait pas plus que de la prolongation, jusque tard dans la nuit, des visites du colonel comte chez la compagne de d'Alembert. Mais s'ils « purent » occulter ainsi leur liaison, pourquoi le voulurent-ils si fort ? Jusqu'à son mariage, Guibert était libre, et ses relations avec Mme de Montsauge étaient celles auxquelles un héroïsme mineur permet de mettre un terme. Julie ne semble pas, de son côté, avoir voulu à tout prix ménager d'Alembert. Après la mort de Mora, elle était libre, elle aussi. Alors ?

Guibert trouvait-il peu digne de sa « gloire » d'être tenu pour l'amant d'une femme sans nom, point belle, pauvre et plus âgée que lui ? Il ne faut tout de même pas oublier ce qu'était Julie, au centre même de ce Paris, centre du monde, égérie de l'*Encyclopédie*, amie de Voltaire et de Rousseau, intime du tout-puissant Turgot, compagne de d'Alembert, cheftaine du parti anglomane. Le prestige, le talent, le pouvoir et le charme mêlés... De la part de Guibert, cette loi de silence s'explique mal. C'est chez Julie qu'il faut en trouver la raison, chez Julie amante de Mora.

---

[17] On peut lire dans les *Portraits intimes* de Sainte-Beuve : « *Au moment où ces lettres parurent, ce fut un grand émoi dans la société où vivaient encore, à cette date, quelques amis de Mlle de Lespinasse. On déplora fort cette publication indiscrète ; on réprouva la conduite des éditeurs qui déshonoraient ainsi, disait-on, la mémoire d'une personne jusque-là considérée et qui livraient son secret à tous sans en avoir le droit. On invoqua la morale et la pudeur ; on invoqua la renommée même de Mlle de Lespinasse. Cependant on jouissait avidement de cette lecture qui passe de bien loin en intérêt* La Nouvelle Héloïse *en action.* » Sainte-Beuve relate dans ses *Causeries du lundi* l'anecdote suivante : « *Dans la saison où ces lettres parurent, une brillante société était réunie aux bains d'Aix-en-Savoie. On était allé en visite à Chambéry ; au retour, il y avait une voiture où se trouvaient Mme de Staël, Benjamin Constant, Mme de Boigne, Adrien de Montmorency, etc. Pendant ce voyage, un accident survint au dehors : tempête, tonnerre, empêchements et retards de toute sorte. En arrivant à Aix, les personnes qui étaient dans la voiture trouvèrent les gens de l'hôtel tout inquiets et les interrogeant. Mais eux, les voyageurs, ils n'avaient rien vu ni remarqué de ces petits accidents : c'est que Mme de Staël avait parlé pendant tout ce temps-là et qu'elle parlait des* Lettres *de Mlle de Lespinasse et de ce M. de Guibert, qui avait été sa première flamme.* »

Tant que le jeune Espagnol vécut, il lui parut essentiel, vital, de ne pas porter ombre à cette illustre liaison, de ne pas risquer de foudroyer le malade par l'annonce de sa « trahison ». Que son amour pour Gonçalve de Mora ne fût plus alors que de nostalgie ou non, elle lui restait profondément attachée, et se sentait responsable de ce qui lui restait de vie. Secrète, sa trahison lui sembla monstrueuse. Qu'aurait-ce été, publique ?

La mort de Mora n'était-elle pas de nature à modifier cette attitude ? Il faut revenir encore à cette notion de gloire qui au-delà ou au-dessus de la bourgeoise « réputation », inspire alors tant de comportements. Dans la mesure où Julie, femme de lettres, voulut faire de sa vie un roman, une œuvre d'art, le grand amour vécu avec Mora ne pouvait en être que le centre, l'objet unique. Il était beau, noble et lointain, aimé des philosophes, hôte de Voltaire à Ferney, neveu du vainqueur des jésuites. Il était exemplaire. Elle le devenait en s'unissant à lui. Ils « faisaient tableau ».

Proclamer une autre liaison, c'était déchirer cette œuvre, ruiner sa gloire, porter atteinte à toute la « philosophie ». C'était muer en feuilleton passionnel une tragédie faite de nobles transports, passer de Didon à Manon. Elle ne le voulut pas. Il ne le voulut pas.

« *Je vous aime comme il faut aimer, avec excès, avec folie, transport et désespoir* »

Choix de lettres

Lettre I

Paris, samedi au soir, 15 mai 1773

Vous partez mardi ; et comme j'ignore l'impression que fera sur moi votre départ, comme je ne sais point si j'aurai la liberté ou la volonté de vous écrire, je veux au moins vous parler encore une fois, et m'assurer de vos nouvelles de Strasbourg. Vous me direz si vous y êtes arrivé en bonne santé, si le mouvement du voyage n'aura pas déjà calmé votre âme : ce n'est pas elle qui est malade ; elle ne souffre que des maux qu'elle cause, et la dissipation, le changement d'objets suffiront du reste pour la détourner de ce mouvement de sensibilité qui peut vous être douloureux, parce que vous êtes bon et honnête. Oui vous êtes bien aimable : je viens de relire votre lettre de ce matin ; elle a la douceur de Gessner, jointe à l'énergie de Jean-Jacques. Eh, mon Dieu ! pourquoi réunir tout ce qui peut plaire et toucher, et surtout pourquoi m'offrir un bien dont je ne suis pas digne, que je n'ai point mérité ? Eh ! non, non, je ne veux point de votre amitié ; elle me consolerait, elle m'exaspérerait, et j'ai besoin de me reposer, de vous oublier pendant quelque temps : je veux être de bonne foi avec vous, avec moi ; et en vérité, dans le trouble où je suis, je crains de m'abuser ; peut-être mes remords sont-ils au-dessus de mon tort ; peut-être l'alarme que je sens est ce qui offenserait le plus ce que j'aime. Je viens de recevoir dans l'instant une lettre si pleine de confiance en mon sentiment ; il[1] me parle de moi, de ce que je pense, de mon âme, avec ce degré de connaissance et de certitude qu'on a lorsqu'on exprime ce que l'on sent vivement et fortement. Ah ! mon Dieu ! par quel charme ou par quelle fatalité êtes-vous venu me distraire ? Que ne suis-je morte dans le mois de septembre[2] ! je serais morte alors sans regret, et sans avoir de reproche à me faire. Hélas ! je le sens, je mourrais encore aujourd'hui pour lui ; il n'y a point d'intérêt dont je ne lui fisse le sacrifice ; mais il y a deux mois je n'avais point de sacrifice à lui faire ; je n'aimais pas davantage, mais j'aimais mieux. Oh ! il me pardonnera ! j'avais tant souffert ! mon corps, mon âme étaient si épuisés par la durée de la douleur ! Les nouvelles que j'en recevais me jetaient quelquefois dans

---

[1] Le marquis de Mora.

[2] 1772 : date de la rencontre avec M. de Guibert.

l'égarement ; c'est alors que je vous ai vu, c'est alors que vous avez ranimé mon âme ; vous y avez fait pénétrer le plaisir : je ne sais lequel m'était le plus doux, ou de vous le devoir, ou de le sentir. Mais dites-moi, est-ce là le ton de l'amitié ? est-ce celui de la confiance ? qu'est-ce qui m'entraîne ? faites-moi connaître à moi-même ; aidez-moi à me remettre en mesure ; mon âme est bouleversée ; est-ce vous, serait-ce votre départ, qu'est-ce donc qui me persécute ? je n'en puis plus. Dans ce moment, j'ai de la confiance en vous jusqu'à l'abandon, et peut-être ne vous parlerai-je de ma vie. Adieu ; je vous verrai demain, et peut-être aurai-je de l'embarras de ce que je vous écris aujourd'hui. Plût au ciel que vous fussiez mon ami, ou que je ne vous eusse jamais connu ! Croyez-vous ? serez-vous mon ami ? Pensez à cela, une fois seulement ; est-ce trop ?

LETTRE II

Dimanche, 23 mai 1773

Si j'étais jeune, jolie et bien aimable, je ne manquerais pas de trouver beaucoup d'art dans votre conduite avec moi ; mais comme je ne suis rien de tout cela, comme je suis le contraire de tout cela, j'y trouve une bonté et une honnêteté qui vous ont acquis à jamais des droits sur mon âme ; vous l'avez pénétrée de reconnaissance, d'*estime,* de sensibilité et de tous les sentiments qui mettent de l'intimité et de la confiance dans une liaison. Je ne dirai pas si bien que Montaigne sur l'amitié ; mais croyez-moi, nous la sentirons mieux. Si ce qu'il nous avait dit avait été dans son cœur, croyez-vous qu'il eût consenti à vivre après la perte d'un tel ami[3] ! Mais ce n'est pas là ce dont il s'agit ; c'est de vous, c'est de la grâce, c'est de la délicatesse, c'est de l'à-propos de votre citation. Vous venez à mon secours : vous voulez que je n'aie pas tort avec moi-même ; vous voulez que votre souvenir ne soit pas un reproche douloureux pour mon cœur, et peut-être offensant pour mon amour-propre ; en un mot vous voulez que je jouisse en paix de l'amitié que vous m'offrez, et que vous me prouvez avec autant de douceur que d'agrément ; oui, je l'accepte : j'en fais mon bien ; elle me consolera ; et si jamais je jouis de votre société, elle sera le plaisir que je désirerai et que je sentirai le mieux.

J'espère bien que vous m'avez pardonné le tort que je n'ai pas eu. Vous sentez bien qu'il me serait impossible de vous soupçonner un mouvement

[3] On aura reconnu La Boétie.

qui serait contre la bonté et l'honnêteté. Je vous ai accusé pourtant ; cela ne signifiait pas autre chose, sinon que j'étais faible et coupable, et surtout que j'étais troublée au point de ne plus conserver de présence et de liberté d'esprit ; vous voyez trop bien et trop vite pour que j'aie à craindre que vous vous soyez mépris ; je suis bien assurée que votre âme ne croit pas avoir à se plaindre des mouvements de la mienne.

Je sais que vous n'êtes parti que jeudi à cinq heures et demie. J'étais à votre porte deux minutes après votre départ ; j'avais envoyé le matin savoir à quelle heure vous étiez parti mercredi ; et, à mon grand étonnement, j'appris que vous étiez encore à Paris, et qu'on ne savait pas même si vous partiez le jeudi. J'allai moi-même savoir si vous n'étiez pas malade ; et ce qui vous paraîtra affreux, c'est qu'il me semble que je le désirais. Cependant, et par une inconséquence que je ne vous expliquerai pas, je me sentis soulagée en apprenant que vous étiez parti. Oui, votre absence m'a rendu le calme ; mais aussi je me sens plus triste. Il faut que vous me le pardonniez, et que vous vous en contentiez. Je ne sais si je vous regrette ; mais vous me manquez comme mon plaisir, et je crois que les âmes actives et sensibles y tiennent trop fortement ; ce n'est point l'idée de la longueur de votre absence qui m'afflige : car ma pensée n'en voit pas le terme ; c'est simplement le présent qui pèse sur mon âme, qui l'abat, qui l'attriste, et qui à peine lui laisse assez d'énergie pour désirer une meilleure disposition. Mais voyez quelle horrible personnalité ! voilà trois pages pleines de moi, et cependant je crois que c'est de vous que je suis occupée ; au moins je sens que j'ai besoin de savoir comment vous êtes, comment vous vous portez. Quand vous lirez ceci, mon Dieu ! à quelle distance vous serez ! Votre personne ne sera qu'à trois cents lieues ; mais voyez quel chemin votre pensée a fait ; que d'objets nouveaux ! que d'idées ! que de réflexions nouvelles ! Il me semble que je ne parle plus qu'à votre ombre ; tout ce que j'ai connu de vous a disparu ; à peine trouverez-vous dans votre mémoire les traces des affections qui vous animaient et vous agitaient les derniers jours que vous avez passés à Paris, et c'est tant mieux. Vous savez bien que nous sommes convenus que la sensibilité était le partage de la médiocrité ; et votre caractère vous commande d'être grand : vos talents vous condamnent à la célébrité. Abandonnez-vous donc à votre destinée, et dites-vous bien que vous n'êtes point fait pour cette vie douce et intérieure qu'exigent la tendresse et le sentiment. Il n'y a que du plaisir et point de gloire à vivre pour un seul objet. Quand on ne peut que régner dans un cœur, on ne règne point dans l'opinion. Il y a des noms faits pour l'histoire : le vôtre excitera l'admiration. Quand je me pénètre de cette pensée, cela modère un peu l'intérêt que vous m'avez inspiré. Adieu.

Lettre VIII

Jeudi, 24 juin 1773

Trois fois dans une semaine ! c'est trop, beaucoup trop, n'est-ce pas ? Mais c'est que je vous aime assez pour croire vous avoir inquiété. Vous devez avoir un peu d'impatience de savoir si j'existe encore. Eh bien ! oui, je suis condamnée à vivre : il ne m'est plus libre de mourir ; je ferais mal à quelqu'un qui aime à vivre pour moi. J'ai eu de ses nouvelles[4] du 10 : elles ne me rassurent pas tout à fait ; mais j'espère que cet accident n'aura pas de suite funeste ; j'espère même qu'il hâtera son retour : mais les chaleurs lui sont mortelles : il faut donc attendre. Ah ! mon Dieu, toujours voir éloigner, différer le plaisir, et être accablé, abîmé par le malheur ! Si vous saviez combien j'aurais besoin de me reposer ! depuis un an, je suis sur la roue. Vous seul, peut-être, avez eu le pouvoir de suspendre quelques instants ma douleur, et ce bien d'un moment m'a attachée à vous pour jamais. Mais, dites-moi, ma dernière lettre ne vous a-t-elle pas déplu ? Ne suis-je point mal avec vous ? j'en serais bien affligée ; mais je suis comme madame du Châtelet[5] : je ne connais guère le repentir. Répondez-moi avec la même franchise que j'ai employée avec vous ; estimez-moi assez pour ne pas me dire la vérité à demi ; dites-moi tout le mal que vous pensez de moi ; et ce n'est pas, comme dit M. de La Rochefoucauld[6], pour le plaisir d'en entendre parler que je vous demande de m'en dire ; mais c'est pour juger si vous êtes mon ami, si vous le serez ; en un mot, j'attache assez d'intérêt à notre liaison, pour être pressée de savoir ce qu'il y a eu de surprise et de méprise dans ce qui nous a rapprochés l'un de l'autre. L'on dit qu'il n'y a rien de plus fort et de mieux fondé que les sentiments dont on ne peut pas se rendre raison. Si cela est vrai, je dois compter sur votre amitié ; mais vous ne voulez pas que j'y regarde ; pourquoi cela ? Est-ce que je ne serais pas contente ? Ne voyez-vous pas que le mouvement le plus naturel, lorsqu'on acquiert un nouveau bien, c'est de l'examiner, c'est de l'observer de tous les côtés : cette occupation est peut-être la jouissance la plus vive que donne la possession ; mais vous, vous ne connaissez pas tous les détails et tous les plaisirs de la sensibilité. Tout ce qui est élevé, tout ce qui est noble, tout ce qui est grand, voilà ce qui est de votre ressort. Les héros de Corneille fixent votre attention : à peine avez-vous jeté les yeux sur les petits

---

[4] Des nouvelles du marquis de Mora.

[5] L'amie de Voltaire.

[6] « *On aime mieux dire du mal de soi-même que de n'en point parler* » (maxime 138).

pâtres de Gessner. Vous aimez à admirer, et moi je n'ai qu'un besoin, qu'une volonté, c'est d'aimer ; mais qu'importe ? nous n'aurons pas la même langue ; il y a une sorte d'instinct qui supplée à tout ; mais rien ne supplée à mille lieues de distance. J'étais si troublée la dernière fois, que je ne vous ai pas dit que Diderot est en Hollande ; il y est si bien, il y a déjà tant d'amis qu'il n'avait jamais vus, qu'il est fort possible qu'il ne revienne jamais à Paris, et qu'il oublie qu'il était en chemin pour aller en Russie. C'est un homme extraordinaire : il n'est pas à sa place dans la société : il devait être chef de secte, un philosophe grec, instruisant, enseignant la jeunesse. Il me plaît fort ; mais rien de toute sa manière ne vient à mon âme ; sa sensibilité est à fleur de peau : il ne va pas plus loin que l'émotion. Je n'aime rien de ce qui est à demi, de ce qui est indécis, de ce qui n'est qu'un peu. Je n'entends pas la langue des gens du monde : ils s'amusent et ils bâillent ; ils ont des amis, et ils n'aiment rien. Tout cela me paraît déplorable. Oui, j'aime mieux le tourment qui consume ma vie, que le plaisir qui engourdit la leur ; mais, avec cette manière d'être, on n'est point aimable ; eh bien ! on s'en passe ; non, on n'est point aimable, mais on est aimé, et cela vaut mille fois mieux que de plaire.

Que je voudrais savoir si vous irez en Russie ! J'espère que non, et c'est, comme vous dites, parce que je le désire. Il me semble que, de nulle part au monde, les lettres ne viennent si lentement que de la Russie. J'ai relu deux fois, trois fois votre lettre, d'abord parce qu'elle était difficile, et puis parce que j'y étais difficile. Ah ! si vous saviez combien de fautes d'omission j'y ai trouvées ! Mais pourquoi n'en feriez-vous pas ? M. d'Alembert attend votre lettre avec grande impatience. M. de Crillon vous a prévenu. Votre ami, M. d'Aguesseau, me parut, au moins le jour qu'il m'a apporté votre lettre, bien extraordinaire : il a l'air de quelqu'un qui est troublé ; ses mouvements ont quelque chose de convulsif. Il dit qu'il est malade, et je le crois ; il a formé le projet d'aller à Spa. Je ne sais, mais je suis bien aise qu'il ne soit pas avec vous. Adieu. Je vous ai accablé de questions ; vous ne répondez point. Je ne vous demande pas s'il vous serait agréable de savoir les nouvelles, parce qu'il serait au-dessus de mon pouvoir de m'en occuper. Je sais ce qu'on ne sait point encore dans le public, que c'est M. d'Aranda qui est nommé ambassadeur d'Espagne à la place de M. de Fuentès[7] ; que celui-ci a la première place de sa cour. Tout cela ne vous fait rien ; et ce qui vous étonnera, c'est que cela me fait beaucoup. Ne faut-il pas être folle pour aller s'intéresser à ce qui se passe à Madrid ? Adieu, encore une fois. Mon

[7] Le comte de Fuentès était le père du marquis de Mora.

genre de folie est digne de votre pitié. De vos nouvelles souvent, longuement ; partagez, si vous pouvez, le plaisir que vous me ferez. Combien y a-t-il de lettres que vous seriez plus pressé d'ouvrir que la mienne ? trois, dix ?…

Lettre XVII

Lundi, 6 septembre 1773

Votre silence me fait mal. Je ne vous accuse point ; mais je souffre, et j'ai peine à me persuader qu'avec un intérêt égal à celui qui m'anime, je fusse un mois sans entendre parler de vous ; mais, mon Dieu ! dites-moi, quel prix mettez-vous donc à l'amitié, si le mouvement vous en sépare tout à fait ? Ah ! que vous êtes heureux ! Un roi, un empereur, des troupes, des camps, vous font oublier ce qui vous aime, et (ce qui est peut-être plus près encore d'une âme sensible) les personnes que votre amitié soutient et console. Non, je ne vous cherche point de tort, et je voudrais même que votre oubli ne m'en parût pas un ; je voudrais trouver en moi la disposition qui fait tout approuver ou tout souffrir sans se plaindre. Voilà ma cinquième lettre sans réponse ; je vous demande combien il y a de personnes avec qui vous feriez de pareilles avances. Je ne sais pourquoi je m'étais persuadée que je recevrais de vos nouvelles de Breslau, soit que vous reçussiez ma lettre que je vous y ai adressée, soit qu'elle fût perdue ; mais mon espérance a été trompée. Oh ! je vous hais de me faire connaître l'espérance, la crainte, la peine, le plaisir : je n'avais pas besoin de tous ces mouvements, que ne me laissiez-vous en repos ? mon âme n'avait pas besoin d'aimer ; elle était remplie d'un sentiment tendre, profond, partagé, répondu, mais douloureux cependant ; et c'est ce mouvement qui m'a approchée de vous : vous ne deviez que me plaire, et vous m'avez touchée ; en me consolant, vous m'avez attachée à vous, et ce qu'il y a de bien singulier, c'est que le bien que vous m'avez fait, que j'ai reçu sans y donner mon consentement, loin de me rendre facile et souple, comme le sont les gens qui reçoivent grâce, semble, au contraire, m'avoir acquis le droit d'être exigeante sur votre amitié. Vous qui voyez de haut et qui voyez profondément, dites-moi si c'est là le mouvement d'une âme ingrate, ou peut-être trop sensible : ce que vous me direz, je le croirai. Si je voulais, ou plutôt si je n'étais pas inquiète et mécontente de votre silence, je vous ferais une querelle, que vous entendriez à merveille, à laquelle vous répondriez avec plaisir, et votre justification serait sans doute un nouveau crime ; mais vous êtes si loin, vous êtes si pressé, si occupé, et pire que cela, si enivré ! ce mot me venge ; mais il ne me contente pas. Revenez donc : je vois le temps s'écouler avec un plaisir que je ne puis exprimer. On dit que le passé n'est rien ; pour moi, j'en suis accablée, c'est justement parce que j'ai beaucoup souffert, qu'il m'est affreux de souffrir encore. Mais, mon Dieu ! il y a de la folie à me promettre quelque douceur, quelque consolation de votre amitié : vous avez acquis tant d'idées nouvelles ; votre âme a été agitée de tant de sentiments divers, qu'il ne restera pas trace de l'impression que vous aviez reçue par mon malheur et ma confiance. Eh bien ! venez toujours ; j'en jugerai et je verrai clair : car l'illusion n'est point à l'usage des malheureux : d'ailleurs vous avez autant de franchise que j'ai de vérité ; nous ne nous tromperons pas un moment ; venez donc, et ne rapportez pas de votre voyage l'impression de tristesse que le chevalier a apportée d'Italie. Il parle de tout ce qu'il a vu sans plaisir, et tout ce qu'il voit ne lui en fait pas davantage ; en un mot, je ne changerais pas ma disposition contre la sienne, et cependant je passe ma vie dans les convulsions de la crainte et de la douleur ; mais aussi, ce que j'attends, ce que je désire, ce que j'obtiens, ce qu'on me donne, a un tel prix pour mon âme ! Je vis, j'existe si fort, qu'il y a des moments où je me surprends à aimer à la folie jusqu'à mon malheur. Voyez si, en effet, je n'y dois pas tenir, s'il ne doit pas m'être cher : il est cause que je vous connais, que je vous aime, que peut-être j'en aurai un ami de plus ; car vous me le dites : si j'avais été calme, raisonnable, froide, rien de tout cela ne serait arrivé. Je végéterais avec toutes les femmes qui jouent de l'éventail, en causant du jugement de M. de Morangiès[8], et de l'entrée de Mme la comtesse de Provence à Paris. Oui, je le répète : je préfère mon malheur à tout ce que les gens du monde appellent bonheur ou plaisir ; j'en mourrai peut-être, mais cela vaut mieux que de n'avoir jamais vécu. M'entendez-vous ? êtes-vous à mon ton ? auriez-vous oublié que vous avez été aussi malade et plus heureux que moi ? Adieu ; je ne sais comment cela se fait : je ne voulais vous écrire que quatre lignes, et mon plaisir m'a entraînée. Combien y a-t-il de personnes que vous aurez plus de plaisir à revoir que moi ? Je m'en vais vous en donner la liste. – Mme de ***, le chevalier d'Aguesseau, le comte de Broglie, le prince de Beauvau, M. de Rochambeau, etc., etc., etc. ; Mmes de Beauvau, de Boufflers, de Rochambeau, de Martinville, etc., etc., et puis le chevalier de Chatelux, et puis moi enfin, et à la fin. Eh bien ! voyez la différence ; je n'en nommerai qu'un contre vous dix, mais le cœur ne se conduit pas d'après la justice : il est despote et absolu. Je vous le pardonne ; mais revenez.

---

[8] Voltaire l'avait défendu à plusieurs reprises lors du procès en faux qui avait été intenté contre lui.

LETTRE XX

Huit heures et demie, [novembre] 1773

Mon ami, je ne vous verrai pas, et vous me direz que ce n'est pas votre faute ! mais si vous aviez eu la millième partie du désir que j'ai de vous voir, vous seriez là ; je serais heureuse. Non, j'ai tort, je souffrirais ; mais je n'envierais pas les plaisirs du ciel. Mon ami, je vous aime comme il faut aimer, avec excès, avec folie, transport et désespoir. Tous ces jours passés, vous avez mis mon âme à la torture. Je vous ai vu ce matin, j'ai tout oublié, et il me semblait que je ne faisais pas assez pour vous, en vous aimant de toute mon âme, en étant dans la disposition de vivre et de mourir pour vous. Vous valez mieux que tout cela ; oui, si je ne savais que vous aimer, ce ne serait rien en effet ; car y a-t-il rien de plus doux et de plus naturel que d'aimer à la folie ce qui est parfaitement aimable ? Mais, mon ami, je fais mieux qu'aimer : je sais souffrir ; je saurai renoncer à mon plaisir pour votre bonheur. Mais voilà quelqu'un qui vient troubler la satisfaction que j'ai à vous prouver que je vous aime.

Savez-vous pourquoi je vous écris ? c'est parce que cela me plaît : vous ne vous en seriez jamais douté, si je ne vous l'avais dit. Mais, mon Dieu ! où êtes-vous ? Si vous avez du bonheur, je ne dois plus me plaindre de ce que vous m'enlevez le mien.

LETTRE XXI

[Novembre] 1773

Bonjour, mon ami. Avez-vous dormi ? comment êtes-vous ? vous verrai-je ? ah ! ne m'ôtez rien : le temps est si court, et je mets tant de prix à celui que j'emploie à vous voir ! Mon ami, je n'ai plus d'opium dans la tête, ni dans le sang : j'y ai pire que cela, j'y ai ce qui ferait bénir le ciel, chérir la vie, si ce qu'on aime était animé du même mouvement ; mais, mon Dieu ! ce qu'on aime est justement fait pour faire le tourment et le désespoir d'une âme sensible. Bonjour ; je veux vous voir. Vous auriez dû venir dîner avec moi chez Mme Geoffrin. Je n'osai pas vous le dire hier au soir. Oui, vous devriez m'aimer à la folie ; je n'exige rien ; je pardonne tout, et je n'ai jamais un mouvement d'humeur, mon ami ; je suis parfaite, car je vous aime en perfection.

Lettre XXV

De tous les instants de ma vie, 1774

Mon ami, je souffre, je vous aime, et je vous attends.

Lettre XXVIII

1774

Moi, *défiante,* et à votre égard ! songez donc avec quel abandon je me suis livrée à vous : non seulement je n'ai mis ni défiance, ni prudence dans ma conduite ; mais je n'aurais pas même connu les regrets ni les remords, si je n'avais compromis que mon bonheur. Oh ! mon ami, je ne sais si j'ai mieux aimé ; mais celui qui a pu me rendre infidèle et coupable, celui pour qui je vis après avoir perdu l'objet et l'intérêt de tous mes moments[9], à coup sûr, c'est celui qui a eu le plus d'empire sur mon âme : c'est celui qui m'a ôté la liberté de vivre pour un autre, et de mourir lorsqu'il ne me restait ni espérance, ni désir. Sans doute, j'ai été retenue par le même charme qui m'avait entraînée vers vous, par ce charme tout-puissant attaché à votre présence, qui enivre mon âme, qui l'égare à un tel excès, qu'il en efface jusqu'au souvenir de mes maux. Mon ami ! avec trois mots vous me créez une âme nouvelle, vous la remplissez d'un intérêt si vif, d'un sentiment si tendre et si profond, que j'en perds la faculté de me rappeler le passé, et de prévoir l'avenir. Oui, mon ami, je vis tout en vous ; j'existe, parce que je vous aime, et cela est si vrai, qu'il me paraît impossible de ne pas mourir quand j'aurai perdu l'espoir de vous voir. Le bonheur de vous avoir vu, le désir, l'attente de vous revoir m'aident et me soutiennent contre ma douleur. Hélas ! que devenir, lorsqu'au lieu de l'espérance, je n'aurai que le regret si douloureux de ne pas vous voir ! mon ami, avec vous je n'ai pas pu mourir, sans vous je ne peux, ni ne veux vivre. Ah ! si vous saviez ce que je souffre, quel déchirement affreux mon cœur éprouve lorsque je suis abandonnée à moi-même ; lorsque votre présence ou votre pensée ne me soutient plus ! Ah ! c'est alors que le souvenir de M. de M... devient un sentiment si actif, si pénétrant, que ma vie et mon sentiment me font horreur. J'abhorre l'égarement et la passion qui m'ont rendue si coupable,

---

[9] M. de Mora est mort le 27 mai 1774, à Bordeaux.

qui m'ont fait répandre du trouble et de la crainte dans cette âme sensible et qui était toute à moi. Mon ami, concevez-vous à quel point je vous aime ? Vous faites diversion aux regrets et aux remords qui déchirent mon cœur : hélas ! ils suffisaient pour me délivrer d'une vie que je déteste ; vous seul et ma douleur êtes tout ce qui me reste dans la nature entière ; je n'y ai plus d'intérêt, plus de liens, plus d'amis, je n'en ai pas besoin ; vous aimer, vous voir, ou cesser d'exister, voilà le dernier et l'unique vœu de mon âme. La vôtre ne me répond pas, je le sais, et je ne m'en plains point. Par une bizarrerie que je sens, mais que je ne saurais vous expliquer, je suis loin de désirer de retrouver en vous tout ce que j'ai perdu : c'en serait trop ; quelle créature a jamais mieux senti que moi le prix de la vie ? N'est-ce pas assez que d'avoir béni et chéri la nature une fois ? combien de milliers d'hommes ont passé sur la terre sans avoir à lui rendre grâce ! Oh ! combien j'ai été aimée ! une âme de feu, pleine d'énergie, qui avait tout jugé, tout apprécié et qui, revenue et dégoûtée de tout, s'était abandonnée au besoin et au plaisir d'aimer : mon ami, voilà comme j'étais aimée. Plusieurs années s'étaient écoulées remplies du charme et de la douleur inséparables d'une passion aussi forte que profonde, lorsque vous êtes venu verser un poison dans mon cœur, ravager mon âme par le trouble et le remords. Mon Dieu ! que ne m'avez-vous point fait souffrir ! Vous m'arrachiez mon sentiment, et je voyais que vous n'étiez pas à moi : comprenez-vous toute l'horreur de cette situation ? comment trouve-t-on encore de la douceur à dire : mon ami, je vous aime, mais avec tant de vérité et de tendresse qu'il n'est pas possible que votre âme soit froide en m'écoutant ? Adieu.

Vendredi, après la poste

Vous êtes *mécontent* ; voyez si vous devez l'être : quelle âme avez-vous jamais animée d'un sentiment plus tendre et plus fort ? Mon ami, dans quel sens que vous regardiez et que vous jugiez mon âme, je vous défie d'y rien trouver qui puisse vous mécontenter ; oh ! j'en suis sûre : jamais vous n'avez été autant aimé. Mais, mon Dieu ! ne me faites pas prononcer pourquoi je ne peux pas vous écrire où vous êtes ; je n'ose m'en avouer à moi-même la raison : c'est une pensée, un mouvement auxquels je ne veux pas m'arrêter : c'est un genre de supplice qui me fait horreur, qui m'humilie, et que je n'avais jamais connu. Vous me demandez comment je me trouvais de vous voir tous les jours ; oh ! non, ce n'est point une habitude : ce n'en pouvait jamais devenir une. Que ces couleurs sont froides, qu'elles sont monotones ! comment les comparer au mouvement rapide et violent que nous font éprouver le nom et la présence de ce qu'on aime ? Non, non, je n'ai point été assez heureuse pour me surprendre dans l'illusion d'espérer que vous viendriez me voir, et de vous attendre ; aussi n'ai-je point entendu ouvrir, ni fermer ma porte. En effet, sans intérêt, sans désir, qu'importe ce qu'on voit, ce qu'on entend ? tout entière à mes regrets, je ne sens plus qu'un besoin, et je n'implore plus que vous et la mort. Vous soulagez mon cœur : vous le pénétrez d'un sentiment si tendre, qu'il m'est doux de vivre tout le temps que je vous vois ; mais il n'y a que la mort qui puisse me délivrer du malheur de votre absence.

Lettre XXXIV

Quatre heures après midi, [mai] 1774

À coup sûr, mon ami, je n'observe pas la loi du talion dans ce moment-ci : car ce n'est pas de moi que vous êtes occupé. Eh ! mon Dieu, comment penseriez-vous à moi, au milieu de tant et de si charmants objets de distraction, tandis que je ne puis fixer votre pensée lorsque nous sommes tête à tête ? Savez-vous pourquoi j'aime mieux vous voir le soir que dans le reste de la journée ? C'est qu'alors l'heure arrête votre activité : il n'y a plus moyen d'aller chez Mme une telle, chez Gluck, etc., et de faire cent inutilités, auxquelles il semble que vous n'attachiez de l'intérêt que pour me quitter plus tôt : mais n'allez pas croire que ce soient là des reproches ; ce sont, et ce ne sont que des remarques, que je ne peux m'empêcher de faire avec le degré d'intérêt qui m'anime : mais je suis si éloignée de vouloir rien exiger, que je me dis cent fois par jour que c'est sur moi que je dois prendre de l'empire ; que je dois réduire mon sentiment à cette mesure, où n'ayant pas assez de force pour faire le tourment de l'âme, on ne prétend à rien, et où l'on sait gré de tout : c'est-à-dire que si, par hasard, c'était de la passion que j'eusse dans l'âme, il faudrait venir à bout de la vaincre, plutôt que de chercher à vous la faire partager. Et savez-vous, mon ami, ce qui peut me faire trouver cette force ? c'est la persuasion intime où je suis, qu'il n'est pas en vous de faire le bonheur d'une âme active et passionnée. Je ne vous dirai point ce qu'il serait si naturel de penser : c'est que je ne suis pas faite pour inspirer un sentiment profond ; c'est que je ne dois pas prétendre à plaire, à fixer. Tout cela est vrai sans doute ; mais ce n'est pas cela qui fait que je vous dis qu'il n'est pas en vous de faire le bonheur d'une âme forte et sensible. Je fais à cette âme-là le visage de Mme de Forcalquier à vingt ans ; je lui donne la noblesse de Mme de Brionne, les grâces d'Aglaé, et l'esprit de Mme de ***, orné ou *enté* de celui de

Mme de B… ; et quand j'ai composé cet être parfait, je vous répète encore qu'il n'est pas en vous d'en faire le bonheur. Pourquoi cela ? Et pourquoi ? le voici : c'est que, pour vous, *aimer* n'est qu'un accident de votre âge qui ne tient point à votre âme, quoiqu'elle en soit agitée quelquefois ; c'est que votre âme est par-dessus tout, élevée, noble, grande, active ; mais qu'elle n'est ni tendre, ni passionnée. Ah ! croyez que je suis au désespoir d'avoir vu si profondément ; j'ai tant de besoin d'aimer, tant de plaisir à aimer ce que je trouve aimable ! Il m'est si impossible d'aimer modérément que le plus grand malheur qui pouvait m'arriver, était de découvrir en vous ce qui seul pouvait arrêter et peut-être éteindre mon sentiment : car je vous l'avouerai naturellement, je ne trouve pas en moi de quoi aimer seule. Avec la persuasion contraire, j'ai la force du martyr : je ne crains aucun genre de malheur. En souffrant et en souffrant beaucoup, je pourrais encore chérir la vie, adorer et bénir celui qui me ferait souffrir ; mais c'est à condition que j'en serais aimée, mais aimée par attrait et non par reconnaissance ; par procédé, par vertu, tout cela est détestable, et n'est bon qu'à flétrir et abattre une âme sensible. Eh ! ne faisons point du plus grand bien que la nature nous ait accordé, une œuvre de commisération. Mon ami, il y a des moments où je me sens égale à vous : j'ai de la force, de l'élévation, et un mépris souverain pour tout ce qui est vil et malhonnête ; en un mot, j'ai le mépris de la mort si avant dans l'âme, que, sous quelque aspect qu'elle se présente, elle ne saurait m'effrayer un instant, et que presque toujours elle est un besoin actif pour moi. D'après cette connaissance que j'ai de moi, et de vous, je vous répète encore : aimons-nous, ou rompons à jamais ; mettons de la vérité et de la générosité dans notre conduite, et estimons-nous assez pour croire que tout nous est possible, hors de nous tromper et de vivre dans cet état de trouble et de crainte, que donne nécessairement l'incertitude d'être aimé. Dans cet état, mon ami, on n'a de confiance ni en soi, ni en ce qu'on aime ; on ne jouit de rien. Par exemple, dans ce moment-ci, je désire passionnément que vous reveniez ce soir d'Auteuil[10], et puis dans un autre instant, il me semble que je voudrais que vous y restassiez. Concevez-vous ce que fait souffrir ce combat entre le désir de l'âme, et cette volonté qui ne vient que de la réflexion ? *Conclusion,* c'est que je vous aime à la folie, et que quelque chose me dit que ce n'est pas ainsi que vous devez être aimé. *Ce quelque chose* fait tant de bruit autour de mon âme, que je suis toute prête à faire taire tout le reste, pour me livrer tout entière à cette affreuse vérité. Mon ami, je vous renvoie vos ouvrages, pour que vous ayez la bonté d'en être vous-même le censeur : mettez-y

---

[10] Probable allusion à la propriété qu'y possédait Mme de Boufflers.

la dernière main, et soyez sûr que personne au monde n'attache autant de prix que moi à tout ce que vous faites, et à tout ce que vous êtes capable de faire. Sans être vaine, il me semble qu'on pourrait mettre sa vanité, son orgueil, sa vertu, son plaisir et enfin toute son existence, à vous aimer ; mais je ne disais pas cela tout à l'heure. Non, mais je disais ce que je pensais, ce que je savais ; et dans ce moment-ci je suis entraînée à vous dire ce que je sens. Mon âme est si forte pour aimer, et mon esprit si petit, si faible, si borné, que je devais donc m'interdire tout mouvement et toute expression qui ne viennent pas de mon cœur ; c'est lui qui vous parle quand je vous dis : *je vous attends, je vous aime, je voudrais être toute à vous et mourir après.* Adieu ; voilà du monde. Je suis si occupée de vous, je le suis si profondément de mes regrets, que la société n'est plus rien pour moi que de l'importunité et de la contrainte. Il n'y a que deux manières d'être qui me soient bonnes, vous voir et être seule, mais seule, sans livres, sans lumière et sans bruit. Je suis loin de me plaindre de mes insomnies, c'est le bon temps sur les vingt-quatre heures. Admirez, je vous en prie, combien il m'en coûte pour vous quitter, tandis que vous n'avez pas eu un retour vers moi, pas une pensée. Mon Dieu ! en êtes-vous plus heureux ? Oui.

Lettre XCII

Six heures du matin, [10 février] 1775

Minuit sonne ; mon ami, je viens d'être frappée d'un souvenir qui glace mon sang. C'est le 10 février de l'année dernière que je fus enivrée d'un poison dont l'effet dure encore. Dans cet instant même il altère la circulation de mon sang : il le porte à mon cœur avec plus de violence ; il y ramène des regrets déchirants. Hélas ! par quelle fatalité faut-il que le sentiment du plaisir le plus vif et le plus doux soit lié au malheur le plus accablant ! quel affreux mélange ! Ne pourrais-je pas dire, en rappelant ce moment d'horreur et de plaisir : Je vis venir à moi un jeune homme dont les yeux étaient remplis d'intérêt et de sensibilité : son visage exprimait la douceur et la tendresse ; son âme semblait agitée par la passion. À cette vue je me sentis pénétrée d'une sorte d'effroi, mêlé de plaisir ; j'osai lever les yeux, les arrêter sur lui ; j'approchai : mes sens et mon âme furent glacés ; je le vis devancé, et, pour ainsi dire, environné par la douleur en habit de deuil, elle tendait les bras ; elle me voulait repousser, arrêter, et je me sentais entraînée par un attrait funeste. Dans le trouble où j'étais : Qui es-tu, lui dis-je, ô toi qui fais pénétrer dans mon âme tant de charme et d'effroi, tant de douceur et tant d'alarmes ! quelles nouvelles m'apportes-tu ? – Infortunée, me dit-elle avec l'air sombre et un accent douloureux, je serai, je ferai ton sort ; celui qui animait ta vie vient d'être frappé par la mort... Oui, mon ami, j'entendis ces funestes mots : ils se sont gravés dans mon cœur ; il en frémit encore, et il vous aime !... – En grâce, que je vous voie demain ; je me sens pénétrée de tristesse et de trouble. Ah ! mon Dieu ! il y a un an qu'à pareille heure, M. de Mora fut frappé du coup mortel ; et moi, dans le même instant, à deux cents lieues de lui, j'étais plus cruelle et plus coupable que les ignorants barbares qui l'ont tué[11]. Je meurs de regrets ; mes yeux et mon cœur sont pleins de larmes. Adieu, mon ami. Je n'aurais pas dû vous aimer.

Lettre CXXX

Samedi, à quatre heures du matin, 23 septembre 1775

Hélas ! il est donc vrai, on survit à tout ! l'excès du malheur en devient donc le remède ! Ah ! mon Dieu ! le moment est arrivé où je puis vous dire, où je dois vous dire avec autant de vérité : *je vivrai sans vous aimer,* que je vous disais il y a trois mois : *vous aimer ou cesser d'être.* Ma passion a éprouvé toutes les secousses, tous les accès d'une grande maladie. J'ai d'abord eu la fièvre continue avec des redoublements et du délire ; et puis la fièvre a cessé d'être continue, elle s'est tournée en accès, mais si violents, si déréglés, que le mal n'en paraissait que plus aigu. Après s'être soutenue longtemps à ce degré de danger, elle a un peu diminué, les accès se sont éloignés, ils se sont affaiblis. Il y a eu dans les intervalles des moments de calme qui ressemblaient à la santé, ou qui du moins la faisaient espérer. Après un peu de temps la fièvre a tout à fait cessé : et enfin, depuis quelques jours il me semble qu'il ne me reste plus que l'ébranlement et la faiblesse qui suivent toujours les longues et grandes maladies. Je crois pressentir une convalescence prochaine ; non pas cette sorte de convalescence que M. de Saint-Lambert peint, en disant :

Oh ! que l'âme jouit dans la convalescence ![12]

---

[11] Sans doute les médecins.

[12] *Les Saisons*, chant I, v. 425.

Non, la mienne ne connaîtra plus cet état de jouissance ; mais elle sera soulagée, elle ne sera plus déchirée activement, et c'est bien assez ; car, quoique délivrée d'un mal bien cruel, il m'en restera encore un plus ancien, plus douloureux, plus profond, plus déchirant ; et cette plaie ne se fermera jamais, mais elle sera plus irritée et empoisonnée par le chagrin et le remords de tous les instants. Enfin, elle trouvera peut-être des calmants, et c'est le seul remède aux maux incurables. Voilà l'histoire et le récit le plus fidèle de l'état de mon âme : il n'y a pas un mot, pas une circonstance qui ne soient applicables à ma situation actuelle. Je vous ai aimé jusqu'à l'égarement ; j'ai éprouvé tous les degrés, toutes les nuances du malheur et de la passion ; j'ai voulu mourir. J'ai cru mourir, j'ai été retenue par le charme attaché à la passion, même à la passion malheureuse. Depuis j'ai réfléchi, j'ai flotté longtemps, j'ai souffert encore ; en un mot, je ne sais si c'est vous, si ce sont vos procédés, si c'est la nécessité ou peut-être l'excès de mon malheur : tout enfin m'a ramenée à une disposition moins funeste. J'ai regardé autour de moi ; j'y ai trouvé des amis que mon malheur et ma folie n'ont point encore rebutés : j'ai vu que j'étais environnée de soins, de bontés, de marques d'intérêt. Au milieu de tant de secours et de tant de ressources, j'ai trouvé un sentiment plus vif, plus animé : il est vrai, si tendre, si doux, qu'il faudra bien qu'à la fin il fasse pénétrer dans mon âme du calme et de la consolation. Et puis-je jamais prétendre à mieux et à plus que cela ? Et après l'affreuse tempête dont je suis battue depuis trois ans, n'est-ce pas là rentrer dans le port ? n'est-ce pas déjà voir le ciel ouvert ? Non, ne croyez point que je m'exagère les progrès de ma guérison ; je me vois telle que je suis, et si je me sens un peu plus calme, je me crois un peu plus susceptible de consolation. Sans doute il m'en aurait moins coûté pour mourir, que pour me séparer de vous. Une mort prompte eût satisfait mon caractère et ma passion ; mais la torture que vous avez donnée à mon âme en a épuisé la force : elle a perdu son énergie ; et puis je me suis vue aimée, cela amollit. Comment quitter la vie, lorsqu'on veut vous y retenir par le sentiment le plus tendre ? Ah ! il fallait mourir dans le moment où j'ai perdu ce qui m'aimait, et ce que j'ai plus aimé que tout le reste de la nature ! Voilà le seul reproche que je me permettrai de vous faire. Pourquoi me reteniez-vous ? était-ce donc pour me condamner à une mort lente et plus cruelle que celle où je courais ! Plût au ciel que je pusse effacer de mon souvenir, et anéantir de ma vie les dernières années qui viennent de s'écouler ! Celles qui les avaient précédées seront à jamais le charme et le tourment de mon cœur. Ah ! six ans du plaisir et du bonheur du ciel doivent faire trouver l'existence un assez grand bien pour en rendre encore grâce au ciel, même au comble du malheur ! Si je pouvais retrouver le repos ; si mon âme pouvait s'y fixer ; peut-être que le peu de jours qui me restent à vivre pourraient encore être tolérables ! Je vais tâcher de faire ma consolation de ce qui ferait le plaisir et le bonheur d'une autre. J'aimerai par reconnaissance ce qui devrait être mieux aimé, si je répondais à la chaleur et à la vivacité de l'amitié qu'on me témoigne. Depuis trois mois, j'ai à me reprocher de repousser avec froideur et avec dureté l'expression du plus vif intérêt, qui est la suite du sentiment le plus vrai, dont malgré moi j'ai reçu des preuves non équivoques[13] ; et vous savez si je dois être difficile en preuves. Je vous étonne sans doute, vous croyez que je rêve ; je ne dis pas un mot qui ne vous paraisse blesser la vérité et la vraisemblance. Eh bien ! cela vous prouvera ce que vous avez déjà pu voir, mais peut-être jamais dans un cas aussi extraordinaire : que

Le vrai peut quelquefois n'être pas vraisemblable[14].

Hélas ! cela me paraît tout aussi surprenant qu'à vous : je reste confondue de ce qu'il y a encore quelqu'un sur la terre qui puisse mettre son plaisir, et espérer son bonheur de la créature du monde la plus triste et la plus faite pour repousser tout intérêt. L'excès du malheur a donc de l'attrait pour de certaines âmes ! Oui, je le vois, on a besoin de plaindre, de s'intéresser, de s'animer ; et en approchant de moi, on partage et on prend cette disposition sans que je le veuille. Depuis longtemps j'ai remarqué que cet homme ne me quittait jamais sans émotion ; et il m'est intimement prouvé que c'est le malheur, la maladie et la vieillesse qui me tiennent lieu auprès de lui de grâces, de jeunesse et d'agréments. Croyez-vous qu'il soit possible d'être vaine d'avoir un pareil attrait pour un homme honnête et sensible ? Eh ! non, je ne suis pas vaine : je suis trop malheureuse : trop profondément malheureuse, pour être accessible aux plaisirs et aux sottises de la vanité. Je ne vous avais point encore entretenu de tout ceci : je craignais qu'en le prononçant, cela n'y donnât trop de consistance ; je ne voulais pas même y arrêter ma pensée. Dans les premiers jours de mon désespoir, lorsque vous eûtes prononcé contre mon repos et ma vie, je rejetai avec horreur ce qui voulait me distraire de vous : j'aimais mieux mourir que m'en séparer. J'espérais me calmer sur l'arrêt que vous veniez de prononcer contre moi : je croyais que votre présence me ferait du bien ; que vous me diriez ce que j'avais besoin d'entendre ; que vous m'aideriez à supporter le coup dont vous veniez de me frapper. Je n'ai rien trouvé de tout cela, et sans prétendre former une plainte, ni vous faire un reproche, je me suis persuadée, mais d'une manière absolue, que votre mariage

---

[13] Possible allusion à d'Alembert.

[14] Boileau, *Art poétique*, chant III.

devait à jamais rompre toute liaison entre nous ; qu'elle ne me donnerait jamais que du tourment, que je vous deviendrais à charge, et peut-être odieuse. Dans le premier moment, je crus que je ne pouvais plus vivre sans vous haïr. Cet affreux mouvement ne pouvait pas durer dans une âme remplie de passion et de tendresse. J'ai depuis éprouvé toutes les angoisses, toutes les agitations de la douleur ; et me voilà enfin dans une disposition que je crois du calme, et qui n'est peut-être que de l'épuisement et de l'abattement : mais du moins je ne veux plus à l'avenir avoir à me reprocher ce que je souffrirai : c'est, je crois, un grand mal de moins. Jusqu'ici j'ai justifié ce qu'a dit La Rochefoucauld, que *l'esprit de la plupart des femmes sert plus à fortifier leur folie que leur raison*[15]. Oh ! que cela est vrai ! je meurs de confusion en me rappelant ce que j'avais osé prétendre. Oui, j'ai été assez exaltée, ou plutôt assez égarée pour ne pas croire impossible d'être aimée de vous par-dessus tout ; et ma folie m'en donnait des raisons qui étaient assez plausibles pour contenter mon sentiment. Voyez, je vous prie, à quel degré d'illusion j'ai été menée ! je vous jure pourtant que ce n'était point l'amour-propre qui m'égarait : c'est lui au contraire qui m'a aidée à revenir à la vérité et à la raison. C'est lui qui me juge aujourd'hui avec plus de sévérité que vous ne pouvez en avoir ; tout ce que vous me refusez, tout ce que vous n'avez pas été pour moi, ne me paraît plus qu'un résultat nécessaire de la justesse de votre goût et de votre justice. Oh ! ne croyez pas cependant que je trouve que vous ayez été équitable dans votre conduite avec moi : c'est ma raison et rien que ma raison qui prononce aujourd'hui ; et, en me voyant aussi faible, aussi coupable, aussi folle que je l'ai été, cela ne justifie point tout le mal que vous m'avez fait : mais que je vous pardonne de toute mon âme ! Peut-être ne se consolera-t-on jamais des grandes humiliations : mais je dois espérer que le temps en effacera l'impression. Je souhaite que votre mariage vous rende aussi heureux qu'il m'a rendue malheureuse : croyez que, lorsque le souhait est bien sincère, la générosité et la bonté ne peuvent pas être portées plus loin. – Je n'ai point reçu de réponse à une lettre que je vous ai écrite il y a huit jours. Je ne m'en plains pas ; je vous en avertis seulement, parce que je voudrais bien qu'elle ne fût pas perdue. – Avant que de partir pour la campagne, je vous prie de me renvoyer les trois lettres que je vous ai écrites à Metz. Si enfin vous aviez reçu celle de Bordeaux, vous voudriez bien l'y joindre. – Je n'ai point reçu vos dragées ; voilà pourquoi je ne vous en ai point remercié. Il n'y a que la haine qui convertisse le miel en poison, et je n'ai point de haine. En vérité, l'on me rend folle : je ne

---

[15] Maxime CCCXL.

sais plus lequel me désole davantage, ou du mal que vous me faites, ou du bien qu'on voudrait me faire ; j'en meurs. J'aurais besoin de fuir dans un désert pour me reposer. Que je vous plains de la longueur assommante de cette lettre ! mais je suis si malade, si abattue, que je n'ai pas eu la force d'y mettre de l'ordre, ni d'en écarter les inutilités. Je le sens, les longues douleurs fatiguent l'âme et usent la tête ; mais si je me suis permis de parler si longuement une fois, ce sera pour n'y revenir jamais : il y a des sujets sur lesquels on ne peut pas revenir. Si vous étiez à Paris, je me serais bien gardée de vous y adresser ce volume, vous ne l'auriez pas lu. Il m'a été prouvé que vous ne lisiez pas mes lettres, et cela était tout simple : elles vous étaient adressées dans un lieu où vous aviez à voir et à entendre ce qui était de tout autre intérêt pour vous que moi et mes lettres : aussi je m'engage à ne plus arriver aussi mal à propos. Adieu, *mon ami,* c'est pour la dernière fois que je me permettrai ce nom : oubliez que c'est mon cœur qui l'a prononcé. Ah ! oubliez-moi ! oubliez ce que j'ai souffert ! Laissez-moi croire que c'est un bonheur que d'être aimée ! laissez-moi croire que la reconnaissance suffira à mon âme ! Adieu, adieu.

Lettre CXLIII

Mercredi, 8 novembre 1775

Mes lettres vous manquent, et ma présence ne vous est pas nécessaire. Vous avez passé cinq jours à Paris, en me reprochant, et à vous aussi, tous les moments que vous y restiez. Vous avez été quinze jours à Fontainebleau, et il ne s'y est guère passé de jour où vous n'eussiez trouvé une occasion commode pour aller et revenir. Vous saviez que j'étais malade ; vous saviez la part que vous y aviez ; et puis vous me mandez, et cela doit me combler d'aise et de reconnaissance, que, *si vous étiez venu à Paris, j'aurais été le seul objet de votre voyage.* Aussi ne l'avez-vous pas fait ; et puis vous osez dire que si cela ne me pénètre pas de sensibilité, c'est que je suis devenue bien difficile et bien injuste. Oh ! que vous pesez sur mon cœur, lorsque vous voulez me prouver qu'il doit être content du vôtre ! Je ne me plaindrais jamais, mais vous me forcez souvent à crier, tant le mal que vous me faites est aigu et profond ! Mon ami, j'ai été aimée, je le suis encore, et je meurs de regret en pensant que ce n'est pas de vous. J'ai beau me dire que je ne méritai jamais le bonheur que je regrette ; mon cœur cette fois fait taire mon amour-propre : il me dit que, si je dus jamais être aimée, c'était de celui qui aurait assez de charme à mes yeux, pour me distraire de M. de Mora, et pour me retenir à la vie après l'avoir perdu. Mais est-on jamais aimé par ce qu'on aime ? entre-t-il de la justice et de la réflexion dans ce sentiment si involontaire et si absolu ? – Je n'ai fait que languir depuis votre départ ; je n'ai pas été une heure sans souffrance : le mal de mon âme passe à mon corps, j'ai tous les jours la fièvre, et mon médecin, qui n'est pas le plus habile de tous les hommes, me répète sans cesse que je suis consumée de chagrin, que mon pouls, que ma respiration annoncent une douleur active ; et il s'en va toujours en me disant : *nous n'avons point de remède pour l'âme.* Il n'y en a plus pour moi ; ce n'est pas guérir que je voudrais, mais me calmer, mais retrouver quelques moments de repos pour me conduire à celui que la nature m'accordera bientôt. Il n'y a que cette pensée qui me repose : je n'ai plus la force d'aimer ; mon âme me fatigue, me tourmente : je ne suis plus soutenue par rien. Le désir et l'espérance sont morts en moi ; plus je m'affaiblis et plus je suis obsédée par une seule pensée. Sans doute je ne vous aime pas mieux que je vous ai aimé ; mais c'est que je n'aime plus rien, c'est que les maux physiques me ramènent sans cesse à moi. Il n'y a plus ni dissipation, ni diversion : la longueur des nuits, la privation du sommeil ont fait de mon sentiment une manière de folie ; cela est devenu un point fixe, et je ne sais comment il ne m'est pas déjà échappé vingt fois de dire des mots qui découvriraient le secret de ma vie et celui de mon cœur. Quelquefois, en société, je me suis surprise par mes larmes, je suis obligée de m'enfuir. Hélas ! en vous peignant l'excès de mon égarement, je ne veux point vous toucher, puisque je crois que vous ne lirez jamais ceci. D'ailleurs, dans l'état où je suis, qu'est-ce que j'ai à prétendre ou à craindre de vous ? Il me suffit de vous croire honnête, pour être bien sûre de tous vos procédés jusqu'à la fin. Il y a des situations qui forceraient une âme dure et insensible : tout ce qui m'entoure paraît plus animé pour moi ; en voyant de près une séparation éternelle, on se rapproche. Je ne saurais assez me louer des soins et de l'intérêt de mes amis : ils ne me consolent pas ; mais il est certain qu'ils mettent de la douceur dans ma vie. Je les aime, et je voudrais les aimer davantage. Adieu. Je succombe à tant de pensées douloureuses ; cependant, en répandant mon âme, je l'ai un peu soulagée.

Lettre CXLV

Lundi, trois heures après midi, [novembre] 1775

Mon ami, que vous êtes aimable, et que vous justifiez bien l'excès de mon égarement et de mon malheur ! Oui, je le crois, ce que j'ai souffert, ce que j'attends, rien n'aurait le pouvoir de m'empêcher, de me garantir de vous aimer, si je ne vous aimais pas. Il y a des choses qui me font croire à la fatalité : je devais donc vivre pour vous voir, et j'en devais mourir. Mais mon ami, je vous ai aimé, je ne me plains plus. Laissez-moi donc subir ma destinée, et gardez-vous de mettre le comble à mes maux, en me faisant aimer la vie au moment où il faudra la quitter, où je sens qu'elle m'échappe. Hélas, mon ami ! par bonté, par pitié, laissez-moi croire que la mort me délivrera d'un fardeau qui m'accable ! laissez-moi arrêter, reposer ma pensée sur ce moment tant désiré, si attendu, et dont je me sens approcher avec une sorte de transport ! Mais aussi, lorsque je vous écoutais hier, que je vous voyais, je pensais avec attendrissement que bientôt je vous dirais adieu pour jamais. Je me tâtais, j'aurais voulu ne pas me croire si malade ; je regrettais de ne pouvoir plus espérer. Enfin, mon ami, ma tendresse pour vous remplissait mon âme, et ne me permettait plus de former un souhait qui eût pour objet de me séparer de vous. Ah ! sous cet affreux rapport, la mort sera un mal, un grand mal. Mon Dieu ! vous ne saurez jamais le déchirement, l'espèce de mort et d'angoisse où je viens de passer ces trois dernières semaines. Ce n'est pas la perte de mes forces, ma maigreur, l'excès de mon changement qui sont étranges. Ce qui est inouï, c'est que ma vie ait résisté à cette torture. Mais vous voilà ; je vous ai retrouvé plein de bonté, de sensibilité : vous avez calmé mon âme, vous avez mis du baume dans mon sang. Il m'était moins pénible de souffrir cette nuit ; je n'ai point dormi, j'ai eu la fièvre, j'ai toussé ; mais en vérité je n'ai pas été malheureuse : car j'étais occupée de vous d'une manière douce et sensible. Je pensais que je vous écrirais, et je n'osais pas espérer recevoir de vos nouvelles. Mais cela ne me paraissait pas impossible. Jugez du sentiment de bonheur que j'ai eu lorsqu'en entrant dans ma chambre, l'on m'a dit : De la part de M. de G… Mon ami, ces mots m'ont fortifiée pour ma journée ; je ne crains plus la fièvre avec votre lettre : le remède a plus de pouvoir que le mal. – Seulement, je chasserai de ma pensée ce qui veut y revenir sans cesse. *Il est arrivé samedi à cinq heures à Paris, et il a attendu jusqu'à dimanche une heure, pour savoir si j'étais morte, malade, ou au comble du malheur.* Ah, mon ami ! vous avez donc oublié que je vous aimais, et vous ne saviez donc plus comment j'aime avec toutes les facultés de mon âme, de mon esprit, avec l'air que je respire. Enfin *j'aime pour vivre, et je vis pour aimer.*

Je meurs d'envie de savoir ce que vous aura dit M. de Saint-Germain. J'ai pensé de nouveau à sa lettre : elle est fort bien, mais fort bien ; et je ne doute pas que vous ne soyez content de la conduite qu'il aura avec vous. Si ce n'est pas le matin que je vous vois demain mardi, écrivez-moi un mot, car je ne doute pas que vous reveniez ce soir. Si vous ne venez pas le matin, et que vous ne puissiez pas me donner votre soirée, il faut que vous sachiez que, depuis quatre heures jusqu'à cinq et demie, je suis seule : ainsi voilà trois manières de me voir avec liberté. Prenez-en donc une, mon ami ; car j'ai besoin de vous voir. Bonjour. Vous voyez que je me dédommage. Eh ! bon Dieu ! j'ai tant souffert de me taire ! Mon ami, croyez-vous qu'il y ait ou qu'il y ait eu quelqu'un dans le monde plus vivement frappé de vos agréments, et plus profondément occupé de vous ? croyez-vous enfin qu'il y ait eu un degré de tendresse et de passion par delà celui qui m'anime ? Les battements de mon cœur, les pulsations de mon pouls, ma respiration, tout cela n'est plus que l'effet de la passion : elle est plus marquée, plus prononcée que jamais : non pas qu'elle soit plus forte, mais c'est qu'elle va s'anéantir, semblable à la lumière qui revit avec force avant que de s'éteindre pour jamais. Adieu, mon ami. Je vous aime.

Lettre CLI

Onze heures du soir, 1776

Je ne vous ai pas vu. Mon ami, *je vous aime.* Quand vous verrai-je ? Voilà le résultat du passé, du présent, de l'avenir, s'il y a un avenir ! Ah ! mon ami, que j'ai souffert, que je souffre ! Mes maux sont affreux ; mais je sens que je vous aime. – Le comte de C… a rapporté de Versailles que M. de Saint-Germain était dans son lit avec un gros rhume. Si vous ne deviez pas le voir, j'aurais grand regret à votre voyage. *Adieu,* mon ami. Quand ce serait le dernier, je ne le prononcerais pas avec plus de tendresse et de regret. Mais pardon : vous ne voulez pas que je vous parle, ni de mon mal, ni de mon espérance.

Lettre CLXII

Six heures du soir, 1776

Je ne veux pas, mon ami, que, dans le peu de jours qui me restent à vivre, vous puissiez en passer un sans vous souvenir que vous êtes aimé à la folie par la plus malheureuse de toutes les créatures. Oui, mon ami, je vous aime. Je veux que cette triste vérité vous poursuive, qu'elle trouble votre bonheur ; je veux que le poison qui a défendu ma vie, qui la consume, et qui sans doute la terminera, répande dans votre âme cette sensibilité douloureuse, qui du moins vous disposera à regretter ce qui vous a aimé avec le plus de tendresse et de passion. Adieu, mon ami. Ne m'aimez pas, puisque cela serait contre votre devoir, et contre votre volonté ; mais souffrez que je vous aime et que je vous le redise cent fois, mille fois, mais jamais avec l'expression qui répond à ce que je sens.

Mon ami, venez dîner demain chez Mme Geoffrin. J'ai si peu à vivre, que rien de ce que vous ferez pour moi ne pourra tirer à conséquence pour l'avenir. Mon Dieu, l'avenir ! que je plaindrais ceux qui l'attendraient, s'ils vous aimaient ! – Mais adieu. J'ai du monde là. Qu'il est pénible de vivre en société, lorsqu'on n'a qu'une pensée.

Lettre CLXXX

Quatre heures, 1776

Vous êtes trop bon, trop aimable, mon ami. Vous voudriez ranimer, soutenir une âme qui succombe enfin sous le poids et la durée de la douleur. Je sens tout le prix de votre sentiment ; mais je ne le mérite plus. Il a été un temps où être aimée de vous ne m'aurait rien laissé à désirer. Hélas ! peut-être cela eût-il éteint mes regrets, ou du moins en aurait adouci l'amertume ; j'aurais voulu vivre. Aujourd'hui, je ne veux plus que mourir. Il n'y a point de dédommagement, point d'adoucissement à la perte que j'ai faite ; il n'y fallait pas survivre. Voilà, mon ami, le seul sentiment d'amertume que je trouve dans mon âme contre vous. – Je voudrais bien savoir votre sort, je voudrais bien que vous fussiez heureux. – J'ai reçu votre lettre à une heure ; j'avais une fièvre ardente. Je ne puis vous exprimer ce qu'il m'a fallu de peine et de temps pour la lire : je ne voulais pas différer jusqu'aujourd'hui, et cela me donnait presque le délire. – J'attends de vos nouvelles ce soir. Adieu, mon ami. Si jamais je revenais à la vie, j'aimerais encore à l'employer à vous aimer ; mais il n'y a plus de temps.

Bibliographie

Lettres de Julie de Lespinasse

Lettres de Mlle de Lespinasse écrites depuis l'année 1773 jusqu'à l'année 1776, suivies de deux chapitres dans le genre du *Voyage sentimental* de Sterne, par le même auteur, augmentée de son *Éloge* sous le nom d'Éliza par le comte de Guibert, et de deux opuscules de d'Alembert, édition établie par la comtesse de Guibert, (Paris, Longchamp, 1811).

Nouvelles lettres de Mlle de Lespinasse, avec une notice biographique de Jules Janin (documents apocryphes et authentiques) (Paris, Amyot, 1847).

Lettres inédites de Mlle de Lespinasse à Condorcet, à d'Alembert, à Guibert, au comte de Crillon, publiées avec des lettres de ses amis, des documents nouveaux et une étude par M. Charles Henry (Paris, Dentu, 1887).

Lettres de Mlle de Lespinasse au comte de Guibert (1773-1776), publiées pour la première fois par le comte de Villeneuve-Guibert (Paris, Calmann-Lévy, 1906).

Lettres de Mlle de Lespinasse suivies de ses autres œuvres et de lettres de Mme du Deffand, de Turgot, de Bernardin de Saint-Pierre, revues des éditions originales, augmentées des variantes, de nombreuses notes, d'un appendice comprenant les écrits de d'Alembert, de Guibert, de Voltaire, de Frédéric II sur Mlle de Lespinasse, d'un index, et précédées d'une notice biographique et littéraire, par Eugène Asse (Paris, Fasquelle, 1913).

Letters to and from Mme du Deffand and Julie de Lespinasse, publiées par W. H. Smith, New Haven et Londres, 1938.

Les Plus Belles Lettres de Mlle de Lespinasse, présentées par Claude Roy (Paris, Calmann-Lévy, 1962).

Œuvres contemporaines

Alembert (Jean d'), *Œuvres et correspondance inédite*, publiées avec introduction, notes et appendices par Charles Henry (Paris, 1887).

Alembert (Jean d') et Guibert (comte de), *Le Tombeau de Mlle de Lespinasse*, publié par le bibliophile Jacob (Paris, Librairie des Bibliophiles, 1879).

Chamfort (Sébastien-Roch Nicolas, dit), *Maximes et pensées* (Paris, Nouvel office d'édition, 1963).

Condorcet (Jean-Antoine-Nicolas de Caritat, marquis de), *Œuvres*, publiées par A. Condorcet O'Conor et M. F. Arap (Paris, Didot, 1847).

CONDORCET (Jean-Antoine-Nicolas de Caritat, marquis de) et Turgot (Anne Robert Jacques), *Correspondance inédite de Condorcet et de Turgot, 1770-1779*, publiée avec des notes et une introduction par M. Charles Henry (Paris, Charavay frères, 1883).

CRÉQUI (marquise de), *Souvenirs de la marquise de Créqui de 1710 à 1803* (Paris, Garnier Frères, s. d. [vers 1839]).

DEFFAND (Marie, marquise du),
– *Cher Voltaire : la correspondance de Mme du Deffand avec Voltaire*, présentée par Isabelle et Jean-Louis Vissière (Paris, Éditions des Femmes, 1976).
– *Correspondance complète*, publiée par M. de Lescure (Paris, H. Plon, 1865).
– *Correspondance inédite*, précédée d'une notice par le marquis de Saint-Aulaire (Paris, Michel Lévy frères, 1859).
– *Lettres à Voltaire* (Bossard, Paris, 1922).
– *Lettres de Madame du Deffand (1742-1780)*, préface de Chantal Thomas (Paris, Mercure de France, coll. « Le temps retrouvé », 2002).

DIDEROT (Denis),
– *Correspondance* (Paris, Éditions de Minuit, 1968).
– *Le Rêve de d'Alembert* (Paris, Édition Bossard, 1921).

DUCLOS (Charles), *Œuvres complètes* (Paris, Colnet, 1820).

GENLIS (comtesse de), *Mémoires* (Paris, Ladvocat, 1825).

GRIMM (Frédéric Melchior, baron de), *Correspondance littéraire*, (mai 1776), éditée par M. Tourneux (Paris, Garnier frères, 1885).

GUIBERT (Jacques-Antoine-Hippolyte, comte de),
– *Éloges du maréchal de Catinat, du chancelier de l'Hospital, de Thomas*, suivis de l'*Éloge inédite de Claire-Françoise de Lespinasse*, publiés par sa veuve (Paris, 1806).
– *Essai général de tactique* [1772] (Paris, Economica, 2004).
– *Journal d'un voyage en Allemagne, fait en 1773*, ouvrage posthume, publié par sa veuve, et précédé d'une notice historique sur la vie de l'auteur par F. E. Toulongeon (Paris, 1803).
– *Œuvres dramatiques : Le Connétable de Bourbon, Les Gracques, Anne de Boleyn*, publiées par sa veuve sur les manuscrits et d'après les corrections de l'auteur (Paris, 1822).
– *Stratégiques*, introduction de Jean-Paul Charnay (Paris, L'Herne, 1978).
– *Voyages de Guibert dans diverses parties de la France et en Suisse, faits en 1775, 1778, 1784, 1785*, ouvrage posthume publié par sa veuve (Paris, 1806).

HÉNAULT (Charles-Jean-François, dit Président), *Mémoires* (Paris, Dentu, 1855).

LA HARPE (Jean-François de), *Correspondance littéraire*, 1776, *in Œuvres complètes* (Genève, Slatkine reprints, 1968).

LOUIS XVIII, *Mémoires*, recueillis et mis en ordre par M. le duc de D… (Bruxelles, Louis Jauman, 1832).

MALBOISSIÈRE (Geneviève, dite Laurette de), *Une jeune fille au XVIIIe siècle. Lettres de Geneviève de Malboissière à Adélaïde Méliand 1761-1766*, publiées avec une introduction et des notes par le comte de Luppé (Paris, Librairie ancienne Édouard Champion, 1925).

MARMONTEL (Jean-François), *Mémoires*, publiés par M. Tourneux (Paris, Librairie des bibliophiles, 1891).

MERCIER (Louis-Sébastien), *Tableau de Paris*, édition originale (Amsterdam, 1784).

MORELLET (abbé), *Mémoires sur le XVIIIe siècle et sur la Révolution* (Paris, Ladvocat, 1821).

NECKER (Mme), *Mélanges extraits des manuscrits de Mme Necker* et *Nouveaux Mélanges* (Paris, 1798 et 1801, 5 vols).

SÉGUR (Louis-Philippe, comte de), *Mémoires ou souvenirs et anecdotes* (Paris, Lecointe, 1842).

SUARD (Amélie), *Essais de mémoires sur M. Suard* (Paris, Didot, 1820).

TURGOT (Anne Robert Jacques), *Œuvres de Turgot et documents le concernant*, avec biographie et notes par Gustave Schelle (Paris, Librairie Félix Alcan, 5 vols, 1913-1923).

VICHY (Diane de), *Un hiver en Provence. Lettres de Diane de Vichy à ses enfants 1767-1768.* Texte établi d'après les manuscrits originaux, par Jean-Noël Pascal (Saint-Étienne, Centre d'études foréziennes, 1980).

VOLTAIRE, *Correspondance générale* (Paris, Garnier, 1877).

WALPOLE (Horace), *Correspondance avec Mme du Deffand*, éditée par W. S. Lewis (New Haven, Yale University Press, 1939).

POUR EN SAVOIR PLUS SUR LE XVIIIe SIÈCLE

AUBERTIN (Charles), *L'Esprit public au XVIIIe siècle* (Paris, Slatkine Reprints, 1968).

BARANTE (Prosper, baron de), *Tableau littéraire du XVIIIe siècle* (Paris, Didier et Cie, 1867).

BEAUNIER (André), *La Vie amoureuse de Julie de Lespinasse* (Paris, Flammarion, 1925).

BERTRAND (Joseph), *D'Alembert* (Paris, Hachette, 1889).

BOUISSOUNOUSE (Janine), *Julie de Lespinasse, ses amitiés, sa passion* (Paris, Hachette, 1958).

CESENA (Amédée de), *Les Belles Pécheresses* (Paris, Dentu, 1865).

COLOMA (P. Luis), *El Marquès de Mora* (1903).

CRAVERI (Benedetta), *Madame du Deffand et son monde*, trad. de l'italien, préface de Marc Fumaroli (Paris, Seuil, 1999).

DURANT (Will et Ariel), *Histoire de la Civilisation*, tomes 26 à 28, *L'époque de Voltaire* (Lausanne, Rencontre, 1966).

ÉLIAC (Georges), *Un après-midi chez Julie de Lespinasse*, préface du marquis de Ségur (Paris, Émile Paul, 1925).

FERVAL (Claude), *Mme du Deffand : l'Esprit et l'amour au XVIIIe siècle* (Paris, Fayard, 1933).

FISHER (Carlos), *La Vie au XVIIIe siècle. Les salons* (Paris, Marcel Seheur, 1929).

GAXOTTE (Pierre), *Le Siècle de Louis XV* (Paris, Arthème Fayard, 1933).

GERUZEZ (Eugène), *Histoire de la littérature française depuis ses origines jusqu'à la Révolution* (Paris, Didier et Cie, 1884).

GLOTZ (Marguerite) et MAIRE (Madeleine), *Salons du XVIIIe siècle* (Paris, Nouvelles éditions latines, 1949).

GONCOURT (Edmond et Jules de),
– *La Femme au XVIIIe siècle* (Paris, Charpentier, 1882).
– *Portraits intimes du XVIIIe siècle* (Paris, Dentu, 1857).

HAUSSONVILLE (comte d'), *Le Salon de Mme Necker* (Paris, Calmann-Lévy, 2 vols, 1885).

HOUSSAYE (Arsène),
– *Les Femmes du temps passé* (Paris, Eugène Didier, 1863).
– *Sous la Régence et sous la terreur (d'Alembert et Mlle de Lespinasse)* (Paris, Eugène Didier, 1833).

LEVRON (Jacques), *La Vie quotidienne à la cour de Versailles aux XVIIe et XVIIIe siècles* (Paris, Hachette, 1965).

LUPPE (comte de), *Les Jeunes Filles à la fin du XVIIIe siècle* (Paris, Librairie ancienne Champion, 1925).

MANCERON (Claude), *Les Hommes de la liberté : les vingt ans du roi* (Paris, Laffont, 1972).

MICHELET (Jules), *Histoire de France : le XVIIIe siècle* (Paris, Lacroix et Cie, 1876).

Mlle de Lespinasse et la marquise du Deffand, suivi de documents inédits sur Mlle de Lespinasse, par Eugène Asse (Paris, Charpentier, 1877).

MORNET (Daniel), *La Pensée française au XVIIIe siècle* (Paris, Armand Colin, 1956).

MURAT (Inès), *Madame du Deffand, 1696-1780 : la lettre et l'esprit* (Paris, Perrin, 2003).

PEREY (Lucien), *Le Président Hénault et Mme Du Deffand, la cour du Régent, la cour de Louis XV et de Marie Leczinska* (Paris, Calmann-Lévy, 1893).

PILLON (Edmond), *La Vie de famille au XVIIIe siècle* (Paris, Albin Michel, 1941).

Les Plus Belles Nuits d'amour au temps du Bien-Aimé, choisies, réunies et préfacées par Fernand Kolney (Paris, Quignon, 1928).

PRAT (M. A.), *Mlle de Lespinasse* (Paris, Lethielleux, [1912]).

SAINTE-BEUVE (Charles Augustin), *Causeries du lundi*, tome II : *Lettres de Mlle de Lespinasse* et tomes III, VI, VII, IX, XIV (Paris, Garnier, 1928).

SÉGUR (Pierre, marquis de),
– *Julie de Lespinasse* (Paris, Calmann-Lévy, 1905).
– *Le Royaume de la rue Saint-Honoré* (Paris, Calmann-Lévy, 1897).
– *Gens d'autrefois (Un grand homme de salon : le comte de Guibert)* (Paris, Calmann-Lévy, 1905).

SOREL (Albert), *Mme de Staël* (Paris, Hachette, 1890).

STEWART (Philip), *Le Masque et la parole, Le langage de l'amour au XVIIIe siècle*, (Paris, José Corti, 1973).

TRUC (Gonzague), *Julie de Lespinasse, celle qui vécut et mourut d'amour* (Paris, Albin Michel, 1942).

La Vie parisienne au XVIIIe siècle (Leçons faites à l'École des hautes études sociales par M. H. Bergmann, L. Cahen, H. G. Ibels, L. de la Laurencie. J. Letaconnoux, D. Mornet, J. J. Olivier. M. Rouff (Paris, Félix Alcan, 1914).

WEY (Francis), *Les Anglais chez eux* (Paris, Hachette, 1876).

Le XVIIIe siècle romantique, anthologie présentée par Jacques Bousquet (Paris, J.-J. Pauvert, 1972).

ARTICLES

CAILLOIS (Roger), « Un officier progressiste sous Louis XIV, Guibert » (*Preuves*, 1954).

« Le comte d'Aranda et la mort de Julie de Lespinasse » (*Revue de littérature comparée*, 1967).

LEVAILLANT (Maurice), « Julie de Lespinasse et son ami Suard » (*Figaro*, 24 octobre 1931).

PASCAL (Jean-Noël), « Bordeu, Bouvart et Rostain : trois médecins face à la tuberculose en 1772 », documents inédits présentés par Jean-Noël Pascal (Archives de Montauban).

Preuves, n° 43, septembre 1954.

« Une exemplaire mort d'amour : Julie de Lespinasse », *in Aimer en France 1760-1860*, Actes du colloque international de Clermont-Ferrand (20-22 juin 1977), recueillis et présentés par Paul Viallaneix et Jean Ehrard (Clermont-Ferrand, Association des publications de la Faculté des lettres et sciences humaines, 1980).

« La voix de la stratégie, Guibert » (*Cahier de la Fondation pour les défenses nationales*, 1977).

ARCHIVES PARTICULIÈRES

Sources inédites : archives du marquis d'Albon.

DÉPÔTS PUBLICS

Archives du Tarn-et-Garonne.

Archives personnelles du général Ménard.

Bibliothèque nationale de France. Bibliothèque Mazarine. Bibliothèque de Roanne.

Achevé d'imprimer
en octobre 2006
sur les presses de l'imprimerie Horizon
en France (UE)

En couverture :
Louis Carmontelle, *Julie de Lespinasse* (détail), 1760

www.editionscomplexe.com

SA Diffusion Promotion Information
24, rue de Bosnie
1060 Bruxelles

n° 1060